Fokus Mittelstand

Christine Fischer
Dirk Nissen
Ingrid Ott
Stephan Schöning
(Hrsg.)

Fokus Mittelstand

Einzelaspekte der Mittelstandsforschung

PETER LANG
Frankfurt am Main · Berlin · Bern · Bruxelles · New York · Oxford · Wien

Bibliografische Information Der Deutschen Bibliothek
Die Deutsche Bibliothek verzeichnet diese Publikation in der Deutschen Nationalbibliografie; detaillierte bibliografische Daten sind im Internet über <http://dnb.ddb.de> abrufbar.

Gedruckt mit freundlicher Unterstützung der
Universitätsgesellschaft Lüneburg e.V.,
des Fachbereichs Wirtschafts- und Sozialwissenschaften der
Universität Lüneburg,
der Senatskommission für Forschungsförderung und
wissenschaftlichen Nachwuchs der Universität Lüneburg und

PRICEWATERHOUSECOOPERS
Partner für den „Neuen Mittelstand"

ISBN 3-631-50090-4

www.peterlang.de

Dr. Axel Baden

Axel Baden
zum Gedenken

Vorwort der Herausgeber

Am 29. Juli 2001 verstarb unser Kollege Axel Baden im Alter von 37 Jahren. Er war bei allen, die mit ihm an der Universität Lüneburg Kontakt hatten, wegen seines ruhigen und freundlichen Naturells sehr beliebt und wegen seiner Kompetenz und seines Engagements für die Entwicklung des Fachbereichs Wirtschafts und Sozialwissenschaften überaus geschätzt. Wir kannten ihn als stets hilfsbereiten Ansprechpartner in allen universitären Belangen. Seit dem Ausbruch seiner Krankheit hatten wir mit ihm auf Besserung gehofft und so hat uns der unerwartete Tod schwer erschüttert. Axel Baden hinterlässt im Fachbereich Wirtschafts- und Sozialwissenschaften eine Lücke in menschlicher und fachlicher Sicht. Wir vermissen ihn sehr.

Schnell reifte der Gedanke, zu seinem Gedenken ein Buch mit Beiträgen von Weggefährten herauszugeben und damit in Fortführung seines Wirkens auch Impulse für die weitere Profilbildung der Universität Lüneburg zu geben.

Basis und Ausgangspunkt der Forschung an der Universität Lüneburg finden sich primär in der Konzeption der beiden vom Fachbereich angebotenen Studiengänge Betriebswirtschaftslehre und Wirtschafts- und Sozialwissenschaften. Bei beiden Studiengängen steht die Vermittlung von breit angelegtem Fachwissen im Vordergrund gegenüber einer ausgeprägten Spezialisierung. Das dementsprechend weit gefächerte Studienangebot spiegelt sich in einer Vielzahl unterschiedlichster Lehr- und auch Forschungsgebiete am Fachbereich wieder.

Die Forschungsaktivitäten am Fachbereich Wirtschafts- und Sozialwissenschaften sind seit längerem auf kleine und mittelständische Unternehmen (KMU) ausgerichtet. So lag es nahe, das Buch thematisch in der Mittelstandsforschung anzusiedeln.

Der Sammelband führt unter dem Oberthema „Mittelstand“ Forschungsbereiche unterschiedlichster Facetten zusammen, welche die Spannweite einiger am Fachbereich vertretenen Disziplinen sichtbar werden lassen. Die Vielfalt der betrachteten Einzelaspekte unterstreicht den Reichtum an Forschungsansätzen, verdeutlicht zugleich aber auch die Schwierigkeiten bei der Herausbildung von einheitlichen Forschungsprofilen. Gleichzeitig soll das Buch einen Beitrag des wissenschaftlichen „Mittelbaus“ am Fachbereich zum zukünftigen Selbstverständnis auf dem Gebiet der Forschung leisten.

Unter den vier Kapiteln „Strategie“, „Rechnungswesen“, „Finanzierung“ und „Marketing“ sind Einzelaspekte mit Bezug zu KMU gruppiert. Im Rahmen des Buches ist explizit keine einheitliche Definition für Mittelstand bzw. KMU vorgegeben, da eine derartige Begriffsbestimmung bislang nicht existiert und überdies in den einzelnen Beiträgen auf unterschiedliche Merkmale von KMU abgestellt wird. Für einen Überblick über verschiedene Abgrenzungskriterien, die auf quantitativen Merkmalen wie Beschäftigtenzahl, Umsatzgröße oder Bilanzsumme beruhen, wird daher auf entsprechende Veröffentlichungen etwa des Instituts für Mittelstandsforschung und auf die Definitionen des Bundesverbandes der deutschen Banken bzw. im europäischen Kontext auf die der EU-Kommission verwiesen. Zu beachten bleibt dabei, dass auch qualitative Aspekte, wie die Einheit von Eigentum und unternehmerischer Verantwortung, wesentliche Abgrenzungskriterien darstellen können.

Die Herausgeber bedanken sich an dieser Stelle bei allen Mitarbeitern des Fachbereiches Wirtschafts- und Sozialwissenschaften der Universität Lüneburg und bei ehemaligen Kollegen von Axel Baden, die einen Beitrag zu diesem Buch geleistet haben. Unser Dank gilt auch der Universitätsgesellschaft Lüneburg e.V., dem Präsidium sowie dem Fachbereich Wirtschafts- und Sozialwissenschaften der Universität Lüneburg und PricewaterhouseCoopers, Geschäftsbereich Neuer Mittelstand, die durch ihre finanzielle Unterstützung das Entstehen dieses Buches gefördert haben.

Die Herausgeber Lüneburg, im September 2002

Dr. Axel Baden zum Gedenken

Axel Baden, geboren am 9.11.1963, ist nach langer, schwerer Krankheit am 29.07.2001 verstorben. Kollegen, Wegbegleiter und Freunde widmen ihm diese Gedenkschrift. Die Autoren haben mich als seinen akademischen Lehrer gebeten, Person und Werk unseres Kollegen und Freundes Axel Baden in einem kurzen Geleitwort zu würdigen.

Nach dem Abitur am Gymnasium Walsrode (1983) und einer Ausbildung zum Groß- und Außenhandelskaufmann nahm Axel Baden 1985 sein betriebswirtschaftliches Studium an der Universität Lüneburg auf. Ein glänzendes Diplomzeugnis, ein Studienabschluß innerhalb der Regelstudienzeit, großes persönliches Engagement und eine starke Neigung zu Forschung und Lehre waren hervorragende Voraussetzungen für eine „interne" Promotion. Daß er 1990 wissenschaftlicher Mitarbeiter am Lehrstuhl für Rechungswesen und Steuern wurde, war für die Studierenden des (Wahl-)Faches ein Glücksfall und für die Lehrstuhlmitarbeiter und mich ein großer persönlicher Gewinn.

Anfang 1997 wurde Axel Baden mit einer Arbeit zum Thema „Strategische Kostenrechnung" mit der Note „summa cum laude" promoviert. Wenig später wurde er zum Hochschulassistenten ernannt. Sein Habilitationsprojekt widmete sich dem auch heute noch heftig diskutierten Problem der Maßgeblichkeit der Handelsbilanz für die Steuerbilanz unter dem Aspekt fortschreitender Internationalisierung der (deutschen) Rechnungslegung. Sein Ziel, die Venia legendi für Betriebswirtschaftslehre, hat der Zielstrebige nicht mehr erreicht. Bei aller Tapferkeit: Den Kampf gegen die Krankheit hat er verloren.

Neben Lehrtexten zur Kostenrechnung hat Axel Baden eine ganze Reihe von wissenschaftlichen Publikationen auf den Gebieten „Strategische Kostenrechnung", „Betriebswirtschaftliche Steuerlehre", „Bilanzierung" und „Unternehmenssteuerung" vorzuweisen. Im Zentrum seines wissenschaftlichen Werkes steht seine im Gabler-Verlag erschienene Dissertation (1997). Seine kritische Auseinandersetzung mit der Strategischen Kostenrechnung war symptomatisch für seine Arbeitsweise: Ein junger Wissenschaftler hatte den Mut, den im Fach hoch angesehenen Protagonisten einer Neuorientierung, ja Revolutionierung, der traditionellen Kostenrechnung mit Skepsis zu begegnen. Er stellte fest, daß die meisten Verfahren der Strategischen Kostenrechnung nicht auf einem innovativen Kostenrechnungskonzept basierten. In einem Rückgriff auf althergebrachte Verfahren der statischen Investitionsrechnung sah er keinen wissenschaftlichen Fortschritt, sondern einen Rückfall in theoretisch anfechtbare Verfahren der Investitionsplanungspraxis. Die positive Resonanz, die er mit seinem ZfB-Aufsatz (1998) in Fachkreisen fand, war eine große Ermutigung für einen jungen Wissenschaftler.

Axel Badens große Passion war die Lehre. An der Universität Lüneburg hielt er Vorlesungen und Seminare zur Kostenrechnung, zur Bilanzierung und zur Steuerlehre. Fachwissen, großes persönliches Engagement und didaktisches Geschick verschafften ihm ein hohes Ansehen bei seinen Hörern. Nebenberuflich widmete er sich der Erwachsenenbildung. Besonders hervorzuheben ist hier sein Engagement bei der Berufsakademie (VWA) Lüneburg e.V., wo er an der Konzeption des Studienplans mitwirkte und Lehrveranstaltungen in einem breit angelegten BWL-Spektrum anbot.

Axel Baden hatte zwei Leidenschaften. Beruflich war es die Arbeit an der Universität, und privat war es die Leichtathletik. In beiden „Disziplinen" stellte er höchste Anforderungen an das eigene Leistungsvermögen. Die Erfolge blieben nicht aus. Gleich zweimal wurde er Landesjugendmeister: Im 400 Meter-Hürdenlauf und im Staffellauf (1981), ehe er seine aktive sportliche Laufbahn mit dem Titel des Landesmeisters im Hürdenlauf (1988) abschloß.

Seine beruflichen Leistungen wurden mit dem Preis der Industrie- und Handelskammer Lüneburg-Wolfsburg für die beste Dissertation des Jahres 1997 und durch ein hohes Ansehen bei „seinen" Studierenden belohnt. Leistungsbereitschaft und Sportsgeist prägten seine Persönlichkeit im beruflichen und privaten Leben. Leistungsorientierung und Erfolg mündeten aber nicht in Überheblichkeit, sondern in Hilfsbereitschaft.

Vom persönlichen Charakterbild durch Bescheidenheit, vom Wettkampfsport durch den Sinn für Fairneß geprägt, war Axel Baden ein allseits beliebter Universitätsdozent und Kollege. Der Lehrstuhl für Rechnungswesen und Steuern, der ganze Fachbereich für Wirtschafts- und Sozialwissenschaften der Universität Lüneburg dankt Axel Baden für sein langjähriges erfolgreiches Wirken. Den Autoren dieser Gedenkschrift danke ich, daß sie mit ihrem Beitrag die Erinnerung an einen ebenso angesehenen wie sympathischen Kollegen wachhalten.

Prof. Dr. Ulrich Döring

Inhaltsverzeichnis

I Strategisches Management

II Steuern und Rechnungslegung

III Finanzierung

IV Fokus Mittelstand: Marketing

Autorenverzeichnis

Jan Wolf Baake – Universität Lüneburg, Wissenschaftlicher Mitarbeiter am Institut für Betriebswirtschaftslehre, Tourismusmanagement

Dr. Thomas Behrends – Universität Lüneburg, Wissenschaftlicher Assistent am Institut für Betriebswirtschaftslehre, Personalwesen

Kay Benson – Universität Lüneburg, Wissenschaftlicher Mitarbeiter am Institut für Betriebswirtschaftslehre, Rechnungswesen und Steuerlehre

PD Dr. Ricarda B. Bouncken – Universität Lüneburg, Wissenschaftliche Assistentin am Institut für Betriebswirtschaftslehre, Entscheidung und Organisation

Susanne Brunswig – Universität Lüneburg, Wissenschaftliche Mitarbeiterin am Institut für Betriebswirtschaftslehre, Tourismusmanagement

StB Prof. Dr. Rainer Buchholz – Fachhochschule Würzburg-Schweinfurt, Professor am Institut für Betriebswirtschaftslehre, Lehrgebiet Rechnungswesen und betriebliche Steuerlehre

Dr. Christine Fischer – Universität Lüneburg, Wissenschaftliche Assistentin am Institut für Rechtswissenschaft, Öffentliches Wirtschaftsrecht

Kathrin Gassert – Universität Lüneburg, Wissenschaftliche Mitarbeiterin am Institut für Betriebswirtschaftslehre, Marketing und Technologiemanagement

Dr. Sven Hartung – KPMG Hamburg, Senior Executive im Bereich Corporate Finance

Nicole Hroch – Universität Lüneburg, Wissenschaftliche Mitarbeiterin am Center for Sustainability Management (CSM) e.V.

Dietrich Jacobs – Universität Lüneburg, Wissenschaftlicher Mitarbeiter am Institut für Betriebswirtschaftslehre, Rechnungswesen und Steuerlehre

Martina Lippmann – Universität Lüneburg, Wissenschaftliche Mitarbeiterin am Institut für Betriebswirtschaftslehre, Entscheidung und Organisation

Dr. Dirk Nissen – Universität Lüneburg, Wissenschaftlicher Assistent am Institut für Betriebswirtschaftslehre, Marketing und Technologiemanagement

Bernd Nolte – Universität Lüneburg, Wissenschaftlicher Mitarbeiter am Institut für Betriebswirtschaftslehre, Bank- und Finanzwirtschaft

Roger-David Nolting – Universität Lüneburg, Wissenschaftlicher Mitarbeiter am Institut für Betriebswirtschaftslehre, Bank- und Finanzwirtschaft

Prof. Dr. Ingrid Ott – Universität Lüneburg, Juniorprofessorin am Institut für Volkswirtschaftslehre, Innovation und Wachstum

Jörn Pistorius – Universität Lüneburg, Wissenschaftlicher Mitarbeiter am Institut für Betriebswirtschaftslehre, Rechnungswesen und Steuerlehre

Dr. Rainer Paffrath – Universität Lüneburg, Wissenschaftlicher Mitarbeiter am Institut für Betriebswirtschaftslehre, Produktion und Wirtschaftsinformatik

Jörg Richter – Universität Lüneburg, Akademischer Rat am Institut für Rechtswissenschaften, Steuerrecht

Dr. Michael Ritter – dvg Datenverarbeitungsgesellschaft, Programmleiter Unternehmensstrategie

Dr. Stephan Schöning – Universität Lüneburg, Wissenschaftlicher Assistent am Institut für Betriebswirtschaftslehre, Bank- und Finanzwirtschaft

Abkürzungsverzeichnis

a.A.	anderer Auffassung
Abb.	Abbildung
Abs.	Absatz
Abschn.	Abschnitt
AEU	Arbeitskreis Evangelischer Unternehmer in Deutschland e.V.
AG	Aktiengesellschaft
Alt.	Alternative
AO	Abgabenordnung
Art.	Artikel
ASP	Application Service Providing
Aufl.	Auflage
BB	Der Betriebs-Berater
Bd.	Band
BdB	Bundesverband deutscher Banken
BFH	Bundesfinanzhof
BFH/NV	Sammlung amtlich nicht veröffentlichter Entscheidungen des Bundesfinanzhofs
BFHE	Sammlung der Entscheidungen und Gutachten des Bundesfinanzhofs
BFuP	Betriebswirtschaftliche Forschung und Praxis
BGBl.	Bundesgesetzblatt
BGHZ	Entscheidungen des Bundesgerichtshofs in Zivilsachen
BMBF	Bundesministerium für Bildung und Forschung
BMF	Bundesministerium der Finanzen
BMJ	Bundesministerium der Justiz
BMWi	Bundesministerium der Wirtschaft
BR-Drs.	Bundesrats-Drucksache
bspw.	beispielsweise
BStBl.	Bundessteuerblatt
BT-Drs.	Bundestags-Drucksache
BuW	Betrieb und Wirtschaft
BVerfGE	Entscheidungen des Bundesverfassungsgerichts
BVerwG	Bundesverwaltungsgericht
BVR	Bundesverband der Volksbanken und Raiffeisenbanken
bzgl.	bezüglich
bzw.	beziehungsweise
d.h.	das heißt
DB	Der Betrieb
DBW	Die Betriebswirtschaft

ders.	derselbe
DSGV	Deutscher Sparkassen- und Giroverband
DStR	Deutsches Steuerrecht
DVBl.	Deutsches Verwaltungsblatt
ECE	Europäische Wirtschaftskommission der UNO
EFG	Entscheidungen der Finanzgerichte
EG	Europäische Gemeinschaften
EMAS	European Eco Management & Audit Scheme
entspr.	entsprechend
ERP	European Recovery Programm
EStG	Einkommensteuergesetz
EStH	Einkommensteuer-Hinweise
EStR	Einkommensteuer-Richtlinien
et al.	et alii
etc.	et cetera
EU	Europäische Union
EuGH	Gerichtshof der Europäischen Gemeinschaften
EuGHE	Entscheidungen des Europäischen Gerichtshofs
evtl.	eventuell
f.	folgende
ff.	fortfolgende
FR	Finanzrundschau
GAAP	Generally Accepted Accounting Principle(s)
GewArch.	Gewerbearchiv
GewStG	Gewerbesteuergesetz
GewStR	Gewerbesteuer-Richtlinien
GFI	Goodness-of Fix-Index
GfK	Gesellschaft für Konsumforschung
GG	Grundgesetz
ggf.	gegebenenfalls
ggü.	gegenüber
gl.A.	gleicher Auffassung
GmbHR	GmbH-Rundschau
GoB	Grundsätze ordnungsgemäßer Buchführung
grds.	grundsätzlich
GWB	Gesetz gegen Wettbewerbsbeschränkungen
H.	Heft
HGB	Handelsgesetzbuch
h.M.	herrschende Meinung
Hrsg.	Herausgeber
hrsg.	herausgegeben

HStR	Handbuch des Staatsrechts
i.d.R.	in der Regel
i.d.S.	in diesem Sinne
i.Ü.	im Übrigen
IAS	International Accounting Standard(s)
IASB	International Accounting Standard Board
IfM	Institut für Mittelstandsforschung
IFRS	International Financial Reporting Standard(s)
incl.	inclusive
IPO	Initial Public Offering
ISO	International Organization for Standardization
IT	Informationstechnologie
jew.	jeweils
Jg.	Jahrgang
JZ	Juristenzeitung
KAGG	Gesetz über Kapitalanlagegesellschaften
KapAEG	Kapitalaufnahmeerleichterungsgesetz
KMU	kleine und mittelständische Unternehmen; auch: kleine(re) und mittlere Unternehmen
KonTraG	Gesetz zur Kontrolle und Transparenz
KoR	kapitalmarktorientierte Rechnungslegung
KStG	Körperschaftsteuergesetz
KStR	Körperschaftsteuer-Richtlinien
KWG	Kreditwesengesetz
LG	Landgericht
m.E.	meines Erachtens
m.N.	mit Nachweisen
m.w.N.	mit weiteren Nachweisen
Mio.	Millionen
Mrd.	Milliarden
NJW	Neue Juristische Wochenschrift
No.	Number
Nr.	Nummer
nrkr.	nicht rechtskräftig
NVwZ	Neue Zeitschrift für Verwaltungsrecht
NWB	Neue Wirtschafts-Briefe für Steuer- und Wirtschaftsrecht
NWVBl.	Nordrhein-Westfälische Verwaltungsblätter
o.a	oben angeführt
o.g.	oben genannt
o.Jg.	ohne Jahrgang
OLG	Oberlandesgericht

o.V.	ohne Verfasser
OVG NW	Oberverwaltungsgericht Nordrhein-Westfalen
p.a.	per anno
PE	Personalentwicklung
PublG	Publizitätsgesetz
PwC	PricewaterhouseCoopers
RdE	Recht der Energiewirtschaft
RegE	Regierungsentwurf
RhPf	Rheinland-Pfalz
RIW	Recht der internationalen Wirtschaft
Rn.	Randnummer
Rs.	Rechtssache
Rspr.	Rechtsprechung
S.	Seite
s.	siehe
SLA	Service Level Agreements
sog.	sogenannte
Sp.	Spalte
StBJb	Steuerberaterjahrbuch
StBp	Steuerliche Betriebsprüfung
SteuerStud	Steuer und Studium
StSenkG	Steuersenkungsgesetz
StuW	Steuer und Wirtschaft
StVBG	Steuerverkürzungsbekämpfungsgesetz
TCO	Total Costs of Ownership
tw.	teilweise
TQM	Total Quality Management
u.a.	unter anderem
überarb.	überarbeitet
UBG	Unternehmensbeteiligungsgesellschaft
UBGG	Gesetz über Unternehmensbeteilungsgesellschaften
UNO	United Nations Organisation
UntStFG	Unternehmenstandortentwicklungsgesetz
UR	Umsatzsteuer-Rundschau (Zeitschrift)
UStG	Umsatzsteuergesetz
usw.	und so weiter
u.U.	unter Umständen
UWG	Gesetz gegen unlauteren Wettbewerb
v.	von
v.Chr.	vor Christi
VerwArch.	Verwaltungsarchiv

VGH	Verwaltungsgerichtshof
vgl.	vergleiche
Vol.	Volume
Vorb.	Vorbemerkung
vs.	versus
WiSt	Wirtschaftswissenschaftliches Studium
Wisu	Das Wirtschaftsstudium
WPg	Die Wirtschaftsprüfung
zahlr.	zahlreiche
z.B.	zum Beispiel
ZfB	Zeitschrift für Betriebswirtschaft
ZfgK	Zeitschrift für das gesamte Kreditwesen
ZFP	Zeitschrift für Forschung und Praxis
z.T.	zum Teil
z.Z.	zur Zeit

Der unerwünschte Wettbewerb: Konkurrenz durch öffentliche Betriebe

Christine Fischer

Inhaltsverzeichnis

1 Faktische und rechtliche Rahmenbedingungen

Der erhoffte konjunkturelle Aufschwung lässt in der Bundesrepublik Deutschland auf sich warten. Die Europäische Wirtschaftskommission der UNO (ECE) rechnet 2002 für die deutsche Wirtschaft mit einem Wachstum von 0,75 Prozent nach 0,6 Prozent im Jahr 2001. Der Bundesverband deutscher Privatbanken erwartet zwar 1 Prozent Wachstum 2002, zweifelt aber an der Nachhaltigkeit und Tragfähigkeit der Entwicklung.[1] Die Rahmenbedingungen für den Mittelstand sind denkbar ungünstig. Nach Expertenschätzung werden sich im Jahr 2002 knapp 44 000 Unternehmen vorwiegend aus dem Mittelstand im Wettbewerb nicht behaupten können und Insolvenzanträge stellen.[2]

Grundsätzlich wird wirtschaftlicher Wettbewerb[3] begrüßt. Vom Wettbewerbsprozess wird erwartet, dass er zu beständigem Bemühen um Innovationen und deren schnellen Einsatz führt und so Wachstumskräfte freigesetzt werden.[4] Verfassungsrechtlich betrachtet agieren die miteinander konkurrierenden Wirt-

1 www. Handelsblatt.com.
2 DER SPIEGEL, Nr. 17/02, S. 93.
3 Zum Problem der inhaltlichen Bestimmung von Wettbewerb Rinck/Schwark, Rn. 195 ff.
4 Rinck/Schwark, Rn. 199 m.N.

schaftssubjekte in Ausübung ihrer Grundfreiheiten.[5] Ihnen wird mit Art. 12 Abs. 1 GG die freie Berufswahl und -ausübung sowie mit Art. 3 Abs. 1 GG die Wettbewerbsgleichheit[6] und mit Art. 2 GG die wirtschaftliche Betätigungsfreiheit[7] garantiert. Die Berufsfreiheit garantiert auch die Freiheit des Marktzutritts.[8] Berufs- und Wettbewerbsfreiheit entfalten sich erst in Konkurrenz.[9] Der Marktzutritt von Unternehmen kann nicht gestützt auf eines dieser Grundrecht abgewehrt werden.[10] Einfachgesetzlich geschützt wird wirtschaftlicher Wettbewerb durch das Gesetz gegen Wettbewerbsbeschränkungen (GWB) sowie das Gesetz gegen unlauteren Wettbewerb (UWG). Letzteres wendet sich gegen wettbewerbsschädliche Aktivitäten im Markt.[11] Nach § 1 UWG kann ein Konkurrent auf Unterlassung und Schadensersatz in Anspruch genommen werden, soweit er „im geschäftlichen Verkehre zu Zwecken des Wettbewerbes Handlungen vornimmt, die gegen die guten Sitten verstoßen". Konkurrenz von Unternehmen in einem nach fairen Regeln geführten Wettbewerb ist erwünscht.

In den letzten Jahren hat sich der Konkurrenzdruck für mittelständische Unternehmen vornehmlich auf kommunaler Ebene kontinuierlich dadurch verschärft, dass öffentliche Unternehmen als Anbieter auf den Markt drängen.[12] Das Spektrum der durch öffentliche Betriebe angebotenen Leistungen ist breit. Es reicht – um nur einige Beispiele zu nennen – von einer Sauna über Landwirtschaftsgärtnerei bis hin zu Telekommunikationsleistungen und der Beteiligung an privaten Fernsehsendern.[13] Handlungs- wie Organisationsformen sind dabei solche des Privatrechts. Ursächlich für die Zunahme kommunaler wirtschaftlicher Betätigung ist neben der voranschreitenden Privatisierung öffentlicher Aufgaben[14] insbesondere die angespannte finanzielle Lage der Kommunen, die sie nach zusätzlichen Einnahmequellen suchen lassen.[15] Die Privatwirtschaft sieht diese Entwicklung kritisch. Eingewandt wird, kommunale Dienstleister arbeiteten unter ungleichen Voraussetzungen, verdrängten dadurch nicht nur Arbeits-

---

5 Zu Wettbewerb als konkurrierende Grundrechtsausübung privater Marktteilnehmer und damit als Instrument optimaler Freiheitsverwirklichung Schliesky, Öffentliches Wirtschaftsrecht, S. 143 m.N.

6 BVerfGE 43, 58 (70); BFHE 177, 393 (343).

7 Kunig in: v. Münch/Kunig, Art. 2 Rn. 16; für Wettbewerbsfreiheit als Bestandsteil des Art. 12 GG Mansson in: Bonner GG, Art. 12 Rn. 67.

8 Sodan, DÖV 2000, S. 361, 364.

9 Schliesky, Öffentliches Wirtschaftsrecht, S. 143.

10 I.d.S. zu Art. 12 Abs. 1 GG BVerfGE 34, 252 (256); 55, 261 (269).

11 Ausführlich zum Schutzzweck des allgemeinen Wettbewerbsrechts Baumbach/Hafermehl, Wettbewerbsrecht, Einl. UWG.

12 Zum Begriff öffentliche Unternehmen s. Schliesky, Öffentliches Wirtschaftsrecht, S. 137.

13 Siehe Schink, NVwZ 2002, S. 129 m.N. und weiteren Beispielen.

14 Allgemein dazu Di Fabio, JZ 1999, S. 585 ff.

15 Ausführlich Hill, BB 1997, S. 425, 425 f.

plätze in der Privatwirtschaft, vielmehr seien die Unternehmer auch gezwungen, durch ihre Gewerbesteuer die eigene Konkurrenz zu unterstützen.[16] Faktisch bedeutet die *Aufnahme* wirtschaftlicher Betätigung durch eine Kommune nicht mehr als ein schlichter Marktzutritt. Die Rechtslage zeigt sich gleichwohl anders als bei einem Marktzutritt Privater. Zum einen erfolgt die Betätigung nicht in Ausübung grundrechtlich geschützter unternehmerischer Betätigungsfreiheit. Kommunen sind nicht grundrechtsfähig.[17] Des weiteren stößt die Errichtung öffentlicher Betriebe auf kommunalverfassungsrechtliche Schranken.[18] Errichtung und Betrieb öffentlicher Unternehmen sind nur zulässig, wenn ein öffentlicher Zweck das Unternehmen rechtfertigt und der Zweck nicht besser oder wirtschaftlicher durch einen anderen erfüllt werden kann (sog. Subsidiaritätsklausel).[19] Kommunen dürfen sich danach wirtschaftlich nur betätigen, wenn dies besonders gerechtfertigt ist. Sie sollen nicht wie Private in Konkurrenz zu Privaten treten.

2 Das Problem der Abwehr

Errichtet eine Kommune unter Verstoß gegen die kommunalverfassungsrechtliche Subsidiaritätsklausel ein Unternehmen, so stellt sich für den privaten Unternehmer die Frage der Abwehr. Die Chancen, auf dem Verwaltungsrechtsweg mit Erfolg den Marktzutritt eines öffentlichen Betriebes abzuwehren, sind gering. Nach der Rechtsprechung kann ein Privater die Einhaltung der Subsidiaritätsklauseln nicht im Wege des Verwaltungsrechtsschutzes durchsetzen. Die Normen dienten nicht dem Schutz Dritter, sondern seien gemeindefinanzwirtschaftliche Regelungen, deren Sinn und Zweck sich in der Verhütung finanzieller Überforderung und des Erleidens wirtschaftlicher Nachteile für die Kommunen erschöpften.[20] Für einige der jüngst novellierten Subsidiaritätsklauseln mag künftig anderes gelten.[21] So wird eine Drittwirkung diskutiert für die Neufassung des § 107 Abs. 3 NWGO.[22] Dieser verpflichtet die Gemeinde, vor der Entscheidung über die Gründung von Unternehmen den Rat auf Grundlage einer Markt-

---

16 Siehe David, NVwZ 2000, S. 738, 738; Hill, BB 1997, S. 425.

17 Vgl. Heintzen, NVwZ 2000, S. 743; Hösch, DÖV 2000, S. 393, 393 f.; Schmidt-Bleibtreu/Klein, Art. 12 Rn. 27 m.w.N.

18 Zu den kommunalverfassungsrechtlichen Grenzen zuletzt Schink, NVwZ 2002, S. 129, 133.

19 Subsidiaritätsklauseln finden sich, wenn auch nicht in identischer Formulierung, in den Gemeindeordnungen aller Bundesländer; eine abschließende Übersicht gibt Schink, NVwZ 2002, S. 129, 130 ff.

20 BVerwGE 39, 329; OVG NW, NVwZ 1996, S. 1045.

21 Ausführlich zu jüngeren Änderungen des kommunalen Wirtschaftsrechts Tödtmann, RdE 2002, S. 6, 9 f.

22 Vgl. Schink, NVwZ 2002, S. 129, 138; aus der Rspr. siehe RhPfVerfGH, NVwZ 2000, S. 801, 804.

analyse u.a. über die Auswirkungen für die mittelständische Wirtschaft zu unterrichten und dabei den Selbstverwaltungsorganisationen von Handwerk, Industrie und Handel Gelegenheit zur Stellungnahme zu den Marktanalysen zu geben. Sollte sich für einzelne Subsidiaritätsklauseln die Anerkennung einer Drittwirkung durchsetzen, wäre damit aber nicht viel gewonnen, da dann beschränkt auf einige Bundesländer lediglich ein Teil der in der Bundesrepublik Deutschland ansässigen Unternehmen über einen Abwehranspruch verfügen würden.

Verfassungsrechtliche Abwehransprüche gestützt auf die Berufs- und/oder Eigentumsfreiheit (Art. 12, 14 GG) werden von der Rechtsprechung in nur eng begrenztem Umfang anerkannt. Diese Grundrechte schützten nicht gegen staatliche Konkurrenz, solange dadurch die private Konkurrenz nicht unmöglich gemacht oder unzumutbar eingeschränkt wird oder eine unerlaubte Monopolstellung entsteht.[23]

Bis vor kurzem waren die Erfolgsaussichten relativ hoch, den Marktzutritt gestützt auf Wettbewerbsrecht zu verhindern. Wiederholt wurde entschieden, tritt eine Kommune unter Verstoß gegen die Subsidiaritätsklausel in den Markt ein, so erfüllt sie den Tatbestand des § 1 UWG und kann wegen sittenwidriger Wettbewerbshandlungen auf Unterlassung in Anspruch genommen werden.[24] Diese Rechtsprechung wurde begrüßt.[25] Von der Warte der Privatunternehmen sei der Paradigmenwechsel überfällig gewesen.[26] Andere griffen die Entscheidungen an. Der rechtswidrige Marktzutritt eines öffentlichen Betriebes unter Verstoß gegen Kommunalrecht könne nicht gleichgesetzt werden mit sittenwidrig i.S.d. § 1 UWG. Nicht privates Wettbewerbsrecht, sondern allein öffentliches Recht entscheide über die Zulässigkeit der Aufnahme wirtschaftlicher Betätigung.[27] Der BGH hat sich mit seinem Urteil vom 25.04.2002 letztgenannter Auffassung angeschlossen. Die Aufnahme wirtschaftlicher Betätigung einer Gemeinde sei nicht schon deshalb unlauterer Wettbewerb, weil sie nach Kommunalrecht untersagt sei. Die Ansprüche aus UWG richteten sich gegen unlauteres Verhalten *auf* dem Markt, nicht aber gegen den Marktzutritt.[28] Der Versuch, die öffentlich-rechtliche „Abwehrlücke" wettbewerbsrechtlich zu schließen, ist damit gescheitert.

---

23 BVerwG, NJW 1995, S. 2938; VGH Kassel, NVwZ 1996, S. 816, 817 m.N.; aus dem Schrifttum siehe nur Reinhard, DÖV 1990, S. 550, 503 f.; Pieroth/Hartmann, DVBl. 2002, 421 ff.

24 OLG Düsseldorf, NWVBl. 1997, S. 353; OLG Hamm, JZ 1998, S. 576; LG München, GewArch. 1999, S. 413.

25 Siehe etwa David, NVwZ 2000, S. 738, 742 f.

26 Cosson, DVBl. 1999, S. 891, 892.

27 Schink, NVwZ 2002, S. 129, 139; Tettinger, NJW 1998, S. 3473, 3474.

28 BGH, - I ZR 250/00 -; auch schon OLG Karlsruhe, Urteil vom 16.11.2000, GewArch 2002, S. 70, 70 f.

Teilt man die Auffassung des BGH, und es sprechen gute Gründe dafür,[29] muss man sich dem Einwand stellen, dass sich der Verwaltungsrechtsweg aus Sicht der privaten Unternehmer als wenig hilfreich zum Schutz vor unzulässiger kommunaler Konkurrenz erwiesen hat.[30] Wohl um diesem Argument zu begegnen, werden zur Begründung der Ablehnung einer Anwendung des § 1 UWG von Stimmen im Schrifttum erste Ansätze dahingehend formuliert, die entgegen der h. M. einen grundrechtlichen Abwehranspruch auf Art. 12 GG stützen. Abgehoben wird dabei auf eine seit einigen Jahren sich verfestigende Rechtsprechung, wonach die Berufsfreiheit aus Art. 12 GG nicht allein vor unmittelbaren Eingriffen klassischer Verwaltungstätigkeit, sondern auch vor faktischen Eingriffen schütze. Auf dieser Grundlage müsse jedes wirtschaftliche Handeln der Kommunen, was sich außerhalb der Subsidiaritätsklauseln bewege, über Art. 12 GG abgewehrt werden können und die Subsidiaritätsklauseln folglich in verfassungskonformer Auslegung mit Drittschutz versehen werden.[31]

Die tatsächlichen und rechtlichen Rahmenbedingungen, denen der Mittelstand sich gegenwärtig ausgesetzt sieht, aktualisiert die Frage einer grundrechtlich gestützten Abwehr gegen Konkurrenz durch kommunale öffentliche Betriebe. Die Untersuchung soll einen Beitrag dazu liefern, den normativen Gehalt des Grundrechts auf Berufsfreiheit (Art. 12 GG) insoweit auszuloten. In Frage steht, ob die These, Art. 12 GG schütze nicht vor staatlicher Konkurrenz, so noch aufrecht erhalten werden kann.

3 Wirtschaftliche Betätigung als „vollziehende Gewalt"

Voraussetzung dafür, die Zulässigkeit des Marktzutritts öffentlicher Betriebe überhaupt an Grundrechten messen zu können, ist, dass die verfassungsrechtlichen Bindungen auch dann greifen, wenn der Staat oder seine Untergliederungen sich der Rechtsformen des Privatrechts bedienen. Privatrecht regelt das Verhältnis von Bürgern untereinander. Bewirkte die Wahl der privaten Rechtsform,[32] dass öffentliche Unternehmen zu privaten Konkurrenten in ein Bürger-Bürger-Verhältnis einträten und damit die Beziehung Staat-Bürger verließen, schiede ein Abwehrrecht des privaten Unternehmers aus Art. 12 GG von vornherein aus.

Das Staat-Bürger-Verhältnis wird geformt durch Art. 1 Abs. 3 GG. Staatliche Gewalt wird unmittelbar an die Grundrechte gebunden. Unzulässige staatliche Eingriffe in die Berufsfreiheit (Art. 12 GG) oder die Wettbewerbsfreiheit

---

29 So erachtet Schliesky, Öffentliches Wirtschaftsrecht, S. 155, das Ausweichen auf § 1 UWG unter dogmatischen, rechtssystematischen sowie wettbewerbsrechtlichen Gesichtspunkten für bedenklich; siehe auch Ehlers, Jura 1999, S. 212, 215.

30 Siehe dazu die Kritik von Sodan, DÖV 2000, S. 361, 371.

31 Schink, NVwZ 2002, S. 129, 139; Tettinger, NJW 1998, S. 3473, 3474.

32 Zur Wahlfreiheit Brohm, NJW 1994, S. 281, 284 ff.

(Art. 2 GG) können von den Grundrechtsträgern gegebenenfalls mit einer Verfassungsbeschwerde (Art. 93 Abs. 1 Nr. 4a GG) abgewehrt werden. Zu den klassischen Streitfragen gehört, ob diese unmittelbare Grundrechtsbindung auch dann besteht, wenn sich der Staat in den Privatrechtsverkehr begibt.[33] Die h. M. differenziert. Dient der öffentlichen Betrieb der unmittelbaren Erfüllung einer ihrem Wesen nach öffentlichen Aufgabe[34] (sog. gemeinwirtschaftliche Unternehmen),[35] ist die Grundrechtsbindung unstreitig. Ein Staat, der sich bei der Erfüllung ihm zukommender Aufgaben privatrechtlicher Mittel bediene, sei vollziehende Gewalt i.S.v. Art. 1 Abs. 3 GG. Er könne sich nicht im Bereich der Daseinsvorsorge durch „Flucht ins Privatrecht" der Grundrechtsbindung entledigen.[36] Anderes soll gelten, wenn der Staat nicht nur in Privatrechtsform agiert, sondern auch wie ein Privater motiviert ist, die wirtschaftliche Betätigung also allein zu dem Zweck unternommen wird, Gewinne zu erwirtschaften (sog. erwerbswirtschaftliche Unternehmen). Dann gelte die Grundrechtsbindung nicht unmittelbar.[37] Dieser Auffassung wird in jüngerer Zeit zu Recht zunehmend widersprochen.[38] Wenn der Staat sich schon nicht bei Erfüllung seiner Aufgaben allein durch Wahl der Privatrechtsform von der Grundrechtsbindung lösen kann, dann muss dies auch gelten für die Wahl des Zweckes, dem ein öffentlicher Betrieb dienen soll. Über seine Grundrechtsbindung kann der Staat nicht durch einseitige Bestimmung des Zwecks und/oder der Rechtsform entscheiden. Eine Begründung dafür, warum der Staat sich jenseits der Bindung an Grundrechte bewegen darf, kann nur gefunden werden in den Grundrechten selbst. Ihrem Schutz dient die Regelung des Art. 1 Abs. 3 GG. Eine Aufhebung der unmittelbaren Bindung an Grundrechte käme danach nur für solches staatliche Handeln in Betracht, das von seiner Natur her ungeeignet ist, sich auf grundrechtlich garantierte Freiräume nachteilig auszuwirken. Dies wird man für wirtschaftliche Betätigungen des Staates nicht annehmen dürfen. Aus diesen Gründen ist Errichtung und Betrieb öffentlicher Unternehmen unabhängig von Rechtsform und Zweck vollziehende Gewalt i. S. v. Art. 1 Abs. 3 GG.

4 Abwehranspruch aus Art. 12 GG

Zeigt sich wirtschaftliche Betätigungen des Staates ausnahmslos als unmittelbar grundrechtsgebundene vollziehende Gewalt, folgt daraus allein noch kein Verbot des Marktzutritts für Kommunen. Die unmittelbare Bindung an die Grundrechte setzt staatlichen Maßnahmen aber insoweit Grenzen, als sie nicht zu un-

33 Ausführlich zum Stand der Diskussion Starck in: Bonner GG, Art. 1 Rn. 196.
34 Zum Begriff der öffentlichen Aufgabe Di Fabio, JZ 1999, S. 585.
35 Jarass, Wirtschaftsverwaltungsrecht, § 12 Rn. 7.
36 Vgl. v. Münch, GG, Vorb. Art. 1-19, Rn. 35 m.N.
37 So BHGZ 29, 76 (80); 65, 284 (287); Badura in: Schmidt-Aßmann, 3. Abschn. Rn. 69.
38 Siehe nur Erichsen/Ebber, Jura 1999, S. 373, 375 m. zahlreichen. N.

zulässigen Eingriffen in garantierte Freiheitsräume von Grundrechtsträgern führen dürfen. Private Unternehmen können den Marktzutritt kommunaler Unternehmen dann grundrechtsgestützt abwehren, wenn dadurch der Garantiebereich des Art. 12 GG berührt wird, ein Eingriff vorliegt und dieser verfassungsrechtlich unzulässig ist.[39]

4.1 Marktzutritt und der Garantiebereich des Art. 12 GG

Der Garantiebereich von Grundrechten bestimmt sich persönlich und sachlich. Träger des Grundrechts auf Berufsfreiheit sind grundsätzlich alle natürlichen Personen, aber auch juristische Personen des Privatrechts (z.B. AG, GmbH).[40] Der personale Schutzbereich umfasst bundesdeutsche Staatsbürger bzw. inländische juristische Personen des Privatrechts sowie Personenvereinigungen des Privatrechts.[41] Ausländische juristische Personen können sich nicht auf Art. 12 Abs. 1 GG berufen.[42] Für diese käme ein Abwehranspruch allenfalls aus Art. 2 GG in Betracht.[43] Der sachliche Schutzbereich der Berufsfreiheit enthält ein einheitliches Grundrecht, das die Wahl des Berufes ebenso schützt wie dessen Ausübung.[44]

Fraglos wird durch die Errichtung eines öffentlichen Unternehmens als Monopol der Garantiebereich hinsichtlich der Berufswahl Privater berührt.[45] Nicht ohne weiteres zu bejahen ist indes, ob durch den schlichten Marktzutritt eines öffentlichen Betriebes der Garantiebereich in der Alternative der Berufsausübungsfreiheit betroffen ist bei den Privatunternehmen, zu denen sich das öffentliche Unternehmen in Konkurrenz begibt.

Mit der Freiheit der Ausübung eines Berufes ist die gesamte berufliche Tätigkeit geschützt; Form, Mittel und Umfang sowie der Inhalt der Betätigung.[46] Dazu gehört die Freiheit unternehmerischer Planungs- und Grundentscheidungen (Dispositionsfreiheit), die freie unternehmerische Entscheidung über den Kapitaleinsatz (Investitionsfreiheit) sowie die freie Entscheidung über Art und Umfang der Produktion (Produktionsfreiheit).[47] Der Marktzutritt eines öffentlichen

---

39 Zur dreistufigen Grundrechtsprüfung Jarass in: Jarass/Pieroth, Vorb. vor Art. 1 Rn. 16.

40 Jarass in: Jarass/Pieroth, Art. 12 Rn. 10.

41 BVerfGE 30, 292 (312); 53, 1 (13); 65, 196 (209 f.).

42 BVerfGE 21, 207 (208 f.); dies gilt nicht für EG-Ausländer, soweit dies EG-rechtlich geboten ist; Jarass in: Jarass/Pieroth, Art. 12 Rn. 10; a.A. Mansson in: Bonner GG, Art. 12 Rn. 260; zum Begriff der inländischen juristischen Person nach Art. 19 Abs. 3 GG im Kontext der EU Kotzur, DÖV 2001, S. 192 ff.

43 Schmidt-Bleibtreu/Klein, Art. 12 Rn. 26.

44 BVerfGE 7, 377 (400 ff.); 78, 179 (196 f.); Jarass in: Jarass/Pieroth, Art. 12 Rn. 10 m.w.N.

45 Zum staatlichen Monopol als objektive Zulassungsregelung siehe BVerfGE 21, 245 (251); allgemein zu öffentlichen Monopolen Weiß, VerwArch. Bd. 26 (1999), S. 415 ff.

46 Jarass in: Jarass/Pieroth, Art. 12 Rn. 8 m.N.

47 Mansson in: Bonner GG, Art. 12 Rn. 65.

Unternehmens bewirkt für konkurrierende Privatunternehmen eine wesentliche Veränderung der Wettbewerbslage. Der Konkurrenzdruck erhöht sich. Unternehmerische Entscheidungen werden künftig unter Berücksichtigung der „neuen Konkurrenz" gefällt werden müssen. Weil Konkurrenz diese Wirkungen entfaltet, kann man sich vom Wettbewerb auch das Freisetzten von Wachstumskräften versprechen. Dann aber beeinflusst der Marktzutritt eines öffentlichen Betriebes maßgeblich Entscheidungen Privater darüber, wie sie ihren Beruf ausüben wollen. Der Garantiebereich von Art. 12 Abs. 1 GG ist demnach berührt. Dem steht nicht die Rechtsprechung entgegen, wonach Art. 12 GG vor dem Wettbewerb der öffentlichen Hand nicht schütze,[48] weil das Hinzutreten des Staates als Konkurrent lediglich eine systemimmanente Verschärfung des marktwirtschaftlichen Konkurrenzdrucks beinhalte.[49] Wenn denn staatliche Konkurrenz im Falle von Verdrängungswettbewerb oder sonstiger empfindlicher Belastung von der Rechtsprechung als Grundrechtsbeeinträchtigung erachtet wird,[50] so bedeutet dies, Art. 12 GG garantiert die Freiheit, in der Berufsausübung nicht durch unzulässige wirtschaftliche Betätigung staatlicherseits beeinträchtigt zu werden. Daraus folgt, jeder Marktzutritt eines staatlichen Unternehmens berührt den Schutzbereich der Berufsfreiheit.

4.2 Marktzutritt öffentlicher Unternehmen: Eingriff in die Berufsfreiheit?

Grundrechte schützen nicht vor jeder Einwirkung des Staates in ihren Schutzbereich, sondern nur vor Beeinträchtigungen. In seiner Funktion als Abwehrrecht wird ein Grundrecht durch einen Eingriff beeinträchtigt. Eingriffsqualität kommt ausnahmslos generellen oder individuellen, den Adressaten belastenden Regelungen (imperative Einwirkung) zu.[51] Tritt der Staat in den Markt ein, so liegt darin kein in diesem Sinne klassischer Eingriff. Der private Unternehmer wird keinen Regelungen unterworfen, die ihm verbindlich aufgeben, wie er seinen Beruf auszuüben hat. In seiner Entscheidungsfreiheit wird er unmittelbar nicht eingeschränkt. Damit unterscheidet sich wirtschaftliche Betätigung des Staates von Maßnahmen der imperativen Einwirkung in wesentlichen Punkten. Sie entfaltet lediglich faktische Wirkung und ist unmittelbar auf Gewinnerzielung (erwerbswirtschaftliche Betätigung) und/oder die Erfüllung einer öffentlichen Aufgabe (sozialwirtschaftliche Betätigung) gerichtet, nicht aber auf Beschränkung

---

48 BVerwGE 39, 329, 336.

49 BVerwGE 71, 183 (193); BVerwG, NJW 1995, S. 2938, 2939.

50 BVerwG, DÖV 78, S. 851; BVerwG, NJW 1995, S. 2938, 2939; VGH Kassel, NJW 1996, S. 3429.

51 Siehe Jarass in: Jarass/Pieroth, Vorb. vor Art. 1 Rn. 25.

der unternehmerischen Betätigungsfreiheit privater Konkurrenten. Dies lässt es fraglich sein, ob der Marktzutritt als Eingriff gewertet werden kann.[52]

Die Auffassungen, die ein Abwehrrecht aus Art. 12 Abs. 1 GG in Abwendung der bisherigen Rechtsprechung fordern, begründen dies damit, inzwischen sei anerkannt, Art. 12 Abs. 1 GG biete auch Schutz vor faktischen Eingriffen.[53] Dies trifft zu, kann allein aber nicht die Annahme eines Eingriffs stützen. Die Ausweitung des Grundrechtsschutzes über imperiale Eingriffe hinaus bedeutet, auch faktischen Eingriffen kann das Abwehrrecht der Berufsfreiheit entgegengehalten werden. Sie besagt indes nicht, jeder irgendwie gearteten Einwirkung auf den Schutzbereich eines Grundrechtes käme ausnahmslos die Qualität eines Eingriffes zu. Faktische Auswirkungen von Realakten können Grundrechtsrelevanz erlangen, müssen es aber nicht. Für wirtschaftliche Betätigung des Staates ist soweit erkennbar auch nie in Zweifel gezogen worden, dass es sich um eine staatliche Maßnahme handelt, die grundsätzlich geeignet ist, einen Eingriff in die Berufsfreiheit zu bewirken. Der Marktzutritt öffentlicher Unternehmen wurde immer auch an Art. 12 GG gemessen.[54] Die geringe Schlagkraft des Art. 12 Abs. 1 GG als Abwehrnorm gegen staatliche Konkurrenz begründet sich weniger in den lediglich tatsächlichen Wirkungen öffentlicher Betriebe, als darin, dass die Rechtsprechung der Art. 12 Abs. 1 GG erst dann Schutz bietet, wenn eine wettbewerbsausschließende oder den Wettbewerb stark beeinträchtigende Wirkung zu verzeichnen ist. Solange der Marktzutritt lediglich konkurrenzverstärkend wirke, wird ein Eingriff verneint. Nur wenn es gelingt, diese von der Rechtsprechung als Voraussetzung für einen Abwehranspruch gesetzte Schwelle nach unten hin zu verlagern, indem bereits eine schlichte Konkurrenzverstärkung durch staatliche Unternehmen als Eingriff begründbar wäre, könnte Art. 12 Abs. 1 GG mehr als bisher gegen staatliche Konkurrenz aktiviert werden.

Als Kriterien, anhand derer sich entscheiden soll, wann faktische Eingriffe durch Realakte als Grundrechtseingriff zu werten sind, finden sich im Schrifttum etwa der Belastungsgrad für das jeweilige Grundrecht[55] oder ob die Beeinträchtigung Ausdruck derjenigen Gefahr ist, der das Grundrecht Schutz bieten will.[56] Die Rechtsprechung fordert einen engen Zusammenhang mit der Ausübung eines Berufes[57] und eine erkennbare objektiv berufsregelnde Tendenz.[58] Al-

---

52 Die Literaturauffassungen, wonach grundsätzlich jede spezifische, rechtliche oder faktische Betroffenheit des Bürgers bei seiner beruflichen Betätigung als grundrechtsrelevant angesehn, wird zu Recht abgelehnt; dazu Tettinger in: Sachs, Art. 12 Rn. 76 m.N.

53 Schink, NVwZ 2002, S. 129, 138; Tettinger, NJW 1998, S. 3473, 3474.

54 BVerwGE 39, 329 (334).

55 Jarass in: Jarass/Pieroth, Vorb. vor Art. 1 Rn. 27.

56 Ramsauer, VerwArch 72 (1981), S. 89, 102.

57 Siehe nur BVerfGE 31, 181 (185 f.); 46, 120 (145).

58 BVerfGE 70, 191 (214); 82, 209 (223 f.); siehe dazu die Kritik von Mansson in: Bonner GG, Art. 12 Rn. 70 ff.

lerdings sind diese Kriterien vornehmlich entwickelt worden für Maßnahmen, durch die der Staat von außen auf den Wettbewerb von Privaten untereinander einwirkt.[59]

Der Annahme eines Eingriffs durch Marktzutritt steht die These entgegen, Art. 12 GG schütze nicht vor Konkurrenz, auch nicht vor staatlicher, denn der Berufsfreiheit komme zusammen mit anderen wirtschaftlich relevanten Grundrechten eine marktorientierte und wettbewerblich organisierte Wirtschaftsordnung als objektive Gewährleistung zu.[60] Träfe dies zu, so wäre es tatsächlich unerheblich, ob Konkurrenz durch private oder staatliche Unternehmen bewirkt wird. Die von Art. 12 GG objektiv rechtlich garantierte Wirtschaftsordnung würde durch den Marktzutritt kommunaler Unternehmen solange nicht tangiert, wie dadurch nicht der Wettbewerb selbst beeinträchtigt würde. Es ist indes fraglich, ob private und staatlichen Unternehmen in dieser Weise auf ihre gemeinsame Eigenschaft als wirtschaftliche Konkurrenten reduziert und dadurch rechtlich gleichgestellt werden können.

Öffentliche wie private Unternehmen handeln in Rechtsformen des Privatrechts und bieten auf dem Markt Leistungen an. Jenseits dieser Übereinstimmungen besteht verfassungsrechtlich gesehen jedoch ein erheblicher Unterschied. Nur auf Seiten der privaten Unternehmen zeigt sich wirtschaftliches Handeln als Grundrechtsausübung. Untereinander können sich Wirtschaftssubjekte nicht unter Berufung auf Art. 12 GG vor Konkurrenz schützen. Dies hat seinen Grund aber nicht darin, dass die Berufsfreiheit auf den Schutz eines durch Konkurrenz bestimmten Marktes angelegt wäre. Grundrechtsgestützte Abwehr muss gegenüber Privaten deshalb ausfallen, weil die Freiheitsrechte im Verhältnis der Grundrechtsträger untereinander keine unmittelbare Drittwirkung entfalten.[61] Selbst wenn Art. 12 GG Schutz vor Konkurrenz böte, dann vor staatlicher, nicht jedoch vor privater. Die garantierte Berufsfreiheit fördert Konkurrenz auch nicht um ihrer selbst Willen. Der objektiv rechtliche Gehalt kann nicht bestimmt werden in Abkopplung von der Berufsfreiheit als subjektivem Abwehrrecht.[62] Die Berufsfreiheit ist in erster Linie persönlichkeitsbezogen[63] und konkretisiert das Grundrecht auf freie Entfaltung der Persönlichkeit im Bereich der individuellen Leistung und Existenzerhaltung.[64] Art. 12 GG schützt nicht den

---

59 BVerwGE 71, 183 (Veröffentlichung von Transparenzlisten); zu behördlicher Umweltberatung siehe Lübbe-Wolff, NJW 1987, S. 2705 ff.

60 Vgl. Tettinger in: Sachs, Art. 12 Rn. 14.

61 Ganz h.M.; siehe nur v. Münch in: v. Münch/Kunig, Vorb. Art. 1 – 19, Rn. 31; Schmidt-Bleibtreu/Klein, Vorb. v. Art. 1 Rn. 7 f., m.N.

62 Für Grundrechte, die auch institutionelle Garantien enhalten, gebührt dem subjektivrechtlichen Charakter der Grundrechte Vorrang; Starck in: Bonner Grundgesetz, Art. 1 Rn. 71.

63 BVerfGE 30, 292 (334).

64 BVerfGE 54, 301 (313); 75, 284 (292).

wirtschaftlichen Wettbewerb als solchen, sondern die Freiheit zum Wettbewerb[65] und hat lediglich im *Praktischen* einen wettbewerbsfördernden Effekt.[66] Die Freiheit zum Wettbewerb aber haben nur private Unternehmen. Weil diese konkurrierend ihre Grundrechte ausüben, zeigt sich Wettbewerb als das Instrument zur optimalen Freiheitsverwirklichung.[67] Nur aus diesem Grund und nur insoweit schützt Art. 12 Abs. 1 GG in der Tat nicht vor Konkurrenz. Öffentliche Betriebe sind keine Konkurrenten i. S. v. Art. 12 GG. Sie befördern wohl faktisch wirtschaftlichen Wettbewerb, nicht aber den Wettbewerb, wie ihn Art. 12 GG als subjektives Recht erreichen will, nämlich als konkurrierende Grundrechtsausübung. Tritt ein öffentliches Unternehmen in Wettbewerb zu Privaten, wird eine Konkurrenzsituation geschaffen, für deren Rechtfertigung nicht auf den objektiv rechtlichen Gehalt von Art. 12 Abs. 1 GG abgehoben werden kann. Aus diesen Gründen wird man einen Eingriff in Art. 12 Abs. 1 GG dann annehmen dürfen, wenn der Marktzutritt eines öffentlichen Unternehmens den Konkurrenzdruck verschärft.[68]

4.3 Subsidiaritätsklauseln und Gesetzesvorbehalt

Eingriffe in Grundrechte bedürfen der Rechtfertigung. Beeinträchtigungen der Berufsfreiheit stehen nach Art. 12 Abs. 1 S. 2 GG unter Gesetzesvorbehalt. Faktische Eingriffe bedürfen einer gesetzlichen Grundlage, wenn sie voraussehbar sind.[69] Weiter muss der Eingriff verhältnismäßig sein. Als gesetzliche Grundlage kommen die Subsidiaritätsklauseln in Betracht. Sie genügen insoweit dem Gesetzesvorbehalt, als es förmliche Gesetze sind. Problematisch könnte allenfalls sein, solche Subsidiaritätsklauseln nachträglich als Eingriffsregelung zu qualifizieren, die bei ihrer Entstehung nach dem Willen des Gesetzgebers ausschließlich dem Schutz der Kommunen dienen sollten.

Die Subsidiaritätsklauseln gestatten die Errichtung öffentlicher Betriebe nur, wenn ein öffentlicher Zweck den Betrieb rechtfertigt und der Zweck nicht oder nicht besser durch Private erfüllt werden kann. Danach ist rein erwerbswirtschaftlich motivierte, ausschließlich auf Gewinnerzielung ausgerichtete wirtschaftliche Betätigung unzulässig.[70] Ausgeschlossen wird weiter, dass sich ein öffentlicher Betrieb durch Marktzutritt in Konkurrenz zu privaten Unternehmen begibt. Wirtschaftliche Betätigung von Kommunen in Übereinstimmung mit den

---

65 Isensee, HStR V, § 115 Rn. 253.
66 BVerfGE 32, 311 (317).
67 Dazu Isensee, HStR V, § 115 Rn. 253.
68 So im Ergebnis auch Hösch, DÖV 2000, S. 398, 399.
69 Jarass in: Jarass/Pieroth, Art. 12 Rn. 20.
70 Siehe Sodan, DÖV 2000, S. 361, 370; Hösch, GewArch 200, S. 1, 3 f.; Pieroth/ Hartmann, DVBl. 2002, S. 421, 428 m.w.N.; zur verfassungsrechtlichen Unzulässigkeit rein erwerbswirtschaftlicher Betätigung Ehlers, Jura 1999, S. 212, 214; a.A. Jarass, DÖV 2002, S. 489, 491.

Subsidiaritätsklauseln überschreitet zu keiner Zeit die Schwelle zur Grundrechtsbeeinträchtigung, da diese notwendig eine Konkurrenzsituation wie unter Privaten voraussetzt. Mit den Subsidiaritätsklauseln vereinbare wirtschaftliche Betätigungen bedürfen keiner gesetzlichen Grundlage. Sie lassen die Berufsfreiheit unberührt. Folglich können die Subsidiaritätsklauseln keine Normen sein, die der Rechtfertigung von Eingriffen in die Berufsfreiheit dienen. Entweder hält sich kommunale wirtschaftliche Betätigung innerhalb der gesetzten Grenzen, dann liegt kein Grundrechtseingriff vor; oder die Grenzen werden überschritten, dann könnte es zu Grundrechtsbeeinträchtigungen kommen, für diese bieten die Subsidiaritätsklauseln indes keine Rechtfertigung.

Insgesamt kann festgehalten werden: Werden die Vorgaben der Subsidiaritätsklauseln eingehalten, erlangt wirtschaftliche Betätigung von Kommunen keine Grundrechtsrelevanz. Erfolgt der Marktzutritt öffentlicher Betriebe unter Verstoß gegen eine Subsidiaritätsklausel und erhöht sich dadurch der Konkurrenzdruck für private Unternehmen, liegt ein Eingriff in das Grundrecht der Berufsfreiheit bei privaten Konkurrenzunternehmen vor, für den die Subsidiaritätsklauseln nicht gesetzliche Grundlage sein können.

5 Fazit und Ausblick

Zu Recht tendiert das rechtswissenschaftliche Schrifttum zunehmend dahin, öffentlichrechtliche Abwehransprüche gegen die Errichtung öffentlicher Betriebe anzuerkennen, vorausgesetzt, die Kommune verstößt mit dem Marktzutritt gegen die Subsidiaritätsklausel. Ob sich allerdings die Rechtsprechung für die Ansätze öffnen wird, die einen auf das Grundrecht der Berufsfreiheit gestützten Abwehranspruch bejahen, ist gegenwärtig nicht abschätzbar. Allenfalls deutet sich in der verwaltungsrechtlichen Judikatur eine Anerkennung der Subsidiaritätsklauseln als auch drittschützende Normen an.[71] Als gesichert kann nach der Entscheidung des BGH lediglich gelten, eine auf § 1 UWG gestützte wettbewerbsrechtliche Klage wird erfolglos bleiben. Das Risiko für den Unternehmer, in einem verwaltungsgerichtlichen Verfahren gegen den unzulässigen Marktzutritt eines öffentlichen Unternehmens zu unterliegen, bleibt damit nach wie vor hoch. Gegenwärtig verbinden sich daher mit formlosen Rechtsbehelfen, wie etwa der Aufsichtsbeschwerde, höhere Erfolgschancen, auch wenn diese keinen Anspruch auf Verbescheidung gewähren.[72]

71 So OLG Düsseldorf, DÖV 2001, 912, 914 m.N.
72 Schmidt in: Eyermann, VwGO, § 58 Rn. 2.

Literatur

Badura, P.: Wirtschaftsverwaltungsrecht, in: Schmidt-Aßmann, E. (Hrsg.), Besonderes Verwaltungsrecht, 10. Aufl., Berlin/New York 1995

Baumbach, A./Hafermehl, W.: Wettbewerbsrecht, Kommentar, 21. Aufl., München 1999

Brohm, W.: Wirtschaftstätigkeit der öffentlichen Hand und Wettbewerb, NJW 1994, S. 281 - 289

Cosson, R.: Begrenzungen kommunaler wirtschaftlicher Betätigung im Bereich der Abfallwirtschaft, DVBl. 1999, S. 891 - 898

David, H.-J.: Wettbewerbsrechtliche Ansprüche gegen die Betätigung von Kommunen und deren Gesellschaften, NVwZ 2000, S. 738 - 743

Di Fabio, U.: Privatisierung und Staatsvorbehalt, JZ 1999, S. 585 - 592

Ehlers, D.: Die Zulässigkeit einer erwerbswirtschaftlichen Betätigung der öffentlichen Hand, Jura 1999, S. 212 - 217

Erichsen, H.-U./Ebber, B.: Die Grundrechtsbindung des privatrechtlich handelnden Staates, Jura 1999, S. 373 - 378

Eyermann, E.: Verwaltungsgerichtsordnung, Kommentar, begründet v. Eyermann/Fröhler, 11. überarb. Aufl. v. Geiger, München 2000

Heintzen, M.: Zur Tätigkeit kommunaler (Energieversorgungs-)Unternehmen, NVwZ 2000, S. 743 - 746

Hill, H.: In welchen Grenzen ist kommunalwirtschftliche Betätigung Daseinsvorsorge?, BB 1997, S. 425 - 431

Hösch, U.: Der öffentliche Zweck als Voraussetzung kommunaler Wirtschaftstätigkeit, GewArch 2000, S. 1 - 11

Isensee, I./Kirchhof, P. (Hrsg.): Handbuch des Staatsrechts, Bd. 5, Heidelberg 1992

Jarass, H. D./Pieroth, B.: Grundgesetz, Kommentar, 6. Aufl., München 2002

Jarass, H. D.: Kommunale Wirtschaftsunternehmen und Verfassungsrecht, DÖV 2002, S. 489 - 500

Kotzur, M.: Der Begriff der inländischen juristischen Personen nach Art. 19 Abs. 3 GG im Kontext der EU, DÖV 2001, S. 192 - 199.

Lübbe-Wolff, G.; Rechtsprobleme der behördlichen Umweltberatung, NJW 1987, S. 2705 - 2712

Mangoldt, v. H./Klein, F./Starck, C.: Das Bonner Grundgesetz, Kommentar, 4. Aufl., München 1999

Münch, I, v. /Kunig, P. (Hrsg.): Grundgesetzkommentar, Bd. I, 5. Aufl., München 2000

Pieroth, B./Hartmann, B. J.: Grundrechtsschutz gegen wirtschaftliche Betätigung der öffentlichen Hand, DVBl. 2002, S. 421 - 428

Ramsauer, U.: Die Bestimmung des Schutzbereichs von Grundrechten nach dem Normzweck, VerwArch 72 (1981), S. 89 - 106

Reinhard, R.: Die Zulässigkeit kommunaler Wohnungsunternehmen, DÖV 1990, S. 500 - 506

Rinck, G./Schwark, E.: Wirtschaftsrecht, 6. Aufl., Köln; Berlin; Bonn; München 1989

Schink, A.: Wirtschaftliche Betätigung kommunaler Unternehmen, NVwZ 2002, S. 129 .- 140

Schmidt-Bleibtreu, B./Klein, F.: Kommentar zum Grundgesetz, 9. Aufl., Neuwied; Kriftel 1999

Schliesky, U.: Öffentliches Wirtschaftsrecht, Heidelberg 2000

Sodan, H.: Vorrang der Privatheit als Prinzip der Wirtschaftsverfassung, DÖV 2000, S. 361 - 371

Tettinger, P. J.: Rechtsschutz gegen kommunale Unternehmen, NJW 1998, S. 3473 - 3474
Tödtmann, U.: Kommunale Energieversorgungsunternehmen zwischen Gemeinderecht und Wettbewerb, RdE 2002, S. 6 - 15
Weiß, W.: Öffentliche Monopole, kommunaler Anschluß- und Benutzungszwang und Art. 12 GG, VerwArch. 26 (1999), S. 415 - 441

Fokus Mittelstand: Personalmanagement*

Thomas Behrends

Inhaltsverzeichnis

1 Einleitung

In der einschlägigen Literatur findet sich eine Vielzahl unterschiedlicher Auflistungen und Merkmalskataloge zur Klassifizierung mittelständischer Betriebe (Mugler 1998; Pfohl 1997). Welche dieser quantitativen und/oder qualitativen Merkmale man einer begrifflichen Abgrenzung kleiner und mittlerer Unternehmen (KMU) auch zugrunde legen mag, stets gelangt man wohl zu der Erkennt-

---

* Beim vorliegenden Beitrag handelt es sich um die erweiterte Fassung des im Handwörterbuch des Personalwesens, 3. Aufl. 2002, hrsg. von E. Gaugler/W. Weber/W. Oechsler, Stuttgart erschienenen Beitrags "Personalmanagement in Klein- und Mittelbetrieben". Dem Schaeffer-Poeschel Verlag danke ich für die Genehmigung, auf diese Veröffentlichung zurückgreifen zu können.

nis, dass im Grunde die überwältigende Mehrheit deutscher Betriebe diesem Unternehmenstypus zuzurechnen ist. Insofern verstellt die hier zu untersuchende Frage nach den „Besonderheiten“ des Personalmanagements in KMU genau genommen ein Stück weit den Blick auf die betriebliche Realität in der Bundesrepublik Deutschland: Nicht die bis zu 99,6% der kleinen und mittleren Betriebe (IfM Bonn 1997, S. 16), sondern vielmehr die verschwindend kleine Gruppe der Großunternehmen mit ihrem ausgebauten und fest im organisationalen Geschehen verankerten Personalmanagement stellt den eigentlichen Sonderfall betrieblicher Personalarbeit in der Praxis dar.

Angesichts der in vielfacher Hinsicht extremen Heterogenität innerhalb der Gruppe der KMU lassen sich aber wissenschaftlich gehaltvolle, allgemein gültige Aussagen bezüglich der Handhabung personalwirtschaftlicher Aufgaben und Probleme in diesen Betrieben nicht ohne weiteres treffen. Es ist daher zunächst erforderlich, spezifische Organisationsmerkmale zu identifizieren, hinsichtlich derer sich große und kleine bzw. mittlere Unternehmen zumindest tendenziell voneinander unterscheiden und denen vor allem auch im Hinblick auf die Ausgestaltung des Personalmanagements eine wesentliche Bedeutung bzw. Erklärungskraft beizumessen ist.

2 Strukturelle Rahmenbedingungen des Personalmanagements in Klein- und Mittelbetrieben

Die spezifische „Gestalt“ der betrieblichen Personalarbeit ergibt sich aus dem komplexen Zusammenwirken einer Vielzahl unterschiedlicher Einflussfaktoren (wie der Branche, der Umweltdynamik, der Organisationskultur etc.). Die folgende Analyse der personalwirtschaftlichen Besonderheiten von Klein- und Mittelbetrieben wählt als ihren argumentativen Ausgangspunkt die organisations*strukturellen* Unterschiede zwischen Großunternehmen und KMU. Sicherlich kann auch eine solche Strukturbetrachtung nicht alle relevanten Bestimmungsgrößen des Personalmanagements in angemessener Weise berücksichtigen, sie hat aber durchaus gewisse Vorzüge. Zum einen sind Organisationsstrukturen in gewissem Maße Ausdruck bzw. „Reflex“ zahlreicher interner und externer Rahmenbedingungen des Unternehmensverhaltens (z.B. auch der Größe), zum anderen legen sie das organisationale Geschehen zwar nicht in einem deterministischen Sinne fest, kanalisieren es aber zumindest innerhalb bestimmter Bahnen bzw. Grenzen (Martin/Behrends 1998). Insofern ist davon auszugehen, dass die strukturellen Eigenheiten von Klein- und Mittelbetrieben auch im Hinblick auf das Personalmanagement in diesen Unternehmen einen charakteristischen Einfluss entfalten.

2.1 Merkmale der Organisationsstruktur von KMU

Wenngleich wohl auch bezüglich der organisationalen Strukturen nicht von einem einheitlichen Erscheinungsbild kleiner und mittlerer Unternehmen ausgegangen werden kann, so lassen sich diesbezüglich doch einige grundlegende Merkmale benennen, die für KMU zumindest insofern „typisch" sind, als dass sie in diesen Unternehmen besonders häufig (und vor allem häufiger als in Großunternehmen) anzutreffen sind (Martin/Behrends 1998; Pfohl 1997; Wittlage 1997).

2.1.1 Zentralisierte Entscheidungsfindung

Verglichen mit der enormen Komplexität großer Unternehmen nimmt sich das organisationale Geschehen in Klein- und Mittelbetrieben noch relativ „überschaubar" aus. Dementsprechend verfügt das Top-Management hier i.d.R. über deutlich weitreichendere Möglichkeiten, alle wichtigen Entscheidungen (wie z.B. auch Fragen bzgl. der Ausgestaltung des Personalmanagements) selbst zu treffen und nicht auf nachgelagerte Hierarchieebenen zu übertragen (Schindler 1996). Dies gilt – angesichts der oftmals starken persönlichen bzw. emotionalen Bindung – noch verstärkt für diejenigen KMU, in denen die Geschäftsführung in den Händen des Unternehmensgründers bzw. -eigentümers liegt (Carland et al. 1984).

2.1.2 Wenig spezialisierte Stellen

Ein zweites bedeutsames Merkmal mittelständischer Organisationsstrukturen besteht in ihrer vergleichsweise gering ausgeprägten funktionalen Spezialisierung (Wittlage 1997). Zwar existiert häufig auch in kleineren und mittleren Betrieben eine grobe Zuordnung zentraler Unternehmensaufgaben zu verschiedenen Abteilungen. Ein den differenzierten und auch formal ausgebauten Managementsystemen großer Unternehmen vergleichbares Funktionsgefüge findet man hier aber eher selten vor. Schon aufgrund ihrer geringeren finanziellen Handlungsspielräume haben KMU i.d.R. nicht die Möglichkeit, für jedes Aufgabengebiet entsprechende Fachexperten zu beschäftigen, und sind daher eher bestrebt, vielseitig einsetzbare „Generalisten" zu rekrutieren.

2.1.3 Wenig ausgebautes System formaler bzw. standardisierter Regelungen und Verfahren

Nicht ganz unabhängig von dieser geringen funktionalen Spezialisierung ist das dritte organisationsstrukturelle Charakteristikum kleiner und mittlerer Betriebe: die nur schwach ausgeprägte Regulierung bzw. Formalisierung des organisationalen Geschehens. Während Großunternehmen aufgrund ihrer Komplexität oftmals gezwungen sind, die innerbetriebliche Kooperation durch standardisierte Prozesse und Regelungen in gewissem Maße vorzustrukturieren, lassen sich derartig „bürokratische Lösungen" in KMU vielfach durch einen umfassenderen „face to face"-Kontakt und eine wechselseitige Abstimmung zwischen den organisationalen Akteuren ersetzen (Schindler 1996, S. 807). Zudem sind beispielsweise die Entwicklung und der (regelmäßige) Einsatz eines anspruchsvolleren betriebswirtschaftlichen Instrumentariums i.d.R. eng an die Verfügbarkeit eines entsprechenden Expertenwissens innerhalb des Unternehmens geknüpft.

Es sei an dieser Stelle nochmals ausdrücklich betont, dass die o.g. Strukturbesonderheiten weder *ausschließlich* in der Gruppe der Klein- Mittelbetriebe anzutreffen sind, noch dass die Organisationsstrukturen von KMU zwingend *alle* diese Merkmale aufweisen müssen. Insofern wohnt auch den im Folgenden beschriebenen Zusammenhängen zwischen diesen Strukturmerkmalen und dem Personalmanagement in Klein- und Mittelbetrieben nur eine bedingte Gültigkeit inne. Sie bieten aber wichtige Hinweise auf mögliche Besonderheiten der Personalarbeit in kleinen und mittleren Betrieben (vgl. Abb. 1). Doch neben dieser Einschränkung hat eine solche Vorgehensweise durchaus auch ihre Vorzüge: Durch die Anbindung der weiteren Überlegungen an die – mehr oder weniger – typischen Merkmale mittelständischer Organisationsstrukturen wird die unangemessen grobe Zweiteilung in „Großbetriebe vs. KMU" zugunsten einer sich stärker an elementaren Einflussgrößen des Organisationsverhaltens orientierenden, stetigen Entwicklungsperspektive von Unternehmen aufgegeben.

2.2 Bedeutung der Strukturmerkmale für das Personalmanagement in Klein- und Mittelbetrieben

Die Ergebnisse der empirischen Organisations- und Entscheidungsforschung zeigen, dass gerade in Klein- und Mittelbetrieben die individuelle Persönlichkeit des Geschäftsführers einen maßgeblichen Einfluss auf die strategische Ausrichtung des Unternehmens entfaltet (Kotey/Meredith 1997; Miller/Toulouse 1986). Dementsprechend ist davon auszugehen, dass insbesondere im Falle einer *starken Zentralisierung der Entscheidungsfindung* auch die grundlegenden personalpolitischen Fragen von der Geschäftsführung entschieden und somit wesentlich von deren persönlichen Präferenzen geprägt werden. Dementsprechend lässt sich aus der vergleichsweise hohen Entscheidungszentralisation in KMU zwar nicht unmittelbar eine klare Aussage bzgl. der *inhaltlichen* Gestaltung des Personalmanagements ableiten. Sie liefert aber einen (partiellen) Erklärungsansatz für die ausgesprochen heterogenen Erscheinungsformen betrieblicher Personalarbeit in diesen Unternehmen.

Auch die geringere funktionale Spezialisierung bleibt nicht ohne Auswirkungen auf die Handhabung personalwirtschaftlicher Aufgaben in Klein- und Mittelbetrieben. In kleinen und mittleren Unternehmen werden die personalwirtschaftlichen Aufgaben i.d.R. nicht von ausgewiesenen „Personalexperten", sondern von den Mitgliedern der Geschäftsführung bzw. den Linienvorgesetzten wahrgenommen (Ackermann/Blumenstock 1993, S. 16). Die hieraus resultierenden Defizite im Hinblick auf das in KMU verfügbare personalwirtschaftliche Know-how schlagen sich beinahe zwangsläufig auch in einer schwächeren strategischen Orientierung des Personalmanagements und in einem weniger umfassenden Einsatz personalwirtschaftlicher Instrumente und Maßnahmen nieder

(Berthel/Touet 1997, S. 28). Berücksichtigt man in diesem Zusammenhang noch die Tatsache, dass einigen anderen Unternehmensfunktionen (wie z.B. dem Marketing) in KMU vielfach ein höherer Stellenwert beigemessen wird, dann ist bzgl. des mittelständischen Personalmanagements von einem relativ gering ausgeprägten Professionalisierungsgrad auszugehen (Ackermann/Blumenstock 1993; Wagar 1998).

Diese Tendenz wird durch das dritte strukturelle Charakteristikum kleiner und mittlerer Betriebe noch weiter verstärkt. Die vergleichsweise geringe Formalisierung bzw. Regulierung des organisationalen Geschehens in KMU wirkt der Implementierung eines integrierten Personalmanagement-Systems entgegen und leistet eher einer probleminduzierten, „reaktiven" Personalpolitik Vorschub. So werden beispielsweise – in Ermangelung entsprechend standardisierter Planungs- und Steuerungsaktivitäten – personalwirtschaftlich relevante Veränderungen in der Unternehmensumwelt (sowie der sich daraus ergebende Handlungs- bzw. Anpassungsbedarf) oftmals erst dann wahrgenommen, wenn sie sich bereits in einer spürbaren Beeinträchtigung des organisationalen Funktionsgefüges niederschlagen (Manz 1993).

Merkmale der Organisationsstruktur von KMU	**Auswirkungen auf das Personalmanagement in KMU**
Zentralisierte Entscheidungsfindung	Stärkere Bedeutung der persönlichen Präferenzen der Geschäftsführung
Wenig spezialisierte Stellen	Weniger personalwirtschaftliches Know-how
Wenig ausgebautes System formaler bzw. standardisierter Regelungen und Verfahren	Begrenzter Einsatz personalwirtschaftlicher Instrumente und Verfahren

Abb. 1: Organisationsstrukturen und Personalmanagement in KMU

Die beschriebenen Zusammenhänge zwischen den organisationsstrukturellen Gegebenheiten und der Ausgestaltung des Personalmanagements in Klein- und Mittelbetrieben machen vor allem Eines deutlich: Im Vergleich zu Großunternehmen ist die Bearbeitung der personalwirtschaftlichen Aufgabenfelder in KMU üblicherweise in erheblich geringerem Maße in ein fest institutionalisiertes Gefüge eingebettet. So denn in diesen Unternehmen überhaupt eine eigenständige Personalabteilung existiert, beschränkt sich ihr Aufgabenspektrum im Wesentlichen auf elementare Verwaltungsaufgaben (wie z.B. die Lohn- und Gehaltsabrechnung). Ein professionelles und auf die strategischen Zielsetzungen des Unternehmens abgestimmtes Personalmanagementsystem stellt in KMU aber wohl eher die Ausnahme dar.

3 Die Handhabung personalwirtschaftlicher Funktionsanforderungen in KMU

Welche spezifischen Auswirkungen hat nun der geringe Institutionalisierungs- und Professionalisierungsgrad der betrieblichen Personalarbeit auf die Handhabung der verschiedenen personalwirtschaftlichen Funktionsanforderungen in Klein- und Mittelbetrieben? Als Ausgangspunkt für die differenziertere Betrachtung dienen im Folgenden die sechs von Martin unterschiedenen Grundfunktionen des Personalwesens (Martin 2001): die *Selektion*, die *Sozialisation* (oder *Eingliederung*), die *Anreizgestaltung*, die *Kontrolle*, die *Arbeits- und Aufgabengestaltung* sowie die *soziale Einbindung* der Organisationsmitglieder.

Diese Systematik ist für die Analyse des Personalmanagements kleiner und mittlerer Unternehmen schon deshalb gut geeignet, weil ihr ein vergleichsweise weites Begriffsverständnis von „Personalarbeit" zugrunde liegt. Personalwirtschaftliches Handeln wird hier als unternehmensweite Aufgabe begriffen, die sich eben nicht bloß auf den engen Zuständigkeitsbereich der Personalabteilung beschränkt. Darüber hinaus handelt es sich bei diesen sechs personalwirtschaftlichen Aufgabenfeldern um „unhintergehbare Kernaktivitäten", die für die Funktionsfähigkeit *jeder* Organisation – und damit eben auch für KMU – von überlebensnotwendiger Bedeutung sind.

3.1 Selektion (Personalauswahl)

Aufgrund ihrer allenfalls regionalen Bekanntheit sowie der im Vergleich zu Großunternehmen weniger umfangreichen Karriere- und Entwicklungsmöglichkeiten haben Klein- und Mittelbetriebe häufig Schwierigkeiten, insbesondere hochqualifiziertes (Führungs-)Personal zu rekrutieren (Backes-Gellner et al. 2000; König 1994). Neben der nur bedingten Attraktivität des Mittelstandes als potenziellem Arbeitgeber (Klein 1993, S. 160; Meier 1999, S. 16) spielen hier z.T. auch die nach wie vor bestehenden „Berührungsängste" und Vorbehalte gegenüber einer Beschäftigung von Akademikern eine nicht zu unterschätzende Rolle (Martin 1996).

Zudem zeigen sich hinsichtlich der Ausgestaltung der betrieblichen Rekrutierungspolitik erhebliche Defizite von KMU gegenüber Großunternehmen (Windolf 1983): So betreiben kleine und mittlere Betriebe vielfach keine systematische Personalplanung und verzichten oftmals auch auf schriftlich fixierte Stellenbeschreibungen oder Anforderungsprofile (Berthel/Touet 1997, S. 28). Darüber hinaus bedienen sie sich bei der Suche nach neuen Mitarbeitern i.d.R. nur einiger weniger Rekrutierungskanäle wie Stellenanzeigen, Arbeitsämtern und bestehenden sozialen Netzwerken. Die Inanspruchnahme von speziellen Personalberatern oder gar ein ausgebautes und proaktives Personalmarketing dagegen findet man in KMU eher selten (Deshpande/Golhar 1994; Zehetner 1994). Ähnliches gilt auch für die zum Einsatz kommenden Auswahlverfahren. Hier dominiert nach wie vor das persönliche Vorstellungsgespräch, wohingegen die in Großunternehmen durchaus üblichen Eignungstests oder gar aufwendigere Assessment-Center-Verfahren nur in wenigen Ausnahmefällen verwendet werden (Ackermann/Blumenstock 1993, S. 42; Brewster/Kabst 2000, S. 301 ff.).

3.2 Sozialisation (Eingliederung)

Eine erfolgreiche Aufgabenerfüllung erfordert – insbesondere vor dem Hintergrund zunehmend dynamischerer Wettbewerbsbedingungen – eine stetige Anpassung der Mitarbeiterkompetenzen an die jeweiligen Herausforderungen des Marktes und der Unternehmensumwelt. Während sich die *psychologische* bzw. *soziale Eingliederung* neuer Mitarbeiter in die vergleichsweise überschaubaren Abläufe und Gepflogenheiten kleiner und mittlerer Betriebe noch relativ unkompliziert ausnimmt, stellt sich der Bereich der *fachlichen Sozialisation* in KMU oftmals als ausgesprochen problematisch dar.

So zeigen die Ergebnisse empirischer Untersuchungen, dass die Ausgestaltung der betrieblichen Personalentwicklung bzw. Weiterbildung in Klein- und Mittelbetrieben sowohl quantitativ als auch qualitativ nicht an das Niveau von Großunternehmen heranreicht (Düll/Bellmann 1998; Martin/Behrends 1999a). KMU verfügen nur selten über ein vorausschauendes und ganzheitliches PE-Management mit systematischer Bedarfsplanung und Erfolgskontrolle (Berthel/Touet 1997, S. 28 f.). Statt dessen werden Entwicklungsmaßnahmen häufig erst dann ergriffen, wenn entsprechende Qualifikationsdefizite bereits offen zutage treten, Weiterbildung erfolgt in überwiegendem Maße „on the job“, und die Erfolgskontrolle von Schulungen und Seminaren beschränkt sich i.d.R. auf eine Messung der Teilnehmerzufriedenheit (Hoffmann 1999). Analysiert man die Ursachen für das geringe Engagement vieler Klein- und Mittelbetriebe auf dem Gebiet der Personalentwicklung, so wird deutlich, dass sich hier neben Kostenerwägungen vor allem auch der geringe Institutionalisierungsgrad des betrieblichen Personalmanagements in KMU als wesentlicher Hemmschuh erweist (Martin/Behrends 1999b, S. 25 ff.).

3.3 Anreizgestaltung

Der Bereich der materiellen Anreizgestaltung gilt als eine der wesentlichen Stärken von Großunternehmen gegenüber KMU. Kleine und mittlere Betriebe haben oftmals nicht die finanziellen Möglichkeiten, um ihren Mitarbeitern über die Lohn- bzw. Gehaltszahlung hinaus noch ein umfangreiches Bündel betrieblicher Zusatz- und Sozialleistungen anzubieten (Mank 1991). Auch die vergleichsweise günstigen Voraussetzungen von KMU für die Implementierung unterschiedlicher Formen einer materiellen Mitarbeiterbeteiligung bleiben in der Praxis vielfach noch ungenutzt (Gaugler 2001; Schneider/Zander 1990).

Ein etwas differenzierteres Bild ergibt sich allerdings im Hinblick auf die immateriellen Anreize, die gerade für die Teilnahmeentscheidung höherqualifizierter Fach- und Führungskräfte eine bedeutende Rolle spielen. So bieten größere Unternehmen zwar tendenziell bessere Karriere- und Entwicklungsmöglichkeiten sowie ein i.d.R. umfassenderes Angebot entsprechender Statussymbole. Andere wichtige Anreizfaktoren, wie z.B. der Umfang des Aufgabenspektrums oder auch das Klima und die Qualität der persönlichen Beziehungen am Arbeitsplatz gelten aber häufig eher als Stärke kleiner und mittlerer Betriebe (Kotthoff/ Reindl 1990; Manz 1993).

3.4 Kontrolle

Großunternehmen bewältigen einen nicht unwesentlichen Teil ihres betrieblichen Steuerungs- und Koordinationsbedarfs durch den Einsatz überpersönlicher, *struktureller* Führungsinstrumente und -maßnahmen (wie z.B. verbindliche organisationale Verfahrensregeln, formale Beurteilungen etc.). Demgegenüber deutet sich bereits in der o.g. geringen Regulierung des organisationalen Geschehens in KMU an, dass hier die Kontrolle der individuellen Leistungsbeiträge sowie die Koordination der verschiedenen Einzelaktivitäten ganz überwiegend in Form der direkten, persönlichen Führung geschieht. Diesbezüglich finden sich in der einschlägigen Literatur neben der etwas vereinfachenden Vorstellung eines patriarchalischen oder auch charismatischen Führers (Hach 2001, S. 147 f.; Simon 1996, S. 179 ff.) auch verschiedene Typologien zur Charakterisierung der Führung in KMU (Kayser 1997, S. 91 ff.; Merz/Sauber 1995; Mugler 1998, S. 24 ff.).

Es ist insofern nicht verwunderlich, dass die individuelle Führungskompetenz der Unternehmensgründer bzw. -eigentümer vielfach als eine wesentliche Einflussgröße für den Erfolg kleiner und mittlerer Betriebe angesehen wird (Kayser 1995). Typische Problemfelder stellen in diesem Zusammenhang vor allem die aus einer mangelnden Delegation von Aufgaben und Verantwortlichkeiten resultierenden Wachstums- und Professionalisierungshemmnisse sowie Schwierigkeiten bei der Nachfolgeregelung dar.

3.5 Arbeits- und Aufgabengestaltung

Vor dem Hintergrund der bereits erwähnten Heterogenität innerhalb der Gruppe der Klein- und Mittelbetriebe lassen sich nur sehr bedingt Aussagen bzgl. der Charakteristika der Arbeits- und Aufgabengestaltung in diesen Unternehmen treffen. Angesichts der o.g. strukturellen Besonderheiten von KMU (geringe Spezialisierung, geringe Regulierung) kann aber davon ausgegangen werden, dass sich die Mitarbeiter hier vielfach einem breiteren Spektrum unterschiedlicher Anforderungen gegenüber sehen. Im Vergleich zu Großunternehmen, in denen dispositive und ausführende Aufgaben oftmals klar voneinander getrennt werden, sind die Stellenprofile in kleinen und mittleren Betrieben tendenziell durch ein höheres Maß an Ganzheitlichkeit gekennzeichnet.

Darüber hinaus finden sich gerade in den vergleichsweise flexiblen und überschaubaren KMU ausgesprochen günstige Rahmenbedingungen für die Implementierung der derzeit vieldiskutierten zukunftsweisenden Management- und Organisationskonzepte wie TQM, fraktale Organisation etc. (Hochfeld 2000; Wagner 2001; Wittlage 1994). Inwieweit hieraus jedoch tatsächlich ein Wettbewerbsvorteil kleiner und mittlerer Unternehmen erwächst, bleibt vorerst noch abzuwarten.

3.6 Soziale Einbindung

Im Mittelpunkt der *Einbindungsfunktion* steht die Qualität der Beziehung zwischen Arbeitnehmern und Organisation. Sind die Mitarbeiter tatsächlich die „Träger" des organisationalen Geschehens, und fühlen sie sich ihrem Unternehmen zugehörig bzw. verbunden? Oder werden sie eher als „disponibler Produktionsfaktor" gesehen und betrachten auch ihrerseits den Betrieb lediglich als Mittel zum Zweck? Die Beantwortung dieser Fragen ergibt sich insbesondere aus den jeweiligen unternehmens*kulturellen* Gegebenheiten (Behrends 2001, S. 70 ff.).

Schon aufgrund des intensiven persönlichen Kontakts der Mitarbeiter untereinander entfaltet die Unternehmenskultur in Klein- und Mittelbetrieben eine oftmals deutlich umgreifendere Wirkung auf das Denken und Handeln der Organisationsmitglieder als in den stark fragmentierten und vergleichsweise anonymen Großunternehmen. So zeigen entsprechende Ergebnisse der industriesoziologischen Kleinbetriebsforschung, dass das „betriebliche Miteinander" der Akteure in KMU überraschend häufig durch eine ausgeprägte Koorientierung, eine wechselseitige Interessenberücksichtigung und ein allen Organisationsmitgliedern gemeinsames Interesse am wirtschaftlichen Erfolg des Unternehmens gekennzeichnet ist. Dabei kommt gerade im Hinblick auf die Ausgestaltung der „betrieblichen Sozialordnung" in KMU dem Unternehmer bzw. der Unternehmensführung eine zentrale Bedeutung zu (Kotthoff/Reindl 1990).

4 Fazit

Zusammenfassend lässt sich zunächst festhalten, dass der vergleichsweise *geringe Institutionalisierungs- und Professionalisierungsgrad der betrieblichen Personalarbeit* das auf den ersten Blick wohl bedeutsamste Charakteristikum des Personalmanagements in Klein- und Mittelbetrieben darstellt. Schon die strukturellen Besonderheiten vieler KMU stehen in gewisser Hinsicht der Implementierung eines integrierten und ganzheitlichen Personalmanagementsystems entgegen und leisten eher einer personalpolitischen Strategie des „muddling-through" Vorschub. Allgemein gültige Aussagen zur *inhaltlichen* Ausgestaltung des Personalwesens in kleinen und mittleren Unternehmen lassen sich vor diesem Hintergrund wohl kaum treffen.

Vergegenwärtigt man sich einmal die „implizite Logik“ weiter Teile der wissenschaftlichen Auseinandersetzung mit Fragen (nicht nur) des Personalmanagements in KMU, so fällt allerdings ein nicht unwesentlicher Kritikpunkt besonders ins Auge: Der überwiegende Teil einschlägiger Publikationen argumentiert offensichtlich stets aus einer Perspektive, welche die umfangreichen Personalmanagement-Aktivitäten großer Unternehmen und Konzerne als den eigentlichen „Normal- bzw. Idealfall“ betrachtet. Dementsprechend gewinnen Untersuchungen der personalwirtschaftlichen Praxis kleiner und mittlerer Betriebe beinahe zwangsläufig den Charakter von „Defizit-Analysen“, in denen primär die Unzulänglichkeiten des Personalmanagements in KMU herausgestellt wird. Eine solche Herangehensweise – und dieser Kritik sieht sich durchaus auch der vorliegende Beitrag ausgesetzt – wird der betrieblichen Realität kleiner und mittlerer Unternehmen aber nur bedingt gerecht.

KMU sind keineswegs bloß „unterentwickelte Großunternehmen“ bzw. „Relikte einer vergangenen Epoche industrieller Entwicklung“. Insbesondere die jüngeren Ergebnisse der industriesoziologischen Kleinbetriebsforschung deuten darauf hin, dass das organisationale Geschehen in diesen Unternehmen zumindest teilweise auf einer sehr eigenen Soziallogik gründet. Vor dem Hintergrund ihrer maßgeblich durch eine relative Ressourcenknappheit gekennzeichneten Handlungsvoraussetzungen bilden sich in KMU bei der Bewältigung der betrieblichen Aufgaben vielfach „spezifisch mittelständische“ Problemlösungsmuster heraus, die sich einer angemessenen Beurteilung anhand weitgehend großbetrieblich geprägter Bewertungsmaßstäbe oftmals verschließen. Ob und inwieweit eine – wenn auch leicht modifizierte – Übernahme von ursprünglich auf die Belange großer Unternehmen zugeschnittener Managementkonzeptionen für KMU überhaupt möglich und erstrebenswert ist, lässt sich daher (noch) nicht allgemein beantworten.

Sowohl für die theoretische und empirische Small Business-Forschung als auch im Hinblick auf die Entwicklung KMU-tauglicher personalwirtschaftlicher Instrumente und Gestaltungsmaßnahmen erscheint vor diesem Hintergrund eine (ergänzende) Herangehensweise wünschenswert, die in stärkerem Maße auf den spezifischen Gegebenheiten in Klein- und Mittelbetrieben aufsetzt und damit auch den besonderen Problemen und Anforderungen dieser Unternehmen Rechnung trägt.

Literatur

Ackermann, K.-F./Blumenstock, H.: Personalmanagement in mittelständischen Unternehmen Neubewertung und Weiterentwicklungsmöglichkeiten im Lichte neuerer Forschungsergebnisse, in: Ackermann, K.-F./Blumenstock, H. (Hrsg.): Personalmanagement in mittelständischen Unternehmen, Stuttgart 1993, S. 3 - 69

Backes-Gellner, U.: Wettbewerbsfaktor Fachkräfte – Rekrutierungschancen und -probleme von kleinen und mittleren Unternehmen, Wiesbaden 2000

Behrends, T.: Organisationskultur und Innovativität, München und Mering 2001

Berthel, J./Touet, M.: Mittelstand verzichtet vielfach auf Personalplanung und Leistungsbeurteilung, in: Personalwirtschaft, 1, 1997, S. 27 - 29

Brewster, C./Kabst, R.: Personalpraktiken national und international tätiger Unternehmen, in: Gutmann, J./Kabst, R. (Hrsg.): Internationalisierung im Mittelstand: Chancen, Risiken, Erfolgsfaktoren, Wiesbaden 2000, S. 289 - 314

Carland, J.W.: Differentiating entrepreneurs from small business owners: A conceptualization, in: Academy of Management Review, 2, 1984, S. 354 - 359

Deshpande, S.P./Golhar, D.Y.: HRM Practices in Large and Small Manufacturing Firms: A Comparative Study, in: Journal of Small Business Management, 2, 1994, S. 49 - 56

Düll, H./Bellmann, L.: Betriebliche Weiterbildung in West- und Ostdeutschland. Eine theoretische und empirische Analyse mit den Daten des IAB-Betriebspanels 1997, in: Mitteilungen aus der Arbeitsmarkt- und Berufsforschung, 2, 1998, S. 205 - 225

Gaugler, E.: Mitunternehmer in der mittelständischen Wirtschaft, in: Personal, 6, 2001, S. 340 - 345

Hach, K.: Der Mittelstand hat's am liebsten kurz und bündig, in: Personal, 3, 2001, S. 144 - 149

Hochfeld, P.: Electronic Commerce - ein Zukunftsmarkt für KMU, in: Meyer, J.-A. (Hrsg.): Jahrbuch der KMU-Forschung 2000, München 2000, S. 271 - 287

Hoffmann, T.: Qualifikation und Unternehmensstrategie verknüpfen, in: Personalwirtschaft, Sonderheft 5, 1999, S. 8 - 13

Institut für Mittelstandsforschung (IfM) Bonn: Unternehmensgrößenstatistik 1997/98 - Daten und Fakten, Bonn 1997

Kayser, G.: Unternehmensführung, in: Pfohl, H.-Ch. (Hrsg.): Betriebswirtschaftslehre der Klein- und Mittelbetriebe, 3. Aufl., Berlin 1997, S. 81 - 102

Kayser, G.: Führung in Klein- und Mittelbetrieben, in: Kieser, A./Reber, G./Wunderer, R. (Hrsg.): Handwörterbuch der Führung, 2. Aufl., Stuttgart 1995, Sp. 1298 - 1309

Klein, T.: Weiterbildung – ein Handicap mittelständischer Unternehmen?, in: Personal, 4, 1993, S. 160 - 162

König, A.: Betriebliche Beschäftigungsdynamik und personeller Strukturwandel, Frankfurt a.M./New York 1994

Kotey, B./Meredith, G. G.: Relationships among Owner/Manager Personal Values, Business Strategies, and Enterprise Performance, in: Journal of Small Business Management, 2, 1997, S. 37 - 64

Kotthoff, H./Reindl, J.: Die soziale Welt kleiner Betriebe. Wirtschaften, Arbeiten und Leben im mittelständischen Industriebetrieb, Göttingen 1990

Mank, P.: Personalpolitik in mittelständischen Unternehmen, Frankfurt a.M. 1991

Manz, T.: Schöne neue Kleinbetriebswelt? Perspektiven kleiner und mittlerer Betriebe im industriellen Wandel, Berlin 1993

Martin, A.: Personal - Theorie, Politik, Gestaltung, Stuttgart 2001

Martin, A.: Die Beschäftigungschancen von Diplomkaufleuten in der mittelständischen Industrie, Schriften aus dem Institut für Mittelstandsforschung Lüneburg, Heft 3, Lüneburg 1996

Martin, A./Behrends, T.: Betriebliche Weiterbildung im Lichte der theoretischen und empirischen Forschung, in: Martin, A./Mayrhofer, W./Nienhüser, W. (Hrsg.): Die Bildungsgesellschaft im Unternehmen?, München und Mering 1999a, S. 49 - 82

Martin, A./Behrends, T.: Die empirische Erforschung des Weiterbildungsverhaltens von Unternehmen, Schriften aus dem Institut für Mittelstandsforschung, Heft 11, Lüneburg 1999b

Martin, A./Behrends, T.: Organisationsstrukturen als Determinanten des Entscheidungsprozesses in mittelständischen Unternehmen, Schriften aus dem Institut für Mittelstandsforschung Lüneburg, Heft 9, Lüneburg 1998

Meier, H.: Erfolgreiche Personalstrategien für mittelständische Betriebe, in: Personalführung, 10, 1999, S. 16 - 18

Merz, G.-R./Sauber, M.-H.: Profiles of Managerial Activities in Small Firms, in: Strategic Management Journal, 16, 1995, S. 551 - 564

Miller, D./Toulouse, J.-M.: Chief Executive Personality and Corporate Strategy and Structure in Small Firms, in: Management Science, 11, 1986, S. 1389 - 1409

Mugler, J.: Betriebswirtschaftslehre der Klein- und Mittelbetriebe Bd. 1, 3. Aufl., Wien/New York 1998

Pfohl, H.-C.: Abgrenzung der Klein- und Mittelbetriebe von Großbetrieben, in: Pfohl, H.-C. (Hrsg.): Betriebswirtschaftslehre der Klein- und Mittelbetriebe, 3. Aufl., Berlin 1997, S. 1 - 25

Schindler, U.: Ganzheitliches Personalmanagement in mittelständischen Unternehmen, in: Personalführung, 9, 1996, S. 806 - 813

Schneider, H. J./Zander, E.: Erfolgs- und Kapitalbeteiligungen der Mitarbeiter in Klein- und Mittelbetrieben, Freiburg 1990

Simon, H.: Die heimlichen Gewinner (Hidden Champions), Frankfurt/New York, 1996

Wagar, T.: Determinants of Human Resource Management Practices in Small Firms: Some Evidence from Atlantic Canada, in: Journal of Small Business Management, 2, 1998, S. 13 - 23

Wagner, K.-L.: Flexible Unternehmensstrukturen. Wettbewerbsvorteile für den Mittelstand durch fraktale Organisation, München 2001

Windolf, P.: Betriebliche Rekrutierungsstrategien, in Mitteilungen aus der Arbeitsmarkt- und Berufsforschung, Heft 2, 1983, S. 109 - 121

Wittlage, H.: Die Entwicklung der Organisationsstruktur mittelständischer Unternehmen, in: Internationales Gewerbearchiv, 1, 1997, S. 1 - 18

Wittlage, H.: Lean organization – eine Konzeption für mittelständische Unternehmen?, in: Internationales Gewerbearchiv, 3, 1994, S. 145 - 157

Zehetner, K.: Personalmarketing in mittelständischen Industriebetrieben, Graz 1994

Der Zusammenhang zwischen Innovationskompetenz und Internationalisierungsaktivität bei KMU

Eine kausalanalytische Untersuchung.

Ricarda B. Bouncken

Inhaltsverzeichnis

1 Einleitung

Viele KMU engagieren sich im internationalen Kontext. Dabei stellt sich die Forschungsfrage, welche Faktoren für eine erfolgreiche Internationalisierung verantwortlich sind oder welche Faktoren positiv auf die Internationalisierungsaktivität von KMU einwirken. Als Begründung für Wettbewerbsvorteile lässt sich die Fähigkeit von Unternehmen Innovationen zu finden und durchzusetzen anführen. Naheliegend ist, dass solche Innovationskompetenz auch einen maßgeblichen Einfluss auf den Erfolg und den Umfang von KMU bei ihrer Internationalisierung besitzt. Denn Internationalisierungsaktivitäten bei KMU umfassen stärker den direkten und indirekten Export, Lizensierung sowie Franchising als Direktinvestitionen, die eine Innovativität des Unternehmens durch innovationsorientierte Standortvorteile ermöglichen können.

In diesem Beitrag wird der Frage nachgegangen, ob eine Internationalisierungsaktivität von der Innovationskompetenz eines Unternehmens positiv beeinflusst wird. Zur Überprüfung wird eine kausalanalytische Untersuchung unternommen. Die empirische Studie beruht auf einer Primärerhebung bei 121 KMU, die in Deutschland ihren Hauptsitz haben.

Die theoretischen Grundlagen bilden den Anfang des vorliegenden Beitrags. Hierbei werden der Kompetenzbegriff, der die Grundlage für die Innovationskompetenz bildet, die Internationalisierung von KMU und die Innovationskompetenz erläutert. Auf der Basis dieser Grundlagen erfolgt die Bildung von Hypothesen und die Aufstellung des Strukturmodells der Kausalanalyse. Die Hypothesen werden dann mit den empirischen Messergebnissen konfrontiert und daraus Schlüsse gezogen.

Hieraus können KMU die Bedeutung von Innovationen bei ihren Internationalisierungsaktivitäten besser beurteilen sowie wesentliche dafür ursächliche Faktoren finden. Letztlich lässt sich so der Erfolg von Internationalisierungsaktivitäten bei KMU verbessern.

2 Theoretische Herleitung

2.1 Kompetenzbegriff

Mit der vermehrten Diskussion des Resource-Based View of the Firm, des Competence-Based View of the Firm und des Knowledge-Based View of the Firm im Rahmen der Strategielehre ist der Kompetenzbegriff stärker in den Fokus der wissenschaftlichen und praxisorientierten Diskussion gerückt (Prahalad 1990; Barney 1991; Kogut/Zander 1992; Hamel/Heene 1994; Nonaka/Tageuchi 1995; Wernerfelt 1995; Barney 1996; Horem/von Krogh et al. 1996).

Kompetenzen repräsentieren Kombinationen unternehmensspezifischer Faktoren, die es ermöglichen, ein gegebenes Ziel zu erreichen. Sie bilden die Fähigkeit einer Organisation, Ressourcen zu integrieren (Mc Grath/MacMillan et al. 1995, S. 254; Amit/Schoemaker 1993, S. 35). Die Integrationsleistung betrifft insbesondere die Koordination zwischen Menschen und deren Fertigkeiten (Selznick 1957; Grant 1991, S. 122, S. 42 f.). Damit sind relative stabile Interaktionen zwischen einzelnen Individuen und Gruppen in Organisationen das Ergebnis dieses Integrationsprozesses (von Krogh/Roos 1996, S. 108).

Charakteristisch an Kompetenzen ist die Bündelung unterschiedlicher Ressourcen, Fertigkeiten und Fähigkeiten und ihr Potenzialcharakter: „resource and skill deployments that will help it (the firm) achieve its goals and objectives“ (Hofer/Schendel 1978, S. 25). Mit dem potenzialorientierten Charakter ist auch die dynamische Wirkung von Kompetenzen verbunden. Kompetenzen zeichnen sich weniger als Bestände, sondern vielmehr als dynamische Potenziale aus, die bestimmte Optionen in der Zukunft ermöglichen. Dadurch besitzen Kompetenzen eine hohe Wirkung auf zukünftige Wettbewerbsvorteile eines Unternehmens, die sich in verschiedenen Richtungen auswirken können, wie etwa auf Innovationspotenziale, auf Reorganisationskompetenzen, auf Internationalisierung usw. (Bouncken 2002, S. 322).

Die Verknüpfung der einzelnen Aktivitäten im Rahmen von Kompetenzen trägt auch dazu bei, dass Manager unterschiedliche Wahrnehmungen über die Kompetenzen ihrer Unternehmung besitzen können (Stevenson 1976, S. 54 ff.). Die unterschiedliche Wahrnehmung kann sich auf die Art der einzelnen Aktivitäten und auf die Form der Verknüpfung beziehen. Zudem haben Manager sehr unterschiedliche Vorstellungen darüber, was überhaupt eine Kompetenz ist (Bouncken 2002, S. 66 ff.). Die Wahrnehmung und die Entscheidung darüber, was als eine Kompetenz des Unternehmens zu betrachten ist, bestimmt darauf basierende weitere Entscheidungen, Strategien und Handlungen. Selbst wenn zwei Unternehmen vollständig identisch wären, kann es durch unterschiedliche Vorstellungen der Entscheidungsträger zu sehr unterschiedlichen Strategien und dadurch zu ganz verschiedenen Ausnutzungen und Entwicklungen der Kompetenzen kommen. Die Entscheidungen und Strategien wirken sich sehr stark aus, wenn es sich bei Kompetenzen um dynamische Gebilde handelt, die sich aus verschiedenen Elementen zusammensetzen.

Abgesehen von der Wahrnehmung von Managern wird hier davon ausgegangen, dass Kompetenzen ganz unterschiedlich im Unternehmen verteilt sein können wie etwa auf der Produktionsebene, auf der Forschungsebene oder auf Seiten der Manager (Chesbrough/Teece 1996).

Auch wenn ein Unternehmen bestimmte Kompetenzen besitzt, so führt dies nicht automatisch zu Wettbewerbsvorteilen dieses Unternehmens (Reed/DeFillippi 1990). Der Wert einer Leistung eines Unternehmens, der beim Kunden erzeugt wird, betrifft ein Gesamtbündel, das von allen Kompetenzen im Unternehmen abhängt. Ein Wettbewerbserfolg erfordert gewöhnlich mehrere Kompetenzen. So kann die Technologiekompetenz ungenutzt bleiben, wenn keine Vorstellungen darüber bestehen, welche Kundenprobleme sich damit und auf welche Weise lösen lassen. Darüber hinaus wird die Technologiekompetenz nicht ausgeschöpft, wenn keine ausreichenden Fähigkeiten im Prozessablauf bestehen, sodass die Produkte nicht rechtzeitig in marktfähige Produkte umgesetzt werden können (Bouncken 2000, S. 876). Ebenso kann eine Technologiekompetenz nicht ausgenutzt werden, wenn die Unternehmensleistung wegen unzureichender Marketingfähigkeiten den Kunden nicht erreicht oder sie vom Kunden nicht angemessen wahrgenommen wird (Zahn 1995, S. 365). Prinzipiell ist demnach nicht nur von *einer* effizienten Kompetenz in Unternehmen zur Erfüllung von bestimmten Zielen auszugehen. Es existieren je nach der Ausgestaltung unterschiedlicher Ressourcen, Fertigkeiten und Fähigkeiten verschiedene Möglichkeiten, effiziente Kompetenzen durch Bündelung zu generieren.

Bei dem Begriff der Kompetenz wird häufig eine überragende Leistung zur Konkurrenz angeführt (Snow/Hrebiniak 1980, S. 317). Auch Selznick postuliert dies bei seinem Begriff der „distinctive competencies" (Selznick 1957, S. 47 ff.). Bei seinem Begriffsverständnis kann das Vorliegen einer Kompetenz an die Erzielung eines Ergebnisses gekoppelt sein, das überdurchschnittlich im Vergleich zu anderen Fähigkeiten ist. Wenn Kompetenzen so verstanden werden, dass sie eine besonders hohe Leistung oder das beste Ergebnis erzielen, sind sie mit einer Konnotation verbunden, wie sie auch bei dem Begriff Qualität zu finden ist. Qualität wird meist mit hoher Qualität gleichgesetzt und dementsprechend dann Kompetenz mit hoher Kompetenz. Der Begriff der Kompetenz muss das aber nicht implizieren. Die Rückführung auf die Kompetenzen als beste Möglichkeit ist besonders schwierig, weil es sich um multiattributive Faktoren(bündel) handelt (Bouncken 2002, S. 359). Des Weiteren liegt die Gefahr eines Zirkelschlusses beziehungsweise Tautologie vor, wenn man Kompetenzen als Sachverhalte begreift, die erfolgreich sind, weil sie erfolgreich sind.

Um den Zirkelschluss zu vermeiden, koppelt der vorliegende Beitrag die Bewertung, ob es sich um eine Kompetenz handelt, an das Erreichen eines bestimmten Ergebnisses und an den hohen Potenzialcharakter. Kompetenzen können einerseits das Ziel umfassen, ein Mindestanspruchsniveau zu erreichen beziehungsweise dieses Anspruchsniveau zu überschreiten. Das führt dann zu einem bestimmten Zufriedenheitsniveau. Dies kann auch bedeuten, mit bestimmtem Einsatz bestmöglich das gesetzte Ziel zu erreichen. Vergleicht man unterschiedliche Alternativen, so stellen Kompetenzen aus entscheidungsorientierter Sicht nicht dominierte Lösungen dar. Kompetenzen lassen sich obendrein mit der Erfüllung von zwei Kriterien in Bezug setzen (Bouncken 2002, S. 66). Neben dem ursprünglichen Kriterium gilt dann noch ein zusätzliches. Das Ursprüngliche könnte nominal gefasst werden und die Erfüllung der Mindestanforderung kennzeichnen und das zweite die Güte der Kompetenz darüber hinaus charakterisieren. Die Mindestanforderungen divergieren je nach Kontext (Unternehmen, Gesellschaft, Kulturkreis) der Kompetenz. Weil in Unternehmen Kompetenzen oft sehr unterschiedlich und subjektiv beurteilt werden, kann eine Festlegung an der subjektiven Einschätzung der Entscheidungsträger festgemacht werden.

Letztlich handelt es sich bei Kompetenzen um stark potenzialbezogene Aktivitätenbündel, die je nach der Wahrnehmung und Beurteilung durch die Entscheidungsträger im Unternehmen unterschiedliche Wirkungen in der Gegenwart und in der Zukunft haben können.

2.2 Abgrenzung des Kompetenzbegriffes von verwandten Konzepten

Sehr eng mit dem Begriff der Kompetenz verwandt sind Ressourcen, Fähigkeiten und Kernkompetenzen. Diese Begriffe werden nachfolgend erläutert und voneinander abgrenzt.

Während mit dem Begriff der Ressource häufig Assoziationen verbunden sind, die tangible Ressourcen wie Land oder Maschinen betreffen, dominiert bei Kompetenzen das intangible und wissensorientierte Element (Hall 1993, S. 611). Fähigkeiten dagegen sind besonders eng mit dem Begriff der Kompetenz verbunden. Fähigkeiten können als Vorstufe zu Kompetenzen begriffen werden: „Organizational Capability is a business's ability to establish internal structures and processes that influence its members to create organization specific competencies and thus enable the business to adapt to changing customer and strategic needs“ (Ulrich/Lake 1990). Wie Kompetenzen besitzen Fähigkeiten ein potenzialorientiertes Moment „Capability is a set of business processes strategically understood“ (Stalk/Evans et al. 1992, S. 62). Allerdings weisen Fähigkeiten gegenüber Kompetenzen tendenziell ein höheres Disaggregationsniveau auf.

Über das Konzept der Kompetenzen hinaus geht der Kernkompetenzansatz. Ihren Ursprung hat die Kernkompetenz innerhalb des Gedankengutes des Resource-Based View (Rasche 1993, S. 424.), der die internen Potenziale als ursächlich für die Einzigartigkeit beziehungsweise die Wettbewerbsvorteile der Unternehmung erachtet (Bamberger/Wrona 1996, S. 386). Den Begriff der Kernkompetenz („Core Competence“) prägten Prahalad und Hamel (Prahalad 1990, S. 80 ff.), die darunter ein Bündel unterschiedlicher Fähigkeiten und Technologien verstehen, das einen besonderen Kundennutzen generiert und den Zugang zu einem weiten Spektrum von Märkten eröffnet (Hamel/Prahalad 1995, S. 302). Kernkompetenzen sind maßgeblich für die Durchsetzung eines langfristigen Wettbewerbsvorteils verantwortlich: „to be found in the management's ability to consolidate corporate-wide technologies and production skills into competencies that empower individual businesses to adapt quickly to changing opportunities ...... core competencies are the collective learning in the organization, especially how to coordinate diverse production skills and integrate multiple streams of technologies" (Prahalad 1990, S. 81 f.).

Kernkompetenzen stehen immer hinter verschiedenen Produkten und Leistungen, sodass sie nicht produktspezifisch sind. Charakteristisch an Kernkompetenzen ist ihr abteilungsübergreifendes Vorliegen und die Überschreitung der Grenzen von strategischen Geschäftseinheiten (Prahalad/Hamel 1994, S. 16). Indem sie zudem Synergien und Hebel erzeugen, stützen sie einen länger währenden Markterfolg verschiedener Produkte (Boos/Jarmai 1994, S. 21 f.; Rasche 1993, S. 426; Verdin/Williamson 1994, S. 2). Ähnlich wie Kompetenzen setzen sich Kernkompetenzen aus verschiedenen Faktoren zusammen (Hamel/Prahalad 1994, S. 199). Kernkompetenzen ermöglichen daher den Zugang zu diversen Märkten und Einsatzmöglichkeiten im Unternehmen (Stalk/Evans et al. 1993, S. 67 f.). Kernkompetenzen verfügen über einen längeren Lebenszyklus als Produkte, sodass sie die Entstehung derselben determinieren.

Kompetenzen weisen nicht nur eine enge sprachliche Nähe zur Kernkompetenz auf, sondern stellen sich als Vorstufe und Bestandteil der Kernkompetenzen dar. Die Bündelung von Ressourcen und Kompetenzen zu Kernkompetenzen kann sich ergeben, wenn verschiedene Kompetenzen und Ressourcen zusammenwirken müssen, um eine Marktleistung zu erbringen.

2.3 Internationalisierung von KMU

Bei internationaler Unternehmenstätigkeit handelt es sich um die Aufnahme jeglicher Art von grenzüberschreitender Tätigkeit (Dülfer 2001, S. 127). Hierdurch existieren eine Reihe von Besonderheiten im Bereich der Chancen, Risiken und Anpassungsmaßnahmen für das internationalisierende Unternehmen.

Zur Beantwortung der Fragen, warum und wie Internationalisierungstätigkeiten erfolgen, existieren eine Reihe von Theorien, die hier nicht beschrieben werden sollen (vgl. zusammenfassende Übersicht bei Welge/Holtbrügge 2001, S. 80). Eine Internationalisierung von Unternehmen ist nach Dunning von drei primären Faktoren abhängig (Dunning 1979; Dunning 1993). Zu den Vorteilen gehören Eigentumsvorteile, Internationalisierungsvorteile und Standortvorteile. Eigentumsvorteile sind die Voraussetzung für die Vergabe von Lizenzen, Management-Verträgen oder Verträgen über Ressourcenaustausch. Internationalisierungsvorteile liegen vor, wenn internationale Transaktionen günstiger über die Hierarchie als über den Markt erfolgen können. Letztlich kann eine Internationalisierung die Konsequenz aus Standortvorteilen sein. Standortvorteile resultieren insbesondere aus niedrigeren Faktorkosten, spezifischer Infrastruktur, politischen und gesetzlichen Handelsbarrieren und der sprachlichen sowie kulturellen Distanz zwischen Ländern.

Internationalisierungsaktivitäten von Unternehmen können sehr unterschiedliche Formen und Intensitäten umfassen. Primäre Internationalisierungsformen sind indirekter und direkter Export, Lizenzierung sowie Direktinvestitionen wie Joint Ventures oder eigene Tochterunternehmen. Ausgehend vom Export über die Lizenzvergabe, das Franchising, das Joint Venture, die Auslandniederlassung, den Auslandbetrieb und die Tochtergesellschaft nehmen Kapital- und Managementleistungen im Gastland zu (Dülfer 2001, S. 128).

Gemäß der Lerntheorie der Internationalisierung nach Johanson und Vahlne erfolgt die Internationalisierung aufgrund von organisationalen Lernprozessen sukzessiv und stufenweise (Johanson/Vahlne 1977; Johanson/Vahlne 1990). Gemäß dieser Theorie ziehen Unternehmen ohne Auslandserfahrungen zunächst solche Internationalisierungsformen mit niedrigeren Risiken vor. Demzufolge beginnen Unternehmen mit dem indirekten Export. Hundertprozentige Tochterunternehmen bilden dann die am letzten eingesetzte Internationalisierungsform.

Das Ausmaß der Internationalisierung kann mit verschiedensten Messgrößen quantifiziert werden. Darunter fällt die Exportquote, die relative Internationalisierungsform und die Internationalisierungsgeschwindigkeit (Bamberger/Evers 1997, S. 122).

Eine sehr weitreichende Internationalisierung weisen Multinationale Unternehmen auf. Multinationale Unternehmen lassen sich mit statischen und dynamischen Merkmalen beschreiben, die sich wiederum weiter untergliedern (Welge/Holtbrügge 2001, S. 49). Unter die statischen Merkmale fallen quantitative und qualitative Merkmale. Bei den quantitativen Merkmalen sind es innerhalb der strukturellen Merkmale: Direktinvestitionen im Ausland, Eigentumsrechte im Sinne der internationalen Streuung des Aktienkapitals, Zusammensetzung des Top-Managements und die Organisationsstruktur. Unter die Leistungsmerkmale, die auch quantitativ angelegt sind, fallen: Investitionsvolumen im Ausland, Auslandsumsatz, Gewinn im Ausland, Anzahl der Mitarbeiter im Ausland. Unter die Verhaltensmerkmale, die qualitativ angelegt sind, fallen: Denk- und Verhaltensweisen des Top-Managements und eine auslandsorientierte Unternehmenskultur. Als dynamisches Merkmal lässt sich die Multinationalität hinsichtlich des Internationalisierungsstadiums bzw. bezüglich der Internationalisierungsphase anführen (Welge/Holtbrügge 2001, S. 49).

Für die Bestimmung von KMU und Abgrenzung von KMU finden sich verschiedene monetäre, rechtliche und strukturelle Kriterien. Diese Kriterien wirken sich auch auf die Internationalisierung aus. Dabei ist die Größe – auch mit verschiedenen Kriterien gemessen – nicht immer als das alleinige Kriterium auf die Bestimmung eines KMU anzuwenden. Zu den quantitativen Merkmalen fallen die Anzahl der Beschäftigten und der Umsatz. Mittelständische Unternehmen sind nur als solche zu bezeichnen, die weniger als 500 Beschäftigte haben und die unter 50 Millionen Euro Umsatz erwirtschaften (BMWi 1993, S. 2 f.). Die qualitativen Merkmale sind stärker Veränderungen unterworfen. Idealtypisch liegt eine enge Verbindung zwischen Unternehmen und Inhaber sowie eine vollständige oder weitgehende Konzernunabhängigkeit vor (Gibb/Scott 1985, S. 602; Miller/Toulouse 1986, S. 1389; BMWi 1993, S. 2 f.). Die EU legt bei der Vergabe von Fördergeldern folgende Grenzen an: Mittelständische Unternehmen haben einen Jahresumsatz nicht über 50 Millionen Euro und eine Bilanzsumme nicht über 27 Millionen Euro. Kleine Unternehmen sind begrenzt auf bis zu 50 Beschäftigte und einen Jahresumsatz von maximal 7 Millionen Euro sowie einer Bilanzsumme nicht über 5 Millionen Euro (Europäische-Kommission 1996, S. 1).

KMU werden gemäß ihrer Idealvorstellung nicht als Multinationale Unternehmen verstanden, die einen Konzern von Tochtergesellschaften darstellen (Welge/Holtbrügge 2001, S. 50). Die Geschäftstätigkeit des multinationalen Konzerns erfolgt in mehreren Ländern, sodass der Prozess der Leistungserstellung im In- und Ausland gleichzeitig erfolgt. Dabei macht die Auslandstätigkeit einen wesentlichen Umfang der Geschäftstätigkeit aus. Ferner ist die Unternehmensstrategie von weltweiten Gesichtspunkten konzipiert, auch wenn die Muttergesellschaft im Heimatland das oberste Entscheidungsgremium darstellt. Die Tochtergesellschaften operieren dann gemäß der dort entwickelten Richtlinien (Welge/Holtbrügge 2001, S. 50).

Bei KMU bilden indirekter (unter Einschaltung von Absatzmittlern) und direkter Export die wesentlichen Internationalisierungsformen (Bamberger/Evers 1997, S. 119). Indirekter Export erfordert von den Unternehmen nur geringe Anpassungen an den Auslandsmarkt. Folglich kann bei einer intensiveren Internationalisierungsaktivität von Unternehmen von einer höheren Anpassung der Leistungen an verschiedene Ländermärkte ausgegangen werden.

Bei indirekten und beim direkten Export gehen kaum Impulse vom internationaler Know-Transfer aus (Bamberger/Evers 1997, S. 119 ff.). Ferner lässt sich eine stärker ethnozentrische Ausrichtung bei KMU feststellen. Dies umfasst eine dominante Ausrichtung der Kultur auf das Stammland und Prägung der Strategien und Politiken durch das Heimatland (Kutschker 1997, S. 27 ff.; Müller/Kornmeier 1997, S. 77 ff.). Begründbar ist dies mit dem hohen Ausmaß der Prägung durch den Eigentümermanager und durch vorwiegende Internationalisierung in Form von Export.

Allerdings ist fraglich, ob der Zusammenhang zwischen dem Export und dem verminderten Know-how Transfer bei KMU wirklich gilt. Denkbar ist, dass KMU trotz der Dominanz des direkten und indirekten Exports Impulse durch internationale Marktbeobachtung erfahren und dadurch ihre Innovationen nur auf bestimmten Ländermärkten platzieren. Die Bedeutung des Know-how Transfers kann als sogar höher beurteilt werden, weil KMU nicht auf die Bedingungen des Marktes reagieren, sondern agieren und neue Impulse auf den ausländischen Markt setzen (Keats/Bracker 1988, S. 48).

Naheliegend ist es auch, dass sogar internationale Impulse auf die Veränderung der Leistungen und Produkte bei den KMU ausgehen. Die internationalen Impulse können in der internationalen Marktbeobachtung oder aber in internationalen Beziehungen zwischen KMU und ihren Partnerunternehmen begründet sein. Der Wissenstransfer durch die Kommunikation mit ausländischen Partnerunternehmen lässt sich auch mit der Entrepreneurial Intensity und der hohen Bedeutung von Kooperationen für die Internationalisierung von KMU begründen. In letzter Zeit mehren sich die Befunde, dass KMU in höherem Umfang strategische Allianzen und Netzwerkstrukturen zur Internationalisierung formieren (Bamberger/Evers 1997, S. 121). Dieses liegt auch darin, dass KMU stärker in Beziehungsnetze mit ihren Stakeholdern eingebunden sind (Bouncken 2001, S. 28).

Im Rahmen einer empirischen Untersuchung zur Internationalisierung von KMU sollten diese Möglichkeiten berücksichtigt werden.

2.4 Innovationsverständnis und Innovationskompetenz

Innovationen repräsentieren Sachverhalte, die neu sind (Schumpeter 1931, S. 100 f.). Dabei haben Innovationen unterschiedliche Ebenen. Innovationen existieren auf prozessualer, produktbezogener oder sozialer Ebene. Darüber hinaus variiert der Innovationsgrad. Innovationen können sich nur auf bestimmte Bereiche (ein Unternehmen, ein Markt, eine Branche) beziehen und einen hohen oder weniger hohen Innovationsgrad aufweisen (Koppelmann 1997, S. 10).

Ein Streitpunkt betrifft die Quellen für Innovationen, die schließlich auf ein Innovationsmanagement und die Fähigkeit von Unternehmen Innovationen durchzusetzen, einwirken. Diskutiert werden der technology-push und der demand-pull (Brockhoff 1994, S. 114 f.; Hauschildt 1993, S. 7). Beim technology-push sind technische Entwicklungen die Triebfeder von Innovationen wohingegen beim demand-pull Konsumentenbedürfnisse und Anregungen als Quellen von Innovationen angesehen werden. In diesem Beitrag wird keiner der monokausalen Sichtweisen gefolgt und beide Quellen als situativ abhängige Triebfedern von Innovationen angesehen.

Eine Innovationskompetenz betrifft demnach eine aggregierte Leistungsfähigkeit eines Unternehmens Innovationen zu entwickeln und durchzusetzen. Das umschließt die disaggregierte Fähigkeit eines Unternehmens zu innovieren sowie weitere Faktoren. Die Innovationskompetenz kann beispielsweise an dem Anteil des Umsatzes mit innovativen Produkten am Gesamtumsatz, an der Anzahl der angemeldeten Patente, an der wahrgenommenen Innovativität der Mitarbeiter, an der wahrgenommenen Wichtigkeit von Innovationen in dem Unternehmen und an der Geschwindigkeit von Time to Market Prozessen festgemacht werden.

2.5 Hypothesenbildung

Verbesserte Gewinnung von Innovationen im internationalen Umfeld existiert durch den Zugang zu Innovationen im Markt fremder Länder, die Einbindung von Innovationen und Ideen von Kooperationspartnern sowie die Integration von Innovationen und Ideen an anderen internationalen Standorten von (Tochter)Unternehmen. So kommt es zu einem Innovations- und Wissenstransfer zwischen international verteilten Einheiten von Unternehmen. Der Wissens- und Innovationstransfer kann nicht nur durch den Transfer zwischen den Einheiten verbessert werden, sondern auch durch supranationale Förderungsprogramme und internationale Forschungseinrichtungen (Klaus/Winkelhage 1991, S. 496). Darüber hinaus fördern internationale Marktbeobachtungen und internationale Kooperationen auf verschiedenen Wertschöpfungsebenen Innovationen in Unternehmen. Eine weitere Möglichkeit kann eine internationale Verbundforschung darstellen, die eine unternehmensinterne Technologieentwicklung verbessert (Klaus/Winkelhage 1991, S. 500).

Darüber hinaus bietet der direkte und indirekte Export im ausländischen Markt die Möglichkeit einer verbesserten Ausnutzung von innovativen Produkte und Dienstleistungen. Dabei können die innovativen Produkte und Leistungen im inländischen und ausländischen Markt eine Innovation darstellen. Gemäß der Internationalisierungstheorie von Vernon lassen sich Produkte und Leistungen, die im heimischen Markt keine Innovation (mehr) darstellen, im ausländischen Märkten anbieten, in denen sie (noch) als Innovation verstanden werden (Vernon 1966). In diesem Fall bearbeitet ein Unternehmen solche ausländischen Märkte, in denen bestimmte Produkte und Leistungen als innovativ angesehen werden, um höhere Ertragschancen zu haben.

Eine Innovationskompetenz im internationalen Kontext kann aber nur die skalenmäßig bessere Ausnutzung von heimischen Innovationen auf einem erweiterten internationalen Markt darstellen. In diesem Fall werden innovative Produkte und Leistungen gleichzeitig im Inlandsmarkt und im Auslandsmarkt angeboten.

Obige Ausführungen konzentrierten sich auf (extern angebotene) Produkt- und Dienstleistungsinnovationen. Die Ausführungen lassen sich auch auf (interne) Prozessinnovationen ausweiten. In diesem Sinne können Unternehmen ihre (internen) innovativen Prozesse auf ausländische Tochtergesellschaften, Joint Ventures und Kooperationspartner ausweiten und damit ihren Innovationserfolg durch Internationalisierungsaktivitäten vergrößern.

Die Internationalisierung besitzt eine Reihe von Chancen für die Gewinnung und Ausnutzung von Innovationen und somit für ein Innovationsmanagement von Großunternehmen und für KMU. Dabei lassen sich einige Charakteristika finden, die auf eine Andersartigkeit des Innovationsmanagements bei KMU gegenüber Großunternehmen hindeuten. Hierzu zählt die Entrepreneurial Intensity (Bouncken 2001, S. 5). Die hohe Entrepreneurial Intensity besagt, dass bei KMU Eigentümer und Geschäftsleitung oft in Personalunion vorliegen und damit der Eigentümermanager das Unternehmen stärker durch seine Eigenschaften und Verhaltensweisen prägt (Miller/Toulouse 1986, S. 5). In Folge der starken Rolle des Eigentümermanagers stehen personelle Netze des Eigentümers im Vordergrund der Internationalisierungsaktivitäten (Bouncken 2001, S. 6). Internationalisierungen bei KMU sind ferner ohnehin von einer verstärkten Einbindung in Beziehungsnetze charakterisiert (Bouncken 2001, S. 8). Durch die hohe Bedeutung der Beziehungsnetze mit einem hohen Anteil an persönlicher Kommunikation können Informationen schneller zwischen den Partnern transferiert werden. So wird auch ein schneller Know-how Fluss im internationalen Kontext ermöglicht. Dieser Know-how Fluss kann neue technologische Entwicklungen ebenso wie Markttendenzen betreffen. Darüber hinaus profitieren KMU oft von nationalen und supranationalen Förderprogrammen. Die hohe Bedeutung staatlicher Förderung liegt darin, dass KMU im Regelfall nur sehr eingeschränkten Zugang zu den Kapitalmärkten haben (Bouncken 2001, S. 8).

Aus den Ausführungen wird folgende Hypothese gewonnen:

H_{01}: *Die* Innovationskompetenz *besitzt einen positiven Einfluss auf die Internationalisierungsaktivität von KMU.*

Ein hohes Ausmaß an Internationalisierungsaktivität wird meist in Zusammenhang mit Direktinvestitionen im Ausland genannt. Der Begriff Multinationales Unternehmen erfordert sogar die länderübergreifende Verteilung von Wertschöpfungsaktivitäten. KMU aber haben weniger Produktionsstandorte im Ausland. Denkbar ist jedoch, dass sie zur Ausnutzung von Standortvorteilen internationale Forschung und Entwicklung durchführen. Daraus leitet sich folgende Hypothese ab:

H_{02}: *Die internationale* Forschung *und Entwicklung hat einen positiven Einfluss auf die Internationalisierungsaktivität von KMU.*

Dabei kann sich eine hohe Internationalisierungsaktivität auch auf ein hohes Innovationsmanagement von KMU beziehen, die international Produkte und Leistungen anbieten und finden können. Dies ist besonders wahrscheinlich, wenn KMU nicht nur auf den Markt reagieren, sondern auch aktiv agieren.

H_{03}: *Ein zunehmendes* internationales *Innovationsmanagement hat einen positiven Einfluss auf die Internationalisierungsaktivität von KMU.*

KMU weisen engere persönliche Beziehungsnetze auf, die sie für ihre Internationalisierung nutzen. Des weiteren beruht die Internationalisierung von KMU vielfach auf Kooperationsbeziehungen. Dies führt zu der Hypothese:

H_{04}: *Eine zunehmende Bedeutung* von *internationalem Know-how Fluss hat einen positiven Einfluss auf die Internationalisierungsaktivität von KMU.*

In der Literatur wird vielfach davon ausgegangen, dass zunehmende Internationalisierung mit einer differenzierten Ansprache der einzelnen Ländermärkte einher geht.

H_{05}: *Eine zunehmende* Differenzierung *von Produkten und Leistungen im Hinblick auf Spezifika der Ländermärkte hat einen positiven Einfluss auf die Internationalisierungsaktivität von KMU.*

Als Erfolgsgröße für die Internationalisierung lässt sich weiterhin der Gewinn und Umsatz im Ausland beurteilt.

H_{06}: *Der Gewinn und Umsatz* im *Ausland steht einem positiven Zusammenhang mit der Internationalisierung von KMU.*

Darüber hinaus lassen sich verschiedene Hypothesen aufstellen, die das latente Konstrukt der Innovationskompetenz beschreiben. Da es sich bei Kompetenzen um Faktoren handelt, die von der subjektiven Einschätzung der Entscheidungsträger abhängt, müssen sie wahrgenommene Faktoren umfassen. Weil Innovationen nur dann verfolgt werden, wenn ihnen ein hohes Erfolgspotenzial bescheinigt wird, wirkt sich die Bedeutung der Innovationen positiv auf ihre Verfolgung und Umsetzung aus.

H_{07}: Die zunehmende Bedeutungszuweisung von *Innovationen hat einen positiven Einfluss auf die Innovationskompetenz von KMU.*

Darüber hinaus ist die Innovationskompetenz ein multifaktorielles Konstrukt, das von verschiedenen Fähigkeiten abhängt, primär von der Innovationsfähigkeit.

H_{08}: Die zunehmende Innovationsfähigkeit *hat einen positiven Einfluss auf die Innovationskompetenz von KMU.*

Als Erfolgsgröße für den Innovationserfolg und damit für die Innovationskompetenz wird häufig der Patentierungserfolg herangezogen.

H_{09}: Der Patentierungserfolg steht in einem positiven Zusammenhang mit der Innovationskompetenz von KMU.

Als Erfolgsgröße für den Innovationserfolg und damit für die Innovationskompetenz wird häufig der Gewinn und Umsatz mit innovativen Produkten beurteilt.

H_{10}: Der Gewinn/Umsatz mit innovativen Produkten *steht in einem positiven Zusammenhang mit der Innovationskompetenz von KMU.*

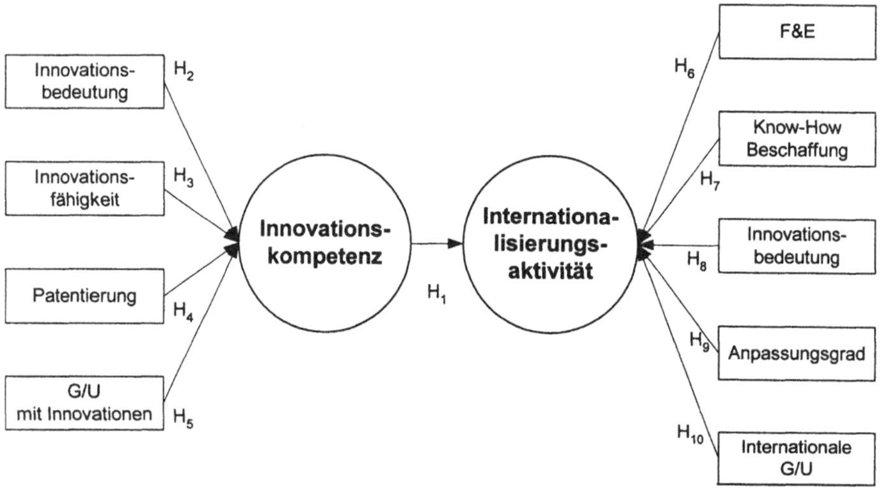

Abbildung 1: Hypothesenstruktur

3 Methodik

3.1 Modellierung

Zur Untersuchung des angenommenen Zusammenhangs wird ein kausalanalytisches Modell aufgestellt, das sich auf die latenten Konstrukte der Internationalisierungsaktivität und der Innovationskompetenz bezieht. Die Kausalanalyse oder auch Kovarianzstrukturanalyse dient der empirischen Messung der Varianzen und Kovarianzen von beobachtbaren Variablen, die als Indikatorvariablen bezeichnet werden (Homburg/Pflesser 2000, S. 635). Die Berechnung des Wirkungszusammenhanges erfolgt mittels Kovarianzen (Homburg 1992, S. 2). Diese Messung soll Rückschlüsse auf die Abhängigkeitsbeziehung zwischen latenten, nicht beobachtbaren Variablen zulassen. Somit unterscheidet das Modell zwischen beobachtbaren (messbaren) Indikatorvariablen und latenten Variablen.

Bei den latenten Variablen handelt es sich um die Innovationskompetenz und die Internationalisierungsaktivität bei KMU. Der Vorteil einer Kausalanalyse gegenüber einer Regressionsanalyse liegt insbesondere darin, dass Messfehler nun mitberücksichtigt werden und dass die Variablen nicht mehr unabhängig voneinander sein müssen (Benz 1990, S. 243). Daher eignet sich dieses Verfahren für die latenten und subjektiv geprägten Variablen Innovationskompetenz und Internationalisierungsaktivität (Homburg 1992, S. 499 f.).

Diese latenten Konstrukte müssen durch beobachtete Faktoren repräsentiert werden.

Das latente Konstrukt der Internationalisierungskompetenz wird durch drei unterschiedliche beobachtbare Variablen gemessen. Es sind:

- Die wahrgenommene Bedeutung von Innovationen für das Unternehmen.
- Die wahrgenommene Innovationsfähigkeit des Unternehmens.
- Der wahrgenommene Patentierungserfolg.

Das zweite latente Konstrukt der Internationalisierungsaktivitäten umfasst folgende direkt beobachtbare Variablen:

- Die Bedeutung der Internationalisierung in Bezug auf Forschung und Entwicklungsaktivitäten.
- Die Bedeutung der Internationalisierung in Bezug auf die Know-how Beschaffung.
- Bedeutung des Auslandsengagements hinsichtlich Innovationen.
- Anpassungsgrad der Leistungen in internationalen Märkten.

Die Hypothesen 6 und 10 umfassen monetäre Größen wie Gewinn und Umsatz. Diese Größen wurden auch innerhalb des Fragebogens abgefragt. Die gemäß des unterstellten Zusammenhangs und der Auswahl der Faktoren lässt sich folgendes Strukturmodell abbilden (siehe Abbildung 2).

Zur Durchführung der Analyse wird das Softwareprogramm AMOS 4,0 gewählt. Dabei sind bestimmte Voraussetzungen im Rahmen der Kausalanalyse zu erfüllen. Zunächst müssen die Beziehungen zwischen den Variablen linear und stochastisch sein. Darüber hinaus müssen die Variablen normalverteilt sein. Unter Anwendung des zentralen Grenzwertsatzes kann diese Bedingung als erfüllt betrachtet werden. Ferner müssen die Variablen intervallskaliert sein.

Auch diese Bedingung ist erfüllt. Als ausreichendes Stichprobenmaß gilt dabei, dass die Anzahl der Stichproben durch die Anzahl der zu schätzenden Parameter größer als Fünf (auch Werte über Drei gelten teilweise als akzeptabel) sein sollte. Bei 121 durch 9 mit einem Wert von 13,44 ist dies hier erfüllt.

3.2 Datenerhebung und Operationalisierung

Die empirische Überprüfung der Zusammenhänge beruht auf einer Primärerhebung in den Jahren 1999 bis Ende 2000 bei KMU. KMU wurden hierbei definiert als Unternehmen, die nicht mehr als 500 Mitarbeiter beschäftigen und nicht die Rechtsform einer AG haben. Darüber hinaus wurde der Umsatz auf 50 Millionen Euro begrenzt. Kleine Unternehmen bis 100 Mitarbeiter wurden auch als KMU betrachtet, selbst wenn sie in Form einer AG firmieren. Die Unternehmen beantworteten einen standardisierten Fragebogen. Die Fragen, auf die sich diese Untersuchung bezieht, wurden anhand einer 6er-Ratingskala erhoben. Die Fragen bezogen sich dabei auf die Zustimmung zu einzelnen Aussagen.

Der Fragebogen wurde an 530 Unternehmen postalisch versandt. Dabei lag die Rücklaufquote bezogen auf die vollständig ausgefüllten und auswertbaren Fragebögen bei 22,8%. Die Fragebögen wurden persönlich an die erste und zweite Managementebene in den KMU verschiedener Branchen versendet.

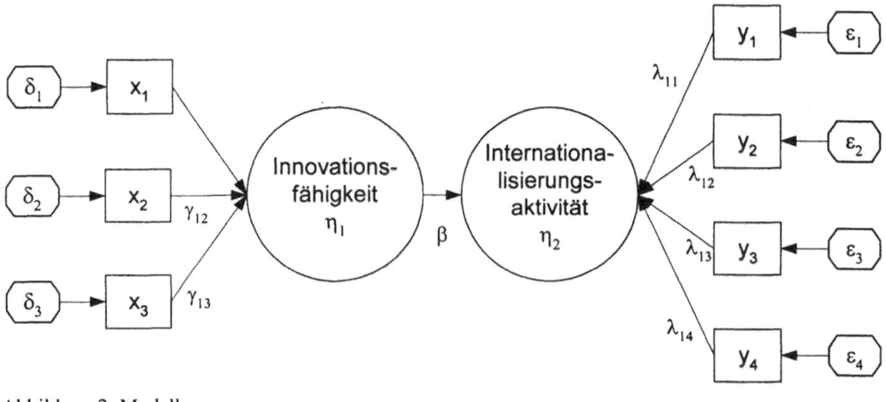

Abbildung 2: Modell

4 Ergebnisse

4.1 Güte des Modells

Die Fitmessungen hier basieren auf den Maximum-Likelihood-Schätzprinzip, das eine Normalverteilung voraussetzt und als das „klassische Schätzverfahren" der Kausalanalyse anzusehen ist (Homburg/Sütterlin 1990, S. 186).

Der Root-Mean-Squared-Error of Approximation (RMSEA) als inferenzstatistisches Anpassungsmaß zählt zu den globalen Anpassungsmaßen. Damit fällt dieses Maß in die gleiche Kategorie wie der Chi-Quadrat-Wert (Homburg/Baumgartner 1995, S. 165; Hildebrandt/Homburg 1998). Der RMSEA sollte ebenfalls größer oder gleich 0,08 liegen (bei sehr strenger Beurteilung unter 0,05). Hier wurde ein Wert von 0,064 gemessen, der noch als ausreichend beurteilt werden kann.

Das Modell weist einen Chi-Quadrat-Wert von 19,35 bei 14 Freiheitsgraden auf. Mit zunehmenden Chi-Quadrat-Wert präsentiert das in der Analyse spezifizierte Modell die Struktur auf der Populationsebene nicht exakt (Satow 1999, S. 7). Der Chi-Quadrat-Wert sollte daher möglichst klein ausfallen und nicht größer als das fünffache der Anzahl der Freiheitsgrade sein (Satow 1999, S. 16). Das bedeutet, dass der hier empirisch gemessene Wert ausreichend klein ist. Außerdem wird die Wahrscheinlichkeit dafür berechnet, dass die Ablehnung der Nullhypothese eine Fehlentscheidung darstellen würde. Hier ist p=0,01 und damit ausreichend klein, um das Modell nicht abzulehnen.

Der Goodness-of Fit-Index (GFI) zählt ebenfalls zu den globalen Anpassungsmaßen. Dabei handelt es sich um ein deskriptives Anpassungsmaß, das die Freiheitsgrade nicht berücksichtigt (Homburg/Baumgartner 1995, S. 165). Der GFI misst die relative Menge an Varianz und Kovarianz und kann zwischen 0 und 1 liegen. In dieser Untersuchung liegt der GFI bei 0,956. Das bedeutet, dass 95,6% der gesamten Ausgangsvarianz durch das Modell erklärt werden können. Werte größer oder gleich 0,9 gelten als gute Anpassungsgüte (Homburg/Giering 1996, S. 13).

Der Adjusted-Goodness-of-Fit-Index (AGFI) fällt unter die globalen Anpassungsmaße. Dabei handelt es sich wie der relativierte Chi-Quadrat-Wert um ein deskriptives Anpassungsmaß, das die Freiheitsgrade mitberücksichtigt (Homburg/Baumgartner 1995, S. 165; Hildebrandt/Homburg 1998). Den dekriptiven Maßen ist gemein, dass sie in einer jeweils spezifischen Form die Diskrepanz zwischen der empirischen und der von Modell produzierten Kovarianzmatrix beurteilen (Homburg/Sütterlin 1990, S. 187).

Der AGFI kann zwischen Null und Eins liegen und misst die durch das Modell erklärte Varianz unter Einbezug der Freiheitsgrade. Hier wurde ein AGFI von 0,904 berechnet. Weil ein Modell umso besser angepasst ist, je näher der gemessene Wert an Eins liegt, zeigt auch dieser Wert eine gute Anpassung des

Modells. Auch hier gelten Werte größer oder gleich 0,9 als gute Anpassungsgüte. Des Weiteren sollte der Chi-Quadrat-Wert relativ zur Anzahl der Freiheitsgrade gleich oder unter Drei liegen. Mit einem Wert von 1,382 ist dies hier erfüllt.

Der Root-Mean-Square-Residual (RMR) zählt auch zu den dekriptiven globalen Anpassungsmaßen (Homburg/Sütterlin 1990, S. 187). RMR bezieht sich auf die Residualvarianzen, die in einem Modell nicht erklärt werden und ähnelt daher dem Standardfehler im Rahmen der Regressionsanalyse. Je näher der gemessene Wert an Null liegt, desto weniger Varianzen werden nicht erklärt und desto besser ist die Anpassungsgüte des Modells. Hier wurde ein ausreichender Wert von 0,132 gemessen. Besser allerdings wäre ein Wert unter 0,09.

Zu den globalen Anpassungsmaßen wird auch der Normed Fit Index (NFI) gezählt, der anders als der Comparative Fit Index (CFI) die Freiheitsgrade nicht berücksichtigt. Beide Maßgrößen sind inkrementelle Anpassungsmaße und sollten jeweils größer oder gleich 0,9 sein (Homburg/Baumgartner 1995, S. 165). Hier sind die Werte des NFI 0,915 und für den CFI 0,969. Somit liegt bei beiden Maßen eine ausreichende Erfüllung der Anforderungen vor.

Zusammenfassend lässt sich eine gute Anpassung des Modells konstatieren, sodass das Modell angenommen werden kann.

4.2 Aussagen der Messergebnisse

Eine zentrale Anwendung der Kausalanalyse liegt in der konfirmatorischen Analyse von Hypothesenstrukturen (Hildebrandt/Homburg 1998, S. 26). Die konfirmatorische Analyse erfolgt gewöhnlich nach der Akzeptanz der globalen Anpassung ([Hildebrandt/Homburg 1998, S. 26). Die Kausalanalyse liefert dabei wie die Regressionsanalyse für jeden geschätzten Parameter eine Signifikanzaussage, sodass für alle Beziehungen festgestellt werden kann, inwieweit ein signifikanter Effekt vorliegt (Hildebrandt/Homburg 1998, S. 26). Dadurch lassen sich Hypothesen testen.

Die Ergebnisse der Parameterschätzung innerhalb der Kausalanalyse geben Auskunft darüber, wie viel % der Varianz durch die kausalvorgelagerten Größen erklärt wird. Der nicht dadurch erklärte Teil der Varianz kann sich aus Messfehlern oder anderen nicht gemessenen Größen ergeben.

Einen Einblick in das Datenmaterial gibt die folgende Korrelationsmatrix. Danach werden die jeweiligen Werte für die Zusammenhänge zwischen den Variablen erläutert.

Das hypothetische Konstrukt Innovationskompetenz erklärt $0{,}71^2$ und damit 50,4% der Varianz Bedeutung von Innovationen. Das bedeutet, dass 49,6% der Varianz sich nicht mit den Variablen erklären lassen. Diese nicht erklärte Varianz kann durch Messfehler oder durch nicht berücksichtigte andere Einflüsse erklärt werden. Die erklärten 50,4% der Varianz zeigen jedoch, dass ein positiver Zusammenhang zwischen der wahrgenommenen Bedeutung von Innovationen und der Innovationskompetenz vorliegt.

	Intern	**Innova**	**Y3**	**Y4**	**Y2**	**Y1**	**X1**	**X2**	**X3**
Intern	1,0								
Innov	0,529	1,0							
Y3	0,191	0,101	1,0						
Y4	0,708	0,375	0,135	1,0					
Y2	0,801	0,424	0,153	0,567	1,0				
Y1	0,609	0,322	0,166	0,431	0,488	1,0			
X1	0,256	0,484	0,049	0,182	0,205	0,156	1,0		
X2	0,491	0,927	0,094	0,348	0,393	0,299	0,449	1,0	
X3	0,374	0,707	0,071	0,265	0,3	0,228	0,343	0,656	1,0

Tabelle 1: Korrelationswerte als Überblick

Betrachtet man das hypothetische Konstrukt der Innovationsfähigkeit, so lässt sich feststellen, dass das hypothetische Konstrukt zu $0{,}93^2$, d.h. zu 86,5% die Varianz der Innovationsfähigkeit erklärt. 13,5% sind auf Messfehler oder auf das Wirken von Drittvariablen zurückzuführen. Letztlich erklärt das Konstrukt $0{,}48^2$, d.h. zu 23,0% der Varianz der Variable „Patentierungsbedeutung". Hierbei entfallen 77% auf Messfehler bzw. auf nicht berücksichtigte Variableneffekte. Das bedeutet, dass Hypothese zwei und drei nicht verworfen werden, jedoch Hypothese vier verworfen wird.

Das hypothetische Konstrukt der Internationalisierungsaktivitäten erklärt relativ hohe $0{,}80^2$, d.h. 64% der Varianz des Faktors wahrgenommenen Bedeutung der Internationalisierung in Bezug auf Forschung und Entwicklungsaktivitäten. Das hypothetische Konstrukt der Internationalisierungsaktivitäten erklärt $0{,}71^2$, d.h. 50,4% der Varianz des Faktors wahrgenommenen Bedeutung der Internationalisierung in Bezug auf die Know-how Beschaffung. Die Internationalisierungsaktivitäten dagegen erklären nur $0{,}61^2$, d.h. 37,2% der Varianz des Faktors Bedeutung der Internationalisierung in Bezug auf wahrgenommene Bedeutung des Auslandsengagements hinsichtlich Innovationen. Das hypothetische Konstrukt der Internationalisierungsaktivitäten erklärt nur $0{,}19^2$, d.h. 3,6% der Varianz des Anpassungsgrads der Leistungen in internationalen Märkten. Hier bleiben demnach 96,4% der Varianz ungeklärt. Folglich lassen sich Hypothese neun, und acht nicht bestätigen. Dafür werden die Hypothesen sechs und sieben nicht verworfen.

Letztlich lässt sich ein positiver Zusammenhang zwischen der Innovationskompetenz und der Internationalisierungsaktivität feststellen. Auch wenn der Zusammenhang nur den Wert 0,53 annimmt ist die Hypothese Eins als bestätigt anzusehen, weil Werte über 0,5 als signifikant gelten.

5 Diskussion

Die Anpassungsgüte des Modells an die empirischen Daten war als ausreichend anzusehen. Darüber hinaus wurden teilweise recht auffällige positive Werte festgestellt sowie der positive Zusammenhang der Innovationskompetenz auf die Internationalisierungsaktivitäten bestätigt.

Bei Vergleich der Ergebnisse fällt die geringe Erklärungskraft des Faktors der Anpassung an internationale Märkte auf. Zu vermuten ist, dass KMU mit ihren heimischen Leistungen und Produkte im internationalen Markt präsent sind. Es ist möglich, bleibt aber offen, dass ihre heimischen Leistungen und Produkten in verschiedenen internationalen Märkten Innovationen darstellen oder aber, dass KMU Innovationen aus Know-how Beschaffung aus dem Ausland generieren. Insbesondere letzter Faktor hat eine recht hohe Erklärungskraft. Diese wird noch gestützt durch die hohe Erklärungskraft der Bedeutung der Internationalisierung bei Forschungs- und Entwicklungsaktivitäten.

Aus den einzelnen Werten lassen sich weitere Schlüsse ziehen. Aus diesen Werten innerhalb der Faktoren auf die Innovationskompetenz zeigt sich, dass ein hoher Zusammenhang zwischen der wahrgenommenen Bedeutung von Innovationen, der wahrgenommenen Innovationsfähigkeit und der Innovationskompetenz vorliegt. Die Faktorladungen des Patentierungserfolges auf die Innovationskompetenz dagegen sind vergleichsweise niedrig. Dies kann damit zusammenhängen, dass KMU die hohen Kosten und den hohen Zeitbedarf gerade bei internationalen Patentierungen scheuen.

Bei Vergleich der Ergebnisse hinsichtlich der Internationalisierungsaktivitäten und den dazu untersuchten Faktoren fällt die geringe Erklärungskraft des Faktors der Anpassung an internationale Märkte auf. Zu vermuten ist, dass KMU mit ihren heimischen Leistungen und Produkte im internationalen Markt präsent sind. Es ist möglich, bleibt aber offen, dass ihre heimischen Leistungen und Produkte in verschiedenen internationalen Märkten Innovationen darstellen oder aber, dass KMU Innovationen aus Know-how Beschaffung aus dem Ausland generieren. Ebenso ist denkbar, dass KMU verstärkt Lizenzen einsetzen, die standardisierte Produkte und Dienstleistungen umfassen.

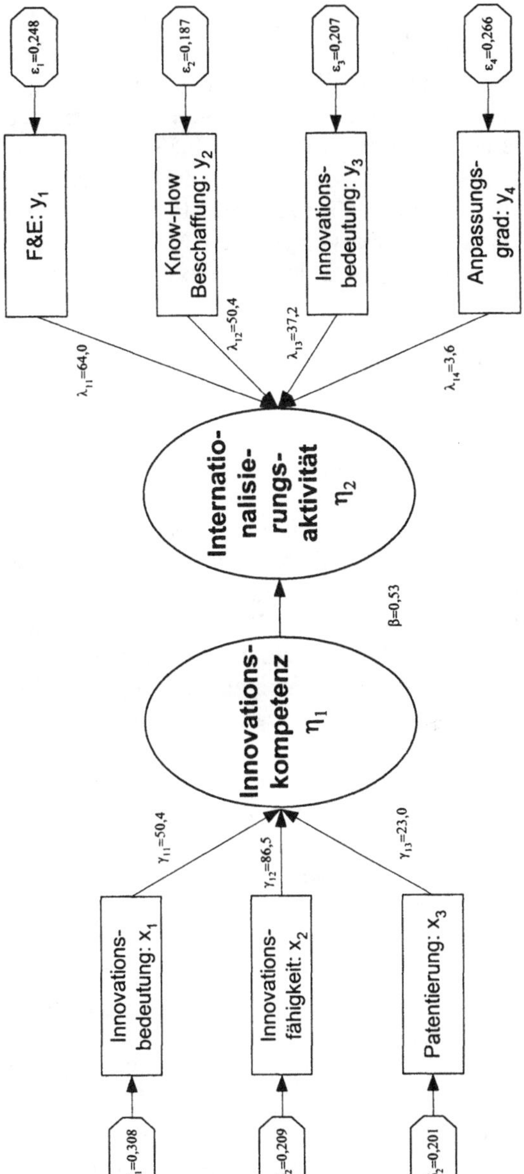

Abbildung 3: Überblick über die Werte im Modell

Gerade die Know-how Beschaffung hat eine recht hohe Erklärungskraft. Diese wird noch gestützt durch die hohe Erklärungskraft der Bedeutung der Internationalisierung bei Forschungs- und Entwicklungsaktivitäten.

Der Zusammenhang zwischen der Innovationskompetenz und der Internationalisierungsaktivitäten hat zwar nur den Wert 0,53. Trotzdem scheint dieser Zusammenhang sachlogisch richtig zu sein. Mit der Innovationskompetenz wurde nur ein Bereich von Gründen für Internationalisierungsaktivitäten untersucht. Auf die Internationalisierungsaktivitäten von KMU wirken sicherlich auch noch andere Faktoren ein. Es zeigt sich jedoch, dass ein positiver Zusammenhang vorliegt.

6 Ausblick und Grenzen

Mit Hilfe der Kausalanalyse und dem Softwareprogramm AMOS 4,0 lassen sich komplexe Zusammenhänge darstellen und berechnen. Durch die Aufstellung und die Überprüfung von Konstrukten, Zusammenhängen und schließlich dem kausalanalytischen Modell können auch latente und nicht beobachtbare Variablenzusammenhänge überprüft werden. Es war zunächst das Ziel, innerhalb der Analyse auch Umsatzzahlen und andere monetäre Größen zu überprüfen. Leider war dies aufgrund der mangelnden Auskunftsbereitschaft der KMU nicht möglich. Weil die KMU überdies nicht der Publizitätspflicht unterliegen, war auch keine andere Erhebung der Daten möglich. Trotzdem war die Anpassungsgüte und das Ergebnis der Hypothesenprüfung zufriedenstellend. Es ließ sich ein positiver Zusammenhang zwischen Innovationskompetenz und Internationalisierungsaktivitäten feststellen.

In weiteren Analysen könnten weitere Faktoren bei der Internationalisierung von KMU zusätzlich betrachtet werden wie beispielsweise die Bedeutung von Kooperationen. Vielleicht gelingt es ja auch anderen Forschern, die monetären Ergebnisse der KMU zu erfragen und dann in die Modelle zu integrieren.

Literatur

Amit, R./Schoemaker, P. J. H. (1993): Strategic Assets and Organizational Rent, in: Strategic Management Journal, 14, 1, S. 33 - 46

Bamberger, I./Evers, M. (1997): Ursachen und Verläufe von Internationalisierungsentscheidungen mittelständischer Unternehmen, in: Macharzina, K./Oesterle, M.-J. (Hrsg.): Handbuch Internationales Management, Wiesbaden, S. 104 - 137

Bamberger, I./Wrona, T. (1996): Der Ressourcenansatz im Rahmen des Strategischen Managements, in: Wirtschaftswissenschaftliches Studium, 25, 8, S. 386 - 391

Barney, J. (1991): Firm Resources and Sustained Competitive Advantage, in: Journal of Management, 17, 1, S. 99 - 120

Barney, J. B. (1996): The Resource-based Theory of the Firm, in: Organizational Science, 7, 5, S. 469

Benz, J. (1990): Kausalanalyse in der Marketingforschung auf verschiedenen Wegen, in: Marketing ZFP, 4, S. 241 - 249

BMWi (1993): Veröffentlichungen des BMWi

Boos, F./Jarmai, H. (1994): Kernkompetenzen - gesucht und gefunden, in: Harvard Business Manager, 16, 4, S. 19 - 26

Bouncken, R. B. (2000): Dem Kern des Erfolges auf der Spur? State of the Art zur Identifikation von Kernkompetenzen, in: ZfB, 70, 7/8, S. 865 - 885

Bouncken, R. B. (2001): Internationalisierung als Innovationspromotor für kleinere und mitlere Unternehmen, in: Meyer, J.-A. (Hrsg.): Innovationsmanagement in kleinen und mittleren Unternehmen, München, S. 27 - 34

Bouncken, R. B. (2002): Organisationale Metakompetenzen. Ein Theorie organisationaler Kompetenzen, Wiesbaden

Brockhoff, K. (1994): Forschung und Entwicklung, 4. Aufl., München, Wien

Chesbrough, H. W./Teece, D. J. (1996): When is Virtual Virtuous?, in: Harvard Business Review, 74, 1, S. 65 - 73

Dülfer, E. (2001): Internationales Management, 6. Aufl., München, Wien

Dunning, J. H. (1979): Explaning Changing Patterns of International Production: In Defence of the Ecletic Theory, in: Oxford Bulletin of Economics and Statistics, 41, S. 269 - 295

Dunning, J. H. (1993): Internationalizing Porter's Diamond, in: Mir, 33, S. 7 - 15

Europäische-Kommission (1996): Ausführungen zur KMU-Definition

Gibb, A./Scott, M. (1985): Strategic Awareness, Personal Commitment, and the Process of Planning in the Small Business, in: Journal of Management Studies, 22, 6, S. 597 - 627

Grant, R. M. (1991): The Resource Based Theory of Competitive Advantage: Implications for Strategy Formulation, in: California Management Review, 33, 3, S. 114 - 135

Hall, R. (1993): A Framework linking intangible Resources and Capabilities to Sustainable Competitive Advantage, in: Strategic Management Journal, 14, 5, S. 607 - 618

Hamel, G./Heene, A., (Hrsg.) (1994): Competence-based Competition, Chichester usw.

Hamel, G./Prahalad, C. K. (1994): Competing for the Future, Boston

Hamel, G./Prahalad, C. K. (1995): Wettlauf um die Zukunft: Wie Sie mit bahnbrechenden Strategien die Kontrolle über Ihre Branche gewinnen und die Märkte von Morgen schaffen, Wien

Hauschildt, J. (1993): Innovationsmanagement, München

Hildebrandt, L./Homburg, C., (Hrsg.) (1998): Die Kausalanalyse - Instrument der empirischen betriebswirtschaftlichen Forschung, Stuttgart

Hildebrandt, L./Homburg, C. (1998): Die Kausalanalyse: Bestandsaufnahme, Entwicklungsrichtungen, Problemfelder, in: Homburg, C./Hildebrandt, L. (Hrsg.): Die Kausalanalyse. Instrument der betriebswirtschaftlichen Forschung, Stuttgart

Hofer, C. W./Schendel, D. (1978): Strategy Formulation, St. Paul, Mn.

Homburg, C. (1992): Die Kausalanalyse. Eine Einführung, in: WiSt, 10, S. 499 - 544

Homburg, C./Baumgartner, H. (1995): Beurteilung von Kausalmodellen: Bestandsaufnahme und Anwendungsempfehlungen, in: Marketing ZFP, 17, 3, S. 162 - 176

Homburg, C./Baumgartner, H. (1995): Die Kausalanalyse als Instrument der Marketingforschung, in: ZfB, 65, 10, S. 1091 - 1108

Homburg, C./Giering, A. (1996): Konzeptualisierung und Operationalisierung komplexer Konstrukte - Ein Leitfaden für die Marketingforschung, in: Marketing ZFP, 18, 1, S. 5 - 24

Homburg, C./Pflesser, C. (2000): Strukturgleichungsmodelle mit latenten Variablen: Kausalanalyse, in: Herrmann, A./Homburg, C. (Hrsg.): Marktforschung, Wiesbaden, S. 633 - 660

Homburg, C./Sütterlin, S. (1990): Kausalmodelle in der Marketingforschung. EQS als Alternative zu Lisrel, in: Marketing ZFP, 3, S. 181 - 192

Horem, T./von Krogh, G./Roos, J. (1996): Knowledge-Based Strategic Change, in: von Krogh, G./Ross, J. (Hrsg.): Managing Knowledge, London, Thousand Oaks, New Dehli, S. 116 - 136

Johanson, J./Vahlne, J.-E. (1977): The Internationalization Process of the Firm - A Model of Knowledge Development and Increasing Foreign Market Commitments., in: JIBS, 8, 1, S. 23 - 32

Johanson, J./Vahlne, J.-E. (1990): The Mechanisms of Internationalization, in: International Marketing Review, 7, 4, S. 11 - 24

Keats, B. W./Bracker, J., S. (1988): Toward a Theory of Small Firm Performance: A Conceptual Model, in: American Journal of Small Business, Spring, S. 41 - 58

Klaus, H. G./Winkelhage, F. (1991): Die Funktion des Wissens- und Technologietransfers bei der Internationalisierung der Forschung, in: Müller-Böling, D./Seibt, D./Winand, U. (Hrsg.): Technologie- und Innovationsmanagement, Stuttgart, S. 495 - 517

Kogut, B./Zander, U. (1992): Knowledge of the Firm, Combinative Capabilities, and the Replication of Technology, in: Organizational Science, 3, 3, S. 382 - 397

Koppelmann, U. (1997): Produktinnovationen, in: Thexis, 3, S. 10 - 12

Kutschker, M. (1997): Internationalisierung der Unternehmensentwicklung, in: Macharzina, K./Oesterle, M.-J. (Hrsg.): Handbuch Internationales Management, Wiesbaden, S. 45 - 70

Mc Grath, R. G./MacMillan, I./Venkataraman, S. (1995): Defining and Developing Competence: A Strategic Process Paradigm, in: Strategic Management Journal, 16, 4, S. 251 - 275

Miller, D./Toulouse, J.-M. (1986): Chief Executive Personality and Corporate Strategy and Structure in Small Firms, in: Management Science, 32, 11, S. 1389 - 1409

Müller, S./Kornmeier, M. (1997): Motive und Unternehmensziele als Einflußfaktoren der einzelwirtschaftlichen Internationalisierung, in: Macharzina, K./Oesterle, M.-J. (Hrsg.): Handbuch Internationales Management, Wiesbaden, S. 71 - 101

Nonaka, I./Tageuchi, H. (1995): The Knowledge-Creating Company, New York

Prahalad, C. K. (1990): The Core Competence of the Cooperation, in: Harvard Business Review, 68, May-June, S. 79 - 91

Prahalad, C. K./Hamel, G. (1994): Strategy as a Field of Study: Why search for a New Paradigm?, in: Strategic Management Journal, 15, Special Summer Issue, S. 5 - 16

Rasche, C. (1993): Kernkompetenzen, in: DBW, 53, 3, S. 425 - 427

Reed, R./DeFillippi, R. J. (1990): Causal Ambiguity, Barriers to Imitation, and Sustainable Competitive Advantage, in: Academy of Management Review, 15, 1, S. 88 - 102

Satow, L. (1999): LISREL-Einführung, Berlin

Schumpeter, J. (1931): Theorie der wirtschaftlichen Entwicklung. Eine Untersuchung über den Unternehmergewinn, Kapital, Kredit, Zins und den Konjunkturzyklus, 3. Aufl., Leipzig

Selznick, P. (1957): Leadership in Administration, New York, Tokio

Snow, C./Hrebiniak, L. (1980): Strategy, Distinctive Competence and Organizational Performance, in: Administrative Science Quarterly, 25, June, S. 317 - 336

Stalk, G./Evans, P./Shulman, L. E. (1992): Competing on Capabilities: The New Rules of Competition, in: Harvard Business Review, 70, 2 March-April, S. 57 - 69

Stalk, G./Evans, P./Shulman, L. E. (1993): Kundenbezogene Leistungspotentiale sichern den Vorsprung, in: Harvard Business Manager, 15, 1, S. 59 - 71

Stevenson, H. H. (1976): Defining Corporate Strenghts and Weaknesses, in: Sloan Management Review, 17, S. 61 - 68

Ulrich, D./Lake, D. (1990): Organizational Capability: Competing from the Inside Out, New York

Verdin, P. J./Williamson, P. J. (1994): Core Competences, Competitive Advantage and Market Analysis: Forging the Links, in: Turner, D./Crawford, M. (Hrsg.): Competence-based Competition, Chichester usw., S. 77 - 110

Vernon, R. (1966): International Investment and International Trade in the Product Cyle, in: Quarterly Journal of Economics, 80, S. 190 - 207

von Krogh, G./Roos, J. (1996): Arguments on Knowledge and Competence, in: von Krogh, G./Ross, J. (Hrsg.): Managing Knowledge, London, Thousand Oaks, New Dehli, S. 100 - 115

Welge, M./Holtbrügge, D. (2001): Internationales Management, 2. Aufl., Landsberg/Lech

Wernerfelt, B. (1995): The Resource-Based View of the Firm: Ten Years After, in: Strategic Management Journal, 16, S. 171 - 174

Zahn, E. (1995): Kompetenzbasierte Strategien, in: Corsten, H./Reiß, M. (Hrsg.): Handbuch Unternehmensführung: Konzepte - Instrumente - Schnittstellen, Wiesbaden, S. 355 - 369

KMUs als Innovationsmotor in der Biotechnologie: Diffusion von Innovationen

Dirk Nissen/Ingrid Ott

Inhaltsverzeichnis

1 Einführung

Biotechnologische Prozesse existieren – wenn auch nicht als solche bezeichnet – seit der Entstehung von Leben (vgl. z.B. Kaiser (1997), S. 10). Die industrielle Nutzung dieser Zusammenhänge führte im Zeitablauf zur Entstehung einer ganzen Biotechnologie-Industrie. Als Schlüsseltechnologie hat sie in unterschiedlichsten Industrien Einzug gehalten und wird in Deutschland spätestens seit Anfang der 90er Jahre zu einem relevanten Wirtschaftsfaktor (vgl. Heidenreich et al. (2002), S. 4). Dabei fällt es aufgrund der Tatsache, dass es sich bei der Biotechnologie um eine Querschnittstechnologie handelt schwer, von einer Biotechnologiebranche zu sprechen (vgl. Hampel/Pfenning (1998), Heidenreich et al. (2002), S. 4). Sie verzeichnet in Deutschland ein überdurchschnittliches Wachstum, und Deutschland nimmt im Ländervergleich seit 1999 die führende Rolle in Europa ein (vgl. Heidenreich et al. (2002), S. 8).

Die Biotechnologie stellt als Industrie eine Wachstumsbranche dar, in der fortwährend neue Produktlinien und Produktionsprozesse als Folge gezielter Innovationsaktivitäten entstehen. Vor allem seit den Entwicklungen in der Gentechnik erfährt die Biotechnologie wahre Innovationsschübe (vgl. Brunner (1994), S. 84). Getragen wird die Entstehung von Innovationen im Biotechnologie-Sektor zu einem überwiegenden Teil durch den Mittelstand, was ein umfassender Branchenreport deutlich macht (siehe Ernst & Young (1998, 2000, 2002)). Aus gesamtwirtschaftlicher Sicht sind diese Innovationsschübe bedeutsam, da sie einerseits eine Substitution von physischen Ressourcen durch Wissen und andererseits eine Substitution von knappen durch weniger knappe Ressourcen ermöglichen. Die gesamtwirtschaftliche Ressourcenrestriktion wird gelockert. Zugleich wird ein Strukturwandel induziert in dessen Folge neue Einkommensströme entstehen, welche von den Produzenten reinvestiert oder von den privaten Individuen konsumiert werden können.

Die genannten Vorteile können jedoch nur dann realisiert werden, wenn die Erfindungen den Weg aus den Laboren finden und sich bei Prozessinnovationen im Produktionsprozess oder bei Produktinnovationen im Konsum niederschlagen. Dies geschieht in der Regel nicht ad hoc, sondern kann als Diffusionsprozess beschrieben werden. Dabei unterscheidet sich die Dauer des Diffusionsprozesses in Abhängigkeit vom Betrachtungsobjekt.

In unserem Beitrag legen wir den Fokus auf die Betrachtung des Diffusionsprozesses einer Innovation, die zur Befriedigung latenter Bedürfnisse beitragen soll. Diese liegen vor, wenn eine große Zahl von Nachfragern ein ausgeprägtes Bedürfnis teilt, das bisher von keinem der existierenden Produkte befriedigt werden kann (vgl. Kotler/Bliemel (2001), S. 27). Im Anwendungsfeld der Medizin und Pharmazie existiert eine Vielzahl solcher latenten Bedürfnisse. Dies wird vor allem dann offensichtlich, wenn man an die Diagnostik und Therapie von schweren und lebensbedrohenden Krankheiten denkt.

In Analogie zum Produktlebenszyklus kann auch bezogen auf Produktionstechnologien ein charakteristischer Verlauf des Diffusionsprozesses beobachtet werden. Der genaue Verlauf hängt dabei wesentlich von der betrachteten Technologie ab. Er wird von einer Vielzahl an Faktoren sowohl auf einzelwirtschaftlicher als auch auf gesellschaftlicher Ebene beeinflusst. Welche Faktoren dies im Einzelnen sind und wie ihre Wirkungsrichtung sowie -intensität auf das Diffusionstempo einer Innovation im Falle latenter Bedürfnisse einzuschätzen ist, steht im Zentrum dieses Aufsatzes. Mittelständische Unternehmen sind insofern bedeutsam, als sie es im wesentlichen sind, welche die Innovationen hervorbringen. KMUs werden daher auch häufig als die 'Innovationsmotoren' der Biotechnologiebranche bezeichnet.

Der Abgrenzung des Untersuchungsgegenstandes sowie der Beschreibung des Begriffs 'Mittelstand' im Biotechnologie-Sektor im Abschnitt 2 folgt in Teil 3 die allgemeine Darstellung der einzelnen Einflussfaktoren des Diffusionsprozesses. In Abschnitt 4 wird die Bedeutung der einzelnen Einflussfaktoren für den Untersuchungsgegenstand analysiert. Ein kurzes Fazit fasst die wesentlichen Ergebnisse zusammen.

2 Untersuchungsgegenstand

Die Abgrenzung des Begriffs 'Mittelstand' bzw. 'Mittelständische Unternehmen' erfolgt in unserem Beitrag in Anlehnung an die Einteilung der Unternehmen in der Biotechnologie-Branche von Ernst & Young (2000), S. 6:

„Entrepreneurial Life Sciences Companies (ELISCOs) sind kleine und mittelständische Unternehmen, deren ausschließlicher Geschäftszweck die Kommerzialisierung der modernen Biotechnologie ist. Für Unternehmen dieser 'Core'-Kategorie ist die Neuartigkeit bzw. Originalität der Technologie (Innovationskriterium), welches sich durch Patente bzw. Patentanmeldungen belegen lässt, entscheidendes Kriterium."

Die wirtschaftliche Entwicklung der ELISCOs seit 1997 wird durch Tabelle 1 zusammengefasst. Hierbei wird deutlich, dass sich die Anzahl der Unternehmen bis heute mehr als verdoppelt und die Zahl der Beschäftigten mehr als verdreifacht hat. Daher wird die Branche auch als wachstumsintensiv bezeichnet. Im Vergleich zu den Daten der ELISCOs sind im selben Zeitraum auch bei den Großunternehmen in der Life Sciences-Industrie[1] positive Entwicklungen zu beobachten, allerdings in geringerer Größenordnung (vgl. Ernst & Young (2000, 2002), S. 8 bzw. S. 9).

Zugleich bilden die ELISCOs den zentralen Kern und dienen als wesentlicher Indikator für den Wirtschaftssektor Biotechnologie (vgl. Heidenreich et al. (2002), S. 8). Sie betreiben sehr kapitalintensive Forschung an hoch innovativen Verfahren, Technologien und Produkten mit folgenden Aktivitätsschwerpunkten (vgl. Heidenreich et al. (2002), S. 13):[2]

Plattformtechnologie (breit einsetzbare Verfahren und Techniken, die in mehreren Segmenten zum Einsatz kommen können und i.d.R. die Voraussetzung für die Entwicklung neuer Produkte sind)

Produktorientierung (z.B. Entwicklung neuer Wirkstoffe und Medikamente)

Zulieferer und Dienstleister (Neuentwicklung von Laborgeräten, Verfahrens- und Trenntechnologien, Analyseinstrumenten, Verbrauchsmaterialien, Bioinstrumenten oder Biochemika)

Auftragsforschung (für Großunternehmen der Life Sciences-Industrie und Forschungseinrichtungen)

---

1 Zur Life Sciences-Industrie werden Unternehmen zusammengefasst, die sich mit der Erforschung, Entwicklung und Vermarktung von Produkten, Technologien und Dienstleistungen auf Basis der modernen Biotechnologie beschäftigen. Hierzu zählen die Sektoren Gesundheit, Landwirtschaft, Ernährung, biotechnologische Feinchemiekalien- und Grundstoffproduktion sowie Umweltschutz (vgl. Ernst & Young (2000), S. 6).

2 Mengen- oder Prozentangaben sind anhand der verfügbaren Quellen nicht möglich.

	1997		1998		1999		2000		2001
Industriedaten und ihre jährliche Veränderung (in %)									
Anzahl der Unterneh-men	173	28%	222	26%	279	19%	332	10%	365
Anzahl der Beschäftig-ten	4.013	41%	5.650	44%	8.124	31%	10.673	35%	14.408
Finanzdaten (in Mio. Euro) und ihre jährliche Veränderung (in %)									
Umsatz	289	33%	384	35%	517	52%	786	33%	1.045
Ø Umsatz pro Unter-nehmen	1,67	3%	1,72	8%	1,85	28%	2,37	20,8%	2,86
Ø Umsatz pro Mitarbeiter	0,072	-5,5%	0,068	-5,9%	0,064	15,6%	0,074	-0,02%	0,072
F&E-Aus-gaben	141	50%	212	54%	326	121%	719	71%	1.228
Ø F&E-Ausgaben pro Unter-nehmen	0,82	15,8%	0,95	23%	1,17	81%	2,12	58,7%	3,365
Gewinn/ Verlust v. Steuern*	-35	20%	-42	26%	-53	*	-247	66%	-411

Tabelle 1: Wirtschaftsdaten der ELISCOs seit 1997
Quelle: Daten entnommen aus Ernst & Young (2000, 2002), S. 8 bzw. 9 und eigene Berechnungen.
(*Die Erhebungsgrundlage für die Zeiträume 1997-1999 sowie 2000-2001 ist unterschiedlich.)

Dabei sind die ELISCOs hauptsächlich im Bereich der sogenannten roten Gentechnik tätig.[3] Neben der Diagnostik bilden innovative Therapeutika, die in Krankheitsgebieten wie bspw. Onkologie, Immunologie oder Infektionskrankheiten Anwendung finden sollen den Schwerpunkt (vgl. Heidenreich et al. (2002), S. 14). Im Jahr 2001 befanden sich bereits 183 Wirkstoffe in unterschiedlichen Entwicklungsphasen in der Therapeutik-Pipeline von ELISCOs (vgl. Heidenreich et al. (2002), S. 46). Bis heute hat aber noch kein Therapeutikum den gesamten Innovationsprozess bis zur Markteinführung durchlaufen. Experten rechnen allerdings in den nächsten Jahren damit (vgl. Lobas (2002)).

3 Eine Unterscheidung der Gentechnik kann in die Anwendungsfelder Medizin und Pharmazie (rote Gentechnik), Bakterien und Enzyme (graue Gentechnik) und Landwirtschaft und Lebensmittelproduktion (grüne Gentechnik) vorgenommen werden. Vgl. weiterführend z.B. Kemme (1997), S. 17 und AEU (1999), S. 32.

Welche weiteren Entwicklungen hinsichtlich der Diffusion der innerhalb der ELISCOs entwickelten Produkte und Prozesse zu erwarten sind, wird im folgenden Abschnitt zunächst theoretisch abgeleitet. Eine Anwendung dieser Überlegungen auf den Bereich der Biotechnologie erfolgt dann im Abschnitt 4.

3 Zur Theorie von Diffusionsprozessen

Im vorliegenden Aufsatz sollen Aussagen darüber abgeleitet werden, welche Faktoren Einfluss auf den Diffusionsprozess von Produkten und Technologien haben, die zur Befriedigung latenter Bedürfnisse entwickelt werden sollen. Hierfür ist es erforderlich, den Diffusionsprozess und die ihn bestimmenden Faktoren genauer zu spezifizieren. Als Diffusion wird die Verbreitung eines Produktes oder einer Technologie im Zeitablauf bezeichnet (vgl. Grübler (1998), S. 65 ff.). Die in den Diffusionsprozess involvierten Individuen werden Adoptoren genannt. In empirischen Studien über die Verbreitung von Produkten und Prozessen lassen sich hinsichtlich der Zahl der Adoptoren regelmäßig wiederkehrende Muster erkennen, die als 'stilisierte Fakten' des Diffusionsprozesses bezeichnet werden: Zeitlich gesehen folgt der Diffusionsprozess bezogen auf die kumulative Zahl der Adoptoren einem logistischen Trend. Die damit einher gehende Verteilungsfunktion der Zahl der Adoptoren weist einen glockenförmigen Verlauf auf.

Wurde in frühen Studien lediglich die Diffusion eines einzelnen Produktes oder Prozesses betrachtet, analysieren die Untersuchungen seit den 1960er Jahren, ob und inwiefern die Ausbreitung eines Produktes/Prozesses zugleich Verdrängungen anderer Produkte/Prozesse induziert. Der Diffusionsprozess geht dann einher mit einem Substitutionsprozess und greift den Schumpeterschen Gedanken der 'schöpferischen Zerstörung' auf, wonach die Entstehung und Verbreitung einer neuen Idee mit dem Rückzug bestehender Technologien und Produkte einhergeht. In den meisten Fällen stellt der Diffusionsprozess ein multivariates Phänom dar, d.h. er wird von einer Vielzahl von Faktoren beeinflusst.

Die theoretische Modellbildung versucht, diese Einflussfaktoren zu identifizieren und zu erklären, wie es zu dem geschilderten stilisierten Diffusionsverlauf kommt. Innerhalb von Gleichgewichtsmodellen wird Diffusion als Übergang von einem Ausgangsgleichgewicht (bspw. Produktion mit einer alten Technologie) zu einem neuen Gleichgewicht (bspw. Produktion mit einer neuen Technologie) interpretiert. Bezogen auf Prozessinnovationen wird ein Anreiz zum Verlassen des Ausgangsgleichgewichts induziert, sofern durch sie eine Änderung der relativen Preise bzw. der Kosten resultiert. Die Diffusion bildet dann den Prozess der Anpassung an geänderte ökonomische Attribute ab und dauert solange, bis ein neues Gleichgewicht erreicht ist (vgl. Ruttan (2001)). Eine andere Möglichkeit, die Ausbreitung von technischen Neuerungen zu beschreiben, besteht in dem Ansatz, technischen Wandel eher als Prozess der Substitution bestehender Technologien durch neue denn als reines Diffusionsphänomen zu beschreiben. Im Fokus der Betrachtung stehen dann bspw. sich ändernde relative Marktanteile alternativer Produkte oder Technologien. Hierbei wird versucht, dem empirisch beobachtbaren Fakt der Diffusion als multivariatem Phänomen Rechnung zu tragen.

Trotz aller Fortschritte in der theoretischen und methodologischen Beschreibung von Diffusionsprozessen, liefern die Gleichgewichtsmodelle jedoch noch immer unbefriedigende Erklärungen hinsichtlich (i) der mathematischen Eigenschaften und ökonomischen Erklärungen für den logistischen Verlauf der Diffusionskurve, (ii) der engen Definition derjenigen Variablen, welche den Diffusionsprozess beeinflussen, (iii) der mangelhaften Modellierung von Diffusion als multivariatem Prozess, sowie (iv) der in den meisten Modellen statischen Annahme hinsichtlich der Zahl potenzieller Adoptoren (vgl. Grübler (1998)).

Die Betrachtung innerhalb dieses Beitrags setzt an denjenigen Determinanten an, welche Einfluss auf das Diffusionstempo von Produkten und Technologien zur Befriedigung latenter Bedürfnisse haben. Fasst man den Diffusionsprozess als eine Beschreibung der Änderung der Zahl von Adoptoren im Zeitablauf auf, bleibt zu analysieren, welche Anreize eine Adoption beschleunigen und welche das Gegenteil bewirken, nämlich die Adoption verzögern oder gar verhindern. Letztendlich haben alle diese Größen Einfluss darauf, wie schnell der Adoptionsprozess vonstatten geht. Sie sind damit geeignet, den Verlauf der Diffusionskurve zu erklären.

Das Diffusionstempo wird durch eine Vielzahl von Parametern beeinflusst, die sowohl auf individueller als auch auf gesamtwirtschaftlicher Ebene wirksam werden.[4] Beide Ebenen sind interdependent. Die wesentlichen Einflussgrößen auf das Diffusionstempo sind in Tabelle 2 zusammengefasst.

Ob der Einfluss der einzelnen Determinanten auf das Diffusionstempo eher positiv oder negativ einzuschätzen ist, wird im Folgenden erläutert. Hierfür werden die Determinanten zunächst genauer spezifiziert. Die Darstellung beginnt mit den Einflussfaktoren auf der **Mikroebene**:

- Wahrgenommener relativer Vorteil:

Rational handelnde Individuen entscheiden sich nur dann für die Adoption, wenn diese im Vergleich zu bestehenden Alternativen vorteilhaft ist. Dies ist bspw. dann der Fall, wenn durch den Einsatz einer neuen Technologie Kosten-

4 Die grundsätzliche Unterscheidung in Determinanten auf der Mikro- und Makroebene findet sich bspw. bei Grübler (1998) oder Rogers (1995). Allerdings nennt Grübler (1998), S. 68 auf der Makroebene lediglich 'the size of the system involved' sowie 'technological substitution or pure diffusion'. Da jedoch beide Ebenen nicht unabhängig voneinander betrachtet werden können, wurde die Makroebene innerhalb dieses Beitrags erweitert und für jede Determinante auf der Mikroebene ein Gegenstück auf der Makroebene gesucht.

einsparungen realisiert werden, welche die Investitionskosten mindestens decken oder wenn bezogen auf Produktinnovationen der Nutzen aus der Adoption die entstehenden Kosten übersteigt. Eine Adoption findet umso eher statt, je größer der resultierende Nettovorteil ist. Allerdings kann der Verzicht auf eine Adoption trotz kurzfristig wahrgenommenem Vorteil rational sein, sofern erwartet wird, dass die technologische Entwicklung sehr rasch voranschreitet. In diesem Fall kann das Zögern als die Suche nach dem optimalen Adoptionszeitpunkt interpretiert werden.

Mikroebene	**Makroebene**
Wahrgenommener relativer Vorteil	Gesellschaftliche Akzeptanz
Risikoneigung der Individuen	Staat
Kompatibilitätserfordernisse	Lock-in-Effekte und Pfadabhängigkeit
Netzexternalitäten	Standortvorteile und internationale Wettbewerbsfähigkeit
Komplexität	Substitution oder Diffusion
Verfügbarkeit	Marktgröße und Ressourcenrestriktion
Testbarkeit und Beobachtbarkeit	Markttransparenz

Tabelle 2: Einflussebenen und Determinanten des Diffusionstempos
Quelle: Eigene Darstellung

- Individuelle Risikoeinstellung:

Je risikofreudiger die Individuen sind, umso eher sind sie bereit, sich auf die Neuerung einzulassen und umso eher führt die Kosten-Nutzen-Abwägung zu einem Nettovorteil aus der Adoption. Risikofreude der Individuen beschleunigt daher das Diffusionstempo. Auch hier ist zu erwarten, dass der aus Sicht der Individuen optimale Adoptionszeitpunkt mit deren Risikoeinstellung variiert.

- Kompatibilität zu bestehenden Produkten und Prozessen:

Erfordert eine Innovation die Abstimmung mit anderen Produkten oder Prozessen, hat deren bereits erfolgte oder erwartete Verbreitung ebenfalls Einfluss auf das Diffusionstempo der eigentlich betrachteten Innovation. Allgemein ist zu erwarten, dass das Diffusionstempo durch ausgeprägte Kompatibilitätserfordernisse eingeschränkt wird. Hilfreich sind in diesem Fall bestehende Normen und Standards, welche sicherstellen, dass die Innovation zu bestehenden und künftigen Produkten kompatibel ist. Somit ist garantiert, dass durch die Kompatibilitätserfordernisse keinerlei Einschränkungen durch andere Produkte auf das Diffusionstempo ausgehen.

- Netzexternalitäten:

Sie liegen immer dann vor, wenn der individuell wahrgenommene Vorteil aus der Verwendung eines Produktes mit dessen Verbreitung durch andere Individuen zunimmt. Dies bedeutet, dass frühe Adoptoren einen geringeren Anreiz zur Adoption haben als späte Adoptoren, da hinsichtlich der künftigen Netzgröße lediglich Erwartungen gebildet werden können. Hat das Netz eine bestimmte kritische Größe erreicht, dürfte das Vorliegen von Netzexternalitäten die Diffusion eher beschleunigen, wohingegen das Gegenteil zu erwarten ist, sofern sich das Netz noch am Beginn der Aufbauphase befindet. Zugleich muss betrachtet werden, ob die Innovation den Aufbau eines gänzlich neuen Netzes erforderlich macht oder ob lediglich Produkte in einem bestehenden Netz substituiert werden. Die Notwendigkeit zum Aufbau eines neuen Netzes kann dabei ebenfalls dämpfend auf das Diffusionstempo wirken.

- Komplexität:

Je höher die Anforderungen an das Verständnis beim Umgang mit der Neuerung sind und je komplexer der Einsatz einer Innovation ist, umso langsamer wird sich der Diffusionsprozess vollziehen. Positiv beeinflusst wird das Diffusionstempo komplexer Innovationen von einem hohen Wissensstand der Adoptoren sowie deren Lernkompetenz.

- Verfügbarkeit:

Eine Innovation kann nur dann diffundieren, wenn sie für die Konsumenten auch verfügbar ist. Handelt es sich bei dem betrachteten Markt der Innovationen um einen Verkäufermarkt, stellt das Angebot den Bottleneck des Diffusionsprozesses dar. Zu beachten ist, dass gerade bei Produkten, die der Befriedigung latenter Bedürfnisse dienen, die fehlende Verfügbarkeit auch das Diffusionstempo einschränkt.

- Testbarkeit/Beobachtbarkeit:

Die Möglichkeit, die Innovation erst zu testen und deren Eigenschaften selbst zu beobachten, bewirkt, dass die Individuen mehr über die Innovation erfahren und so die Unsicherheit hinsichtlich des bislang unbekannten Produktes sinkt. Informationen fließen auch innerhalb von sozialen Netzwerken, in welchen Produkteigenschaften kommuniziert werden. Sofern es im Rahmen dieser Aktivitäten gelingt, Vertrauen in ein Produkt zu erzeugen, beschleunigt die Möglichkeit zum Testen das Diffusionstempo. Das Gegenteil ist der Fall, werden negative Eigenschaften kommuniziert. Die interpersonelle Kommunikation beeinflusst daher die Adoption positiv oder negativ, je nachdem welche Erfahrungen die Kommunikationspartner bereits mit dem Produkt gemacht haben. Sind die neuen Produkte sehr komplex, so erleichtert Fachwissen deren Testbarkeit.

Um Aussagen über das Diffusionstempo abzuleiten ist es aufgrund ihrer Interdependenz bedeutsam, neben der Mikro- auch die Makroebene einzubeziehen. Für die **Makroebene** können die folgenden Determinanten des Diffusionstempos herausgestellt werden:

- Gesellschaftliche Akzeptanz:

Vielfältige und unterschiedlichste Ansprüche und Erwartungen prägen die gesellschaftliche Umwelt und mithin die Akzeptanz unternehmerischen Handelns. Träger dieser zum Teil divergierenden Ansprüche an Unternehmen werden als Stakeholder bzw. Anspruchsgruppen bezeichnet (vgl. Dyllick (1984), S. 7 oder Schmid (1997), S. 633). Ist die gesellschaftliche Relevanz jener Anspruchsgruppen, die eine Technologie nicht akzeptieren und ihre Ablehnung auch entsprechend äußern, groß genug, hat dies unmittelbare Auswirkungen auf die gesellschaftliche Akzeptanz dieser Technologie (kritische Stakeholder, vgl. Burla (1989), S. 38). Selbst wenn die technologischen Voraussetzungen gegeben sind, wird die mangelnde gesellschaftliche Akzeptanz bremsend auf das Diffusionstempo wirken oder im Extremfall dazu beitragen, dass eine Diffusion nicht stattfinden kann.

- Staat:

Der Staat beeinflusst mit Hilfe wirtschaftspolitischer Maßnahmen das Diffusionstempo entweder direkt oder indirekt. Eine indirekte Art der Einflussnahme besteht in der Vorgabe des rechtlichen Rahmens, innerhalb dessen Unternehmen und Konsumenten ihre Entscheidungen treffen. Als Beispiele hierfür seien die Setzung von Standards oder die Patentgesetzgebung zur Garantie von Eigentumsrechten genannt. Doch auch direkt kann der Staat das Diffusionstempo beeinflussen, indem Förderprogramme für die Entwicklung bestimmter Produkte aufgelegt oder Wettbewerbe ausgeschrieben werden.

- Lock-in-Effekte und Pfadabhängigkeit:

Lock-in-Effekte beschreiben eine bestimmte historische Wahl, die fast irreversibel ist wie bspw. die Anordnung der Buchstaben auf der Tastatur. Mit ihr geht häufig eine sogenannte Pfadabhängigkeit einher. Sie beschreibt eine offensichtliche Stabilität in Makromustern, die aus der Akkumulation von vielen Entscheidungen, welche alle in eine Richtung gehen, folgt. Daraus resultieren Irreversibilitäten oder zumindest substanzielle Trägheit (vgl. Grübler (1998), S. 73). Das Vorliegen von Pfadabhängigkeiten und Lock-in-Effekten hemmt die Diffusion von Innovationen stark und kann sie sogar gänzlich verhindern.

- Standortvorteile und internationale Wettbewerbsfähigkeit:

Die Attraktivität eines Standortes wird durch Umweltbedingungen determiniert, die in gesellschaftliche, technologische, politischrechtliche und marktliche Umwelten unterschieden werden können (vgl. Nissen (2001)). Im Rahmen dieser Umwelten wirken vielfältige und unterschiedlichste Einzelaspekte, die für die Diffusion von Technologien und Produkten neutrale, fördernde oder hemmende Wirkungen entfalten können (bspw. Technikakzeptanz, Humankapital, rechtlicher Rahmen, staatliche Förderung, Marktgröße oder Kaufkraft). Grundsätzlich ist davon auszugehen, dass die Summen und entsprechend gleichgerichtete Kombinantionen innovationsfördernder Einzelaspekte eine beschleunigende Wirkung auf den Diffusionsprozess haben werden.

Gerade bei Prozessinnovationen ist darüber hinaus zu beachten, dass die internationale Arbeitsteilung zu Spezialisierungsmustern in einzelnen Ländern führt. Dies kann über die originären komparativen Vorteile der einzelnen Länder durch gezielte Industriepolitik noch verstärkt werden. Eine solche Politik kann bewirken, dass es gerade erst zur Entstehung der Spezialisierungsvorteile kommt.

- Substitution versus Diffusion:

Zu unterscheiden ist, ob die Innovation die Substitution alter Techniken oder Produkte innerhalb bestehender Netzwerke bewirkt oder ob es sich um die Verbreitung einer völligen Neuerung handelt. Letzere erfordert den Aufbau eines gesamten sozialen, ökonomischen und räumlichen Netzes.

- Marktgröße und Ressourcenrestriktion:

Je größer das System ist, für welches der Diffusionsprozess beschrieben wird, umso später ist Marktsättigung erreicht und umso langsamer vollzieht sich mithin der Diffusionsprozess. Die ausreichende Verfügbarkeit eines Produktes und damit auch dessen Verbreitung wird wesentlich durch die Marktgröße determiniert. Je größer der betrachtete Markt ist, umso länger wird es dauern, bis der Diffusionsprozess abgeschlossen ist.

Die Herstellung der Innovation wird auch wesentlich durch die Verfügbarkeit der erforderlichen Produktionsfaktoren determiniert. Hierbei gilt, dass die Ressourcenrestriktion umso eher eine Beschränkung darstellt, je spezifischer die zur Produktion erforderlichen Fähigkeiten sind und damit häufig einhergehend, je geringer das Angebot an Produktionsfaktoren ist. Das Auftreten von Knappheiten kann jedoch aufgrund der internationalen Verflechtungen sowie der (zumindest europaweit) gegebenen völligen Mobilität der Faktoren grundsätzlich gelindert werden.

- Markttransparenz:

Die Markttransparenz ist umso höher, je leichter es möglich ist, sich über neue Produkte und deren Eigenschaften zu informieren bzw. je einfacher die Preise von Produkten, welche dasselbe Bedürfnis bei einem Konsumenten befriedigen, miteinander verglichen werden können. Grundsätzlich ist dabei auf vielen Märkten von einer asymmetrischen Informationsverteilung zwischen Anbieter- und Nachfragerseite auszugehen (vgl. Kaas (1990), S. 541). Beide Seiten können durch die gezielte Informationssuche (screening) ihre Informationsdefizite reduzieren und durch das Aussenden von Signalen (signaling) den Informationsstand der anderen Seite erhöhen (vgl Spence (1976) oder Spremann (1988)). Vor allem in dynamischen Märkten, welche permanent neue Produkte generieren, gilt jedoch hinsichtlich möglicher Informationen über ein Produkt, dass Übersichtlichkeit kaum gegeben ist. Dies trifft im Besonderen für innovative Produkte zu, die sich häufig durch Erfahrungs- und Vertrauenseigenschaften auszeichnen (siehe bspw. Nelson (1970) oder Darby/Karny (1973)). Preisvergleiche sind im Gegensatz dazu relativ einfach zu erhalten. Ist der Markt übersichtlich und fällt es mithin den Konsumenten leicht, sich über die Innovation die zur Entscheidung relevanten Informationen zu besorgen, wird der Diffusionsprozess schneller vonstatten gehen. Beschleunigend werden ebenfalls jene Maßnahmen der Anbieterseite wirken, welche die Unsicherheit der Konsumenten bezüglich der Erfahrungseigenschaften (z.B. Garantie) und Vertrauenseigenschaften (z.B. Reputation) reduzieren (sieh Kuß/Tomczak (2000), S. 107). Grundsätzlich spielen bei innovativen Produkten interpersonelle Kommunikation sowie die Komplexität der Innovation eine wesentliche Rolle.

Im folgenden Abschnitt werden diese bislang allgemein abgeleiteten Einflussgrößen auf den Diffusionsprozess von Produkt- und Prozessinnovationen im Bereich Biotechnologie angewendet.

4 Anwendung auf den Bereich der Biotechnologie

In Erwartung hoher und langfristiger Gewinne werden von ELISCOs enorme Forschungs- und Entwicklungsaufwendungen getätigt und über einen langen Zeitraum entsprechende Verluste in Kauf genommen (vgl. Tabelle 1). Aufgrund der Tatsache, dass es sich bei den innovativen Therapeutika um Produkte handelt, die latente Bedürfnisse befriedigen, ist die Erwartung langfristiger Gewinnpotenziale nicht realitätsfern. Gelingt es einem Anbieter, als erster auf den Markt zu gehen und sein Produkt über Patente zu schützen, wird er die aus Anbietersicht positiven Bedingungen eines Verkäufermarktes vorfinden und ausnutzen können. Inwieweit sich die im Abschnitt 3 gemachten Aussagen zum Diffusionstempo auf den Untersuchungsgegenstand innovative Therapeutika übertragen lassen, soll im Folgenden geklärt werden. Dabei wird der gleichen Struktur gefolgt wie im letzten Abschnitt.

Einflussgrößen auf der **Mikroebene:**

- Wahrgenommener relativer Vorteil:

Auch wenn allgemein davon auszugehen ist, dass der Gesundheitsmarkt einem Wandel von einem stark autorisierten Verkäufermarkt hin zu einem kundenorientierten Käufermarkt unterzogen ist (vgl. Amelung/Schumacher (2000), S. 2), gelten im Bereich der innovativen Therapeutika vor allem durch das Vorhandensein stark ausgeprägter latenter Bedürfnisse nach wie vor Bedingungen eines Verkäufermarktes. Aus Konsumentensicht wird Gesundheit als eines der höchsten Güter eingeschätzt und stellt somit ein elementares Grundbedürfnis eines Individuums dar. Der Wert der Leistung innovativer Therapeutika wird entsprechend hoch und das Involvement der Nachfrage entsprechend stark ausgeprägt sein (vgl. auch weiterführend Nissen/Weisenfeld (2001), S. 12 ff.). Durch die Übernahme der Kosten durch Dritte (Krankenkassen) werden aus Sicht des Konsumenten mögliche Kosteneinsparungen kein Beurteilungskriterium für die Bewertung der Vorteilhaftigkeit einer Innovation darstellen. Die Verzögerung bei der Übernahme von Innovationen in der Erwartung rascher technologischer Entwicklungen, wird in diesem Anwendungsfeld keine maßgebliche Rolle spielen, denn 'Zeit' wird bei schwerwiegenden Erkrankungen grundsätzlich ein wesentlicher Engpassfaktor sein (vgl. Nissen/Weisenfeld (2001), S. 14). Der relative Vorteil der Innovationen aus Konsumentensicht wird somit als hoch wahrgenommen, was sich positiv auf die Adoption und somit die Diffusionsgeschwindigkeit innovativer Therapeutika auswirken wird.

- Risikoneigung der Individuen:

Im konkreten Untersuchungsfeld ist die individuelle Risikoneigung eng verknüpft mit der Frage nach dem wahrgenommenen relativen Vorteil. Hier wird zum einen auf die Individualebene der Konsumenten abgestellt, zum anderen auf die Risikofreude der Hersteller (ELISCOs). Auf Konsumentenebene verdeutlichen die o.g. Aspekte, dass die Indikation therapiebedürftiger Krankheiten und eine gesteigerte Risikobereitschaft positiv miteinander korrelieren. Der Nutzen aus der Verwendung einer Innovation wird somit als hoch einzuschätzen sein.

Die Hersteller solch innovativer Produkte zeichnen sich gerade durch eine große Risikofreude, dokumentiert über die hohe Verlustbereitschaft in den ersten Phasen des Innovationsprozesses, aus. Sie erwarten aufgrund des Vorliegens latenter Bedürfnisse eine schnelle Diffusion ihrer Produkte, damit verbunden eine kurze Amortisationsdauer der Kosten und erhebliche Gewinne in der Zukunft.

- Kompatibilitätserfordernisse:

Grundsätzlich gilt, dass innovative Therapeutika, genau wie alle anderen Medikamente auch, auf ihre Risiken und Nebenwirkungen untersucht werden müssen, bevor sie eine Marktzulassung erhalten. Die erforderlichen klinischen Studien beeinflussen damit das spätere Diffusionstempo nicht. Anders ist dies bezogen auf die Wechselwirkungen innovativer Threapeutika mit weiteren Medikamenten. Das Auftreten von Wechselwirkungen kann zum einen die Dauer der klinischen Studien verlängern (was für das Diffusionstempo erneut irrelevant ist), aber zugleich direkt das Diffusionstempo beeinträchtigen, sofern das Therapeutikum aufgrund von Wechselwirkungen mit anderen Therapeutika nur bei einem Teil der Patienten mit entsprechender Indikation eingesetzt werden kann. Im genannten Fall könnte man jedoch argumentieren, dass die Wechselwirkungen lediglich die Zahl potenzieller Adoptoren reduziert, und somit auf den eigentlichen Diffusionsprozess keine Auswirkungen hat.

- Netzexternalitäten:

Auch für innovative Therapeutika gilt, dass das Wissen der Konsumenten um das Produkt mit zunehmender Verbreitung steigt. Allerdings ist es für den einzelnen Patienten vermutlich von eher untergeordneter Bedeutung, wie groß die Zahl der sonstigen Patienten ist, welche das gleiche Medikament einnehmen. Netzexternalitäten sind daher, wenn überhapt, eher indirekt bedeutsam. Dies kann bspw. in Form von Selbsthilfegruppen, die sich aber eher aufgrund ähnlicher Indikation denn aufgrund gleichen Medikamentenkonsums finden, geschehen.

- Komplexität:

Die biotechnologisch hergestellten Produkte sind aus Sicht der Produzenten komplex, solange sie sich noch in der Forschungs- und Entwicklungsphase befinden. Mit einer Patentierung nimmt die Komplexität für andere Produzenten vergleichsweise ab. Dies gilt jedoch nur, sofern sie über das für die Produktion erforderliche Vorwissen verfügen. Dennoch hemmt die Komplexität nicht das Diffusionstempo, da die Nachfrager der Produkte in der Regel das Produkt als solches nicht durchschauen, sondern bspw. dem Arzt oder Apotheker vertrauen, welcher ihnen den Konsum des Produkts empfiehlt. In diesem Zusammenhang kommt damit dieser zwischengeschalteten Ebene eine wesentliche Bedeutung hinsichtlich des Diffusionstempos zu. Vorausgesetzt ist nämlich, dass die Produkte dort bekannt sind und die 'Vertriebspartner' die Produkteigenschaften kennen und verstehen. Dies ist bei weniger komplexen Innovationen leichter. Bezogen auf neue Produkte kann es daher sein, dass entsprechende Weiterbildungen und Informationen der Ärzte und Apotheker den Bottleneck für die Diffusion darstellen.

Darüber hinaus hängt das Diffusionstempo eines innovativen Therapeutikums auch davon ab, inwiefern es zusammen mit anderen Medikamenten eingesetzt werden kann. Dieser Aspekt ist ausführlicher unter dem Stichwort 'Kompatibilitätserfordernisse' behandelt. Zusammenfassend lässt sich sagen, dass die Komplexität eines Produktes lediglich für dessen Entwicklung und für das Bekanntwerden des Produkts bei den Verteilern bedeutsam ist. Für den eigentlichen Diffusionsprozess beim Endkunden (Patient) stellt das Vorliegen von Komplexität somit nur indirekt ein Hemmniss dar.

- Verfügbarkeit:

Von deutschen ELISCOs existieren derzeit noch keine therapeutischen Produkte auf dem Markt (vgl. Lobas (2002)). Eine Diffusion von Produkten ist unmittelbar über die ELISCOs somit nicht gegeben. Sie bilden dennoch nicht den Bottleneck des Diffusionsprozesses, denn sie stellen das notwendige technologische Potenzial für innovative Therapeutika zur Verfügung (vgl. Buse (2002), S. 146) und tragen über den Umweg großer Pharmakonzerne maßgeblich zur Bereitstellung bei. Insbesondere im Pharmabereich werden ELISCOs von den Großkonzernen als externe, im Outsourcing-Prinzip genutzte F&E-Abteilungen angesehen. Eine weitere, die Diffusionsgeschwindigkeit erhöhende Besonderheit, liegt in der Ein- und Auslizensierung von Forschungsergebnissen seitens der ELISCOs. Hier wird Know-how (ELISCOs untereinander oder eben mit Großunternehmen der Pharmabranche) im Sinne eines Technologietransfers ausgetauscht, was wesentlich zur Beschleunigung von Produktentwicklungen beiträgt (vgl. weiterführend z.B. Klein/Bracklo (2002), Buse (2002) oder Dolata (2002)).

- Testbarkeit und Beobachtbarkeit:

Bei 'normalen' Gütern des täglichen Bedarfs spielt die Möglichkeit, das Produkt zu testen und die Gütereigenschaften zu beobachten auch für das Diffusionstempo eine Rolle. Anders ist dies bei innovativen Therapeutika zu beurteilen: Hier ist die Testphase bereits vor der Marktzulassung im Rahmen der klinischen Studien enthalten. Denkbar ist jedoch, dass Patienten ein Interesse an Informationen haben, die andere Patienten bereits mit einem bestimmten Produkt gemacht haben. In diesem Fall kommt den interpersonellen Netzwerken innerhalb von Patientenorganisationen eine wesentliche Rolle hinsichtlich der Weitergabe bereits gemachter Erfahrungen zu.

Einflussgrößen auf der **Makroebene:**

- Gesellschaftliche Akzeptanz:

In der Biotechnologie prägen Aktivitäten der Anbieter- und Nachfragerseite, der NGOs, von Interessenverbänden, der Politik, des Staates und weiteren Stakeholdern den Rahmen für die Entwicklungen dieses Technologiefeldes entscheidend mit. Das Meinungsbild der allgemeinen Öffentlichkeit wird durch Aktivitäten der genannten Gruppen maßgeblich beeinflusst und zeigt die Akzeptanz in einer Gesellschaft auf. Vielfältige Untersuchungen zur Akzeptanz dienen dabei als Spiegel dieser öffentlichen Meinung (vgl. Nissen (2001), S. 346). Dabei sind hinsichtlich der Anwendungsfelder der Gentechnik erhebliche Akzeptanzunterschiede zu verzeichnen. Lehnen bspw. 74% der deutschen Bevölkerung die Entwicklung und Einführung gentechnisch veränderter Lebensmittel (grüne Gentechnik) seit 1995 konstant ab, wird der Einsatz dieser Technologie im Pharma- und Medizinbereich (rote Gentechnik) von nur 26% abgelehnt (vgl. Kohtes/ Kleeves (1999), S. 3 ff.). Diese hohe gesellschaftliche Akzeptanz drückt sich auch im Verhalten der Mehrheit der Akteure aus dem politisch-rechtlichen Umfeld aus (z.B. BioRegio-Wettbewerb oder die Einberufung eines nationalen Ethikrates, vgl. Nissen (2001), S. 361 f.). Auf das Diffusionstempo innovativer Therapeutika hat die hohe gesellschaftliche Akzeptanz der roten Gentechnik in Deutschland eine beschleunigende Wirkung.

- Staat:

Aktivitäten des Staates sind i.d.R. das Ergebnis einer gesellschaftlichen Diskussion, an der sich viele unterschiedlichste Institutionen beteiligen. Diese verfolgen dabei zum Teil gegensätzliche Ziele, mit der Absicht, staatliche Maßnahmen in ihrem Sinne zu forcieren oder zu bremsen. Grundsätzlich lassen sich solche Gruppen daher zum großen Teil in sogenannte Pro-NGOs und Contra-NGOs einteilen. Der Einfluss des Staates auf die Diffusionsgeschwindigkeit kann sowohl indirekter als auch direkter Natur sein. Dabei sind Staaten durch die Internationalität und Globalisierung von Forschung vor allem in der Biotechnologie einem zunehmenden Handlungsdruck ausgesetzt (vgl. Nissen (2001), S. 351). Jene Staaten, die eine eher restriktive Gesetzgebung verfolgen, drohen in Bezug auf diese Technologie ins Hintertreffen zu geraten. Dem Aspekt der individuellen Risikoneigung auf der Mikroebene wird hier die Risikobereitschaft des Systems (Gesundheitssystem) entgegengesetzt. So wird in diesem Zusammenhang die Frage der Standortsicherung als 'Risiko' kommuniziert: Einerseits warnen die Biotechnologiegegner vor den Gefahren der Technologie, andererseits betonen die Befürworter mögliche gesamtwirtschaftliche Standortnachteile, sollte die Technologie nicht zum Einsatz kommen (vgl. Martinsen (1997), S. 11).

Für die ELISCOs stellt sich die Situation am Standort Deutschland folgendermaßen dar: Der Staat setzt die Rahmen, in denen sich Innovationen entfalten können (z.B. Embryonenschutzgesetz, Gentechnik-Gesetz, Patentgesetzgebung) und hat damit indirekten Einfluss auf die Diffusionsgeschwindigkeit. Durch die 1998 genehmigte 'European Patent Directive' strebt die Europäische Kommission eine weitgehende Harmonisierung des Patentrechts in Europa an (vgl. Ernst & Young (2000), S. 16). Das deutsche und europäische Patentrecht bietet danach den deutschen Biotech-Unternehmen ausreichende Möglichkeiten, im internationalen Wettbewerb bestehen zu können (vgl. Ernst & Young (2000), S. 37). Im Verhältnis zu US-amerikanischen Unternehmen werden aber Nachteile vermutet, da die Voraussetzungen für die Patentierfähigkeit (Neuheit, erfinderische Tätigkeit, gewerbliche Anwendbarkeit) unterschiedlich ausgelegt werden (vgl. Stein (2000), S. 38).

Eine die Diffusionsgeschwindigkeit fördernde Wirkung haben Förderprogramme, die vom Staat initiiert und finanziert werden. So wurden erst durch den 1995 von der damaligen Bundesregierung in Leben gerufene BioRegio-Wettbewerb die notwendigen Voraussetzungen für eine florierende Biotechnologie-Industrie geschaffen (vgl. Heidenreich et al. (2002), S. 4 oder BMBF (2000)). Weitere Förderprogramme haben sich angeschlossen (vgl. Nissen (2001), S. 357 f.).

- Lock-in-Effekte und Pfadabhängigkeit:

Der Markt für innovative Therapeutika ist noch sehr jung und dabei sehr dynamisch. Grundsätzlich sind Lock-in-Effekte und damit einhergehende Pfadabhängigkeiten wenn überhaupt, so nur bei Plattformtechnologien denkbar (vgl. Heidenreich et al. (2002), S. 20 ff.). Derzeit ist ein solcher Lock-in-Effekt einer Technologie jedoch nicht zu beobachten. Hinsichtlich der Produkte wird gerade die hohe Innovatität der Branche Irreversibilitäten verhindern. Eine genauere Prognose ist aber zu diesem Zeitpunkt nicht möglich. Liegen jedoch keine Lock-in-Effekte und Pfadabhängigkeiten vor, so geht von diesen auch kein Einfluss auf das Diffusionstempo aus.

- Standortvorteile und internationale Wettbewerbsfähigkeit:

Dass Umweltbedingungen auf den verschiedenen Umweltebenen die Attraktivität eines Standortes determinieren, wurde im theoretischen Teil bereits angesprochen. Ohne auf alle Umwelten ausführlich eingehen zu wollen, bleibt festzuhalten, dass die rote Gentechnik vor allem im Bereich medizinischer Anwendung von der eindeutigen Mehrheit der Deutschen akzeptiert wird (gesellschaftliche Umwelt: vgl. Kothes/Kleves (1999), S. 5). Neben Marktwachstum und Marktgröße ist vor allem die Marktqualität ein wesentliches Kriterium für die Bestimmung der marktlichen Umwelt (vgl. Kreilkamp (1987), S. 488). Dabei bestimmen Faktoren wie z.B. finanzielle Ressourcen, preispolitischer Spielraum, Schutzfähigkeit, Investitionsintensität, Abnehmerstruktur oder Humankapital die Marktqualität. Grundsätzlich gilt hier für den Standort Deutschland, dass der 20-jährige Rückstand im Biotechnologie-Sektor gegenüber den nordamerikanischen Vorreitern deutlich aufgeholt werden konnte und Deutschland mittlerweile eine führende Rolle in Europa eingenommen hat (vgl. Klein/ Bracklo (2002), S. 134; Heidenreich et al. (2002), S. 8). Aspekte der technologischen Umwelt sind eng verzahnt mit den Rahmensetzungen der politisch-rechtlichen Umwelt (vgl. Nissen (2001), S. 346). Eine explizite Berücksichtigung der politisch-rechtlichen Umwelt erfolgte bereits im Unterpunkt 'Staat'. Insgesamt herrscht am Standort Deutschland ein weitgehend positives Innovationsklima für die ELISCOs. Dies begünstigt die Bereitstellung einer Innovation.

- Substitution oder Diffusion:

Im Anwendungsfeld der Therapeutik sind die Grenzen zwischen Substituten für bestehende Produkte (alte Technologie) und völliger Neuerung fließend. So werden viele innovative Produkte bestehende Therapien (z.B. Chemotherapie) ersetzen und dennoch als vollkommene Neuerungen anzusehen sein, da sie erstmals auf eine 'punktgenaue' Weise dazu in der Lage sein werden, schwere Krankheiten zu bekämpfen. Eindeutig ist die Trennung z.B. bei der Produktion von Insulin möglich. Das auf gentechnischem Wege hergestellte Insulin hat Vorgängerpräparate, für die das Insulin aus Kälbermägen gewonnen wurde, weitgehend ersetzt. Für die sehr lange Verfahrensdauer von acht Jahren bis zur Genehmigung der Herstellung war nicht allein das immer neu geänderte Herstellungsverfahren (Patentrecht) verantwortlich, sondern vor allem die Änderungen der anzuwendenden gesetzlichen Bestimmungen sowie Einsprüche Dritter vor den Verwaltungsgerichten (vgl. Matzke (1999), S. 15). Dieses Beispiel zeigt, dass ein beschleunigter Diffusionsprozess bei Substitutionsprodukten nicht selbstverständlich ist. Andererseits ist aber auch davon auszugehen, dass bei vollkommenen Neuerungen nicht zwangläufig von einer langsameren Diffusion auszugehen ist, denn der allgemein postulierte Aufbau eines gesamten sozialen, ökonomischen und räumlichen Netzes wird auch hier i.d.R. nicht erforderlich sein. Selbst wenn es noch keine bestehenden Therapieangebote gibt, ist der 'Markt' aufgrund der latenten Bedürfnisse dennoch vorhanden und die erforderlichen Netzwerke werden von Patientenorganisationen, Ärzten und anderen Akteuren im Gesundheitswesen gebildet.

- Marktgröße und Ressourcenrestriktionen:

Die Größe des Systems determiniert die Anzahl potenzieller Adoptoren. Die Tatsache, dass innovative Therapeutika vor allem in jenen Feldern entwickelt werden, die über eine entsprechende Marktgröße verfügen (z.B. Onkologie, vgl. Heidenreich et al. (2002), S. 14) und dass diese Produkte i.d.R. für einen internationalen Markt entwickelt werden, lässt auf eine späte Marktsättigung und einen langfristigen Diffusionsprozess schließen. Das Vorliegen latenter Bedürfnisse auf Seite der Adoptoren kann die Dauer des Diffusionsprozesses verkürzen, denn in diesem Fall muss lediglich ein existierender Markt über die Verfügbarkeit des Produktes informiert werden.

Hinsichtlich der Ressourcenausstattung ergibt sich mit Blick auf das Humankapital sowie die sächlichen Ressourcen ein differenziertes Bild. Da es sich bei den Mitarbeitern in der Regel um hochqualifizierte Spezialisten aus unterschiedlichen Berufsfeldern (bspw. Humangenetik, Biologie, Chemie, Informationstechnologie oder Medizin) handelt, können diese ein Engpassfaktor sein und sind nur schwer zu ersetzen (vgl. Lobas (2002)). Deutsche Unternehmen konkurrieren auf diesem Feld nicht nur national sondern auch international um die 'besten Köpfe'. Sächliche Ressourcen sind hingegen aufgrund des großen Zuliefererangebotes vor allem von Standardchemikalien und Verbrauchsmaterial in ausreichendem Maße vorhanden. Die polypolistische Angebotsstruktur sorgt dafür, dass die Abnehmerseite nicht der Gefahr ausgesetzt ist, in Abhängigkeit von nur wenigen Anbietern zu geraten (vgl. Heidenreich et al. (2002), S. 23).

- Markttransparenz:

Die für die Beurteilung von Markttransparenz erforderlichen Informationen über neue Produkte und deren Preise sind in erster Linie Ärzten, Apothekern und Patientenorganisationen zugänglich. Mit Bezug auf innovative Therapeutika ist Transparenz hinsichtlich der Produktpreise vergleichsweise leicht herzustellen, da bundeseinheitlich dieselben Preise gelten.[5] Versucht man jedoch die Transparenz hinsichtlich der Entstehung neuer Produkte zu beschreiben, sieht die Sach-

5 Zur Preisbildung im Pharmabereich siehe bspw. Hilleke (1995).

lage anders aus: Für den Patienten besteht die Möglichkeit, sich sowohl bei Ärzten als auch bei Apothekern über neue Produkte zu informieren. Insofern ist das Wissen dieser Berufsgruppen zentral für die Höhe der Markttransparenz. Eine weitere und nicht unbedeutsame Rolle kommt den Patientenorganisationen zu, welche i.d.R über neue Entwicklungen sehr gut informiert sind und das Wissen bündeln. Dieses Know-how trägt wesentlich dazu bei, die Markttransparenz zu erhöhen. Das Wissen um das Produkt ist jedoch eine notwendige Voraussetzung für dessen Verbreitung. Insofern wird eine hohe Markttransparenz das Diffusionstempo auch im Bereich innovativer Threrapeutika beschleunigen.

Auch wenn in diesem Beitrag um der Klarheit willen die Determinanten im Einzelnen erläutert sind, wird dennoch deutlich, dass eine isolierte Betrachtung zu kurz greift. Dieser Feststellung wurde bereits in der von uns gewählten Gegenüberstellung von Determinanten der Mikroebene mit denen der Makroebene Rechnung getragen. Zwischen verschiedenen Determinanten bestehen mitunter sogar stark ausgeprägte Interdependenzen, wie bpsw. zwischen Staat, gesellschaftlicher Akzeptanz und Standort- und Wettbewerbsfaktoren auf der Makroebene oder wahrgenommener relativer Vorteil und individuelle Risikoneigung auf der Mikroebene. Diese Interdependenzen sollen aber innerhalb dieses Beitrags nicht eingehend erläutert werden.

5 Fazit

Der vorliegende Aufsatz analysiert die Bedeutung des Mittelstandes als Innovationsmotor für den Biotechnologie-Sektor. Es wird deutlich, dass es sich hierbei um eine Wachtumsbranche handelt, in welcher von den Unternehmen kapitalintensive und in der Anfangszeit stark verlustbringende Investitionen getätigt werden. Da sich bislang noch kein Produkt aus der roten Gentechnik auf dem Markt befindet, sind die anfänglich hohen Verluste nur mit der Erwartung hoher künftiger Gewinne zu erklären. Die Investitionen sind umso früher amortisiert, je schneller das Diffusionstempo eines Produktes im Markt vonstatten geht. Der Diffusionsprozess wird von einer Vielzahl an Faktoren beeinflusst, welche zum Teil auf individueller Ebene, zum Teil jedoch auch auf gesamtwirtschaftlicher Ebene zum Tragen kommen. Folglich können sie in Determinanten der Mikro- und der Makroebene unterschieden werden. Die Determinanten wurden zunächst allgemein dargestellt. Es wurde sodann analysiert, inwiefern die einzelnen Aspekte das Diffusionstempo von Innovationen im Bereich der roten Gentechnik beeinflussen. Im Ergebnis resultiert, dass trotz teilweise gegenläufiger Einzeleffekte das Diffusionstempo bei Produkt- und Prozessinnovationen, welche der Befriedigung latenter Bedürfnisse dienen, verglichen mit 'normalen' Gütern erheblich schneller erfolgen dürfte. Der Engpass liegt in der Verfügbarkeit der Innovationen für den Markt, welche im wesentlichen durch rechtliche Vorgaben wie bspw. die Dauer der klinischen Phasen bestimmt wird. Für den

Mittelstand sind daher zunächst die rechtlichen Vorgaben, welche die Marktzulassung einer Innovation determinieren, bedeutsam.

Literatur

AEU: Arbeitskreis Evangelischer Unternehmer in Deutschland e.V. (Hrsg.) (1999): Grüne Gentechnik: vom ritualisierten Streit zum sachorientierten Diskurs, München

Amelung, V./Schumacher, H. (2000): Managed Care – Neue Wege im Gesundheitsmanagement, 2. Aufl., Wiesbaden

BMBF (2000): Bundesministerium für Bildung und Forschung: Biotechnologie – Basis für Innovationen, Bonn

Brunner, H. (1994): Neue biotechnologische Ansätze in der Enzymtechnologie, Enzymproduktion und der Diagnostik, in: Schell, T. von/Mohr, H. (Hrsg.): Biotechnologie – Gentechnik: Eine Chance für neue Industrien, S. 84 - 97, Berlin et al.

Burla, S. (1989): Rationales Management in Nonprofit-Organisationen, Bern, Stuttgart.

Buse, S. (2002): Der strategische Wert von Kooperationen im Rahmen der Innovationstätigkeit junger Biotechnologieunternehmen, in: Herstatt, C./Müller, C. (Hrsg.): Management-Handbuch Biotechnologie, Stuttgart, S. 145 - 157

Darby, M./Karni, E. (1973): Free Competition and the Optimal Amount of Fraud, in: Journal of Law and Economics, Vol. 16, S. 67 - 88

Dolata, U. (2002): Strategische Netzwerke oder fluide Figurationen?, in: Herstatt, C./Müller, C. (Hrsg.): Management-Handbuch Biotechnologie, Stuttgart, S. 159 - 172

Dyllick, T. (1984): Erfassung der Umweltbeziehungen der Unternehmung, in: io Management Zeitschrift, Jg. 53, Nr. 2, S. 74 – 78

Ernst & Young (1998): Aufbruchstimmung 1998: der erste Report der Schitag & Ernst Unternehmensberatung über die Biotechnologie-Industrie in Deutschland, Stuttgart.

Ernst & Young (2000): Gründerzeit – Ernst & Youngs Zweiter Deutscher Biotechnologie-Report 2000, Mannheim

Ernst & Young (2002): Neue Chancen – Deutscher Biotechnologie-Report 2002 Ernst & Young, Mannheim

ESchG: Gesetz zum Schutz von Embryonen (Embryonenschutzgesetz - ESchG), vom 13. Dezember 1990, BGBl. I S. 2746.

Grübler, A. (1998): Technology and Global Change, Cambridge, UK.

Hampel, J./Pfenning, U. (1998): Biotechnology And Public Perception Of Technology – The German Case, Arbeitsbericht Nr. 99/Mai 1998 der Akademie für Technikfolgenabschätzung in Baden-Württemberg, Stuttgart

Heidenreich, B./Brand, S./Enderle, T. et al. (2002): Status Quo der Biotech-Szene in Deutschland, in: Herstatt, C./Müller, C. (Hrsg.): Management-Handbuch Biotechnologie, Stuttgart, S. 3 - 32

Hilleke, K. (1995): Decision Support Systeme bei der Preisbestimmung von Produkten, in: Lonsert, M./Preuß, K.-J./Kucher, E. (Hrsg.): Handbuch Pharma-Management, Bd. 2, Wiesbaden, S. 649 - 666

Kaas, K. (1990): Marketing als Bewältigung von Informations- und Unsicherheitsproblemen im Markt, in: DBW, Jg. 50, S. 539 - 548

Kaiser, G. (1997): Bio- und Gentechnologie - Szenarien für morgen, in: Kaiser, G./Rosenfeld, E./Wetzel-Vandai, K. (Hrsg.): Bio- und Gentechnologie - Anwendungsfelder und wirtschaftliche Perspektiven, Frankfurt a.M., New York, S. 9 - 14

Kemme, M. (1997): Gentechnik als öffentliche Wissenschaft, in: Gassen, H./Kemme, M. (Hrsg.): Gentechnik: Die Wachstumsbranche der Zukunft, Frankfurt a.M., S. 14 - 18

Klein, C./Bracklo, M. (2002): Akquisitionen und Fusionen in der Biotechnologie, in: Herstatt, C./Müller, C. (Hrsg.): Management-Handbuch Biotechnologie, Stuttgart, S. 133 - 144

Kohtes/Kleves (1999): Präsentation zum Workshop: Praxisorientierte Öffentlichkeitsarbeit – Gen- und Biotechnologie, beim Bio-Gen-Tech-Forum NRW in Köln am 15. März 1999, Bonn

Kotler, P./Bliemel, F. (2001): Marketing-Management, 10. Aufl., Stuttgart

Kreilkamp, E. (1987): Strategisches Management und Marketing, Berlin, New York

Kuß, A./Tomczak, T. (2000): Käuferverhalten, 2. Aufl., Wiesbaden

Lobas, D. (2002): Persönliches Interview mit Dr. Detlef Lobas, Chief Executive Officer, Bio-Launch Deutschland, zum Thema: Stakeholdereinfluss auf den Innovationsprozess von Unternehmen der roten Gentechnik am Beispiel der ELISCOs, am 03.05.2002

Martinsen, R. (1997): Einleitung, in: Martinsen, R. (Hrsg.): Politik und Biotechnologie: Die Zumutung der Zukunft, Baden-Baden, S. 9 - 12

Matzke, U. (1999): Gentechnikrecht, Baden-Baden

Nelson, P. (1970): Information and Consumer Behavior, in: Journal of Political Economy, Vol. 78, S. 311 - 329

Nissen, D. (2001): Technikentwicklung und Umwelten: Das Beispiel Gentechnik, in: Ahrens, M./Donner, H./Simon, J. (Hrsg.): Arbeit – Umwelt, Baden-Baden, S. 339 - 368

Nissen, D./Weisenfeld, U. (2001): Informationen und Entscheidung: Nachfrageverhalten im Gesundheitsmarkt, Arbeitsbericht Nr. 214 des Fachbereiches Wirtschafts- und Sozialwissenschaften der Universität Lüneburg, Lüneburg

Rogers, E. M. (1995): Diffusion of Innovations, 4. Aufl., New York

Ruttan, V. W. (2001): Technology, Growth, and Development, Oxford

Schmid, U. (1997): Das Anspruchsgruppen-Konzept, in: WiSt, Jg. 26, S. 633 - 635

Spence, M. (1976): Informational Aspects of Market Structure: An Introduction, in: Quarterly Journal of Economics, Vol. 90, S. 591 - 597

Spremann, K. (1988): Reputation, Garantie, Information, in: ZfB, Jg. 58, S. 613 - 627.

Stein, C. (2000): Schutz des geistigen Eigentums, in: Ernst & Young (Hrsg.): Gründerzeit – Ernst & Youngs Zweiter Deutscher Biotechnologie-Report, S. 38 - 53

ASP-basiertes IT-Outsourcing in KMU unter besonderer Berücksichtigung von Finanzsoftware

Roger Nolting/Michael Ritter

Inhaltsverzeichnis

1 Einleitung

Der Beginn des 21. Jahrhunderts ist geprägt durch grundlegende Veränderungen in Wirtschaft und Gesellschaft. Auslöser für diese Veränderungen sind vor allem die Fortschritte in der Informations- und Kommunikationstechnologie. Verursacht durch diese Fortschritte zeichnet sich auch ein Wandel in der Nutzung und Bereitstellung von IT-Infrastruktur und Softwareprodukten ab. Ein neues IT-Konzept, namens Application Service Providing (ASP),[1] kristallisiert sich zunehmend heraus. ASP, eine Form des Outsourcing informationstechnologischer Leistungen, greift die bereits bekannte Idee der zentralen Bereitstellung von IT-Leistungen auf und wird insbesondere für kleine und mittlere Unternehmen (KMU) als geeignete Lösung gesehen, bisher nicht realisierbare Outsourcing

1 Synonym wird auch der Anbieter des Application Service Providing, also der Application Service Provider, als ASP bezeichnet.

Leistungen in Anspruch zu nehmen oder neue Möglichkeiten der Informationstechnologie ohne großen Eigenaufwand zu nutzen. Der Beitrag soll eine Einführung in die Thematik des ASP geben und mögliche Schlüsselfunktionen, vor allem von finanzwirtschaftlichen Applikationen in KMU, für die zukünftige Marktentwicklung des ASP-Modells aufzeigen.

2 Application Service Providing

2.1 Begriff und Konzept des Application Service Providing

Ein Application Service Provider wird vom ASP Industry Consortium (ASPIC)[2] folgendermaßen definiert: "An Asp deploys, hosts and manages access to a packaged application to multiple parties from a centrally managed facility. The applications are delivered over networks on a subscription basis."[3] Ein ASP-Anbieter zeichnet sich demnach dadurch aus, dass er dem ASP-Kunden Anwendungen und Programmfunktionalitäten über ein Netzwerk auf Mietbasis zentral zur Verfügung stellt.[4] Die Bereitstellung und Vernetzung der Applikationen erfolgt i.d.R. gegen eine monatliche bzw. nutzungsabhängige Gebühr über eine verschlüsselte Internetverbindung oder ein privates Netz.[5] Diese Anwendungen sollten möglichst standardisiert sein, damit das one-to-many Konzept,[6] das hinter der ASP-Idee steht, verwirklicht werden kann.[7] Unerheblich für die Definition einer ASP-Lösung ist die zugrundeliegende Organisationsstruktur der Akteure. Eine ASP-Lösung kann sowohl zwischen mehreren rechtlich selbstständigen Partnern wie auch innerbetrieblich implementiert werden.[8]

Application Service Providing wird jedoch, ausgehend von der ursprünglichen Definition, zunehmend als Dienstleistungskonzept für das Bündeln bestimmter Dienste verstanden. Damit steht nicht mehr nur der technische Aspekt im Vordergrund, sondern ASP wird als Servicemodell für IT-Lösungen angesehen. Im Folgenden wird daher unter ASP ein umfassendes Dienstleistungskon-

---

2 Das ASPIC ist eine global agierende Organisation in der bedeutende Akteure des ASP-Marktes vertreten sind. Ziel des ASPIC ist die Förderung des ASP-Modells. Zu weiteren Informationen siehe www.aspindustry.org.

3 Vgl. ASP Industry Consortium, http://www.aspindustry.org/ builder.asp?cname= glossary, Stand 28.01.2002.

4 Zu den technischen Grundlagen des ASP Modells und den Anforderungen an ASP-fähige Software vgl. Hagemeyer (2001), S. 156 - 158; auch Carli (2001), S. 69 - 70; auch Seidel (2001).

5 Vgl. Seven One – Media (2001), S. 5.

6 Idee des one-to-many Konzeptes ist es, ein Produkt anzubieten, welches ohne umfangreiche Anpassungen von mehreren Kunden genutzt werden kann, um Skaleneffekte zu realisieren.

7 Zu wesentlichen Kriterien von ASP-Diensten vgl. auch Seven One – Media (2001), S. 5.

8 Interne ASP Lösungen sind inzwischen weit verbreitet und insbesondere in Großunternehmen, wie z.B. Oracle oder Dresdner Bank, im Einsatz.

zept im IT-Anwendungsbereich verstanden werden, welches neben technischen auch managementunterstützende Leistungen (z.B. Integrationsleistungen und Beratungsleistungen) umfasst.

Charakteristisch für das ASP-Konzept ist damit die deutliche Applikationsbezogenheit,[9] der Verkauf von Applikationszugangsrechten, ein zentrales Managementkonzept, der Service für mehrere Kunden und die Generalunternehmerschaft[10] des eigentlichen ASP.[11] ASP soll dazu beitragen dezentrale, aufwendig zu administrierende und teure Client-Server-Strukturen, die teilweise mit erheblichen Sicherheitsrisiken und hohen Total Costs of Ownership (TCO) verbunden sind, im Unternehmen abzulösen.[12]

2.2 ASP als Form des Outsourcing

Application Service Providing bringt neue Aspekte in den Bereich des Outsourcing von Dienstleistungen, ohne die bewährten Vorteile des klassischen Outsourcing aufzugeben.[13] Wie beim klassischen Outsourcing wird auch beim ASP eine Leistung fremd vergeben.[14] ASP jedoch beinhaltet im Gegensatz zum klassischen Outsourcing, bei dem vor allem das Management und die Funktionalität der ausgelagerten Geschäftsprozesse im Mittelpunkt stehen, das Management und die Lieferung von geschäftsprozessunterstützenden Applikationen. Ein bedeutender Unterschied ist zudem, dass beim ASP die unternehmensübergreifende Vernetzung eine wesentliche Rolle spielt. Das ASP unterscheidet sich zudem im Aspekt der Standardisierung deutlich vom klassischen Outsourcing. Die Bereitstellung der Leistungen von einem ASP erfolgt i.d.R. an viele Leistungsempfänger. Das traditionelle IT-Outsourcing zeichnet sich hingegen durch eine sehr individuelle Ausrichtung des Services aus.

In Tabelle 1 sind die wichtigsten Abgrenzungspunkte auch in Hinblick auf eine unternehmensinterne Lösung dargestellt:

9 Zentraler Gegenstand des ASP ist die jeweils betrachtete Applikation bzw. das Applikationsbündel.

10 Der ASP steht im Zweifelsfall für die an Subunternehmer weitergegebenen Leistungen ein und sollte im Idealfall einziger Ansprechpartner für den ASP-Kunden sein.

11 Vgl. Lehner (2001), S. 97 - 98.

12 Vgl. Gründer (2001).

13 Vgl. Ridder (2000), S. 52.

14 Im Folgenden wird vereinfachend keine deutliche Trennung von Outsourcing und Make-or-Buy Entscheidungen vorgenommen. Die weiteren Ausführungen zum ASP-Modell beziehen sich daher auf das Outsourcing von IT-Leistungen, gelten jedoch grundsätzlich auch für Make-or-Buy Entscheidungen.

	ASP	Traditionelle Outsourcer	Unternehmensinterne Lösung
Softwarelizenz	ASP ist Eigentümer der Software und verwaltet die erforderlichen Lizenzen.	Fallweise unterschiedlich: Eigentum liegt beim Anbieter oder Anwender. In der Regel besitzt und verwaltet der Anwender die Softwarelizenzen.	Anwender ist Eigentümer und verwaltet die Lizenzen.
Implementierungskosten	Standard – Implementierungsleistungen werden i.d.R. über einen Faktor mit der monatlich anfallenden Gebühr abgedeckt. Darüber hinausgehende Implementierungskosten werden zusätzlich abgerechnet.	Systemintegrator passt die Software an die Geschäftsprozesse an. Meist werden hierfür Fixpreis-Projektverträge vereinbart.	Anwenderunternehmen passt i.d.R. die Software den erforderlichen Geschäftsprozessen an.
Infrastruktur	Hardware gehört dem ASP oder entsprechenden Subunternehmen.	Hardware kann sowohl dem Anbieter (Application Hoster) als auch dem Anwender gehören.	Die Anwenderorganisation muss die Hardware und Systemsoftware selbst kaufen, installieren und vorfinanzieren.
Ort der Infrastruktur	ASP-Datencenter	Beim Anwender- oder Anbieterunternehmen	Anwendereigenes Rechenzentrum
Infrastruktur-Management	ASP kümmert sich um Systemmanagement, Systembetrieb und -verwaltung bzw. Infrastrukturmanagement.	Outsourcer betreibt die Infrastruktur im eigenen Haus oder beim Anwender über einen Remote Service.	Anwenderunternehmen ist selbst für das Infrastruktur- und Systemmanagement verantwortlich.
Standardisierungsgrad	I.d.R. hoch	Gering	Sehr gering
Zeitbedarf für Bereitstellung bzw. Implementierung	Gering	Hoch	Sehr hoch
Vertragsbindung	Kurze Laufzeit (häufig 12-36 Monate)	Mittlere bis längere Laufzeit (häufig > 5 Jahre)	---
Risiko des Eigentums (Software/ Hardware) und des lfd. Betriebs	ASP steht für die Risiken ein.	Risiko wird zwischen Anwender und Anbieter aufgeteilt.	Das Anwenderunternehmen trägt das volle Risiko.
Finanzierung der Leistungen	Periodenweise oder nutzungsabhängige, variable und transparente Zahlungen. Kaum oder keine Fixkosten.	Bedeutende Fixkosten bzw. Investitionen, jedoch teilweise transparente Zahlungsströme durch Fremdvergabe von Teilleistungen der Transaktion. Häufig periodenweise Zahlungen.	Anfall hoher Fixkosten bzw. Investitionen. Laufende Finanzierung erforderlich. Keine oder unternehmensinterne Verrechnung.

Tabelle 1: Abgrenzung des ASP vom klassischen Outsourcing und unternehmensinterner Lösung
Quelle: In Anlehnung an Liess (2000), S. 11 und Factor (2002), S. 13 - 14.

2.3 Der ASP-Vertrag

Untrennbar verbunden mit dem ASP-Modell sind die vertraglichen Regelungen der ASP-Geschäftsbeziehung.[15] Da die ASP-Angebote komplexe Leistungsbündel darstellen ist eine Einordnung in das bestehende gesetzliche Rahmenwerk schwierig.[16] Die Vereinbarungen zwischen Kunde und Anbieter werden in einem Rahmenvertrag und den Allgemeinen Geschäftbedingungen (AGB) festgelegt sowie durch die Service Level Agreements (SLA) ergänzt.
In dem Rahmenvertrag legen Dienstleister (ASP) und Auftraggeber die Eckpunkte ihrer Zusammenarbeit fest.[17] Die AGB regeln die grundsätzlichen Geschäftsbedingungen eines Anbieters, wie z.B. grundlegende Haftungs- und Gewährleistungsansprüche und sind für alle Kunden des Anbieters relevant. Die SLA ergänzen die Regelungen des Rahmenvertrages und nehmen einen besonderen Platz im ASP-Vertragswerk ein.[18] In ihnen wird das angestrebte Leistungsverhältnis detailliert definiert, indem die zusätzliche Ausgestaltung der Geschäftsbeziehung sowie der Leistungsumfang und die Zusatzleistungen (Rechte und Pflichten der Geschäftspartner) festgehalten werden.[19] Die SLA, die je nach ASP-Leistung inhaltlich stark differieren, sollen vor allem die Bereitstellung und Nutzbarkeit der geforderten Anwendungen garantieren und berücksichtigen im Speziellen darüber hinaus die für die Gewährleistung und Haftung relevanten Fragen der ASP-Leistung. Dieses sind insbesondere die Festlegung von Eskalationsstufen,[20] Regelungen für das Störungs- und Problemmanagement und die Definition von Vertragsstrafen für den Fall der Nichteinhaltung der SLA und daraus folgenden Umsatzeinbußen.[21]

Die SLA bzw. das Management der SLA ist für eine erfolgreiche Geschäftsbeziehung von großer Bedeutung. Da ein ASP selten das komplette ASP-Leistungspaket selbst erstellt, sondern als Generalunternehmer gegenüber dem ASP-Kunden auftritt und auf Subunternehmer zugreift, ist es besonders wichtig, das SLA Management auch in Hinblick auf die Zulieferer zu beherrschen. Denn die

---

15 Zu grundlegenden Regelungspunkten in ASP-Verträgen vgl. Köhler-Frost (2002), S. 82 - 83; auch Lediger (2002), S. 7 - 9; auch Neuhaus (2000), S. 11; auch Schäfer (2001), S. 92 - 93; auch Liess (2000), S. 13.

16 Zur vertragstypologischen Einordnung von ASP-Verträgen vgl. Bettinger/Scheffelt (2001), S. 730 - 731; auch Röhrborn/Sinhart (2000), S. 14.

17 Inhalte der Rahmenverträge können z.B. Übereinkünfte über Support, Fall-Back Regeln und Datenschutz sein.

18 Vgl. Röhrborn/Sinhart (2000), S. 5.

19 Zur Bedeutung und Klassifizierung verschiedener SLA-Kategorien vgl. ASP Konsortium (2002); auch Schäfer (2001), S. 86 - 89.

20 Eskalationsstufen erfassen verschiedene Gruppen von Störungen denen im Schadensfall eine bestimmte Schadenspauschale zugerechnet wird. Sie geben zudem den Prioritätsgrad des Problemfalls an. Vgl. Lediger (2002), S. 9.

21 Vgl. Lediger (2002), S. 2.

gesamte Lösung ist nur so gut, wie das schwächste Glied der gesamten Kette und der eigentliche ASP muss im Zweifelsfall dem Kunden gegenüber für die Subunternehmer einstehen.

2.4 ASP-Systeme als Ausprägung netzzentrierter Architektur

Für ASP-Systeme bietet sich eine sogenannte netzzentrierte Architektur mit einfachen Arbeitsplatzrechnern[22] und Servern an. Diese Architektur besteht aus drei Komponenten: dem Arbeitsplatzrechner (bei dem es sich i.d.R. um einen "Thin Client"[23] handelt), dem Applikations-Server und den Datenbank-Servern, die auch in Form eines Host als Mainserver ausgestaltet sein können.

Der Arbeitsplatzrechner ist im ASP-Model nur noch für die Bedieneroberfläche zuständig, die mit Browsern realisiert wird. Wichtiger noch ist, dass Browser heute auf allen üblichen Betriebssystemen funktionieren und der Arbeitsplatzrechner dadurch betriebssystemunabhängig wird. Als Clients sind somit Systeme unter OS/2 ebenso geeignet wie solche unter Windows oder spezielle Netzwerkcomputer. Da der Client in netzzentrierten Architekturen möglichst keine Verarbeitungsfunktion mehr haben soll, wird diese Aufgabe auf den Server übertragen. Zusätzlich stellt der Server auch eine Brücke zu den Host-Anwendungen dar. Bestehende Anwendungen können bei der beschriebenen Architektur weiter genutzt werden. Für viele, insbesondere geschäftskritische Anwendungen ist der Host aufgrund seiner Betriebssicherheit und Leistungsfähigkeit immer noch die beste Wahl. Dabei ist er bei entsprechender Auslastung auch kostengünstig. Sollte sich im Laufe der technischen Weiterentwicklung herausstellen, dass einzelne Anwendungen besser auf dem Server untergebracht wären, so ist dies unter der netzzentrierten Architektur ohne Auswirkungen auf die Anwender und die Arbeitsplatzsysteme realisierbar.

Vor allem für ASP-Dienste bieten netzzentrierte Architekturen besondere Vorteile. Hierzu gehören im Wesentlichen:

- Investitionsschutz durch Weiternutzung vorhandener Systeme und Anwendungen bei den ASP-Nachfragern und
- Offenheit der Architektur, um die Koexistenz und – soweit erforderlich – auch die Integration kundenindividueller Systeme zu erlauben.

22 Neben einer Nutzung von Arbeitsplatzrechnern ist auch die Verwendung von mobilen Endgeräten immer häufiger anzutreffen.

23 „Thin Clients“ oder Netzwerkcomputer sind Endgeräte, bei denen die Hardware soweit reduziert ist, dass lediglich eine grafische Oberfläche und die Kommunikation in Netzen unterstützt werden. Ein „Thin Client“ ist erheblich einfacher zu verwalten und auch weniger fehleranfällig als heutige "Fat Clients".

2.5 Entwicklung des ASP-Marktes

Zurzeit ist der ASP-Markt in Deutschland noch stark angebotsgetrieben. Die ungenügende Kundennachfrage liegt vor allem in dem von Kundenseite geforderten aber häufig mangelnden Vertrauensverhältnis zwischen ASP und Kunde. Um Vertrauen zu schaffen und das Potenzial der ASP-Lösung zu bekräftigen, fehlen bisher zumeist Referenzkunden und sogenannte Killerapplikationen.[24] Die ASP haben zudem das Problem, dass langjährige Erfahrungen in diesem Markt nicht vorliegen. Für die Kunden ist eine Orientierung am Markt sehr schwierig, da die Angebote sehr intransparent sind und ein Vergleich und die Entscheidung für ein Angebot aufgrund der Vielzahl der ASP-Lösungen mit einem hohen Aufwand verbunden ist.

Ausgangspunkt des Angebots im ASP-Markt sind geschäftsunkritische Applikationen, für die nicht in dem Maße die Hemmnisse gelten, wie für komplexere, geschäftskritische Anwendungen. Nachdem erfolgreich geschäftsunkritische Applikationen am Markt positioniert und angenommen wurden, sollen in Folge eines höheren Reifegrades des ASP-Marktes geschäftskritischere Applikationen platziert werden. Als wesentlicher Erfolgsfaktor wird zunehmend eine vertikale Fokussierung der Applikationen gesehen, die vor allem den Anpassungsaufwand der Anwendung reduzieren soll.[25]

Der europäische Markt wird sich vom amerikanischen in der Entwicklung vor allem über die zuerst in Anspruch genommenen ASP-Leistungen differenzieren, die sich in Europa eher aus der Notwendigkeit des Eintritts vieler Unternehmen in den Electronic Commerce ergeben. Dem „Hype" der verangenen Jahre im ASP-Markt folgt inzwischen eine Konsolidierungsphase in der sich einige Pioniere des deutschen ASP-Marktes bereits zurückziehen mussten.[26] Die stattfindende Konsolidierung zeichnet sich vor allem durch den Markteintritt von Old Economy Unternehmen aus, die häufig die Vorteile einer bestehenden Kundenbasis und einer ausreichenden Finanzierungsbasis aufweisen.

Etliche renommierte Marktforschungsunternehmen haben Prognosen für die Entwicklung des ASP-Marktes gegeben.[27] Eine Vergleichbarkeit der jeweiligen

---

24 Killerapplikationen sind Anwendungen, die aufgrund bestimmter Charakteristika auf einem bisher noch nicht erschlossenen Markt das „Eis" brechen und durch eine hohe Akzeptanz bei den Kunden den Einstieg in den jeweiligen Markt signifikant vorantreiben.

25 Werden Applikationen speziell für einzelne Branchen angeboten, sind diese zwar individuell für die Branche, genügen aber auch einer gewissen Standardisierung innerhalb der Branche (Branchensoftware bietet i.d.R. bereits 80 % der notwendigen Funktionalität). Die Lösungen zeichnen sich damit durch einen erheblich geringeren Anpassungsaufwand aus, was vor allem die Kosten und den Zeitaufwand der Implementierung positiv beeinflusst. Vgl. o.V. [c] (2002).

26 Vgl. Köhler-Frost (2002), S. 17; auch o.V. [a] (2002).

27 Zur Entstehung und Entwicklung des ASP-Marktes in Deutschland vgl. Grohmann (2002), S. 24 - 28.

Ausblicke ist jedoch nur eingeschränkt gegeben, da die Frage nach einer einheitlichen Definition des ASP-Marktes noch nicht geklärt ist. Zudem basieren die Prognosen in den meisten Fällen auf einer eher angebotslastigen und technologieorientierten Betrachtungsweise.[28] Die prognostizierten Umsatz-Volumina des ASP-Marktes werden dabei von den verschiedenen Instituten sehr unterschiedlich gesehen. Das Erreichen eines dynamischen Marktvolumens wird jedoch von jedem Institut vorausgesagt. So prognostiziert IDC ein weltweites Marktvolumen von 20 Mrd. US-Dollar in 2006.[29] Ovum hingegen sagt ein weltweites Marktvolumen von 114 Mrd. US-Dollar für das Jahr 2006 voraus.[30] Ähnlich unterschiedliche Prognosen werden für den europäischen Markt gemacht. Während Dataquest das europäische ASP-Marktvolumen mit 6 Mrd. US-Dollar in 2003 beziffert, gehen Mummert und Partner von einem europäischen Gesamtmarkt von 1,5 Mrd. US-Dollar in 2004 aus.[31]

Der Erfolg und die weitere Entwicklung des ASP-Modells hängen von verschiedenen Faktoren ab.[32] Globalisierung, technischer Fortschritt, erhöhter Wettbewerbsdruck und eine Ausweitung des e-commerce werden nachhaltig auf die Unternehmenspolitik wirken und in bestimmten Bereichen die Notwendigkeit, Akzeptanz und Vorteilhaftigkeit des ASP-Modells steigern.[33] Die Unternehmen müssen schnell und flexibel handeln können sowie kostengünstige und doch verlässliche Lösungen einsetzen. Die grundlegenden und bedeutendsten Einflussfaktoren sind in Tabelle 2 dargestellt.

2.6 Anbieter und Nachfrager im ASP-Markt

2.6.1 ASP-Anbieter und mögliche Positionierungen im ASP-Markt

Die Aussicht, auf dem ASP-Markt ein lukratives Geschäftsfeld aufbauen zu können veranlasst viele Unternehmen, sich im Markt des Application Service Providing zu positionieren. Die Unternehmen, die z.T. neu entstehen oder bereits in anderen Geschäftsmodellen tätig sind und als Anbieter von ASP-Leistungen auftreten sind vor allem: Startups, Telekommunikationsanbieter, Internet Service Provider (ISP), Klassische Outsourcer, Beratungshäuser, Softwareanbieter und Infrastrukturanbieter.[34]

28 Vgl. Seven One – Media (2001), S. 7.
29 Vgl. IDC (2002).
30 Vgl. Ovum (2000).
31 Vgl. Seven One – Media (2001), S. 7.
32 Vgl. Factor (2002), S. 36 - 42; auch Cherry Tree Co. (1999), S. 6 - 7.
33 Vgl. Eisenbacher (2001), S. 24 - 25.
34 Zu weiteren Ausführungen über Anbieter im ASP-Markt vgl. Cherry Tree Co. (2000), S. 13; auch Matalla (2000), S. 64; auch Meitner (2000), S. 24; auch Ovum (2000), S. 30.

Umwelt	Faktoren
Ökonomische / Organisatorische	- Konjunkturlage - Kostensensitivität, Mittelbindung und geforderte Kostentransparenz potenzieller Kunden - Fokussierung auf Kernkompetenzen und strategisch bedeutsame Ziele - Informationstechnologischer Nachholbedarf der KMU - Anpassungsfähigkeit und Angebot bisheriger Marktteilnehmer - Kapitalbeschaffungsmöglichkeiten von ASP - Gewünschte Risikotransformation
Rechtliche / Politische	- Entwicklung rechtlicher Rahmenbedingungen - Umbruch Patentrecht auf Software in der Europäischen Union - Einfluss der Wettbewerbsbehörden
Technologische	- Innovationen/technische Entwicklungen - Technologiekomplexität - Forderung nach neuesten und besten Technologien sowie hervorragender technischer Expertise - Geforderte Anwendungsbereitstellungs- und Entwicklungszeit - Verkürzung der Lebenszyklen von Produkten
Soziale / Gesellschaftliche	- Bedarf an flexiblen Arbeitsplatz- und Mitarbeitermodellen - Quantitative und qualitative Knappheit an IT-Personal - Akzeptanz neuer Technologien - Beziehung zum Kunden und Stärkung der Vertrauensbasis

Tabelle 2: Einflussfaktoren des ASP Marktes

Ausschlaggebend für eine mögliche Positionierung sind i.d.R. die Kompetenzen, die das jeweilige Unternehmen mitbringt. Jedoch ist auch über eine Ausweitung mit naheliegenden Services nachzudenken.[35] Um mögliche Positionierungen im Modell aufzuzeigen, ist es sinnvoll, die komplexe Wertschöpfungskette, bzw. die daraus abgeleiteten Leistungsmodule im ASP-Modell zu betrachten (siehe Abbildung 1).

Es lassen sich grundsätzlich drei deutlich voneinander abgrenzbare Positionierungen unterscheiden: Applikationsentwickler, Hoster und eigentlicher ASP. Der Applikationsentwickler liefert die entsprechende Softwarelösung und ist für die Qualität und Überarbeitung bzw. Weiterentwicklung der Applikationen verantwortlich. Der Hoster offeriert die technischen Services und ist für die Bereitstellung geeigneter Datencenter verantwortlich. Der eigentliche ASP ist vor allem für das Kundenbeziehungsmanagement verantwortlich und bildet die Schnittstelle zum Markt. Er greift auf die Leistungen seiner Partner zurück und betreibt den Verkauf, das Marketing und den Support am Markt. Von ihm wird

35 Vgl. dazu o.V. [c] (2002).

i.d.R. eine bereits bestehende Kundenbasis und entsprechendes Vertriebs-Know-how gefordert.[36]

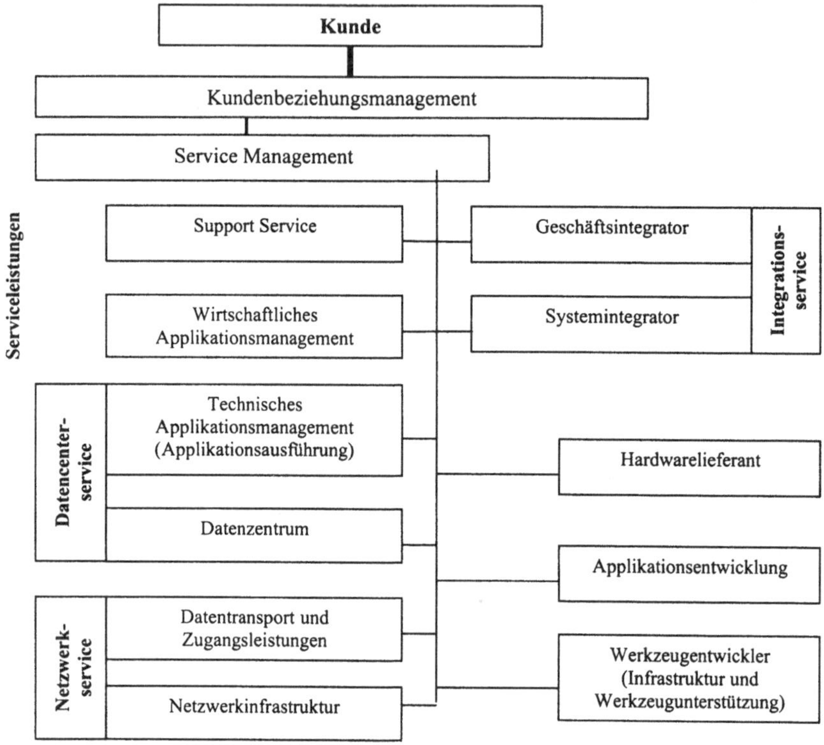

Abb. 1: Leistungsmodule im ASP-Modell

Die abgebildeten Leistungsmodule sind die Grundlage für die Beschreibung weiterer unterschiedlicher strategischer Positionierungen. Abhängig von den bereits vorhandenen und angestrebten Kompetenzen des potenziellen ASP-Anbieters kann eine Bedienung einer oder mehrerer Leistungsmodule erfolgen. Der ASP sollte grundsätzlich nur die Leistungen eigenerstellen, in denen er Erfahrungen hat und in denen seine Wurzeln bzw. Kernkompetenzen liegen. Der Fremdbezug von bestimmten Leistungsmodulen ist demnach in vielen Fällen sinnvoll. Zudem kann der Zugriff auf namhafte Partnerunternehmen interessante und im ASP-Modell häufig notwendige Marketingperspektiven eröffnen.[37] Die

36 Vgl. Gründer (2001).

37 Z.B. kann ein ASP einen hohen vertrauensbildenden Nutzen aus dem Angebot von Markensoftware ziehen.

Bandbreite geht somit von einem Full-Service Anbieter, bis hin zu einem Spezialisten, der nur eine ganz bestimmte, spezifische Leistung anbietet.[38]

2.6.2 ASP-Nachfrager

Nachfrager von ASP-Leistungen sind grundsätzlich alle Unternehmen bzw. Personen, die einen Bedarf nach informationstechnologischen Lösungen haben. Folgende potenzielle Nachfragergruppen können unterschieden werden:

Kleinkunden bzw. Privatpersonen: Für diese ist das ASP-Modell von Interesse, da sie sehr preissensibel sind und zumeist weder Interesse, noch das Wissen haben, Applikationen zu managen. Insbesondere die Nutzung von ASP-Lösungen über mobile Zugangswege wird für sie von Interesse sein.

Startup-Unternehmen bzw. kleine Unternehmen in aufstrebenden Geschäftsfeldern: Möchten häufig geringe Investitionen tätigen, da ihr Risikokapital begrenzt ist, jedoch von Anfang an über ausgereifte, wettbewerbsfähige Lösungen und eine flexible, effiziente IT-Struktur verfügen.[39]

KMU im Allgemein: Diese können ebenfalls von dem ASP-Modell profitieren, indem sie Nicht-Kernkompetenzen ausgliedern und e-commerce Lösungen auf- oder ausbauen. Vor allem werden KMU durch das ASP-Modell Lösungen zugänglich gemacht, die bisher in der Art und Weise für sie nicht realisierbar gewesen waren (z.B. aufgrund zu hoher Applikations- und Implementierungskosten für komplexe IT-Lösungen). Der Nutzen des ASP-Modells als Form des Outsourcing wird für KMU als substanziell angesehen.[40] Für KMU kommen aufgrund ihres bisherigen informationstechnologischen Defizits auch komplette ASP-Leistungspakete in Betracht.

Unternehmensinterne IT-Abteilungen von Anwenderunternehmen: Können die Vorteile eines ASP-Modells voll ausnutzen und unterliegen nicht den bedeutendsten Nachteilen des Modells, wie z.B. Verlust der Datenhoheit oder Anwendungskontrolle.[41]

Großunternehmen: Aufgrund ihrer bisherigen Erfahrungen und der Aufgeschlossenheit gegenüber dem Ausgliedern von Netzwerk- und Datenverarbeitungsleistungen werden die generellen Bedenken gegenüber dem ASP-Modell weniger ausgeprägt sein. Großunternehmen sind zudem aktiv an dem Aufbau von e-commerce Lösungen sowie der Öffnung und Integration der vorhandenen Intranetlösungen in das Internet interessiert. Sie haben zwar bereits z.T. erhebliche Investitionen in den Aufbau einer eigenen IT-Struktur geleistet, können aber

---

38 Zu weiteren, insbesondere spezielleren strategischen Positionierungen vgl. Schäfer (2001), S. 82; auch Ridder (2000), S. 54; auch Meitner/Seufert (2000), S. 24; auch Küchler (2001), S. 170; auch Lehner (2001), S. 98; auch Cherry Tree Co. (2000), S. 7 - 15.

39 Vgl. Stamm (2001), S. 57.

40 Vgl. Köhler-Frost (2002), S. 52.

41 Vgl. Liess (2000), S. 11.

über das ASP-Modell eine sinnvolle Ergänzung oder Verbesserung der vorhandenen Struktur bzw. der bisher verwendeten Lösungen vornehmen.[42]

2.7 Taxonomie der ASP-Lösungen

ASP-Lösungen können nach dem Grad ihrer Komplexität, die u.a. den Implementierungs- und Anpassungsaufwand einer Lösung beschreibt, segmentiert werden. Im Folgenden ist eine derartige Segmentierung der ASP-Leistungen aufgeführt. Zusätzlich sind den einzelnen Kategorien exemplarisch konkrete Leistungen zugeordnet (s. Tabelle 3).[43]

3 Online Finanzsoftware für KMU

3.1 Bedeutung des ASP-Konzeptes für KMU

Insbesondere für KMU kann der derzeitige Stand und die weitere Entwicklung von ASP-Diensten die Möglichkeit bieten, Applikationen einzusetzen, die ihnen ansonsten aufgrund fehlender Personal- und Finanzressourcen nicht zugänglich sind. Dieser Aspekt wird noch zusätzlich dadurch verstärkt, dass dem Mittelstand ein starker Nachholbedarf bezüglich der Optimierung der Informationstechnologie zur Verbesserung der betrieblichen Abläufe attestiert wird.[44]
Die spezifischen Besonderheiten bzw. Abgrenzungspunkte des ASP im Vergleich zum traditionellen Outsourcing oder aber unternehmensinternen Lösungen wirken sich gerade für KMU besonders positiv aus.[45] Die Kosten für Softwarelizenzen, Implementierung und Infrastruktur und damit verbunden das nur mit entsprechenden Personal- und Finanzressourcen realisierbare Applikationsmanagement (Infrastruktur- und Systemmanagement sowie Systembetrieb und -verwaltung) und ein weitergehender fachlicher Support fallen für mittelständische Unternehmen nicht an, bzw. sind lediglich anteilig durch die zu entrichtende „Miete" zu zahlen.

Für den Mittelstand als Nutzer der ASP-Lösung kann in diesem Zusammenhang insbesondere die Rolle des ASP-Anbieters als Systemintegrator eine Rolle spielen. Der ASP-Anbieter kann als Intermediär zwischen den (auch verschiedenen) Softwareanbietern und den Kunden angesehen werden.[46] Hierdurch wird es für den Mittelstand möglich, auch die immer komplexer werdenden Systeme zu nutzen, ohne entsprechendes Know-how im Unternehmen aufbauen zu müssen. Er übernimmt dann die für KMU oft gar nicht realisierbaren Integrationsleistungen zwischen Systemen verschiedener Anbieter. Auf der anderen Seite besteht

42 Vgl. Köhler-Frost (2002), S. 53.
43 Zur grds. Segmentierung von ASP-Leistungen vgl. Ovum (2000), S. 36 ff.; auch Lehner (2001), S. 101 ff.; auch Mercer Management Consulting (2002), S. 8.
44 Vgl. dazu o.V. [b] (2002).
45 Zu den Abgrenzungspunkten vgl. Tabelle 1 dieses Beitrags.
46 Vgl. Tamm/Günther (2000).

Sehr einfache, technisch geprägte Leistungen	- Datensicherungs-Services - Shared Files-Services
Einfache Anwendungen (Fertige, vorkonfigurierte Softwarelösungen; direkt über das Internet nutzbar; keine oder kaum individuelle Anpassungen)	- Personal Productivity (Schreibprogramme, Tabellenkalkulation, Präsentation, Hausabrechnung, allg. Office Anwendungen) - Web-Auftritt - Reisekostenabrechnungssysteme - Terminplaner - Steuererklärungen - Online-brokerage - Adressverwaltung - e-mail - Webbasierende Intranets (WBIs)
Mittlere Anwendungen (Programme mit der Möglichkeit, über Internet benutzerspezifische Konfigurationen, Geschäftsregeln, Masken, Datenformate etc. einfach einzustellen; einfache Anpassung erfolgt durch Benutzer)	- Groupware, Conferencing - Informationsmanagement und Projektmanagementlösungen - Sales Force Automation - Web-Content, Web Auftritte, Web-Shop Diskussionsforen - Teilmodule aus kaufmännischen Systemen (Personalabrechnung, Reisekostenabrechnung, Groupware, Kommunikation, Projektmanagement, Einfache Vertriebssysteme (CRM)) - e-commerce Lösungen (Kataloge, Transaktionen, Shops, virtuelle Händlerplattformen, Internet Marktplätze) - e-learning Lösungen (Erziehung, Ausbildung, Training) - Community Tools (Chat, Diskussionsforen, Votings, Auktionen oder Shops) - e-banking Lösungen - Zahlungsverkehrssysteme
Komplexe Anwendungen (Umfassende benutzerspezifische Analyse und individuelles Customizing der Software durch Experten erforderlich)	- Betriebswirtschaftliche Software (Finanz- und Anlagenbuchhaltung, Kostenstellen- und Kostenträgerrechnung, Personalmanagement (z.B. Lohn & Gehalt), Cash Management, Wissensmanagement, Marketingmanagement) - Komplexe CRM-Systeme - Supply Chain Management - E-Procurement - Produktionssysteme - Data-Warehousing - Komplexe Analytische Applikationen (z.B. Finanzanalyseprogramme)

Tabelle 3: Segmentierung der ASP-Anwendungen nach dem Grad ihrer Komplexität

für die KMU auch die Option, bereits bestehende Systeme mit erforderlichen neuen Systemen zu ergänzen und hierbei die Koordinationsleistung dem ASP-Anbieter als Generalunternehmer zu überlassen.

In der technischen Lösung des ASP-Modells als netzzentrierte Architektur ergeben sich aufgrund der eingesetzten „Thin Clients" einerseits erhebliche Vorteile für die Implementierung und die erforderlichen Updates, andererseits erleichtert es den weltweiten Zugang zu den Applikationen (insb. durch mobile Endgeräte). Das Spektrum der Nutzungsmöglichkeiten und der Umfang der Kosteneinsparungen bzgl. des Einsatzes moderner IT-Systeme werden damit erweitert.

Jedoch treffen auch die allgemein gültigen Hemmfaktoren im ASP-Markt[47] insbesondere auf die Hauptzielgruppe, die KMU, zu. Über das Einsatzspektrum des ASP-Modells bestehen aufgrund mangelnder Kenntnis bzgl. des ASP-Ansatzes keine klaren Vorstellungen. Denn in KMU wird die Kenntnis der Nutzungsmöglichkeiten und der Vorteile des ASP-Modells als „nur gering verbreitet" eingeschätzt.[48] Ohne einen fokussierten Anwendungsbereich und erkennbaren Nutzen sind ein höheres Interesse und eine aktive Zahlungsbereitschaft jedoch nur schwach ausgeprägt.

Die Umfragen können jedoch grundsätzlich dahingehend interpretiert werden, dass für klar definierte Anwendungsbereiche Interesse an ASP-Diensten besteht. Auf Seite der KMU dürfte die effektive ASP-Nutzung höher ausgeprägt sein als sie bewusst wahrgenommen wird.[49]

3.2 Finanzsoftware auf ASP-Basis

Einen klar (funktional) abgrenzbaren Anwendungsbereich von ASP-Lösungen stellt im Speziellen Finanzsoftware dar. Funktionalitäten und Features finanzwirtschaftlicher Applikationen können relativ klar definiert werden. Finanzsoftware zeichnet sich i.d.R. durch einen hohen Standardisierungsgrad aus. D.h. unternehmensspezifische Anpassungen müssen häufig nur in begrenztem Rahmen durchgeführt werden und die Softwareverwendung ist relativ branchenunabhängig.[50] Der Integrationsaufwand von Finanzapplikationen hängt von der angestrebten Vernetzung der Unternehmensdaten ab. Grundsätzlich wird dieser jedoch bei Finanzapplikationen relativ hoch sein, da finanzwirtschaftliche Daten aus verschiedensten Quellen (z.B. aus Datenbanken oder laufenden Applikationen) bezogen werden. ASP-basierte Finanzapplikationen, die daher vor allem

47 Vgl. Seven One – Media (2001), S. 10 f.

48 Vgl. Kloss (2002), S. 26.

49 KMU nutzen bereits heute einige sehr einfache Dienste, die auf dem ASP-Modell basieren, z.B. netzzentrierte e-mail Dienste oder Terminplaner.

50 Bspw. wird die inhaltliche Ausgestaltung einer Software für die Finanzbuchhaltung zum großen Teil von festen, gesetzlich vorgeschriebenen Regeln determiniert, die für alle deutschen Unternehmen gelten. Vgl. Grohmann (2002), S. 104.

nach der Höhe des Integrationsaufwands in die Taxonomie der ASP-Leistungen eingeordnet werden können,[51] existieren bspw. für folgende betriebswirtschaftliche Bereiche:

- Finanzbuchhaltung
- Anlagenbuchhaltung
- Kostenstellen- und Kostenträgerrechnung[52]
- Betriebliche Abrechnungen und Steuererklärungen[53]
- Kreditoren- und Debitorensysteme
- Lohn & Gehalt[54]
- Zahlungsverkehr (Kassenbuchführung, Auslandszahlungsverkehr, Analysefunktionen, Terminüberwachung, Überwachung von Zahlungsaufträgen, History-Funktionen)[55]
- Cash-Management
- Online-Brokerage[56]
- Online-Banking[57]

Einige ASP-Anbieter haben bereits Applikationspakete für den finanzwirtschaftlichen Bereich in ihrem Produkt-Portfolio. Diese „Applikationssammlungen“ unterstützen von Anfang an einen Datenaustausch zwischen den einzelnen finanzwirtschaftlichen Modulen und verringern somit den Integrationsaufwand. Vor allem für KMU, die bisher noch keine ausgereifte IT-Lösung implementiert haben, ist es sinnvoll, über ein solches Paket nachzudenken.[58]

In technischer Hinsicht sind für finanzwirtschaftliche Applikationen im ASP-Modell folgende Merkmale als Standard zu betrachten:

- Multibanken und Mehrmandantenfähigkeit,
- Netzwerkfähigkeit,
- Unterstützung der gängigen Übertragungsverfahren wie T-Online, FTAM, HBCI, DTA,

51 Vgl. Taxonomie der ASP-Lösungen, S. 10 - 11.

52 Bspw. Javias, http://www.javias.de/iasswfinaccount.htm, Stand: 07.05.2002.

53 Bspw. Beck-SteuerNet, http://www.beck-steuernet.de/kontex.htm, Stand: 07.05.2002.

54 Bspw. lexware, http://www.lexoffice.de/, Stand: 07.05.2002.

55 Vgl. beispielhaft http://www.volksbank-villingen.de/gwm/webdbs/xc/xc0415.nsf/d4b05e897e16b15fc1256ae9005a243c229c9d8e3b84bb07c1256ae60052c2bb?OpenDocument, Stand:20.04.2002.

56 Bspw. Consors, www.consors.de, Stand: 07.05.2002.

57 Bspw. 1822direkt, www.1822direkt.de, Stand: 07.05.2002; auch direktanlagenbank, www.direktanlagenbank.de, Stand: 07.05.2002.

58 Bspw. bietet Navision ein solches Produkt namens „Navision Financials“ für KMU an. Diese ASP-Lösung deckt sämtliche finanzwirtschaftlichen Bereiche ab und integriert zudem noch andere Applikationen, die die Daten für die finanzwirtschaftlichen Applikationen liefern (z.B. Projekt- und Lagermanagement), vgl. http://www.Navision.com/de/view.asp?categoryID=562, Stand: 07.05.2002.

- Wahlweiser Verbindungsaufbau über T-Online - Software, DFÜ - Netzwerk, Router, DSL usw.

Neben der Möglichkeit klar definierbarer Leistungen im Rahmen von Finanzsoftware und des damit erleichterten Abschlusses von SLA, sprechen auch weitere Argumente für das IT-Outsourcing von Finanzsoftware in KMU auf ASP-Basis. Finanzsoftware wird häufig von Kreditinstituten vertrieben, denen eine hohe Kompetenz im Hinblick auf Finanzdienstleistungen und damit entsprechender Software unterstellt wird. Bei der engen Zusammenarbeit mit einem Kreditinstitut bzw. dessen Rechenzentrum können eine Applikations- und Datenintegration entlang der Prozesskette sowie notwendige Sicherheitsanforderungen erfüllt werden. Zudem handelt es sich bei Finanztransaktionen regelmäßig nicht um geschäftskritische Prozesse in KMU. Das Risiko, dass Standards zu Lasten unternehmensspezifischer Anforderungen gehen und damit Wettbewerbsvorteile für das KMU aufgegeben werden, besteht insoweit nur in sehr geringem Maße. Die Bedenken, sensible Daten dem ASP-Anbieter zugänglich zu machen, sollten aufgrund des hohen Vertrauens, welches der Mittelstand den Banken gegenüber aufbringt, im Vergleich zu anderen ASP-Anbietern gering sein.

Aus Sicht potenzieller Anbieter von ASP-Lösungen gewährt insbesondere das Angebot von Finanzsoftware die Möglichkeit eines Value-added-Service. Solch eine Erweiterung kann aus Analyseinstrumenten, die personalisierte Finanzinformation im Risiko- und Portfoliomanagement zulassen, aus einer Berechnung des Value at Risk für das Benutzerportfolio und Ähnlichem bestehen.[59]

Vor diesem Hintergrund verwundert es nicht, dass Finanzsoftware bei den derzeit über ASP betriebenen Anwendungen einen Spitzenplatz einnimmt.[60]

4 Fazit

ASP als eine Form des Outsourcing informationstechnologischer Leistungen wird, trotz der derzeit eher zurückhaltenden Akzeptanz von ASP-Lösungen in KMU, zunehmend von Interesse sein. Dies gilt einerseits insbesondere vor dem Hintergrund steigender IT-Kosten und der zunehmenden Komplexität von IT-Lösungen und andererseits aufgrund des Marktdrucks bzw. der Notwendigkeit kostengünstige, verlässliche und aktuelle Lösungen einzusetzen. Für KMU ist das ASP-Konzept eine Möglichkeit, bisher nicht realisierbare Outsourcing Leistungen in Anspruch zu nehmen oder neue Möglichkeiten der Informationstechnologie ohne großen Eigenaufwand zu nutzen. Dem Segment der Finanzsoftware ist zu unterstellen, dass die effektive ASP-Nutzung deutlich höher ausge-

---

59 Vgl. hierzu auch Swissrisk, www.swissrisk.com, Stand: 07.05.2002.

60 Vgl. Diebold Management Report (2000), S. 11. Für den US-amerikanischen Markt resümiert Diebold, dass derzeit hauptsächlich weniger kritische Systeme auf ASP-Basis bezogen werden. Hierzu gehört bspw. auch Finanz- und Buchhaltungssoftware.

prägt ist als dass sie bewusst vom Nachfrager wahrgenommen wird. Es ist davon auszugehen, dass Hemmschwellen durch den Hinweis auf bereits erfolgte Nutzungen gesenkt werden können. Ein wichtiger Erfolgsfaktor für die Zukunft des ASP wird daher auch die Verknüpfung zwischen dem Begriff ASP und dem Angebotsinhalt sein. Der Nutzung im Rahmen von Finanzsoftware als ASP-Dienst wird hierbei evtl. eine Schlüsselfunktion zukommen.

Literatur

ASP Industry Consortium, http://www.aspindustry.org/builder.asp?cname=glossary, Stand: 28.04.2002

ASP Konsortium: Broschüre Service Level Agreements (SLA), www.aspkonsortium.de, Stand: 06.05.2002

Bettinger, T./Scheffelt, M.: Application Service Providing: Vertragsgestaltung und Konfliktmanagement, in: Computer und Recht, 2001, S. 729 - 741

Carli, B.: Software für Application Service Provider - Wie wird Software fit fürs Web?, in: Köhler-Frost, W. (Hrsg.), Application Service Providing - Die neue Herausforderung für Unternehmen, Berlin 2001, S. 69 - 70

Cherry Tree Co.: "Application Service Providers" (ASP) Spotlight Report, 1999, www.triple-tree.com

Cherry Tree Co.: "2nd Generation ASP" Spotlight Report, 2000, www.triple-tree.com

Diebold Management Report: Application Service Providing (ASP) - Revolution oder Flop?, Nr. 10 (2000)

Eisenbacher, P.: ASP und die neue Wirtschaft, in: Köhler-Frost, W. (Hrsg.): Application Service Providing – Die neue Herausforderung für Unternehmen, Berlin 2001, 15 - 26

Factor, A.: Analyzing Application Service Providers, Palo Alto 2002

Grohmann, W.: ASP - Application Service Providing: Software auf Mietbasis: Kosten sparen – Wettbewerbsvorteile nutzen, Köln 2002

Gründer, T.: Die Lizenz zum Mieten, http://www.zdnet.de//internet/artikel/scene/200007/ASPpec01_00-wc.html, Stand: 04.12.2001

Hagemeyer, H.: Billing und Accounting, in: Köhler-Frost, W. (Hrsg.), Application Service Providing - Die neue Herausforderung für Unternehmen, Berlin 2001, S. 156 - 158

IDC: ASP and Application Management Services Markets do Both Reach the $ 20 Billion Mark by 2006, http://www.idc.com/getdoc.jhtml?containerId=pr2002_03_18_135531; Stand: 06.05.2002

Kloss, K.: ASP in neuen Schläuchen, in: InformationWeek, Nr. 2 (2002), www.informationweek.de

Köhler-Frost, W.: Grundlagen des Application Service Providing, Berlin 2002

Küchler, P.: Vermarktungsstrategien für Application Service Providing, in: Köhler-Frost, W. (Hrsg.), Application Service Providing - Die neue Herausforderung für Unternehmen, Berlin 2001, S. 168 - 176

Lediger, A.: Vereinbarung von Service-Leveln - Dogmatik und Rechtsfolgensystematik der SLA -, www.graefe-partner.de, Stand: 6.3.2002

Lehner, F.: Application Service Provider (ASP), in: WISU, 30. Jg. (2001), S. 97 - 98

Liess, A.: ASP: Service Realität in Deutschland 2000, in: Information Management & Consulting, 15. Jg. (2000), Sonderausgabe, S. 7 - 13

Matalla, T.: Optimale Internet-Infrastruktur für erfolgreiches Application Service Providing, in: Information Management & Consulting, 15. Jg. (2000), Sonderausgabe, S. 59 - 65

Meitner, H./Seufert, J. A.: Anforderungen an die Markteintrittsstrategie von Application Service Providern, in: Information Management & Consulting, 15. Jg. (2000), Sonderausgabe, S. 21 - 27

Mercer Management Consulting: ASP: Where are the real profit zones?, www.mercermc.com, Stand 23.05.2002

Neuhaus, K.: Application Service Providing (ASP) - Revolution oder Flop, in: Diebold Management Report, Nr. 10. (2000), S. 9 - 12

o.V. [a]: ASPs und Outsourcer finden die Nischen - Kunden-Management als Dienstleistung, in: Computerwoche, Nr. 18 (2002), S. 36

o.V. [b]: Nachholbedarf im Mittelstand: Bedeutung von IT noch immer nicht erkannt http://www.informationweek.de/index.php3?/studien/studie11.htm; Stand 06.05.2002

o.V. [c]: Vertikal ausgerichtete Angebote versprechen Erfolg - ASPs brauchen Branchen-Know-how, in: Computerwoche, Nr. 6 (2002), S. 38

Ovum: Application Service Providers: Opportunities and Risks, London 2000, www.ovum.com.

Picot, A./Buttermann, A./Walters, R.: Erfolgsfaktoren für Application Service Providing, in: Information Management & Consulting, 15. Jg. (2000), Sonderausgabe, S. 44 - 50

Ridder, F.: IT aus der Steckdose, in: Information Management & Consulting, 15. Jg. (2000), Sonderausgabe, S. 51 - 55

Röhrborn, J./Sinhart, M.: Application Service Providing, Rechtliche Beurteilung, Haftung und Vertragsgestaltung, 2000, http://www.krp-group.de/frames/frame_veranstalt.html, Stand: 06.03.2002

Schäfer, T.: ASP Value Chain, in: Köhler-Frost, W. (Hrsg.), Application Service Providing - Die neue Herausforderung für Unternehmen, Berlin 2001, S. 80 - 93

Seidel, B.: ASP: Großes Angebot - schleppende Nachfrage, in: Computerwoche Extra, Nr. 1 (2001)

Seven One - Media: Marktstudie Application Service Providing – Dienstleistung auf den Punkt gebracht, (erstellt im Auftrag des ASP-Konsortiums e.V.), 2001

Stamm, H.: Vom IT-Outsourcing zum Application Service Providing, in: Köhler-Frost, W. (Hrsg.), Application Service Providing - Die neue Herausforderung für Unternehmen -, Berlin 2001, S. 54 - 67

Tamm, G./Günther O.: Business Models for ASP Marketplaces, in: Hansen, H.R./Bichler, M./Mahrer, H. (Hrsg.), ECIS 2000, Vol. 2, Vienna 2000, S. 968 - 975

Internetressourcen:

www.volksbank-villingen.de
www.swissrisk.com
www.javias.de/iasswfinaccount.htm
www.beck-steuernet.de
www.lexoffice.de
www.consors.de
www.1822direkt.de
www.direktanlagebank.de
www.navision.com/de
www.asp-konsortium.de

Metaphern und Lernen in KMU

Nicole Hroch/Martina Lippmann

Inhaltsverzeichnis

1 Einleitung

Metaphern, Redewendungen, Sprach- und Verhaltensregelungen kennzeichnen die Kultur von Unternehmungen. Sie bestimmen die Beziehungen innerhalb der Unternehmung.[1] Eine Besonderheit mittelständischer Unternehmen ist, dass aufgrund der kleineren Beschäftigtenzahl engere Beziehungen unter den Mitarbeitern und zwischen den Mitarbeitern und der Führung bestehen. Die Unternehmenskultur stellt daher insbesondere in mittelständischen Unternehmungen einen Erfolgsfaktor dar.[2]

Untersucht wird in diesem Beitrag, wie Metaphern sich in der Unternehmenskultur auswirken und welche Bedeutung sie in einer Unternehmung besitzen.

---

1 Vgl. Kahle, E. (1988), S. 1229 ff.
2 Vgl. Kahle, E. (1980), Sp. 1411.

Dabei ist das zentrale Vermittlungsmedium der Unternehmenskultur die Sprache, über die eine gemeinsame Interpretation von Sachverhalten kommuniziert wird. Der Betrachtung des kognitiven und handlungsorientierten Inhalts der Metapher und ihrer Wirkungsweise in Organisationen folgt die Darstellung einer im Jahr 2000 durchgeführten empirischen Untersuchung in 33 kleinen und mittleren Unternehmen. Befragt wurden im Rahmen eines interdisziplinären Forschungsprojektes[3] zur Wirkungsweise von Metaphern in Fachsprachen, die jeweiligen Umweltverantwortlichen nach den für das Unternehmen zutreffenden Metaphern. Anhand der gewählten Metaphern werden Schlussfolgerungen über den Umgang des Unternehmens mit Veränderungen abgeleitet und unterschiedliche Stufen des Lernens in Organisationen klassifiziert.

2 Kommunikation in der Unternehmung

In Symbolen wie Metaphern, Ritualen, Organigrammen und materiellen Auszeichnungen[4] wird Unternehmenskultur sichtbar. Metaphern kommt dabei ein starker expressiver Inhalt zu. Sie sind interpretationsbedürftige Symbole. Organigramme und materielle Vergütungen sind dagegen leichter zugänglich. Sie haben instrumentellen Inhalt und zielen auf die rationalen Aspekte organisationalen Handelns. Die Abbildung 1 zeigt das Kontinuum der Symbole.

Metaphern und Redewendungen in Unternehmen deuten darauf hin, wie Dinge im Unternehmen ablaufen (sollen).[5] Diese Kennzeichnung ergibt sich aus einer gemeinsamen Interpretation von Sachverhalten durch die in der Unternehmung Tätigen. Die Interpretation erfolgt weitestgehend durch Sprache, d.h. aus einer Zuordnung von Sachverhalten zu Wörtern. Sprache ist dabei nicht der gesprochene Gedanke. Ein Wort stellt immer eine Verallgemeinerung des Gedankens dar.[6] Um ein Erlebnis oder einen Bewusstseinsinhalt einem anderen Menschen mitzuteilen, ist es notwendig, den wiederzugebenden Inhalt einer bestimmten Gruppe von Erscheinungen zuzuordnen. Diese müssen dem Gesprächspartner bekannt sein. Metaphern stellen eine solche Möglichkeit zur Übermittlung von Bewusstseinsinhalten dar. Dabei basiert das Verständnis einer Metapher auf der gemeinsam geteilten Vorstellung[7] der Wörter. Metaphern steuern Kommunikation. Über sie wird Bedeutung hergestellt, verstanden und geteilt.[8]

---

3 Der Stiftung Mensch-Gesellschaft-Umwelt (MGU) wird für die finanzielle Unterstützung gedankt.

4 Vgl. Gussmann, B., Breit, C. (1997), S. 110.

5 Vgl. Kahle, E. (1988), S. 1231.

6 Vgl. Wygotski, L.S. (1991), S. 11.

7 Black bezeichnet in seiner Interaktionstheorie der Metapher diese gemeinsamen Vorstellungen als ein System von assoziierten Gemeinplätzen. So ist es beispielsweise zum Verständnis der Metapher „Der Mensch ist ein Wolf" nicht nötig, dass der Rezipient die Wörterbuchbedeutung des Begriffes „Wolf" kennt, sondern lediglich die mit einer Aus-

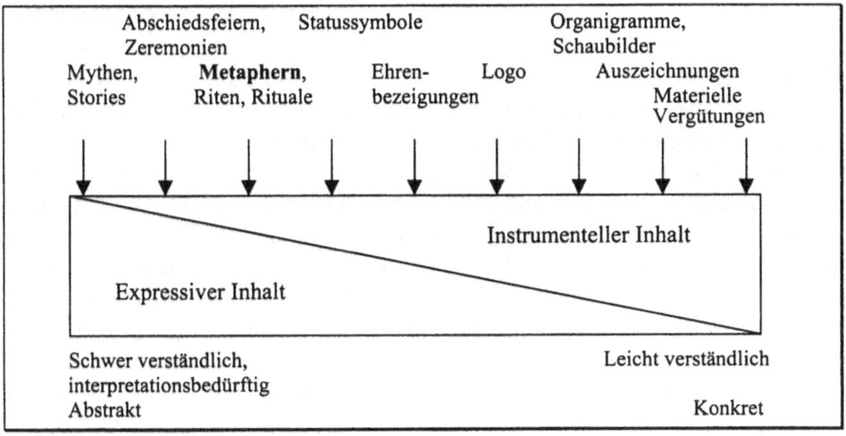

Abbildung 1: Kontinuum organisationaler Symbole[9]

3 Die Leistung der Metapher

3.1 Was ist eine Metapher?

Der Begriff „Metapher" stammt aus dem Griechischen und bedeutet Übertragung. Unter einer Metapher wird ein sprachlicher Ausdruck verstanden, bei dem ein Wort oder eine Wortgruppe aus ihrem ursprünglichen Zusammenhang in einen anderen übertragen wird.[10] Metaphern stellen zwischen zwei unterschiedlichen Vorstellungen einen gegenseitigen aktiven Zusammenhang her.[11] Die Verwendung von Metaphern beschreibt einen Gegenstand oder Sachverhalt in einer bestimmten Weise, denn beim Gebrauch einer Metapher werden ganz bestimmte Eigenschaften und Sichtweisen in den Vordergrund gerückt, während andere verschwinden. Das durch diese Filterung in den Hintergrund Gerückte wird in der Metapherntheorie als „blinder Fleck" bezeichnet. Die Metapher ermöglicht es, den Gegenstand in einer bestimmten Weise zu präsentieren, ihr Verständnis ermöglicht es, ihn in einer bestimmten Weise zu erkennen.[12] Dadurch wird es möglich, den Gegenstand zu betrachten und gleichzeitig die Art seiner Darstellung. „Das Wesen der Metapher besteht darin, dass wir durch sie eine Sache

---

sage verbundenen Vorstellungen, wie zum Beispiel, dass der Wolf als blutrünstig gilt. Wichtig ist nicht, dass die Gemeinplätze wahr sind, sondern dass sie sich von selbst einstellen. Vgl. Black, M. (1996), S. 70 f.

8 Vgl. Gioia, D. A. (1986), S. 65.

9 Vgl. Gussmann, B., Breit, C. (1991), S. 110.

10 Vgl. Kluge, F. (1989), S. 475.

11 Vgl. Richards, I. A. (1996), S. 34.

12 Vgl. Debatin, B. (1996), S. 85.

oder einen Vorgang in Begriffen einer anderen Sache bzw. eines anderen Vorgangs verstehen und erfahren können."[13]

Mit dem Gebrauch von Metaphern rücken bestimmte Sichtweisen in den Vordergrund und strukturieren damit unser Denken und Handeln, denn Metaphern transportieren kognitiven und handlungsorientierenden Inhalt.[14] Eine Metapher hat etwas mit einem Vergleich zu tun. Zwei verschiedene Erfahrungsdimensionen werden aneinander gehalten. Die Anstrengung des Denkens besteht darin, sie zu verknüpfen. Der Verstand ist dabei das Organ der Verknüpfung. Er kann zwei beliebige Dinge auf unendlich viele verschiedene Arten miteinander verbinden. Welche Art er wählt, ist abhängig vom Ziel, das verfolgt wird. Unterschiedliche Metaphern führen zu verschiedenen Aktionsmustern, denn Metaphern enthalten Erklärungen und Direktiven. Metaphern besitzen einen handlungsleitenden Charakter.[15] „[T]he art of using a metaphor [..] [is] to find fresh ways of seeing, understanding and shaping the situations that we want to organize and manage."[16]

3.2 Metaphern in Organisationen

Welche Rolle spielen Metaphern innerhalb von Organisationen? Da sich Organisationen nicht eindeutig und objektiv beschreiben lassen, bieten Metaphern eine gute Möglichkeit, Teilbereiche zu erhellen. Metaphorische Umschreibungen für Organisationen finden sich in der Organisationstheorie in großer Zahl. Es werden Bilder von Organisationen als Schaukeln (Hedberg/Nystrom/Starbuck 1967), Mülltonnen (Cohen/March/Olsen 1972) oder auch Tintenfische (Geertz 1973) entworfen. Jedes dieser Bilder beleuchtet dabei einen bestimmten Aspekt der Organisation. Für Ortony (1975)[17] sind Metaphern zur Beschreibung von Organisationen aus drei Gründen hilfreich. Zum einen zeichnen sie ein kompaktes Bild einer Sache, ohne auf alle Einzelheiten einzugehen. Dennoch können alle Eigenschaften des Bildes, die die Metapher implizit mitliefert, rekonstruiert werden. Zum zweiten können mit Metaphern Sachverhalte ausgedrückt werden, die mit Begriffen schwer darzustellen sind. Schließlich hebt Ortony die Möglichkeit der erlebten Erfahrung durch Metaphern hervor. Mit Metaphern können bildhafte Vorstellungen hervorgerufen werden, die gleichzeitig mehrere Sinne ansprechen.[18]

Gareth Morgan[19] hat in seinem Buch „Images of organizations" (1990) unterschiedliche Sichtweisen von Unternehmen dargestellt. Morgan geht davon aus,

---

13 Lakoff, G./Johnson, M. (1998), S. 13.
14 Vgl. Sackmann (1989), S. 468.
15 Vgl. Steger, T. (2001), S. 88.
16 Morgan, G. (1997), S. 6.
17 Vgl. Ortony, A. (1975), S. 45 ff.
18 Vgl. Weick, K. E. (1995), S. 72 ff.
19 Gareth Morgan ist Managementberater und Professor an der York University, Toronto.

dass unsere Theorien und Erklärungen von Organisationsvorgängen auf Metaphern beruhen. Diese Metaphern strukturieren das Denken und Handeln der Menschen innerhalb der Organisation. In seinem Buch beschreibt er unterschiedliche Leitbilder für Organisationen und deren Ausgestaltung, beispielsweise das der Maschine und der Kultur, das des Organismus, des Politischen Systems, des Flusses und Wandels oder des Machtinstruments.[20] Zum Teil stehen hinter den von Morgan aufgezeigten Bildern einzelne Entwicklungslinien in der Organisationstheorie. So lassen sich die klassischen Organisationsansätze, wie beispielsweise von Taylor oder Fayol mit dem Bild der Organisation als Maschine vereinbaren, während humanorientierte Ansätze von Argyris und Herzberg eher das Bild der Organisation als Lebewesen widerspiegeln.

4 Empirische Untersuchung

4.1 Untersuchungsdesign

Im Rahmen eines interdisziplinären Forschungsprojektes zu der Wirkungsweise von Metaphern in Fachsprachen wurden anhand von halbstrukturierten Interviews im Herbst des Jahres 2000 Umweltverantwortliche 33 helvetischer und deutscher KMU's befragt. Ziel der Befragung war es zu untersuchen, welche der von Gareth Morgan vor allem bei Großunternehmen vorgefundenen Metaphern von Vertretern kleiner und mittelständischer Unternehmen als zutreffend empfunden werden. Nach den Erfahrungen im Pretest wurden die Bilder leicht verändert. Zum einen wurde statt der Organisation als „Organismus" der Begriff des „Lebewesens" gewählt. Zum anderen wurde als weitere Kategorie das Bild des „Ordnungshüters" hinzugefügt. Die Kategorien „politisches System" und „physisches Gefängnis" wurden nicht abgefragt, da sie sich beim Pretest als missverständlich und nicht genügend selbsterklärend erwiesen haben. Im Folgenden werden die von Morgan aufgezeigten Metaphern für Organisationen kurz beschrieben sowie die mit der jeweiligen Auffassung verbundenen Vor- und Nachteile erläutert. Im Anschluss daran werden die Ergebnisse dargestellt, welche Bilder von Seiten der Umweltverantwortlichen für das eigene Unternehmen als passend empfunden werden.

4.2 Bilder von Gareth Morgan

4.2.1 Maschine

Die Sichtweise von Organisationen als Maschine wurde wesentlich durch die industrielle Revolution im 19. Jahrhundert beeinflusst. Der Einsatz neuer Maschinentechnik erforderte neue Organisationsformen, um den veränderten Bedingungen gerecht zu werden. Dabei wurde eine Entwicklung in Gang gesetzt, in der

20 Vgl. Morgan, G. (1997), S. 15 ff.

bürokratische und routinemäßige Abläufe stark an Bedeutung gewonnen haben. In Anlehnung an die neue Technologie wurden die Abläufe innerhalb der Organisation wie ein Uhrwerk nach einem festgelegten Plan mit festen Strukturen geplant. Die Organisation selbst wird dabei als rationales System verstanden, das so effizient wie möglich funktionieren soll. Die Rolle der Mitarbeiter kann mit Zahnrädchen verglichen werden, die bestimmte Arbeitsschritte zu erledigen haben. Wenn ein Platz in der Organisation frei wird, wird der Mitarbeiter wie ein Ersatzteil ausgetauscht.

Durch das bürokratische Prinzip wird die Entwicklung der menschlichen Fähigkeiten eher begrenzt als motiviert. Dadurch gehen der Organisation auch Chancen der Persönlichkeitsentwicklung und kreative Beiträge der Mitarbeiter verloren.[21]

4.2.2 Organismus

Die verstärkt notwendige Flexibilität von Organisationen und die Nachteile der mechanistischen Strukturierung zogen es nach sich, dass die Biologie als adäquatere Sichtweise auf Organisationen herangezogen wurde. Der Anfangspunkt dieser Entwicklung lag in der Erkenntnis, dass Mitarbeiter effektiver arbeiten wenn ihre Bedürfnisse beachtet werden. Aus diesem Verständnis entstand eine neue Organisationstheorie, die von der Annahme ausgeht, dass die Effektivität von Organisationen wie bei biologischen Organismen von der Befriedigung ihrer Bedürfnisse abhängig ist. Die Sichtweise von Organisationen als Lebewesen hat weiterhin dazu geführt, den Mitarbeitern sinnvolle Aufgaben sowie Verantwortung zu übergeben und sie in den Gestaltungsprozess mit einzubeziehen.[22] Mit der Organismusmetapher entwickeln sich Organisationen stärker in Richtung Menschgerechteren-Organisationsformen und -strukturen.[23] Eine weitere wichtige Implikation der organischen Sichtweise von Organisationen ist das Verständnis der Organisation als offenes System, das mit seinem Umfeld in engem Austausch steht und von ihm abhängig ist.[24] Mit der organischen Sichtweise wird die Aufmerksamkeit verstärkt auf das Umfeld mit seinen Stakeholdern gerichtet.

Die Organismusmetapher stößt an ihre Grenzen, wenn man Organisationen als eine funktionale Einheit betrachtet. Der Idee des Organismus folgend, würde die gesamte Organisation zusammenbrechen, wenn ein „Organ“ ausfällt oder der

21 Vgl. Morgan, G. (1997), S. 24 ff.
22 Vgl. Morgan, G. (1997), S. 51 ff.
23 Vgl. Comelli, G. (1985), S. 15.
24 Diese Denkrichtung untermauert den „Systemansatz“, der hauptsächlich auf die Arbeit des theoretischen Biologen Ludwig von Bertalanffy zurückgeht. Der in den 50er und 60er Jahren entwickelte Ansatz geht von der Grundannahme aus, dass Organisationen ebenso wie Organismen gegenüber ihrer Umwelt offen sind und eine entsprechende Beziehung zu ihr herstellen müssen, um zu überleben, vgl. Morgan, G. (1997), S. 58 ff.

Organismus in verschiedene Teile aufgespalten wird. Dies ist bei Unternehmen in der Regel nicht der Fall. Die verschiedenen Bestandteile einer Organisation sind meist fähig, ein separates Leben zu führen.[25] Auch wäre die Ausgliederung von Organisationsbereichen, wie beispielsweise beim Outsourcing oder die Akquisition oder Fusion zu einer neuen Einheit mit dieser Sichtweise nicht vereinbar.

4.2.3 Gehirn

Wie sich bereits bei der Maschinenmetapher gezeigt hat, unterliegen die metaphorischen Beschreibungen einem historischen Wandel, der parallel zu den historischen und technischen Umfeldveränderungen verläuft. Wurde mit der industriellen Revolution die Organisation an Maschinen angepasst, so ist es nicht verwunderlich, dass auch die Einführung von Computern und Mikroprozessoren starke Veränderungen im Stil von Organisationen hervorgerufen hat. Der Wissenschaftsautor G. R. Taylor (1979) beschreibt in seinem Buch *The Natural History of the Mind* die Unterschiede zwischen Gehirnen und Maschinen. Während die Maschinenleistung auf Ursache-Wirkungs-Ketten beruht, sind es bei der Gehirnleistung immer weiter verfeinerte Abläufe. Wie ist es nun möglich, Organisationen so zu gestalten, dass sie so flexibel und einfallsreich sind wie Gehirne? Ausgangspunkt für den Lernprozess einer Organisation ist die Fähigkeit gegenüber Veränderungen, die sich in der Umwelt ergeben, offen zu bleiben und betriebliche Voraussetzungen grundlegend zu hinterfragen. Diese Fähigkeit ist im wesentlichen rational, wofür das Gehirn bekannt ist. Damit bietet sich das Gehirn als Metapher an. Mit der Betrachtung der Organisation als Gehirn wird vor allem die Kreativität und Vernetztheit der einzelnen Organisationsbereiche in den Vordergrund gestellt. Folgt man dem Bild des Gehirns, so ist es für einzelne Bereiche möglich, zur Not füreinander einzutreten.[26]

Die Forderung nach Vernetztheit und dem gegenseitigen Einspringen kann bei der praktischen Umsetzung in Organisationen jedoch zu einer Überlastung des Einzelnen führen. Weiterhin ist eine Veränderung in der Haltung der Mitarbeiter und der Organisation nötig, da Lernprozesse viel Offenheit und Selbstkritik erfordern. Dies kann sich allerdings nur über einen angemessenen Zeitraum hinweg vollziehen.[27]

---

25 Vgl. Morgan, G. (1997), S. 51 ff.

26 Bei einem Experiment des Psychologen Karl Lashley wurden bei Ratten, denen beigebracht worden war, in einem Labyrinth umherzulaufen, immer größere Teile des Gehirns entfernt. Dabei stellte er fest, dass bis zu 90% der Gehirnrinde (nicht des visuellen Hirnrindenbereichs) entfernt werden konnte, ohne dass sich die Fähigkeit der Ratten wesentlich verschlechterte, vgl. Taylor, G. R. (1979).

27 Vgl. Morgan, G. (1997), S. 107 ff.; Stünzner, L. (2000), S. 988 ff.

4.2.4 Machtinstrument

Organisationen sind seit jeher mit gesellschaftlicher Machtausübung in Verbindung gebracht worden, bei denen Einzelpersonen oder Gruppen anderen ihren Willen aufzwingen. Ob beim Pyramidenbau, bei multinationalen Konzernen oder auch im Familienunternehmen: Überall führen ungleiche Machtverhältnisse zu einer einseitigen Durchsetzung von Interessen. Negative Auswirkungen sind dabei nicht nur eine hohe physische, sondern auch eine psychische Arbeitsbelastung. Nach Max Weber[28] lassen sich drei historische Typen gesellschaftlicher Herrschaft unterscheiden. Zum einen die charismatische Herrschaft, bei der ein Führer aufgrund seiner persönlichen Qualitäten Macht ausübt. Zum zweiten die traditionelle Herrschaft, wenn der Herrschaftsanspruch aus der Achtung vor der Tradition und der Vergangenheit entspringt und schließlich die rational-legale Herrschaftsform, die sich aus Gesetzen, Verordnungen und festgelegten Abläufen legitimiert. Für die Beschreibung der Organisation als Machtinstrument liegt das Augenmerk auf den ausbeuterischen Aspekten von Unternehmen. Der frühere britische Premierminister Edward Heath hat diese Seite von Organisationen einmal als das „hässliche Antlitz" bezeichnet.

Gegen dieses sehr negativ gezeichnete Bild ist einzuwenden, dass immer ein gewisses Maß an Macht notwendig ist, um auch gesellschaftlich wünschenswerte Ziele durchzusetzen und in Gang zu bringen. Ob die Macht positiv oder negativ empfunden wird, kommt vor allem darauf an, ob man auf der Seite derer steht, die über Macht verfügen oder auf Seiten derer, die durch die Macht zu einem bestimmten Handeln gezwungen werden.[29]

4.2.5 Unternehmenskultur

Das Bild der Kultur ist dem Agrarbereich entlehnt und wird häufig auf bestimmte Aspekte der gesellschaftlichen Entwicklung übertragen. Die Kulturmetapher rückt gemeinsame Werte und Normen sowie kollektive Rituale in den Vordergrund. Dadurch werden soziale Realitäten innerhalb der Unternehmung konstruiert. Organisationen werden dabei als Minigesellschaften mit einer eigenen Kultur aufgefasst, die in einen gesamtwirtschaftlichen Kontext eingebettet sind. Die Bedeutung der Unternehmenskultur ist mit dem Aufstieg Japans verstärkt ins Bewusstsein getreten. Was war das Besondere an japanischen Unternehmen, das diesen Aufstieg verursachte und gleichzeitig zur höchsten Wachstumsrate und niedrigsten Arbeitslosenzahl führte? Das japanische Verständnis von Arbeit sowie die Arbeitgeber-Arbeitnehmer-Beziehung unterschied sich von westlichen Ansichten. In japanischen Organisationen wird das Unternehmen mit seinen Mitarbeitern als ein Kollektiv in gegenseitiger Abhängigkeit und mit einem gemeinsamen Ziel gesehen. Die Beziehung zwischen Management und Ar-

---

28 Vgl. Mouzelis, N. (1979), S. 16 ff.

29 Vgl. Morgan, G. (1997), S. 402 ff.

beitnehmern ist dabei paternalistisch geprägt, wobei die Unternehmensleitung als gutwillige Vaterfigur agiert. In westlichen Gesellschaften hingegen definieren sich die Arbeitnehmer oft eher in Opposition zur Unternehmensleitung mit unterschiedlichen Zielsetzungen.

Das Bild der Kultur beleuchtet vor allem interne Interpretationsprozesse und Wertvorstellungen in Unternehmen, die Abläufe in Unternehmen stark beeinflussen können. Kritisch anzumerken zu diesem Bild ist, dass Kulturen in einem Unternehmen nicht Top-Down initiiert werden können, sondern sich aus dem sozialen Miteinander im Unternehmen entwickeln. Zudem existieren in Unternehmen häufig Subkulturen mit unterschiedlichen Wertesystemen, die einer gemeinsamen Kultur widersprechen können.[30]

4.2.6 Fluss und Wandel

In Organisationen, die durch das Bild von *„Fluss und Wandel"* geprägt sind, steht vor allem die ständige Veränderung von Unternehmen im Vordergrund. Die zentrale Idee, die hinter der Metapher von Fluss und Wandel steht, ist das Bild der Veränderung. Schon der griechische Philosoph Heraklit stellte 500 v.Chr. fest, dass man nicht zweimal in den gleichen Fluss steigen kann. Obwohl durch das Fließen des Wassers eine ständige Bewegung stattfindet, hat das Erscheinungsbild des Flusses eine stabile Form; Dauer und Veränderung existieren gleichzeitig. Während die herkömmlichen organisationstheoretischen Ansätze davon ausgehen, dass Veränderungen vom Umfeld ausgehen und Unternehmen darauf reagieren müssen, wird dieser Ansatz von den chilenischen Wissenschaftlern Humberto Maturana und Francisco Varela (1980) im Rahmen der Systemtheorie in Frage gestellt. Sie betrachten alle lebenden Systeme als organisatorisch geschlossene und autonome Interaktionssysteme, die sich auf sich selbst beziehen. Hauptmerkmale sind dabei Autonomie, Zirkularität und Rekursivität. Ziel ist ein sich selbst erhaltendes System. Die Umwelt wird dabei nicht als unabhängiges Außen definiert. Sie besteht aus verschiedenen Einzelsystemen, die zum Interaktionsbereich der Organisation gehören. Maturana und Varela räumen zwar ein, dass Systeme verschiedene Umwelten haben können, zentrales Kennzeichen ist jedoch, dass die Beziehung mit jedem Umfeld intern bestimmt wird. Diese Theorie legt nahe, dass die Organisationsmuster, die sich mit der Zeit entwickeln, einen sich ständig veränderten Verlauf mit offenem Ausgang darstellen. Individuen und Organisationen können diesen Vorgang beeinflussen, indem sie ihr handlungsleitendes Selbstbild wählen, das zur Gestaltung ihrer Zukunft beiträgt.

Die Grenze der Metapher von Fluss und Wandel ist, dass dieser Ansatz teilweise zu idealistisch ist. Selbst wenn die Logik, nach der sich die Organisation selbst reproduziert, erkannt wird und damit auch eine Chance zur Änderung be-

30 Vgl. Morgan, G. (1997), S. 156 ff.

steht, ist es nicht immer möglich, diese Erkenntnis in die Praxis umzusetzen. Zudem ist das Verstehen der Vorgänge immer retrospektiv und kann daher nicht unbedingt in die Zukunft übertragen werden.[31]

4.2.7 Ordnungshüter

Das Bild des Ordnungshüters wurde als zusätzliche Kategorie in die Befragung aufgenommen, da in den Pretests deutlich wurde, dass aufgrund des stark reglementierenden Charakters der Umweltnormen ISO 14001 und EMAS, nach denen die teilnehmenden Unternehmen zertifiziert sind, ein ordnungsrechtlich geprägtes Bild von Bedeutung sein könnte. Diese Kategorie wird vor allem durch die Einhaltung von internen und externen Regelungen und Normen geprägt. Dabei spielen Überprüfungen eine wichtige Rolle. Diese sichern eine ständige Kontrolle der Vorgänge und Zielsetzungen in der Unternehmung. Wie auch bei der Maschinenmetapher besteht eine strenge Hierarchie und ein festgelegtes Handlungsgefüge, wobei beim Bild des Ordnungshüters stärker die externe Kontrolle in den Vordergrund tritt.

Kritisch anzumerken ist bei diesem Bild vor allem der starke Kontrollcharakter, der den Fokus auf die zu kontrollierenden Bereiche und Ziele setzt und wenig Platz für Entwicklungen lässt, die nicht im Überprüfungsbereich liegen.

4.3 Ergebnisse

In den Interviews wurden die befragten Personen gebeten, ihre Einschätzung des Unternehmens anhand der vorgegebenen Metaphern vorzunehmen sowie ihre mit dem jeweiligen Bild verbundenen Vorstellungen zu äußeren. Für die Einstufung wurde eine fünfwertige Skala verwendet, mit der die Befragten eine Wertung von *trifft zu* (Wert 1) bis *trifft gar nicht zu* (Wert 5) vornehmen konnten. Obwohl den Interviewpartnern vorab keine Vorgaben zu den Bildern gemacht wurden, zeigte sich, dass die geäußerten Implikationen größtenteils mit den von Morgan gegeben Vorstellungen kongruent sind. Vor allem bei den Bildern des Unternehmens als Maschine, Lebewesen, Kultur und Machtinstrument findet sich eine starke Übereinstimmung. Bei den Bildern des Gehirns und des Fluss und Wandels verbinden die befragten Personen mit diesen Metaphern die Grundgedanken des Bildes, wenn auch nicht in der Detaillierung und der von Morgan gefolgerten Ausgestaltung des Unternehmens. So steht bei der Gehirnmetapher vor allem die Kreativität sowie die Rationalität der eigenen Arbeit und nicht so stark die von Morgan aufgezeigte Selbstorganisation und die Lernprozesse im Unternehmen im Vordergrund. Beim Bild des Flusses und Wandels wird vor allem die stetige Veränderung des Unternehmens betont und nicht der von Morgan implizierte Gedanke des sich selbst erneuernden Systems.

31 Vgl. Morgan, G. (1997), S. 341 ff.

Die nachstehende Tabelle zeigt die gemittelten Ergebnisse der Einschätzung der interviewten Personen. Dabei ist die größte, beziehungsweise geringste Übereinstimmung jeweils markiert. Je niedriger der Wert ist, desto passender wird das Bild empfunden, je höher der Wert ist, desto geringer ist die Zustimmung mit dem gegebenen Bild (1 = trifft zu / 5 = trifft gar nicht zu).

Das Unternehmen...	**Wert**
arbeitet wie eine Maschine	2,97
entwickelt sich wie ein Lebewesen	2,03
funktioniert wie ein Gehirn	2,64
ist wie ein Machtinstrument	**4,07**
lebt eine ausgeprägte Unternehmenskultur	2,10
befindet sich andauernd in Fluss und Wandel	**1,67**
handelt wie ein Ordnungshüter	3,60[32]

Tabelle 1: Einschätzung des Unternehmens durch den Umweltverantwortlichen

Nach Einschätzung der Befragten beschreibt das Bild vom ständigen Fluss und Wandel die Situation der kleinen und mittleren Unternehmen am treffensten (niedrigste Zahl). Diese Einschätzung des Unternehmensalltags als ständige Veränderung wird vor allem durch die zunehmenden Umstrukturierungen in den Unternehmen durch Übernahme oder Verkäufe des Unternehmens geprägt. Weiterhin wird das Bild des Unternehmens als Lebewesen, das sich in der Entwicklung befindet und sich wandelt als passend beurteilt. Am geringsten (höchste Zahl) ist die Übereinstimmung mit dem Unternehmen als ein Machtinstrument. Zum einen werden mit diesem Bild vor allem interne Vorschriften und Kontrollen verbunden, die verneint werden. Zum anderen wird die Machtposition des eigenen Unternehmens auf die Umwelt des Unternehmens als gering angesehen.

32 In Bezug auf das Umweltmanagement zeigen die Ergebnisse beim Bild des Ordnungshüters eine stärkere Übereinstimmung. Bei der Analyse, bei welchen Bildern sich die größten Unterschiede zwischen Unternehmen und Umweltmanagement ergeben, ist die Differenz beim Bild des Ordnungshüters am stärksten. Trotz der Freiwilligkeit an der Teilnahme der Umweltmanagementnormen EMAS und ISO 14001 wird das Umweltmanagement stark mit einer innerbetrieblichen als auch externen Kontrolle verbunden, insbesondere der Aspekt des Legal Compliance spielt bei dieser Einschätzung eine bedeutende Rolle. Demgegenüber wird das Unternehmen nicht so stark als Ordnungshüter empfunden.

5 Folgerungen

Die Ergebnisse zeigen, dass sich die befragten kleinen und mittleren Unternehmen vor allem mit Bildern identifizieren, die durch Veränderung charakterisiert sind und daher die Fähigkeit zur Anpassung eine wichtige Rolle spielt. Der Impuls der Veränderung wird verstärkt einem äußeren Umfeld zugeschrieben, auf welches das Unternehmen flexibel reagieren muss. Die Verneinung des Machtpotenzials der Unternehmung könnte dahingehend gedeutet werden, dass die Unternehmen den eigenen Einfluss auf die Umwelt als gering einschätzen und daher nicht initiativ reagieren.

Was bedeutet diese adaptive Metapher[33] für den Umgang mit Veränderungen und das Lernen in Unternehmungen? Insgesamt lassen sich drei Formen von organisationalem Lernen unterscheiden: das Single-loop-learning, das Double-loop-learning sowie das Deutero-learning. Das Single-loop-learning (Anpassungslernen) vollzieht sich auf der operativen Ebene durch die Optimierung von Herangehensweisen. In einer einfachen Schleife der Ergebnisevaluation werden Korrekturen vorgenommen, ohne neue Fähigkeiten zu erwerben. Das interne Verfahren wird an erwartete Handlungsergebnisse angepasst und Fehler behoben. Die Handlungsmuster bleiben jedoch bestehen, sie werden lediglich intern optimiert. Demgegenüber reflektiert man beim Double-loop-learning (Veränderungslernen) auch über die Handlungsmuster, die Zielsetzungen und den institutionellen Bezugsrahmen mit dem Ziel, den Handlungsspielraum für die Organisation durch Alternativen zu erweitern. Auf der dritten Stufe des Lernens schließlich, dem Deutero-learning[34] (Lernen zu lernen), wird Wissen über die eigene Lernfähigkeit entwickelt. Die Techniken des Wissenserwerbs werden hierbei erweitert, damit Lerninhalte in Handlungs- und Problemlösungsprozesse umgesetzt werden können.[35] Die Abbildung 2 fasst die unterschiedlichen Lerntypen zusammen.

Die Befragungsergebnisse zeigen, dass kleine und mittlere Unternehmen vor allem durch Bilder geprägt sind, die zum einen auf eine starke Veränderung von außen und zum anderen auf die als gering geschätzten Möglichkeiten der Einflussnahme hinweisen. Diesen Veränderungen der Umwelt muss die Unternehmung durch Flexibilität und Hinzulernen neuer Fähigkeiten begegnen. Organisationale Lernprozesse sind nun aber mit einer vorübergehenden Verunsicherung der Akteure verbunden. Die Unternehmung ist dabei der Ressourcenpool für die individuelle und kollektive Bewältigung von Unsicherheit.[36] Ein reines Anpassungslernen ist nicht ausreichend, denn dort wird nur innerhalb gegebener Rah-

33 Vgl. Sackmann, S. (1989), S. 471.

34 Diese Stufe organisationalen Lernens ist abhängig vom Deutero-learning der Individuen in der Organisation. Vgl. Argyris, C./Schön, D. A. (1996), S. 29.

35 Vgl. Argyris, C./Schön, D.A. (1996), S. 20 ff.

36 Vgl. Klimecki, R./Gmür, M. (1997), S. 238 f.

menbedingungen über alternative Handlungsmöglichkeiten reflektiert, um intern wahrgenommene Probleme zu lösen. Die befragten Unternehmen verstehen ihr Umfeld als eine Welt „da draußen" und erkennen nicht, in welcher Hinsicht sie ein Teil ihrer Umwelt sind. Sie ziehen eine enge Grenze um ihre Selbstdefinition und versuchen, die Interessen dieses schmalen Bereiches durchzusetzen. Viele Probleme, mit denen sich kleine und mittlere Unternehmen konfrontiert sehen, hängen mit der eigenen Identität zusammen, die sie aufrecht erhalten wollen. Zum Teil resultiert dieses Verhalten daraus, dass kleine und mittlere Unternehmen noch aus einer Familientradition heraus agieren. Auch wenn dieses Verhalten in der Vergangenheit erfolgreich war, kann ein starres Festhalten an einer Identität in der Zukunft die Existenzgrundlage gefährden. Beispielsweise mussten Produzenten von Schreibmaschinen die Entwicklungen in der Informationstechnologie berücksichtigen und sich selbst als Hersteller von Kommunikationstechnik verstehen, um weiterhin auf dem Markt bestehen zu können.[37]

Typ	Ziel:	Reflektion über:
Anpassungslernen *(Single-loop-learning)*	Regelung und Optimierung intern wahrgenommener Probleme	Alternative Handlungsmöglichkeiten
Veränderungslernen *(Double-loop-learning)*	Überleben in einer komplexen Umwelt	Handlungsmuster, Zielsetzungen; institutioneller Bezugsrahmen
Lernen zu lernen *(Deutero-learning)*	Zukunftssicherung	Eigene Lernprozesse; vorherrschende Denkmuster

Abbildung 2: Typen des organisationalen Lernens (Harde 1994, S. 7, leicht verändert)

Um mit den Umfeldbedingungen umzugehen, müssen diese in die Unternehmungen integriert und ihnen initiativ begegnet werden. Dazu ist zumindest ein Veränderungslernen notwendig. Die Unternehmen selbst befinden sich dabei in einem dauernden Reflexions- und Transformationsprozess der Handlungsmuster. Dies kennzeichnet das Double-loop-learning.[38] Für eine dauerhafte Zukunftssicherung der Unternehmen müsste allerdings die dritte Stufe des organisationalen Lernens erreicht werden, das Erkennen der eigenen Lernprozesse und Denkmuster und ihre Reflektion. Diese Reflektion leistet in den Kommunikationsprozessen durch die sich organisationales Lernen vollzieht, die Metapher, denn durch die Präsentation und das Erkennen des Gegenstandes in einer bestimmten Weise wird die Möglichkeit unterschiedlicher Sichtweisen deutlich. Bei der

37 Vgl. Morgan, G. (1997), S. 357 f.
38 Vgl. Sackmann, S. (1989), S. 472.

Kommunikation spielt die Wahl der Metaphern eine entscheidende Rolle für das Lernen in Organisationen, denn Sprache bildet nicht nur Wirklichkeiten ab, sondern schafft auch Wirklichkeiten.

Literatur

Argyris, C./Schön, D. A. (1996): Organizational Learning II. Reading u.a., Addison Wesley Pub.

Black, M. (1996): Die Metapher, in: Theorie der Metapher Haverkamp, A., 2. Aufl., Darmstadt

Black, M. (1962): Metaphor and Models, Ithaca, NY u.a., Cornell Univ. Pr.

Comelli, G. (1985): Training als Beitrag zur Organisationsentwicklung, München u.a.

Debatin, B. (1996): Die Modellfunktion der Metapher und das Problem der ‚Metaphern kontrolle', in: Schneider, H. J., Metaphern, Kognition, Künstliche Intelligenz, München, S. 83 - 103

Geertz, C. (1973): The interpretation of cultures, Selected essays, New York, Basic Books

Gioia, D. A. (1986): Symbols, Scripts and Sensemaking: Creation Meaning in the Organizational Experience, in: Sims, H.P./Gioia, D.A. and Associates, The Thinking Organization, San Francisco, Jossey-Bass Pub. S. 49 - 74

Gussmann, B./Breit, C. (1997): Ansatzpunkte für eine Theorie der Unternehmenskultur, in: Heinen, E., Unternehmenskultur, 2. Aufl., München/Wien, S. 107 - 139

Harde, S. (1994): Ökologische Lernfähigkeit: Maßstab für die Qualität der Unternehmensentwicklung, in: IÖW/VÖW-Infodienst, Jg. 9, Nr. 3 - 4, S. 4 - 9

Hedberg, B./Nystrom, P./Starbuck, W. (1976): Camping on seeways: Prescriptions for a self-designing organization, in: Administrative Science Quart Vol. 21 (1976) No. 1, S. 41

Kahle, E., (1980): Organisation der mittelständischen Unternehmung, in: Grochla, E., Handwörterbuch der Organisation, Stuttgart, S. 1408 - 1419

Kahle, E., (1988): Unternehmensführung und Unternehmenskultur, in: ZfB, Bd. 58, 11, S. 1228 - 1241

Kahle, E., (1995): Kognitionswissenschaftliche Grundlagen von Selbstorganisation, Arbeitsbericht Nr. 01/95, Lüneburg

Klimecki, R./Gmür, M. (1997): Organisationale Transformation - grenzenlos? Struktur- und Prozeßmuster in der kollektiven Bewältigung von Unsicherheit, in: Schreyögg, G./Sydow, J. (Hrsg.), Gestaltung von Organisationsgrenzen, Managementforschung Bd. 7, Berlin, S. 235 - 270

Kluge, F. (1989): Etymologisches Wörterbuch der deutschen Sprache, 22. Aufl., Berlin

Lakoff, G./Johnson, M. (1998): Leben in Metaphern. Konstruktion und Gebrauch von Sprachbildern, Heidelberg

Morgan, G. (1997): Bilder der Organisation, Stuttgart

Mouzelis, N. (1979): Organization and Bureaucracy, London

Ortony, A. (1975): Why metaphors are necessary and not just nice, in: Educational Theory Vol. 2, No. 1., S. 45 - 53

Richards, I. A. (1996): Die Metapher, in: Haverkamp, A., Theorie der Metapher, Darmstadt, S. 31 - 53

Sackmann, S. (1989): The Role of Metaphors in Organization Transformation, in: Human Relation, Bd. 42, S. 463 - 485

Seidl, D. (2001): Organisational self-descriptions in the form of metaphors, in: An International and Interdisciplinary Symposium on Communication in Organizations, University of Mannheim, Germany, March 29 - 31

Steger, T. (2001): Was Metaphern über Gefühle sagen - Ein neuer Zugang zu Emotionen auf der Managementebene, in: Schreyögg, G./Sydow, J., Emotionen und Managment, Wiesbaden, S. 75 - 109

Stünzner, L. (2000): Sind das Gehirn und Betriebe miteinander vergleichbar?: Systemtheoretische Anmerkungen zum Beitrag "Prinzipien dynamischer Organisation, Netzwerke in Neurophysiologie und Betriebswirtschaftslehre", in: ZfB, Bd. 70, 9, S. 983 - 995

Taylor, G. R. (1979): The natural History of the Mind, New York

Weick, K., E. (1995): Der Prozeß des Organisierens, Frankfurt a.M.

Wygotski, L. S. (1991): Denken und Sprechen, Frankfurt a.M.

Umbruch der Rechnungslegung – Was erwartet den deutschen Mittelstand?

Kay Benson/Jörn Pistorius

Inhaltsverzeichnis

1 Einleitung

Die letzten Jahre seiner akademischen Arbeit widmete unser Kollege Axel Baden überwiegend der kritischen Begleitung der Fortentwicklung der externen Rechnungslegung; einem Bereich, der in den letzten Jahr(zehnt)en wesentlich durch die Begriffe „Internationalisierung" und „Harmonisierung" und zuletzt von großer Dynamik geprägt war. Aktuell mündet die gesteigerte Aktivität der Normengeber in der Verabschiedung einer Verordnung über die Anwendung internationaler Rechnungslegungsgrundsätze[1] durch den Europäischen Ministerrat, nach der die IAS/IFRS[2] ab dem Jahr 2005 das maßgebliche Rechnungslegungssystem für EU-Unternehmen werden könnten.

1 Im Folgenden als IAS-Verordnung bezeichnet.
2 International Accounting Standards bzw. International Financial Reporting Standards.

Die Harmonisierungsbestrebungen innerhalb der EU waren nicht immer so eindeutig, wie die neuerliche Verordnung glauben macht, weil teilweise nationale Interessen einer vollständigen Angleichung der Rechnungslegung widersprachen.[3] Erst der mit dem Anfang der neunziger Jahre einsetzende Globalisierungsdrang und das damit verbundene Zusammenwachsen des Kapitalmarktes führten schließlich zu diesem Konsens, mit dem die EU letztlich auf die Forderungen des Marktes reagiert hat. Mithin verliefen auch die Internationalisierungstendenzen der deutschen Rechnungslegung in einem längerfristigen, stufenweisen Prozess (vgl. Abb. 1).

Phase 1 Vor 1985	Phase 2 ab 1985	Phase 3 um 1993	Phase 4 ab 1997	Phase 5 ab 1998	Phase 6 ab 1999/00	**Phase 7** **ab 2005**
Orientierung einzelner Rechnungsleger an ausgewählten „angelsächsischen" Berichtspraktiken. Allerdings nur bei der Rechnungslegung von Tochterunternehmen ausländischer Konzernabschlussersteller.	Internationalisierung der nationalen Rechnungslegungsnormen durch Umsetzung der 4. und 7. EG-Richtlinie und Einführung der Zwischenberichterstattungspflicht börsennotierter Unternehmen.	Listing von Daimler-Chrysler an der New York Stock Exchange – Beginn des Booms von an IAS und/oder US-GAAP orientierten (Konzern-) Abschlüssen und damit Internationalisierung der Kapitalakquise.	Verpflichtung zur geschäftsjahres- und quartalsbezogenen Rechnungslegung nach IAS oder US-GAAP im Einzelabschluss und/oder Konzernabschluss als Börsenzulassungsbedingung des neu geschaffenen Börsensegments „Neuer Markt".	Befreiende internationale Rechnungslegung (KapAEG: § 292a HGB) für börsennotierte Konzerne und internationale Rechnungslegungssymptome durch KapAEG und KonTraG.	Breitere Orientierung(smöglichkeit) an „angelsächsischen" Berichtspraktiken durch DRSC und KapCoRiLiG sowie das im Gesetzgebungsverfahren befindliche TransPubG.	**EU-Harmonisierungsverordnung:** Aufstellungspflicht aller Konzernabschlüsse kapitalmarktorientierter Unternehmen gemäß den IAS/IFRS und mögliche weitergehende Änderungen bei handels- und steuerrechtlichen Berichtspflichten?

Abb. 1: Phasen der Internationalisierung deutscher Rechnungslegung
Quelle: Modifiziert aus Hütten, C./Lorson, P., Phasen, 2000, S. 524.

Bei Vergegenwärtigung der Auswirkungen, die von der IAS-Verordnung auf die deutsche handelsrechtliche sowie steuerrechtliche Rechnungslegung ausgehen könnten, kann unzweifelhaft von einem Umbruch der Rechnungslegung gesprochen werden. Von diesem Umbruch ist aber nicht nur die Minderheit der an

3 So beklagt u.a. Haller die mangelhafte Umsetzung des „true and fair view"-Konzeptes bei der Umsetzung der 4. EG-Richtlinie, wegen des Festhaltens des Gesetzgebers am Maßgeblichkeitsprinzips, vgl. Haller, A., Grundsatz, 1992, S. 46.

die internationalen Kapitalmärkte drängenden Unternehmen betroffen,[4] wie dies überwiegend in den Phasen 5 und 6 der Abb. 1 der Fall war, sondern in der weitesten Ausgestaltung der IAS-Verordnung sämtliche rechnungslegenden Unternehmen in Deutschland. Da der Mittelstand in Deutschland sehr stark vertreten ist, ist eine Fokussierung auf dessen Interessen bei einem möglichen Umbruch der Rechnungslegung berechtigt und geboten. Insbesondere steht der deutsche Gesetzgeber vor der Frage, welche handels- und steuerrechtlichen Berichtspflichten er den mittelständischen Unternehmen zukünftig vorschreiben sollte.

Dieser Fragestellung nimmt sich der vorliegende Beitrag an. Bezugnehmend auf die Besonderheiten der deutschen Rechnungslegung werden rechtssystematische Hindernisse der Integration der IAS/IFRS in das deutsche Rechnungslegungssystem diskutiert. Anschließend ist unter Berücksichtigung des Rechnungslegungszwecks der IAS/IFRS im Rahmen einer Kosten-Nutzen-Analyse deren Vorteilhaftigkeit für mittelständische Unternehmen zu hinterfragen.

2 Perspektiven der Internationalisierung der deutschen Rechnungslegung

2.1 Umsetzung der IAS-Verordnung durch den deutschen Gesetzgeber

Mit der IAS-Verordnung folgt die in Abb. 1 bezeichnete Phase 7 der Internationalisierung. Als Verordnung hat diese Regelung allgemeine Geltung. Sie ist in allen ihren Teilen verbindlich und gilt unmittelbar in jedem EU-Mitgliedstaat (Art. 249 EGV). Sie betrifft nicht nur aktienemittierende Unternehmen, sondern auch die Ausgabe von handelbaren Fremdkapitaltiteln, sogenannten *debt securities*, fällt unter ihren Regelungsbereich. Im Kern sieht die Verordnung in Art. 4 vor, dass EU-Unternehmen, deren Wertpapiere zum Handel auf einem geregeltem Markt zugelassen sind, ihre konsolidierten Handelsabschlüsse für das Geschäftsjahr, das am oder nach dem 1. Januar 2005 beginnt, verpflichtend gemäß den IAS/IFRS[5] aufzustellen haben. Für Unternehmen, die bereits sowohl inner- als auch außerhalb der EU an einer Börse gehandelt werden, bleibt es den Mitgliedstaaten vorbehalten, diese Frist bis zum Jahr 2007 zu verlängern.[6] Darüber

4 Ohne Anspruch auf Genauigkeit dürfte ihr Anteil maximal bei 1% der gesamten deutschen Unternehmen liegen. So gibt es in Deutschland ca. 600.000 GmbH und 100.000 GmbH & Co. KG, denen nur einige hundert börsennotierte Unternehmen gegenüberstehen (Zahlen nach Angaben des BMJ).

5 Die Anwendung beschränkt sich auf die IAS/IFRS sowie SIC, welche im Rahmen eines Komitologie-Verfahrens seitens der EU anerkannt sind; vgl. Europäische Kommission, Verordnung, S. 7; dazu Ernst, C., Verordnungsentwurf, 2001, S. 823 f.

6 Diese Änderung gegenüber dem Verordnungsentwurf wurde von den Abgeordneten des Europäischen Parlaments gefordert; vgl. Pressebericht des Europäischen Parlaments vom 12.03.2002.

hinaus wird den Mitgliedstaaten ein Wahlrecht eingeräumt, auch für die Einzel(handels)abschlüsse kapitalmarktorientierter Unternehmen sowie für Konzern- und Einzel(handels)sabschlüsse nicht kapitalmarktorientierter Unternehmen die IAS/IFRS verpflichtend vorzuschreiben, zu verbieten oder den Unternehmen ein Wahlrecht einzuräumen.[7] Dem deutschen Gesetzgeber stehen damit weitreichende Wahlrechte bei der Gestaltung der zukünftigen handelsrechtlichen Rechnungslegung offen.

Handelsabschlüsse / Unternehmen	konsolidierter Abschluss	Einzelabschluss
kapitalmarktorientiert	Pflicht Information	MS-Wahlrecht Information *vs.* *Steuer u. Ausschüttung*
nicht kapitalmarktorientiert	MS-Wahlrecht Information	MS-Wahlrecht Information *vs.* *Steuer u. Ausschüttung*

Abb. 2: IAS-Verordnung und Bedeutung deutscher Handelsabschlüsse

Der Entscheidungsspielraum des Gesetzgebers ist aber insofern eingeschränkt, als dass Handelsabschlüsse in Deutschland neben der reinen Informationsfunktion, wie dies bei den IAS/IFRS der Fall ist, für andere Regelungsfelder Bedeutung erlangt haben. In der deutschen Rechnungslegung erfüllt nur der Konzernabschluss allein die Informationsfunktion, weshalb bei Übernahme internationaler Rechnungslegungsvorschriften, wie die Erfahrungen mit § 292a HGB gezeigt haben, prinzipiell keine systematischen Probleme auftreten. Hingegen knüpfen an den Einzelabschluss Normen über die Steuerbemessung und die Ausschüttung an. Die Umsetzungsmöglichkeiten der Harmonisierungsverordnung im Einzelabschluss hängt somit wesentlich von der Konformität der IAS/IFRS mit dem ursprünglichen Regelungszusammenhang ab (Abb. 2). Erfüllen die IAS/IFRS also auch die Zwecke der Steuer- und Ausschüttungsbemessung, könnten diese für alle Jahresabschlüsse übernommen werden. Widersprechen sie diesen, so würden bei ihrer Übernahme Folgewirkungen für zukünftige Berichtspflichten resultieren.

2.1.1 Steuerbemessung auf der Grundlage von IAS/IFRS

§ 5 Abs. 1 S. 1 EStG verpflichtet Gewerbetreibende, die aufgrund gesetzlicher Vorschriften verpflichtet sind, Bücher zu führen und regelmäßig Abschlüsse zu machen, oder die ohne eine solche Verpflichtung Bücher führen und regelmäßig Abschlüsse machen, für den Schluss des Wirtschaftsjahrs das Betriebsvermögen anzusetzen, das nach den handelsrechtlichen Grundsätzen ordnungsgemäßer

7 Vgl. Europäische Kommission, Verordnung, 2001, S. 12.

Buchführung (GoB) auszuweisen ist. Hierdurch werden die handelsrechtlichen GoB in das Einkommensteuerrecht inkorporiert und dienen somit der einkommensteuerrechtlichen Gewinnermittlung. Dieses Maßgeblichkeitsprinzip wurde bereits im Jahre 1874 zuerst in Bremen und Sachsen eingeführt und löste damit die Einnahmen-Ausgaben-Rechnung ab, mit der bis zu diesem Zeitpunkt die Gewerblichen Einkünfte ermittelt wurden.[8] Als Gründe, die zur Einführung des Maßgeblichkeitsprinzips führten, können zwei wesentliche Argumente herausgestellt werden:[9]

- Der Gewerbetreibende sollte nicht dazu gezwungen werden im Rahmen der Einführung der Selbstdeklaration seinen Gewinn zweimal ermitteln zu müssen. Somit diente die Einführung des Maßgeblichkeitsprinzips der Vereinfachung der Rechnungslegung der Gewerbetreibenden.
- Darüber hinaus diente es dem Eigeninteresse der Kaufleute, die durch die Bindung an die Handelsbilanz mögliche negative steuerliche Auswirkungen vermeiden wollten, da ihnen das Handelsrecht einen großen Spielraum zur Verringerung des ausgewiesenen Erfolgs bot.

Trotz der vollzogenen Anknüpfung der steuerlichen Gewinnermittlung an nach den GoB aufgestellte Jahresabschlüsse und der Erreichung einer Vereinfachung der Rechnungslegung hatte das Steuerrecht jedoch immer grundsätzlich eigenen, nämlich rein steuerrechtlichen Grundsätzen bei der Ermittlung der Steuerlast zu folgen.[10] Demgemäß konnte es letztlich auch nicht den Kaufleuten überlassen werden, ihre Steuerlast beliebig zu beeinflussen. Deshalb konnten beispielsweise handelsrechtliche Wahlrechte nicht uneingeschränkt in das Steuerrecht übernommen werden, weil es Aufgabe der steuerlichen Gewinnermittlung ist, den vollen Gewinn zu ermitteln, und es nicht in das Ermessen des Kaufmanns gestellt werden kann, seine Ertragslage ungünstig darzustellen.[11]

Das Steuerrecht ist Teil des öffentlichen Finanzrechts und begründet als öffentliches Schuldrecht ein gesetzliches Schuldrechtsverhältnis (§ 37 ff. AO), welches durch ein Durchsetzungsgebot charakterisiert ist. Aus diesem Grund muss jedoch auch die Reichweite der Steuererhebung begrenzt werden; dies wird durch das Grundgesetz sichergestellt.[12] Aus verfassungsrechtlicher Sicht scheint die Verweisung auf die IAS/IFRS zum Zwecke der Ermittlung des steuerbilanziellen Gewinns aber sowohl aus institutionellen als auch aus materiellen Gründen fragwürdig.

---

8 Zur rechtsgeschichtlichen Entwicklung des Maßgeblichkeitsprinzips vgl. z.B. Alsheimer, H., Einhundert Jahre, 1974.

9 Vgl. Vogt, S., Maßgeblichkeit, 1991, S. 79.

10 Vgl. dazu Weber-Grellet, H., Gewinnermittlungsvorschriften, 2000, S. 166.

11 Vgl. BFH vom 3.2.1969 GrS 2/68 BStBl. II 1969, 291.

12 Vgl. dazu Weber-Grellet, H., Rechtsnatur, 1993, S. 101 f.

Besteuerungsprinzipien unterliegen dem in Art. 20 Abs. 3 GG kodifizierten Rechtsstaatsprinzip, aus dem das Prinzip der Gesetzmäßigkeit der Besteuerung folgt. Die Auferlegung von Steuerlasten ist danach nur vorbehaltlich eines Gesetzes zulässig (Parlamentsvorbehalt). Bei dem IASB handelt es sich jedoch um einen privaten Normengeber. Würde der Gesetzgeber also die IAS/IFRS für die Erstellung eines Einzelabschlusses verpflichtend vorsehen, flössen diese über § 5 Abs. 1 S. 1 EStG direkt in die Steuerbilanz ein. Die Beeinflussung des Steuerbilanzgewinns würde somit unter Umgehung des Parlaments einem privaten Normengeber überlassen werden. Dies ist entschieden abzulehnen.[13] Die Inkorporierung der IAS/IFRS in das Steuerrecht wäre nur über das Instrument einer statischen Verweisung[14] möglich, d.h. dass der deutsche Gesetzgeber die IAS/IFRS mit einem bestimmten Rechtsstand in die Steuerbilanz übernehmen und das Steuerrecht für diesen Zweck angepassen würde, um insbesondere auftretende materielle Probleme zu beseitigen. Diese Lösung wäre aber zumindest für die Harmonisierung der Einzel(handels)bilanz unbefriedigend, denn eine flexible Anpassung der Rechnungslegungsnormen an neuere oder überarbeitete IAS/IFRS wäre durch die zwangsläufige parlamentarische Verzögerung nicht gegeben. Es entstünde eine von den internationalen Rechnungslegungsgrundsätzen abweichende Bilanzierung bei der Einzel(handels)bilanz. Dies ist aber gerade wegen der angestrebten Harmonisierung von Rechnungslegungsgrundsätzen abzulehnen.

Materiell scheint die Anknüpfung der Besteuerung an ein informationsorientiertes Rechnungslegungssystem bedenklich. Denn das Prinzip der Besteuerung nach der persönlich-individuellen wirtschaftlichen Leistungsfähigkeit (Art. 3 GG) stellt ein Fundamentalprinzip der Besteuerung dar.[15] Dabei bezieht sich die Leistungsfähigkeit des Einzelnen auf seine Fähigkeit zur Zahlung von Steuern. Demzufolge darf durch die einkommensteuerliche Belastung grundsätzlich nur auf das Vermögen in Bewegung, nicht aber auf das ruhende Vermögen zugegriffen werden.[16] Dies steht grundsätzlich im Einklang mit den GoB, weil das Vorsichtsprinzip und seine Unterprinzipien den Ausweis nicht realisierter Vermögenszuwächse unterbindet. Hierdurch wird bei der Besteuerung im Ergebnis nur auf tatsächlich realisierte Erträge abgestellt und vermieden, dass bloße Wertannahmen Steuerzahlungen bewirken. Die IAS/IFRS verfolgen demgegenüber einen sich am *fair value* orientierenden Vermögensausweis,[17] der einen Ausweis und damit die Besteuerung unrealisierter Vermögensmehrungen zur Folge haben

13 Vgl. auch Kahle, H., Maßgeblichkeit, 2002, S. 187.
14 Vgl. dazu Karpen, H.-U., Verweisung, 1970.
15 Vgl. Lang, J., Bemessungsgrundlage, 1988, S. 97.
16 Vgl. dazu Kirchhof, P., Steuergleichheit, 1984, S. 298 f.; mit dieser prinzipiellen Zahlungsstromorientierung ist gleichzeitig die Forderung nach der Erhaltung der Steuerquelle verbunden.
17 Vgl. Kley, K.-L., Fair Value, 2000, S. 2257.

kann. So wären z.B. die Erträge bei langfristiger Auftragsfertigung (IAS 11.22) bereits vor Fertigstellung und Umsatzrealisation zu versteuern. Diese Folge könnte nur durch die konsequente Neutralisierung mittels einer Ausgleichsposition in Form einer Neubewertungsrücklage vermieden werden. Allerdings sehen dies die IAS/IFRS nicht durchgängig vor, zumal Abschlüsse zu steuerlichen Zwecken gerade nicht in deren Anwendungsbereich fallen sollen (IAS F.6). Im Ergebnis ist aus materieller Sicht ebenfalls die Inkorporierung der IAS/IFRS in das Einkommensteuergesetz zum Zwecke der Ermittlung des steuerbaren Gewinns zurückzuweisen.

2.1.2 Ausschüttungsbemessung auf der Grundlage von IAS/IFRS

Vom Standpunkt des geltenden Rechts besteht der Zweck der handelsrechtlichen Gewinnermittlung durch das Anknüpfen der Gewinnverwendungsregeln von Aktiengesetz (§§ 58 f. AktG) und GmbH-Gesetz (§§ 29 f. GmbHG) auch in der Bemessung des potentiellen Ausschüttungsbetrags. Mit dem Jahresüberschuss wird, abstrahierend von den Kapitalerhaltungsvorschriften (§ 150 AktG), somit der Betrag ermittelt, welcher dem Unternehmen entzogen werden darf. Das Vorsichtsprinzip (§ 252 Abs. 1 Nr. 4 HGB) sowie das Anschaffungskostenprinzip (§ 253 HGB) sollen hierbei dafür sorgen, dass die Gefahr, unrealisierte Wertsteigerungen des Vermögens auszuschütten und somit Haftungsvermögen zu verlieren, minimiert wird. Durch diese Ausschüttungssperre soll dem Gläubigerschutz Rechnung getragen werden.[18] Das Vorsichtsprinzip (IAS F.37) hat in den IAS/IFRS hingegen nur eine untergeordnete Bedeutung. Im Vordergrund steht die Bereitstellung entscheidungsnützlicher Informationen (IAS F.12), weshalb ein Vermögensausweis auch oberhalb der Anschaffungskostengrenze möglich wird.[19] Mit einer Ausschüttungsbemessung auf der Grundlage der IAS/IFRS ginge somit der bilanzielle Gläubigerschutz verloren. Stattdessen soll ein informationeller Gläubigerschutz erreicht werden (IAS F.12 f.). Dahingestellt sei, ob sich dies negativ auf die Fremdkapitalbeschaffung auswirken würde. Zumindest verfügen Gläubiger zusätzlich über ein breites Spektrum moderner Sicherungsrechte, z.B. eine Vielzahl dinglicher Sicherheiten. Denkbar wären auch vertragliche Nebenvereinbarungen, wie die in den USA üblichen Verfügungen von Ausschüttungssperren.[20]

Zudem wäre mit der Anknüpfung der Ausschüttung an einen IAS/IFRS Abschluss eine Verschlechterung der Kapitalerhaltung verbunden. Ein höherer Vermögensausweis führt c.p. zu höheren Jahresüberschüssen und damit zu potenziell höheren Ausschüttungen. Der Jahresüberschuss zeigt jedoch nicht an, ob

18 Vgl. theoretisch Moxter, A., Gewinnermittlung, 1982, S. 212.

19 Zum Beispiel bei der Bilanzierung langfristiger Fertigungsaufträge (IAS 11.22) oder finanzieller Vermögenswerte (IAS 39.69).

20 Vgl. auch Niehus, R. J., IAS, 2001, S. 749.

für die Auszahlung im Ausschüttungszeitpunkt genügend liquide Mittel zur Verfügung stehen. Diese entstehen erst durch Vermögensverflüssigung und nicht durch bloßen Vermögenszuwachs. Wollte man bei der Ermittlung des ausschüttungsfähigen Betrags die IAS/IFRS zugrunde legen, so müssten Ausschüttungsgrenzen neu definiert werden. Dies könnte beispielsweise durch eine marktorientierte Lösung in Form eines Insolvenz-Tests (*insolvency test*)[21] erfolgen, bei dem die durch das Management festzustellende Ausschüttung durch die Vermeidung der Zahlungsunfähigkeit begrenzt wird. Alternativ könnten restriktivere Kapitalerhaltungsvorschriften im AktG oder GmbHG kodifiziert werden. Möglich wäre aber auch neben dem informatorischen IAS/IFRS-Abschluss eine zusätzliche Kapitalerhaltungsrechnung vorzuschreiben, welche allein der Ausschüttung dient.

2.2 Erweiterung von Berichtspflichten

Da das Maßgeblichkeitsprinzip der steuerlichen Gewinnermittlung in seiner aktuellen Fassung nicht auf die IAS/IFRS anwendbar ist, muss, wie oben gezeigt, die verpflichtende Erstellung des Einzel(handels)abschlusses auf der Grundlage der IAS/IFRS die Trennung von handels- und steuerrechtlicher Gewinnermittlung zur Folge haben.[22] Die Einheitsbilanz wäre damit obsolet und die vereinfachende Wirkung des Maßgeblichkeitsprinzips auf die Rechnungslegung verloren.[23] Unternehmen wären dadurch künftig gezwungen, sowohl eine Handelsbilanz als auch eine separate Steuerbilanz aufzustellen. Die Erstellung einer zusätzlichen Kapitalerhaltungsrechnung ist zwar theoretisch wünschenswert, vielmehr bietet sich jedoch eine Anbindung der Ausschüttung an die Steuerbilanz an.[24] Im Ergebnis könnte aber durch den Einzug der IAS/IFRS in die deutsche Rechnungslegung eine Ausweitung der Berichtspflichten in Form einer Dreiteilung der Rechnungslegung verbunden sein, dessen Nutzen insbesondere aus mittelständischer Sicht in Frage zu stellen ist.

---

21 Vgl. dazu Niehues, M., Gläubigerschutz, 2001, S. 1217 f.

22 Vgl. auch Pellens, B./Gassen, J., Verordnungsentwurf, 2001, S. 137; Lauth, B., Einheitsbilanz, 2000, S. 1370 ff.

23 Die Möglichkeit einer Einheitsbilanz wird jedoch auch aufgrund steuerrechtlicher Änderungen bereits in Frage gestellt; vgl. z.B. Arbeitskreis Externe Unternehmensrechnung der Schmalenbach-Gesellschaft, Einfluss, 2000, S. 681.

24 Vgl. auch Herzig, N., Umsetzungsmöglichkeiten, 2001, S. 158.

3 Kapitalmarktorientierte Rechnungslegung für mittelständische Unternehmen?

3.1 Die Informationsrichtung von IAS/IFRS-Abschlüssen und der Wettbewerb der Rechnungslegungssysteme

„Zielsetzung von Abschlüssen ist es, Informationen über die Vermögens-, Finanz- und Ertragslage sowie Veränderungen in der Vermögens- und Finanzlage eines Unternehmens zu geben, die für einen weiten Adressatenkreis bei dessen wirtschaftlichen Entscheidungen nützlich sind" (IAS F.12). Dieses Zitat aus dem Rahmenkonzept der IAS/IFRS verdeutlicht, dass die Informationsfunktion die alleinige Funktion eines nach den IAS/IFRS aufgestellten Abschlusses ist. Eine Differenzierung in Einzel- oder Konzernabschluss unterbleibt, sodass jeder Abschluss die Informationsfunktion zu erfüllen hat.

Unter dem „weiten Adressatenkreis" sind, dem Rahmenkonzept folgend, grundsätzlich alle an dem bilanzierenden Unternehmen Interessierten zu verstehen. Dennoch erfolgt die externe Rechnungslegung vorrangig für die Eigenkapitalgeber, da davon ausgegangen wird, dass mit Erfüllung der Informationsinteressen der Eigenkapitalgeber auch die Informationsbedürfnisse der „sonstigen" Rechnungslegungsadressaten erfüllt sind (IAS F.9 f.). Mit diesem Ansatz folgen die IAS/IFRS letztlich dem Shareholder Value-Gedanken. Hieraus ergibt sich, dass die Informationen der Rechnungslegung für die wirtschaftlichen Entscheidungen, sprich Investition und Desinvestition, der Eigenkapitalgeber entscheidungsrelevant sein sollen. Damit dies sichergestellt ist, enthält das Rahmenkonzept eine ganze Reihe von qualitativen Anforderungen an Abschlüsse,[25] die insgesamt das Ziel haben, die Informationen möglichst zu objektivieren und die Vergleichbarkeit der Abschlüsse sowohl im Zeitablauf als auch zwischen verschiedenen Unternehmen zu verbessern (IAS F.24 ff.). Hinzu kommt, dass die IAS/IFRS im Vergleich zu einem HGB-Abschluss umfangreichere Angaben fordern. So gehört z.B. zu jedem Abschluss unabhängig von der Rechtsform und der Größe eine Kapitalflussrechnung (IAS F.7).

Mit diesen Zielsetzungen und dem gebotenen Informationsumfang haben sich die IAS/IFRS zu einem bei der internationalen „Aktionärs- und Analystengemeinde" anerkannten Rechnungslegungsstandard entwickelt. Dabei ist festzuhalten, dass die IAS/IFRS für den geregelten Kapitalmarkt konzeptioniert sind. Ansonsten wäre die starke Konzentration auf die Informationsbedürfnisse der Eigenkapitalgeber nicht zu rechtfertigen.

Ob die IAS/IFRS die gesetzten Ziele tatsächlich besser gewährleisten als eine Rechnungslegung nach dem HGB, ist in Frage zu stellen. Auf der einen Seite gelten die IAS/IFRS aufgrund der geringeren Anzahl von Wahlrechten als weni-

25 Vgl. dazu ausführlich Buchholz, R., Rechnungslegung, 2002, S. 42 ff.; Pellens, B., Rechnungslegung, 2001, S. 438 ff.

ger manipulationsanfällig,[26] allerdings ist auf der anderen Seite der Einwand von *Moxter*[27] nicht von der Hand zu weisen, dass insbesondere die vorhandenen Ermessenspielräume den Grad der Objektivierung der Rechnungslegung maßgeblich bestimmen. Die Ermessensspielräume sind in den IAS/IFRS im Vergleich zum HGB bedingt durch das Primat der Informationsfunktion und der *fair value*-Bewertung tendenziell stärker ausgeprägt. Grund hierfür ist der generelle *trade-off* zwischen dem Versuch der Vermittlung entscheidungsrelevanter, möglichst realistischer, aber dann zwangsläufig von Wertungen geprägter Informationen und der Verlässlichkeit der Information. An dieser Stelle ist somit festzuhalten, dass auch die IAS/IFRS keine absolute Objektivität erreichen. Damit ist auch die Vergleichbarkeit der Abschlüsse nach den IAS/IFRS beeinträchtigt.

Folglich sind die IAS/IFRS nicht zwingend das absolut beste Rechnungslegungssystem. Dies ist auch nicht notwendig. Im Wettbewerb der Rechnungslegungssysteme entscheidet letztlich das individuelle Empfinden der Rechnungslegungsadressaten über die Vorziehenswürdigkeit eines Rechnungslegungssystems. Diesen Wettbewerb hat das HGB im Bereich der internationalen Kapitalakquise deutscher Unternehmen mangels Verständlichkeit[28] nachweislich verloren (vgl. Abb. 3). Aus der Abbildung ist ebenfalls abzulesen, dass die Systeme der US-GAAP und der IAS/IFRS auf dem deutschen Kapitalmarkt in direktem Wettbewerb zueinander stehen. Diesen Wettbewerb hat die EU jetzt mit der für den europäischen Kapitalmarkt klarstellenden Entscheidung zugunsten der IAS/IFRS beendet. Hintergrund dieser Entscheidung ist, dass die EU und ihre Mitgliedstaaten auf die Veränderungen und Entstehung der US-GAAP als rein nationalem Rechnungslegungssystem keinen Einfluss haben. Dies ist mit dem Streben nach tatsächlich internationalen Rechnungslegungsstandards nicht vereinbar.[29]

3.2 Motive für die Anwendung der IAS/IFRS

Aus der konzeptionellen Gestaltung der IAS/IFRS ergeben sich als zentrale Motive für die Umstellung der Rechnungslegung vom HGB auf diesen international akzeptierten Rechnungslegungsstandard der verbesserte Zugang zu den internationalen Kapitalmärkten, sprich die Verbreiterung der Investorengemeinschaft und ein eventuelles Absinken der Kapitalkosten.

---

26 Vgl. Burger, A./Buchhart, A., Gläubigerschutz, 2000, S. 2200; Baden, A., Internationalisierung, 2001.

27 Vgl. Moxter, A., Anmerkungen, 2001, S. 606.

28 Vgl. Kümpel, T., Internationalisierung, 2002, S. 101; Wöhe, G., Betriebswirtschaftslehre, 2000, S. 1005 f.

29 Diese Entscheidung hat somit ausschließlich politischen Charakter und ist nicht Ausfluss des Wettbewerbs der Rechnungslegungssysteme.

	DAX	MDAX	SMAX[30]	Neuer Markt
HGB	5	34	109	0
IAS	16	23	22	171
US-GAAP	9	13	6	155
	30	70	137	326

Abb. 3: Rechnungslegung in den Indizes und Marktsegmenten der Deutsche Börse AG
Quelle: Korrigiert von Deutsche Börse AG, Stand 30.11.2001.

International akzeptiert ist ein Rechnungslegungssystem, wenn eine Vielzahl bedeutender Rechnungslegungsadressaten die durch das System zur Verfügung gestellten Informationen als die (momentan) besten und sichersten empfinden.[31] Den erhaltenen Informationen wird im Vergleich zu anderen Rechnungslegungssystemen das größte Vertrauen entgegen gebracht. Da HGB-Abschlüsse international als nicht verständlich und somit auch als nicht vergleichbar gelten, weisen diese Anlagealternativen aus Sicht eines potentiellen (internationalen) Investors ein gesteigertes Anlagerisiko in Form einer erhöhten Informationsunsicherheit auf. Die Folge ist ein Risikozuschlag auf die geforderte Mindestrendite. Ein wieteres Motiv für die Umstellung auf die IAS/IFRS könnte bei grenzüberschreitenden Beschaffungs- oder Absatzaktivitäten bzw. in deren Anbahnung entstehen. Die Vorlage einer für den ausländischen Partner verständlichen Rechnungslegung kann das eigene Standing bei diesem verbessern.[32] Bedeutung erlangt dieser Punkt insbesondere beim Eingehen langfristiger Verbindungen. In umgekehrter Richtung wirkt der Effekt selbstverständlich auch. Als letztes Motiv könnte die Schaffung eines bestimmten Unternehmensimage oder die Integration in ein bestehendes Image sein. Die Rechnungslegung könnte z.B. als Ausdruck einer gewissen Progressivität und Aufgeschlossenheit interpretiert werden.[33]

Es ist jedoch fraglich, ob die soeben benannten Motive der Umstellung auch auf mittelständische Unternehmen zutreffen. Hierbei ist zunächst festzustellen, dass sich die betrachteten mittelständischen Unternehmen in ihrer absoluten Mehrheit gerade dadurch auszeichnen, dass sie den öffentlichen Kapitalmarkt nicht in Anspruch nehmen. Es überwiegen die klassische Bankenfinanzierung sowie die Selbstfinanzierung aus thesaurierten Gewinnen und stillen Rückla-

30 Seit 1.1.2002 ist gemäß den SMAX-Teilnahmebedingungen der Deutsche Börse AG nur noch eine Rechnungslegung nach IAS oder US-GAAP zugelassen.

31 Die Wahrnehmung eines Rechnungslegungssystems wird hauptsächlich von professionellen Kapitalmarktteilnehmern bestimmt, sodass man davon ausgehen darf, dass ein anerkanntes System auch tatsächlich qualitativ vorziehenswürdig ist.

32 Vgl. Küting, K., Rechnungslegung, 2000, S. 39; Hütten, C./Lorson, P., Phasen, 2000, S. 524.

33 Vgl. Goebel, A., IAS, 1995, S. 1039.

gen.[34] Für eine Inanspruchnahme des Kapitalmarkts, sei es über öffentlich handelbare Fremdkapitaltitel oder durch das Werben um Eigenkapital, fehlt oft die für eine wirtschaftlich sinnvolle Platzierung notwendige Größe. Zudem meiden viele mittelständische Unternehmer die zusätzliche Aufnahme von Eigenkapital, um ihre Unabhängigkeit aufrecht zu erhalten.[35]

Der verbesserte Zugang zu einer Bankenfinanzierung wird hingegen nicht als Motiv für eine Umstellung der Rechnungslegung genannt,[36] obwohl der Jahresabschluss gemäß § 18 KWG ein zentrales Informationsinstrument der deutschen Banken bei der Kreditvergabe sein soll. Allerdings scheint hierfür bisher ein Abschluss nach dem HGB ausreichend. Grund hierfür könnte sein, dass mittelständische Unternehmen i.d.R. ein langjähriges Verhältnis zu ihrer Hausbank haben und die Vorlage von Jahresabschlüssen eher formalen Charakter hat. Die Informationen fließen auf informelleren Wegen. Zudem werden Jahresabschlüsse i.d.R. zeitverzögert vorgelegt, wohingegen die Banken an einer zeitnahen Information interessiert sind. Hierdurch haben sich die zeitnah zu erstellenden betriebswirtschaftlichen Auswertungen und darauf basierende Prognosen als Informationsmedium der Banken etabliert.[37] Hieran wird vermutlich auch die neue Eigenkapitalrichtlinie „Basel II" nichts ändern. Zwar sind die Banken künftig bei Vornahme eines internen Ratings gehalten, sich wesentlich umfangreichere Informationen zu verschaffen. Aber wie soeben gezeigt, ist der Jahresabschluss allein nicht für die Kreditvergabe und damit auch nicht für die Vergabe eines Ratings entscheidend. Dies gilt im übrigen auch bei der Erlangung eines Ratings durch eine Rating-Agentur.[38] Zudem werden im Rahmen von „Basel II" vermehrt qualitative Kriterien in die Beurteilung einbezogen,[39] bei deren Erfassung das Rechnungswesen nur eine Hilfsrolle einnehmen kann. Aus Bankensicht kommt somit der internen Unternehmensrechnung die zentralere Rolle zu.

3.3 Folgewirkungen einer Umstellung der Rechnungslegung auf die IAS/IFRS

Eine Umstellung des Rechnungswesens verursacht primär Kosten. Der Chronologie des Kostenanfalls folgend, sind zunächst die Umstellungskosten zu benennen. Hierbei ist innerhalb des Mittelstandes zu differenzieren und zwar zum einen in die selbst rechnungslegenden Unternehmen und zum anderen die Unternehmen, die ihr externes Rechnungswesen an ihren Steuerberater abgegeben ha-

34 Vgl. Küffner, P./Hock, B., Internationalisierung, 1998, S. 60 f.
35 Vgl. Leopold, G./Frommann, H., Eigenkapital, 1998, S. 95 ff.
36 Vorstellbar wäre dies, wenn grenzüberschreitende Bankverbindungen angestrebt oder durchgeführt werden.
37 Vgl. Knief, P., Auswertungen, 2002, S. 957.
38 Vgl. beispielhaft Krahnen, J. P. /Weber, M., Rating Principles, 2000, S. 6.
39 Vgl. Deutsche Bundesbank, Basel II, 2001, S. 15 ff. Zu den Auswirkungen von Basel II auf den Mittelstand vgl. in diesem Band den Beitrag von Schöning, S. 191 ff.

ben. Die Durchführung des Rechnungswesens durch den Steuerberater bot sich bisher aufgrund der Maßgeblichkeit der Handels- für die Steuerbilanz an. Diese bedingt, dass der Steuerberater zum Aufstellen der Steuerbilanz als notwendige Vorbedingung einen Abschluss nach dem HGB erstellen muss. Die positiven Synergien zwischen beiden Rechnungslegungssystemen sind offensichtlich.

Zunächst sollen die selbst rechnungslegenden Unternehmen betrachtet werden. Hier ist der Kosteneffekt eindeutig. Diesen Unternehmen fehlt sowohl das Know-how als auch die notwendige Software, um eine Umstellung der Rechnungslegung vom HGB auf die IAS/IFRS durchzuführen. Beides muss entsprechend eingekauft werden und verursacht nicht unerhebliche Umstellungskosten.

Bei den mittelständischen Unternehmen, die ihr Rechnungswesen an Steuerberater abgegeben haben, ist zunächst festzustellen, welche Auswirkungen eine Aufgabe des Maßgeblichkeitsprinzips aufgrund der Einführung der IAS/IFRS in den deutschen Einzelabschluß auf die Tätigkeit des Steuerberaters hätte. Dieser müßte jetzt, wenn er weiterhin die Steuer- und Handelsbilanz erstellen soll, die Kompetenz besitzen, sowohl eine Steuerbilanz als auch einen reinen Informationsabschluss nach den IAS/IFRS zu erstellen. Hier ergäben sich zwischen handelsrechtlichem und steuerrechtlichem Abschluss keine positiven Synergien mehr, da beiden Abschlüssen unterschiedliche Rechnungslegungsgrundsätze zugrunde liegen. Demzufolge ist zumindest fraglich, ob ein Steuerberater, der ohnehin schon die komplizierte und sich schnell wandelnde Materie des Steuerrechts beherrschen muss, über ausreichende Kapazitäten verfügt, sich der ebenfalls anspruchsvollen Materie der IAS/IFRS zusätzlich zu widmen. Somit ist auch fraglich, ob die Leistung der Erstellung handelsrechtlicher Abschlüsse künftig noch angeboten werden wird. Als sicher kann gelten, dass sich die Leistungen des Steuerberaters entweder verteuern werden oder dass die handelsrechtlichen Abschlüsse künftig zusätzlich zu den weiterhin benötigten Leistungen des Steuerberaters von einem anderen externen Dienstleister eingekauft werden müssen. Alternativ wäre das handelsrechtliche Rechnungswesen wieder im eigenen Hause abzuwickeln.

Als Folgekosten der Umstellung sind insbesondere die notwendige „permanente" Fortbildung der Mitarbeiter und die Umstellung der EDV auf Änderungen in der Rechnungslegung zu benennen. Diese Anpassungskosten dürften tendenziell höher sein als beim HGB.[40] Beispielhaft ist hier nur auf den IAS 39 zu verweisen, der von 1998 bis heute bereits zweimal überarbeitet wurde und bereits wieder in Überarbeitung ist.

40 Vgl. zum empirischen Beleg bei Konzernen Krawitz, N./Albrecht, C./Büttgen, D., Internationalisierung, 2000, S. 546.

Im Bereich der indirekten Kosten[41] wird mitunter angeführt, dass durch den gestiegenen Informationsumfang Informationen an den Wettbewerb gelangen könnten, die dann gegen das Unternehmen eingesetzt werden.[42] Unter dem Aspekt des Vorhandenseins strategischer Frühaufklärungssysteme ist allerdings fraglich, inwieweit Wettbewerber auf Informationen aus den Unternehmensveröffentlichungen angewiesen sind. *Krystek/Müller*[43] kommen zu dem Schluss, dass die wettbewerbsorientierte Frühaufklärung eher nicht auf öffentlichen Informationen basiert, da sie über andere, zeitlich vorgelagerte Informationsquellen verfügt. Auch die Empirie[44] läßt den Schluss zu, dass die Wettbewerbsfurcht, insbesondere in dem als besonders empfindlich eingestuften Bereich der Forschung und Entwicklung, scheinbar geringer ist, als die theoretischen Gedanken hierzu annehmen lassen. Ebenfalls in den Bereich der indirekten Kosten fällt die Möglichkeit der Fehlinterpretation der erhaltenen Informationen.[45] Da der Mittelstand aber nicht für den anonymen Kapitalmarkt berichtet, sondern sich auf einige wenige Kreditgeber beschränkt, dürfte dieses Risiko ebenfalls als minimal einzustufen sein. Bei Unsicherheiten fragen die Banken nach oder das Unternehmen ist von sich aus bemüht, vollständige Informationen zu geben, um seine Kapitalkosten zu minimieren.

3.4 Gesamteffekt einer Umstellung der Rechnungslegung auf die IAS/IFRS

Bei Betrachtung des möglichen Nutzens einer Umstellung der Rechnungslegung auf die IAS/IFRS ist festzustellen, dass der aus der Anwendung der IAS/IFRS zu erwartende Hauptnutzen, der verbesserte Zugang zu internationalem Kapital, für mittelständische Unternehmen i.d.R. entscheidungsirrelevant ist. Auch bei der klassisch vorherrschenden Bankenfinanzierung ist kein Vorteil durch eine Umstellung auf die IAS/IFRS ersichtlich. Somit könnte ein positiver Effekt im wesentlichen nur bei der Durchführung von langfristigen Auslandsgeschäften entstehen, die wiederum nur von einem geringen Teil des Mittelstandes im großen Rahmen durchgeführt werden. Die Kosten hingegen stehen für alle mittelständischen Unternehmen als „handfeste" Größen an und lassen sich bis auf eventuelle indirekte Kosten gut monetarisieren. Somit läßt sich in Summe feststellen, dass bei Betrachtung des Kosten-Nutzen-Verhältnisses eine Umstellung der Rechnungslegung der mittelständischen Unternehmen auf die IAS/IFRS wirtschaftlich nicht sinnvoll ist. Es besteht sowohl von Seiten des Mittelstandes selber[46] als auch von Seiten der Mehrzahl seiner Rechnungslegungsadressaten

41 Zum Begriff der direkten und indirekten Kosten der Publizität vgl. Henes, F., Publizität, 1995, S. 68 f.
42 Vgl. Goebel, A., IAS, 1995, S. 1039; Hütten, C./Lorson, P., Phasen, 2000, S. 523.
43 Vgl. Krystek, U./Müller, M., Frühaufklärung, 1998, S. 263 f.
44 Vgl. Ewert, R./Wagenhofer, A., Konkurrenzwirkung, 1992, S. 301.
45 Vgl. Hütten, C./Lorson, P., Phasen, 2000, S. 523.
46 Vgl. Kaum, S., Internationalisierung, 2002, S. 47.

momentan kein Markterfordernis für eine Umstellung der Rechnungslegung auf die IAS/IFRS, wenngleich vereinzelt Tendenzen[47] festgestellt werden, dass Banken den Mittelstand neuerdings an den Kapitalmarkt verweisen. An dieser Stelle liegt der Schluss nahe, dass bei Aufgabe der Maßgeblichkeit die Aufstellung einer Steuerbilanz für mittelständische Unternehmen künftig zur Befriedigung der Informationsbedürfnisse ihrer Rechnungslegungsadressaten ausreicht.[48]

4 Fazit

Aufgrund der starken Lobby der wenigen kapitalmarktorientierten Unternehmen wird sich der deutsche Gesetzgeber nicht dagegen verschließen können, diesen mittelfristig zu ermöglichen, ihren Einzel(handels)abschluss auf der Grundlage der IAS/IFRS aufzustellen. Damit wäre der endgültige Bruch zwischen Handels- und Steuerrecht eingeläutet, weil für die steuerliche Gewinnermittlung ein eigenständiges Normensystem benötigt wird. Ob der Gesetzgeber die bisherigen Rechnungslegungsvorschriften im HGB kurzfristig bestehen lässt oder diese in einen eigenen Abschnitt des Einkommensteuergesetz übernimmt[49], sei dahingestellt. Unzweifelhaft ist aber, dass diese Rechnungslegungsnormen für die Erfüllung der angestrebten kapitalmarktorientierten Informationsbereitstellung bedeutungslos werden. Bei Anknüpfung der Ausschüttungsbemessung an die Steuerbilanz würde sich somit künftig die Rechnungslegung in einen Informationsabschluss und einen Zahlungsbemessungsabschluss zweiteilen. Dies stellt die künftige funktionale Trennung bei der Abschlusserstellung dar. Da für kapitalmarktorientierte Abschlüsse seitens des Mittelstands kein breites Markterfordernis besteht, sollte der Gesetzgeber die nichtkapitalmarktorientierte Unternehmen von der Verpflichtung der zusätzlichen Erstellung eines IAS/IFRS-Abschlusses freistellen. Dies stellt die künftige kapitalmarktorientierte Trennung der Abschlusserstellung dar. Darüber hinaus wäre die Einführung von Größenklassen, wie derzeit in § 267 HGB bzw. § 1 PublG für den Einzel(handels)abschluss sowie § 293 HGB bzw. § 11 PublG für den Konzernabschluss sinnvoll, um dem öffentlichen Interesse bei Erreichung bestimmter Unternehmensgrößen Rechnung zu tragen[50]. Dies stellt die größenabhängige Trennung der künftigen Abschlusserstellung dar. Den kodifizierten Größenklassen würde damit auch eine größere Bedeutung zugemessen, weil mit der Überschreitung der Größenerfor-

47 Vgl. Niehus, R. J., IAS, 2001, S. 740.

48 Vgl. auch Arbeitskreis Externe Unternehmensrechnung der Schmalenbach-Gesellschaft, Zukunft, 2001, S. 161 und kritisch Moxter, A., Anmerkungen, 2001, S. 606.

49 Vgl. auch Herzig, N., Umsetzungsmöglichkeiten, 2001, S. 158; Pellens, B./Gassen, J., Verordnungsentwurf, 2001, S. 138 f.

50 Die Erstellung von Konzernabschlüssen bei nicht kapitalmarktorientierten Unternehmen ist allein aus dem öffentlichen Interesse heraus zu begründen, welches erst bei dem Erreichen bestimmter Unternehmensgrößen höher bewertet werden kann als das Interesse der Unternehmen, die Kosten der zusätzlichen Publizität einzusparen.

dernisse die Einführung eines zusätzlichen Rechnungslegungssystems, der IAS/IFRS, im Unternehmen verbunden wäre. Darüber hinaus steht es kleinen und mittleren Unternehmen grundsätzlich frei, bei Bedarf freiwillig einen zusätzlichen IAS/IFRS-Abschluss zu erstellen. Diese Möglichkeit dürfte durch das Bemühen des IASB, einen Standard für kleine und mittlere Unternehmen zu erarbeiten, an Attraktivität gewinnen.

Literatur

Alsheimer, H. (Einhundert Jahre, 1974): Einhundert Jahre Prinzip der Maßgeblichkeit der Handelsbilanz für die Steuerbilanz, in: ZfB 1974, S. 841 - 848

Arbeitskreis Externe Unternehmensrechnung der Schmalenbach-Gesellschaft (Zukunft, 2001): Die Zukunft der Rechnungslegung aus Sicht von Wissenschaft und Praxis – Fachprogramm des Arbeitskreises Externe Unternehmensrechnung im Rahmen des 54. Deutschen Betriebswirtschafter-Tags, in: DB 2001, S. 160 - 161

– (Einfluss, 2000): Einfluss ausgewählter steuerrechtlicher Änderungen auf die handelsrechtliche Bilanzierung, in: DB 2000, S. 681 - 685

Baden, A. (Internationalisierung, 2001): Entwicklungsperspektiven der Rechnungslegung in Deutschland – Ein Plädoyer für die Anwendung der IAS, unveröffentlichtes Manuskript, 2001

Buchholz, R. (Rechnungslegung, 2002): Internationale Rechnungslegung, Bielefeld 2002

Burger, A./Buchhart, A. (Gläubigerschutz, 2000): Bietet eine investororientierte Rechnungslegung den besseren Gläubigerschutz?, in: BB 2000, S. 2197 - 2200

Deutsche Bundesbank (Basel II, 2001): Die neue Baseler Eigenkapitalvereinbarung („Basel II"), Monatsbericht April 2001, S. 15 - 44

Ernst, C. (Verordnungsentwurf, 2001): EU-Verordnungsentwurf zur Anwendung von IAS: Europäisches Bilanzrecht vor weitreichenden Änderungen, in: BB 2001, S. 823 - 825

Europäische Kommission (Verordnung, 2001): Vorschlag für eine Verordnung des Europäischen Parlaments und Rates betreffend die Anwendung internationaler Rechungslegungsgrundsätze, KOM(2001) 80, vom 13.2.2001

Ewert, R./Wagenhofer, A. (Konkurrenzwirkung, 1992): Unternehmenspublizität und Konkurrenzwirkungen, in: ZfB 1992, S. 297 - 324

Goebel, A. (IAS, 1995): Möglichkeiten und Probleme einer Anwendung der International Accounting Standards, in: DStR 1995, S. 1037 - 1039

Haller, A. (Grundsatz, 1992): Der Grundsatz der Maßgeblichkeit der Handels- für die Steuerbilanz. Ein wesentlicher Grund für die mangelnde Harmonisierung der Jahresabschlüsse in Europa, in: RIW 1992, S. 43 - 48

Henes, F. (Publizität, 1995): Börsenrechtliche Zwischenberichtspublizität, Stuttgart 1995

Herzig, N. (Umsetzungsmöglichkeiten, 2001): Notwendigkeit und Umsetzungsmöglichkeiten eines gespaltenen Rechnungslegungsrechts (Handels- und Steuerbilanz), in: KoR 2001, S. 154 - 159

Hütten, C./Lorson, P. (Phasen, 2000): Internationale Rechnungslegung in Deutschland – Teil 1: Begriff und bisherige Phasen der Internationalisierung, in: BuW 2000, S. 521 - 527

Kahle, H. (Maßgeblichkeit, 2002): Maßgeblichkeitsgrundsatz auf Basis der IAS?, in: WPg 2002, S. 178 - 188

Karpen, H.-U. (Verweisung, 1970): Die Verweisung als Mittel der Gesetzgebungstechnik, Berlin 1970

Kaum, S. (Internationalisierung, 2000): Internationale Rechungslegung – Harmonisierung oder Standardisierung?: in FB/Beilage I 2000, S 46 - 49

Kirchhof, P. (Steuergleichheit, 1984): Steuergleichheit, in: StuW 1984, S. 297 - 314

Kley, H.-L. (Fair Value, 2000): Die Fair Value Bilanzierung in der Rechnungslegung nach den International Accounting Standards (IAS), in: DB 2000, S. 2257 - 2262

Knief, P. (Auswertungen, 2002): Unterjährige betriebswirtschaftliche Auswertungen in zukünftigen Rating-Verfahren, in: DB 2002, S. 957 - 962

Krahnen, J. P./Weber, M. (Rating Principles, 2000): Generally Accepted Rating Principles: A Primer, CFS Working Paper No. 2000/02, Frankfurt a.M. 2000

Krawitz, N./Albrecht, C./Büttgen, D. (Internationalisierung, 2000): Internationalisierung der deutschen Konzernrechnungslegung aus Sicht deutscher Mutterunternehmen, in: WPg 2000, S. 541 - 556

Krystek, U./Müller, M. (Frühaufklärung, 1998): Zur Relevanz des Shareholder Value Reporting als Frühaufklärungsinformation für den Wettbewerb, in: Müller, M./Leven, F.-J. (Hrsg.): Shareholder Value Reporting: Veränderte Anforderungen an die Berichterstattung börsennotierter Unternehmen, Wien 1998

Küffner, P./Hock, B. (Internationalisierung, 1998): Internationalisierung der Rechnungslegung aus der Sicht mittelständischer Unternehmen, in: BFuP 1998, S. 57 - 76

Kümpel, T. (Internationalisierung, 2002): Stand und Entwicklung der Internationalisierung der deutschen Rechnungslegung, in: WiSt 2002, S. 101 - 103

Küting, K. (Rechnungslegung, 2000): Die Rechnungslegung in Deutschland an der Schwelle zu einem neuen Jahrtausend, in: DStR 2000, S. 38 - 44

Lang, J. (Bemessungsgrundlage, 1988): Die Bemessungsgrundlage der Einkommensteuer. Rechtssystematische Grundlagen steuerlicher Leistungsfähigkeit im deutschen Einkommensteuerrecht, Köln 1988

Lauth, B. (Einheitsbilanz, 2000): Endgültiger Abschied von der Einheitsbilanz?, in: DStR 2000, S. 1365 - 1372

Leopold, G./Frommann, H. (Eigenkapital, 1998): Eigenkapital für den Mittelstand: Venture Capital im In- und Ausland, München 1998

Moxter, A. (Gewinnermittlung, 1982): Betriebswirtschaftliche Gewinnermittlung, Tübingen 1982

- (Anmerkungen, 2001): Die Zukunft der Rechnungslegung? – Anmerkungen zu den Thesen eines Arbeitskreises der Schmalenbach-Gesellschaft, in: DB 2001, S. 605 - 607

Niehus, R. J. (IAS, 2001): “Auch für Einzelabschlüsse gelten grundsätzlich die IAS”? – Ein Beitrag zu den (möglichen) Grenzen einer “Internationalisierung” der Rechnungslegung im Einzelabschluss, in: WPg 2001, S. 737 - 752

Niehues, M. (Gläubigerschutz, 2001): EU-Rechnungslegungsstrategie und Gläubigerschutz, in: WPg 2001, S. 1209 - 1222

Pellens, B. (Rechnungslegung, 2001): Internationale Rechnungslegung, Stuttgart 2001

Pellens, B./Gassen, J. (Verordnungsentwurf, 2001): EU-Verordnungsentwurf zur IAS-Konzernrechnungslegung, in: KoR 2001, S.137 - 142

Vogt, S. (Maßgeblichkeit, 1991): Die Maßgeblichkeit des Handelsbilanzrechts für die Steuerbilanz: Reichweite, Rechtfertigung und Perspektiven eines Eckpfeilers unseres Bilanzrechts, Düsseldorf 1991

Weber-Grellet, H. (Gewinnermittlungsvorschriften, 2000): Gewinnermittlungsvorschriften des Steuerentlastungsgesetzes 1999/2000/2002 – Ein Fortschritt?, in: DB 2000, S. 165 - 175

- (Rechtsnatur, 1993): Die Bedeutung der Rechtsnatur des Steuerrechts für dessen Anwendung und Auslegung, in: StuW 1993, S. 97 - 104

Wöhe, G. (Betriebswirtschaftslehre, 2000): Einführung in die Allgemeine Betriebswirtschaftslehre, 20. Aufl., München 2000

Reform der Rechnungslegung für mittelständische Unternehmen

Zu den Risiken und Chancen der allgemeinen Einführung von International Accounting Standards (IAS)

Rainer Buchholz

Inhaltsverzeichnis

1 Bestehende Rechnungslegung für mittelständische Unternehmen

Mittelständische Unternehmen führen ihre wirtschaftlichen Aktivitäten meist als Einzelunternehmen oder Personenhandelsgesellschaft (insbesondere OHG) aus. Als Kapitalgesellschaft wird oft die GmbH gewählt. Soweit sie die in § 267 HGB zugrunde gelegten Kriterien kleiner oder mittelgroßer Kapitalgesellschaften erfüllt, wird sie nachfolgend zum Mittelstand gezählt. Aktiengesellschaften werden nicht weiter betrachtet.[1]

1 Möglich sind auch Rechtsformvermischungen (z.B. GmbH & Co. KG). Haftungsbeschränkte Personenhandelsgesellschaften werden nach § 264a HGB den Kapitalgesellschaften zugeordnet. Vgl. Baetge, J./Kirsch, H.-J./Thiele, S. (Bilanzen), S. 28 - 29. Auf ihre Besonderheiten wird nicht weiter eingegangen.

Die handelsrechtliche Rechnungslegung ist derzeit wie folgt aufgebaut: Für alle Kaufleute gelten die handelsrechtlichen Vorschriften der §§ 238 bis 263 HGB. Für Kapitalgesellschaften sind die ergänzenden Vorschriften der §§ 264 bis 289 HGB zusätzlich zu beachten. Neben dem HGB müssen in Einzelfällen weitere Gesetze, wie z.B. das GmbHG oder das AktG bei Vorliegen den jeweiligen Rechtsformen befolgt werden.

Neben der Handelsbilanz muss von Kaufleuten rechtsformunabhängig eine Steuerbilanz erstellt werden. Hierbei gilt das in § 5 Abs. 1 Satz 1 EStG kodifizierte Maßgeblichkeitsprinzip. Die handelsrechtlichen Ansatz- und Bewertungsvorschriften sowie Bewertungsmethoden und Bewertungsprinzipien gelten grundsätzlich in der Steuerbilanz.[2] Der ursprüngliche Gedanke dieser bilanziellen Verknüpfung war eine Arbeitserleichterung:[3] Die gesonderte Erstellung einer Steuerbilanz sollte den Steuerpflichtigen erspart bleiben, die eine Handelsbilanz aufstellen. In der Praxis erstellen mittelständische Unternehmen meist eine Einheitsbilanz, die gleichzeitig handels- und steuerrechtliche Zwecke erfüllt.[4]

Änderungen ergeben sich durch die „New Strategy" der Europäischen Union.[5] Hierdurch sollen die International Accounting Standards (IAS)[6] verstärkt von den Mitgliedstaaten angewendet werden. Das bestehende Rechnungslegungssystem kann zukünftig wesentlich verändert werden, wovon auch mittelständische Unternehmen betroffen sein können.

2 Geplante Änderungen durch die EU-Kommission

Die EU-Kommission hat am 13.2.2001 einen Vorschlag über die Einführung der internationalen Rechnungslegungsvorschriften nach IAS vorgelegt. Er wurde Mitte März 2002 vom Europäischen Parlament verabschiedet.[7] Die Anwendungsmöglichkeiten der IAS-Vorschriften wird durch die Abbildung 1 erläutert. Ab dem 1.1.2005 sind die IAS von börsennotierten Mutterunternehmen verpflichtend im Konzernabschluss anzuwenden. Auf der Ebene des Einzelabschlusses dieser Unternehmen wird die Anwendung der IAS-Vorschriften nicht verpflichtend gefordert. Den Mitgliedstaaten wird gestattet, für diese Unternehmen die IAS-Vorschriften entweder verpflichtend vorzuschreiben oder wahlweise zuzulassen. Es liegt ein Mitgliedstaatenwahlrecht vor, das an die Unternehmen weitergegeben werden kann.[8] Vergleichbares gilt für nicht börsennotierte

---

2 Vgl. Buchholz, R. (Grundzüge), S. 31.

3 Vgl. Federmann, R. (Bilanzierung), S. 184, Heyd, R. (Internationale), S. 373.

4 Vgl. Bitz, M./Schneeloch, D./Wittstock, W. (Jahresabschluß), S. 304.

5 Vgl. Niehus, R. (Einzelabschlüsse), S. 738.

6 Die IAS werden zukünftig als IFRS (International Financial Reporting Standards) bezeichnet. Bis zur endgültigen Umbenennung wird die ältere Bezeichnung verwendet.

7 Vgl. KIR (2002), S. 702.

8 Vgl. Niehus, R. (Einzelabschlüsse), S. 739.

Unternehmen.[9] Der Konzernabschluss wird im Folgenden vernachlässigt, da er für den Mittelstand von nachrangiger Bedeutung ist.

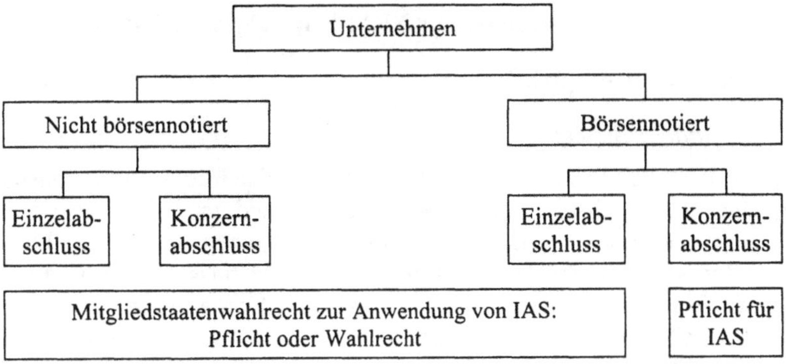

Abb. 1: Anwendung von IAS (Vorschlag der EU-Kommission)

Zu den nicht börsennotierten Unternehmen gehören auch mittelständische Unternehmen in Form von Einzelunternehmen und Personenhandelsgesellschaften. Auch die mittelständische GmbH fällt darunter. Der Gesetzgeber kann für den – meist allein relevanten – Einzelabschluss dieser Unternehmen folgendes bestimmen:

- Pflicht zur Anwendung von IAS: Nur ein („neues") Rechnungslegungssystem wird angewendet,
- Wahlrecht zur Anwendung von IAS: Zwei Rechnungslegungssysteme existieren nebeneinander – ein „neues" und ein „altes",
- Verbot zur Anwendung von IAS: Nur ein („altes") Rechnungslegungssystem wird angewendet (aktuelles HGB).

Der letzten Alternative wird keine Zukunft eingeräumt.[10] Sie wird deshalb nicht weiter betrachtet. Im Rahmen der zweiten Alternative kann der Gesetzgeber eine Reform der bestehenden handelsrechtlichen Normen vornehmen. Anstelle des „alten" HGB tritt ein „reformiertes" HGB. Der Inhalt der Reform kann in einer Abkehr vom bisher alles überragenden Vorsichtsprinzip bestehen.[11] Hierauf wird an späterer Stelle eingegangen.

Die Risiken und Chancen, die mit der Umstellung der Rechnungslegung für mittelständische Unternehmen verbunden sind, müssen vor dem Hintergrund des bestehenden Systems beurteilt werden. Eine quantitative Angabe der jeweiligen Vor- und Nachteile ist hierbei kaum möglich. Die folgenden Ausführungen müssen sich auf qualitative Aussagen beschränken. Die Beurteilung erfolgt aus Sicht

9 Vgl. Kommission der Europäischen Gemeinschaften (Vorschlag), S. 6, 7.
10 Vgl. Ekkenga, J. (Neuordnung), S. 2369.
11 Vgl. Niehus, R. (Vorsichtsprinzip), S. 1422.

der rechnungslegenden Unternehmen und ihrer wichtigsten Bilanzadressaten. Eine Abwägung einzelner Aspekte wird notwendig.

3 Mögliche Neuregelungen für Nicht-Kapitalgesellschaften

3.1 Anwendung der IAS-Vorschriften

3.1.1 Inhaltliche Aspekte

Rechnungslegungsinformationen sollen grundsätzlich die Informationsbedürfnisse vieler Anspruchsgruppen (Stakeholder) befriedigen.[12] Hierbei ist jedoch regelmäßig eine Konzentration auf bestimmte Gruppen notwendig. Die IAS-Vorschriften sollen vorrangig die Informationsbedürfnisse von Investoren befriedigen.[13] Die Eigenkapitalgeber stehen somit im Vordergrund. Es erfolgt eine andere Ausrichtung als im Handelsrecht, welches insbesondere die Zielsetzungen der Fremdkapitalgeber (Gläubiger) berücksichtigen will.[14]

Da Investoren möglichst realistische Informationen über das Vermögen und den Erfolg der Unternehmen benötigen, werden die IAS-Vorschriften entsprechend konzipiert. Das Vermögen kann bzw. muss zum Stichtag aktuell bewertet werden. Die historischen Kosten[15] stellen keine Obergrenze dar.[16] In vielen Fällen müssen auch die Erträge vorgezogen werden, sodass eine periodengerechte Erfolgsermittlung (Accrual Basis) stattfindet.[17]

Die unterschiedliche Sichtweise von IAS und HGB wird am Beispiel der bilanziellen Bewertung von Finanzanlagen deutlich, die auch für mittelständische Unternehmen von Bedeutung sind. Langfristige Wertpapiere (z.B. Aktien) sind im Handelsrecht grundsätzlich mit den Anschaffungskosten zu bewerten. Bei voraussichtlich dauernden Wertminderungen besteht eine Abwertungspflicht, ansonsten ein Abwertungswahlrecht. Entfällt der Grund für die außerplanmäßige Abschreibung, ist eine Wertaufholung bis zu den Anschaffungskosten möglich. Nach § 253 Abs. 5 HGB besteht ein Zuschreibungswahlrecht. Steigt der Kurs

---

12 Vgl. hierzu die Übersicht bei Baden, A. (Shareholder), S. 398.

13 Vgl. Achleitner, A.-K./Behr, G. (International), S. 95.

14 Vgl. Buchholz, R. (Grundzüge), S. 4.

15 Hierzu gehören die Anschaffungs- oder Herstellungskosten (Costs of Purchase or Costs of Conversion). Vgl. Buchholz, R. (Rechnungslegung), S. 111. Zur Ermittlung vgl. Baetge, J./Kirsch, H.-J./Thiele, S. (Bilanzen), S. 237 - 241.

16 Trotz dieser im Vergleich zum geltenden Handelsrecht weitreichenden Möglichkeiten gelingt es nicht, die zukünftige Entwicklung der Gewinne und das tatsächliche Vermögen – verstanden als Unternehmenswert nach der zukunftsbezogenen Ertragswertmethode – abzubilden. Insoweit vermitteln die IAS-Vorschriften nur „second-best“ Informationen. Vgl. Buchholz, R. (Rechnungslegung), S. 21 - 28.

17 Vgl. Wollmert, P./Achleitner, A.-K. (IAS-Rechnungslegung), S. 245 - 246.

über die Anschaffungskosten, verbietet das handelsrechtliche Realisationsprinzip eine Bewertung zum aktuellen Marktpreis.

Nach IAS sind die so genannten „Available-for-Sale-Securities" zum Fair Value (beizulegender Zeitwert, hier: Kurswert) zu bewerten. Die entstehenden Gewinne und Verluste können entweder erfolgsneutral oder erfolgswirksam behandelt werden (IAS 39.103b). Die Erfolgsneutralität wird erreicht, indem die Wertsteigerung direkt im Eigenkapital erfasst wird; die GuV-Rechnung wird umgangen.[18] Zwischen diesen Methoden besteht ein Wahlrecht, das (in einem strengen Sinn) stetig anzuwenden ist.[19] Die Anschaffungskosten stellen somit nicht die Obergrenze der Bewertung dar. Besonderheiten ergeben sich bei dauernden Wertminderungen: Sie müssen immer erfolgswirksam behandelt werden.

Neben der Bilanz umfasst der vollständige IAS-Abschluss die GuV-Rechnung, Kapitalflussrechnung, Eigenkapitalveränderungsrechnung und einen Erläuterungsteil (Anhang).[20] Im Vergleich zum Handelsrecht, bei dem der Jahresabschluss für alle Kaufleute nur aus der Bilanz und GuV-Rechnung besteht, ist der IAS-Abschluss wesentlich umfassender. Neben qualitativen Unterschieden in den Rechnungslegungselementen bestehen somit auch quantitative Differenzen zwischen dem aktuellen HGB und dem IAS-Abschluss.

3.1.2 Risiken und Chancen aus Unternehmenssicht

Sollte der Gesetzgeber die IAS-Vorschriften für alle Kaufleute verpflichtend einführen, ergeben sich die folgenden Risiken (Nachteile). Die Aufstellungskosten für den handelsrechtlichen Jahresabschluss werden für die bilanzierenden Unternehmen wesentlich steigen. In der Praxis werden die Jahresabschlüsse mittelständischer Einzelunternehmen und Personenhandelsgesellschaften meist vom Steuerberater erstellt, der auch die Buchführung für diese Unternehmen übernimmt.[21] Wird ein vollständiger IAS-Abschluss erstellt, steigen durch die notwendige Mehrarbeiten die Aufstellungskosten an.

Außerdem ist zu berücksichtigen, dass die Steuerberater erst das notwendige Know-how über die IAS-Vorschriften erwerben müssen. Die internationalen Vorschriften gehören nicht zum Prüfungsstoff der Steuerberaterprüfung. Auch wenn das theoretische Wissen vorhanden ist, wird dessen praktische Umsetzung zur Erstellung internationaler Abschlüsse zunächst mehr Zeit in Anspruch neh-

---

18 Bei Kapitalgesellschaften mit festen Eigenkapitalkonten wird eine spezielle Neubewertungsrücklage gebildet, deren Betrag sich als Differenz von Kurswert und Anschaffungskosten ergibt. Sie unterliegt einer Ausschüttungssperre. Vgl. Federmann, R. (Bilanzierung), S. 283. Bei Unternehmen mit variablen Eigenkapitalkonten ist eine Ausschüttungssperre dagegen nur schwer umsetzbar. Auch bei einer Gewinnermittlung durch Eigenkapitalvergleich müssen Besonderheiten beachtet werden.

19 Vgl. Baetge, J./Kirsch, H.-J./Thiele, S. (Bilanzen), S. 301.

20 Vgl. Förschle, G./Holland, B./Kroner, M. (Rechnungslegung), S. 112.

21 Vgl. Eisele, W. (Technik), S. 528.

men als die Anwendung des Handelsrechts. Die notwendigen Mehrkosten müssen den Mandanten in Rechnung gestellt werden.

Ein besonderes Problem ergibt sich für die Steuerbilanz. Die bisherige Praxis der Erstellung von Einheitsbilanzen für mittelständische Unternehmen ist nur bei einer Verknüpfung von Handels- und Steuerbilanz durch das Maßgeblichkeitsprinzip möglich. Es stellt sich die Frage, ob durch die Einführung der IAS-Vorschriften diese Verbindung beibehalten werden kann. Ist ein „theoretisches Maßgeblichkeitsprinzip“[22] zur Verbindung von IAS-Bilanz und Steuerbilanz möglich? In der Literatur wird diese Frage meist negativ beantwortet.[23] Allerdings ist zu hinterfragen, weshalb keine Verknüpfung von Bilanzen möglich sein soll, die vorrangig das Ziel einer periodengerechten Erfolgsermittlung anstreben. Ein Vergleich der Rechnungslegungsvorschriften nach IAS und EStG führte zu dem Ergebnis, dass Unvereinbarkeiten insbesondere bei der Bewertung von Wertpapieren, der Neubewertung von Sachanlagen und bei außerplanmäßigen Wertminderungen des materiellen und immateriellen Anlagevermögens bestehen.[24]

Ein Gesetzgeber, der die internationalen Vorschriften in der Handelsbilanz umsetzt, sollte die Gelegenheit nutzen, auch die steuerrechtlichen Gewinnermittlungsregeln hinsichtlich ihrer internationalen Kompatibilität zu überprüfen. Soweit es mit den nationalen Besteuerungszielen vereinbar ist, sollte eine aufkommensneutrale Ausrichtung[25] des Bilanzsteuerrechts auf die internationalen Vorschriften erfolgen. Der Gesetzgeber könnte die internationale Entwicklung nutzen, um ein konsistentes und praktikables Bilanzsteuerrecht umzusetzen. Das Maßgeblichkeitsprinzip wird durch IAS nicht grundlegend ausgeschlossen.

Sollte im Zuge der IAS-Umstellung eine Aufgabe des Maßgeblichkeitsprinzips erfolgen, müssten zwei Gewinnermittlungen von den Unternehmen durchgeführt werden. Eine nach internationalen Vorschriften und eine nach steuerrechtlichen Normen. Wird z.B. die Einnahmenüberschussrechnung nach § 4 Abs. 3 EStG vorgeschrieben,[26] steigen die Kosten für die Unternehmen weiter an. Das Zufluss-/Abflussprinzip nach § 4 Abs. 3 EStG macht eine spezielle Gewinnermittlung – losgelöst von Bilanzen – erforderlich.

Die Chancen (Vorteile) der internationalen Vorschriften bestehen in der verbesserten Darstellung der Vermögens-, Finanz- und Ertragslage der Unternehmen. Die IAS-Vorschriften führen zu einer aktuelleren Bewertung des Vermögens als die bisherigen HGB-Normen. Hieraus können sich bessere Kreditkon-

22 Vgl. Buchholz, R./Weis, R. (Maßgeblichkeitsprinzip), S. 512.

23 Vgl. Heyd, R. (Internationale), S. 379; Niehus, R. (Einzelabschlüsse), S. 748.

24 Vgl. Buchholz, R./Weis, R. (Maßgeblichkeitsprinzip), S. 560 - 562.

25 Zusätzliche Steuerbelastungen für mittelständische Unternehmen sind bei einer Neuausrichtung der Vorschriften zu vermeiden. Vgl. zu diesem Aspekt Oestreicher, A./Spengel, C. (Maßgeblichkeitsprinzip), S. 595.

26 Vgl. Dziadkowski, D. (Überschußrechnung), S. 399 - 401.

ditionen bei Verhandlungen mit Gläubigern ergeben. Dieser Effekt wird auch dadurch verstärkt, dass die IAS-Vorschriften nur wenig Wahlrechte enthalten, die zur Gewinnmanipulation genutzt werden können. Die Zuverlässigkeit (Reliability) des Jahresabschlusses steigt.

Falls der Gesetzgeber die IAS-Vorschriften wahlweise zulässt, können die Unternehmen selbst entscheiden, welches System sie anwenden wollen. Eine Gruppe wird den handelsrechtlichen Abschluss nach IAS, die andere nach dem HGB erstellen. Für die Letzteren bleibt alles beim alten, wenn das HGB nicht im Zuge der IAS-Umstellung teilweise reformiert wird.[27] Beide Gruppen müssen eine steuerrechtliche Gewinnermittlung vornehmen, deren inhaltliche Ausgestaltung derzeit noch offen ist. Grundsätzlich könnte ein theoretisches Maßgeblichkeitsprinzip gesetzlich verankert werden.

Neben den Interessen der bilanzierenden Unternehmen sind die Vorstellungen der Bilanzadressaten zu beachten. Bei Einzelunternehmen und Personenhandelsgesellschaften sind insbesondere Gläubigerinteressen zu berücksichtigen. Die Risiken und Chancen einer IAS-Umstellung lassen sich meist auf andere Gruppen (z.B. Arbeitnehmer, Lieferanten) übertragen. Ihre Zielsetzungen entsprechen weitgehend denen der Gläubiger.

3.1.3 Risiken und Chancen aus Gläubigersicht

Gläubiger sind an der Erhaltung des Unternehmens interessiert, damit eine termingerechte Zahlung der Zinsen erfolgt und die Rückzahlung des gewährten Kapitals gesichert ist.[28] Ein besserer Vermögensausweis ist für Gläubiger von Vorteil, da er der Abschätzung dieser Zahlungen dient. Deshalb ist bei einer Kreditvergabe das Vermögen von großer Bedeutung. Je höher das Vermögen eines Kreditnehmers ist, desto besser sind die Kredite abgesichert und umso geringer ist das Kreditausfallrisiko. Eine Vermögensbewertung nach eindeutigen Regeln ist aus Gläubigersicht positiv zu beurteilen.

Im geltenden Handelsrecht wird das Vermögen eher zu niedrig ausgewiesen. Das Vorsichtsprinzip ist das dominierende Bilanzierungsprinzip,[29] welches zur Bildung stiller Reserven führt.[30] Diese Reservenbildung kommt insbesondere durch gesetzliche oder faktische Wahlrechte zustande.[31] Diese Wahlrechte kön-

---

27 Vgl. Gliederungspunkt 3.2.

28 Vgl. Baden, A. (Shareholder), S. 398.

29 Vgl. Wöhe, G./Döring, U. (Betriebswirtschaftslehre), S. 899.

30 Stille Reserven ergeben sich als Differenz aus „tatsächlichem Wert“ und Buchwert eines Postens. Der tatsächliche Wert kann marktwert- oder anschaffungswertorientiert bestimmt werden. Vgl. Coenenberg, A.G. (Jahresabschluss), S. 308.

31 Gesetzliche Wahlrechte sind z.B. in § 253 Abs. 2 Satz 3 HGB oder in § 253 Abs. 4 HGB enthalten. Faktische Wahlrechte ergeben sich z.B. bei der Bestimmung von Abschreibungsverfahren oder der Festlegung von Nutzungsdauern, die die Höhe der Abschreibungsbeträge bestimmen.

nen von den bilanzierenden Unternehmen bilanzpolitisch genutzt werden, um den Vermögensausweis zu beeinträchtigen. Diese Art der Reservenbildung ist aus Gläubigersicht kritisch zu beurteilen, da sie keinen eindeutigen Regeln unterliegt. Die IAS-Vorschriften sind durch ihre Eindeutigkeit vorzuziehen.

Wenn die Anwendung der IAS-Vorschriften verpflichtend vorgeschrieben oder wahlweise zugelassen wird, müssen die Kreditinstitute ihre Informationsbasis erweitern. Die Kreditsachbearbeiter müssen fundierte Kenntnisse über die IAS-Vorschriften erwerben, damit eine Beurteilung der Abschlüsse möglich ist. Das gilt umso mehr, wenn der Gesetzgeber ein Wahlrecht für IAS zulässt. In diesem Fall existieren IAS- und HGB-Abschlüsse nebeneinander. Da sie unterschiedlichen Bilanzkonzepten folgen,[32] steigen die Informationsanforderungen an die Kreditinstitute. Die Beschaffung der neuen Informationen ist mit Kosten verbunden, die im Wege der Kreditbearbeitungsgebühren an die Kunden weitergegeben werden.

Ein abschließendes Urteil durch Abwägung der vorangehenden Argumente ist schwierig. Daher sollte der Gesetzgeber die IAS-Vorschriften im Einzelabschluss von Einzelunternehmen und Personenhandelsgesellschaften zunächst nur als Wahlrecht zulassen. Eine Verpflichtung erscheint zum gegenwärtigen Zeitpunkt zu früh. Hierbei ist auch Folgendes zu beachten: Die IAS-Vorschriften sind für Aktiengesellschaften entwickelt worden, die den Kapitalmarkt durch Emission von Aktien in Anspruch nehmen.[33] Spezielle Rechnungslegungsprobleme von Personenhandelsgesellschaften wie z.B. die Bewertung von Entnahmen und Einlagen wurden daher nicht gelöst. Auch werden viele formale Aspekte wie z.B. die Festlegung verbindlicher Gliederungsschemata nicht abschließend geregelt.[34] Hierdurch wird eine umfassende praktische Anwendung der IAS-Vorschriften erschwert.

3.2 Reform des HGB

Wenn die IAS-Vorschriften als Wahlrecht verankert werden, sollte gleichzeitig eine „behutsame" Reform der handelsrechtlichen Rechnungslegung durchgeführt werden,[35] um die im handelsrechtlichen Einzelabschluss vorhandenen Ansatz- und Bewertungswahlrechte abzuschaffen. Ihre Ausnutzung ermöglicht die Durchführung einer handelsrechtlichen Bilanzpolitik, wodurch das Vermögen und der Erfolg beeinflusst werden. Die Ausübung von Wahlrechten wird nur durch ein „mildes" Stetigkeitsprinzip beschränkt.[36] Durch Abschaffung von Wahlrechten im Rahmen einer HGB-Reform ergibt sich ein verbesserter Vermö-

32 Vgl. Goebel, A. (IAS), S. 2490.
33 Vgl. Achleitner, A.-K./Behr, G. (International), S. 56 - 57.
34 Vgl. Buchholz, R. (Rechnungslegung), S. 104 - 105.
35 Vgl. Ernst, C. (Bilanzrecht), S. 1444.
36 Vgl. Buchholz, R. (Grundzüge), S. 29 - 31.

gens- und Erfolgsausweis.[37] Erfolgt eine Orientierung an den steuerrechtlichen Vorschriften, könnte das derzeitige Maßgeblichkeitsprinzip wieder gestärkt werden.

Aus Sicht mittelständischer Unternehmen wird eine verbesserte Selbstinformation ermöglicht.[38] Der Einzelunternehmer oder Gesellschafter einer OHG erhält realistische Daten über seine Vermögens- und Ertragslage. Die Aufstellungskosten verändern sich nicht. Auch aus Sicht der Gläubiger weist eine derartige Reform Vorteile auf. Die Möglichkeiten zur Beeinflussung der wirtschaftlichen Lage werden beschränkt. Der Jahresabschluss gewinnt an Aussagekraft. Der Unterschied zwischen den Unternehmen, die das reformierte HGB und die IAS-Vorschriften anwenden, nimmt ab.

4 Mögliche Neuregelungen für Kapitalgesellschaften

4.1 Ausschüttungsregelung und IAS-Vorschriften

Die mittelständische GmbH zeichnet sich meist durch einen überschaubaren Gesellschafterkreis aus. Die Geschäftsführung erfolgt im Regelfall durch einzelne Gesellschafter-Geschäftsführer. Die Gesellschafter entscheiden darüber, wie viele Ausschüttungen vorgenommen werden bzw. wie viele Mittel im Unternehmen verbleiben. Bemessungsgrundlage für die Ausschüttungen sind die Gewinne, die im handelsrechtlichen Jahresabschluss ausgewiesen werden. Sie können im aktuellen Jahr oder in Vorjahren erwirtschaftet worden sein; im letzten Fall werden sie als „andere Gewinnrücklagen" ausgewiesen.

Der Jahresabschluss von Kapitalgesellschaften hat somit neben der Informationsfunktion eine Ausschüttungsregelungsfunktion.[39] Hieraus können sich einerseits Interessenkonflikte zwischen den Gesellschaftern und Gläubigern ergeben. Andererseits sind auch Konflikte zwischen den Gesellschaftern möglich, wenn sie unterschiedliche Zielsetzungen (hohe versus niedrige Ausschüttungen) verfolgen.[40] Informationsfunktion und Ausschüttungsregelungsfunktion verhalten sich oft in erheblichem Maß konfliktär zueinander.[41]

Die IAS-Vorschriften führen regelmäßig zu höheren Gewinnausweisen. Zwar gleichen sich durch die Zweischneidigkeit der Bilanz die heute entstehenden Mehrgewinne zukünftig wieder aus[42]. Allerdings treten bei einem Unternehmen, dessen Tätigkeit auf unbefristete Dauer angelegt ist, zukünftig wieder neue Sachverhalte auf, die nach IAS zu höheren oder früheren Gewinnen – im Ver-

---

37 Vgl. Niehus, R. (Einzelabschlüsse), S. 742 - 745.
38 Vgl. Buchholz, R. (Grundzüge), S. 4 - 5.
39 Vgl. Heinhold, M. (Jahresabschluß), S. 14 - 15.
40 Vgl. Buchholz, R. (Grundzüge), S. 109 - 110.
41 Vgl. Moxter, A. (Zukunft), S. 606.
42 Vgl. Wöhe, G. (Bilanzierung), S. 206 - 207.

gleich zum HGB – führen. Es besteht zumindest eine Tendenz zu höheren Gewinnen nach IAS, die grundsätzlich für Ausschüttungszwecke zur Verfügung stehen.

4.2 Risiken und Chancen aus Unternehmenssicht

Die Risiken und Chancen entsprechen im Grundsatz denen, die bereits für Nicht-Kapitalgesellschaften erläutert wurden. Als Risiken sind die höheren Aufstellungskosten für den Jahresabschluss anzuführen. Wird der Jahresabschluss durch externe Steuerberater erstellt, gelten die obigen Ausführungen entsprechend. Wird der Jahresabschluss durch das interne Rechnungswesen erstellt, sind die folgenden Modifikationen vorzunehmen. Es sind einmalige Kosten durch den Erwerb von IAS-Kenntnissen zu berücksichtigen. Die Umsetzung dieses Wissens wird zunächst einen höheren Zeitbedarf erfordern. Da sich das Rechnungswesen nur mit dem Abschluss eines Unternehmens befassen muss, dürften sich die laufenden Kosten relativ schnell normalisieren.

Wenn eine mittelständische GmbH eine Einheitsbilanz erstellt, entstehen zusätzliche Aufstellungskosten durch die steuerrechtliche Gewinnermittlung, wenn das Maßgeblichkeitsprinzip aufgegeben wird. Sollten diese Gesellschaften bereits jetzt die handels- und steuerrechtliche Gewinnermittlung voneinander trennen, entstehen insoweit keine zusätzlichen Kosten. Somit relativieren sich die Risiken aus Unternehmenssicht.

Die Chancen bestehen in einer verbesserten Darstellung der wirtschaftlichen Lage des Unternehmens. Der handelsrechtliche Einzelabschluss der Kapitalgesellschaft enthält ebenfalls Wahlrechte (insbesondere Bilanzierungshilfen), die durch die IAS-Vorschriften zu eindeutigen Ansatzgeboten (aktive latente Steuern) oder Ansatzverboten (Ingangsetzungs- und Erweiterungsaufwand) werden.[43] Die verbesserten Informationen führen tendenziell zu verbesserten Kreditkonditionen. Auch wenn die Eigenfinanzierung durch neue Gesellschafter bei der GmbH im Vergleich zur AG schwieriger ist, führen die IAS-Vorschriften auch in diesem Punkt zu Verbesserungen aus Unternehmenssicht.

4.3 Risiken und Chancen aus Gläubigersicht

Aus Gläubigersicht besteht bei mittelständischen GmbHs ein spezielles Risiko durch eine mögliche Reduktion des Haftungskapitals. Wenn die IAS-Vorschriften tendenziell zu höheren Gewinnausweisen führen, sind erhöhte Ausschüttungen möglich, die den Erhalt des Unternehmenskapitals gefährden. Da die Gesellschafter nicht für die Schulden des Unternehmens haften, entsteht für die Gläubiger eine Kreditgefährdung im Insolvenzfall. Im geltenden Handelsrecht findet deshalb eine Beschränkung von Ausschüttungen auf einen vorsichtig ermittelten

43 Vgl. Coenenberg, A.G. (Jahresabschluß), S. 404 - 405 und S. 159.

jährlichen Bilanzgewinn statt.[44] Darüber hinaus können nur solche Rücklagen ausgeschüttet werden, die in vergangenen Perioden erwirtschaftet wurden.

Dieses Risiko aus Gläubigersicht führt dazu, dass eine verpflichtende Anwendung der IAS-Vorschriften im Einzelabschluss in der Literatur überwiegend kritisch gesehen wird.[45] Als Ausweg bietet sich die wahlweise Anwendung der IAS-Vorschriften an.[46] Wenn die Unternehmen die Option ausnutzen, könnten neuralgische Posten mit einer Ausschüttungssperre belegt werden.[47] Hierbei handelt es sich z.B. um selbst erstellte immaterielle Posten oder Entwicklungskosten, für die nach IAS – im Gegensatz zum HGB – unter bestimmten Voraussetzungen eine Ansatzpflicht besteht. Die Einrichtung einer Ausschüttungssperre ermöglicht die Informationsvermittlung, ohne das Ausschüttungen vorgenommen werden. Hierdurch gelänge eine Konfliktentschärfung zwischen Gläubigern und Gesellschaftern.

4.4 Risiken und Chancen aus Gesellschaftersicht

Für die aktuellen Gesellschafter ergibt sich die Chance für erhöhte Ausschüttungen, sofern diese erwünscht sind. Wenn die Zielsetzungen der Gesellschafter homogen sind, können insoweit keine Interessenkonflikte auftreten. Bei heterogenen Zielvorstellungen sind dagegen auch Risiken denkbar. Wenn die Gesellschaftermehrheit erhöhte Ausschüttungen wünscht, können sie diese Ziele auf der Gesellschafterversammlung durchsetzen. Im Vergleich zum derzeitigen Handelsrecht können tendenziell höhere Ausschüttungen erfolgen.

Für potenzielle Gesellschafter ergibt sich die Chance, Informationen über das aktuelle Vermögen zu erhalten. Der Erwerb von Anteilen am Unternehmen kann auf einer fundierteren Basis erfolgen als im derzeitigen Handelsrecht. Wird z.B. für einen 10%-Anteil an einer GmbH ein Betrag von 1.000.000 € gefordert, können die Anteile am bilanziellen Eigenkapital der Gesellschaft wie folgt aussehen: Nach HGB: 500.000 €, nach IAS: 700.000 €. Der Unterschied kommt durch stille Reserven zustande, die z.B. in Wertpapieren oder Gebäude enthalten sind. Nach IAS müssen sie bei bestimmten Wertpapieren aufgedeckt werden. Bei Sachanlagen besteht ein Wahlrecht zur Neubewertung.[48]

---

44 Vgl. Watrin, C. (Regulierung), S. 936.

45 Vgl. Ernst, C. (Bilanzrecht), S. 1444; Moxter, A. (Zukunft), S. 606; Watrin, C. (Regulierung), S. 936 - 938.

46 Vgl. Niehus, R. (Einzelabschlüsse), S. 741.

47 Vgl. Pellens, B. (Rechnungslegung), S. 609, der einen speziellen „Ausschüttungsabschluss" vorsieht.

48 Vgl. Coenenberg, A.-G. (Jahresabschluß), S. 170 und S. 176 - 177.

5 Vorschlag für die zukünftige Rechnungslegung mittelständischer Unternehmen

Fasst man die voranstehenden Ausführungen zusammen, ergibt sich der folgende Vorschlag für die nächste Zukunft des nationalen Rechnungslegungssystems. Grundsätzlich ist die Anwendung des (reformierten) HGB im Einzelabschluss verpflichtend für Nicht-Kapitalgesellschaften und Kapitalgesellschaften. Darüber hinaus wird allen Unternehmen im Einzelabschluss gestattet, die IAS-Vorschriften wahlweise anzuwenden. Zur Vermeidung überhöhter Ausschüttungen bei Kapitalgesellschaften sollten Ausschüttungssperren für bestimmte Posten eingeführt werden. Damit wird der Gläubigerschutz gewährleistet.

	Rechnungslegung im Einzelabschluss	
	Nicht-Kapitalgesellschaften	Kapitalgesellschaften
HGB	Grundsätzlich Pflicht	Grundsätzlich Pflicht
IAS	Wahlrecht	Wahlrecht

Abb. 2: Vorschlag zur nationalen Anwendung von IAS

Aus politischer Sicht spricht für den obigen Vorschlag, dass die Zuständigkeit für die Rechnungslegung zumindest teilweise beim nationalen Gesetzgeber bleibt. Die Rechnungslegung ist ein wertvolles Gut, dessen Verwaltung nicht leichtfertig und vollständig in die Hände des IASC bzw. der EU gegeben werden sollte. Die von der EU-Kommission gewährten Freiräume sollten vom nationalen Gesetzgeber ausgenutzt werden.

Diese Vorgehensweise erscheint sinnvoll, um einen maßvollen Übergang von den nationalen auf die internationalen Vorschriften zu ermöglichen. Wenn sich die IAS-Vorschriften im Laufe der Zeit bewähren, können weitere Schritte in Richtung Anwendungspflicht erfolgen. Auch wenn einige Autoren bereits jetzt eine allgemeine Anwendungspflicht von IAS fordern,[49] erscheint dies im Moment wohl noch zu früh.

Literatur

Achleitner, A.-K./Behr, G. (International): International Accounting Standards, 2. Aufl., München 2000

Baden, A. (Shareholder): Shareholder Value- oder Stakeholder Ansatz? Zur Vorteilhaftigkeit der beiden Konzepte, in: WiSt 2001 (30. Jg.), S. 398 - 403

Baetge, J./Kirsch, H.-J./Thiele, S. (Bilanzen): Bilanzen, 5. Aufl., Düsseldorf 2001

Bitz, M./Schneeloch, D./Wittstock, W. (Jahresabschluß): Der Jahresabschluß, 3. Aufl., München 2000

49 Vgl. Böcking, H.-J. (IAS), S. 1437.

Böcking, H.-J. (IAS): IAS für Konzern- und Einzelabschluss?, in: WPg 2001 (54. Jg.), S. 1433 - 1440

Buchholz, R. (Grundzüge): Grundzüge des Jahresabschlusses nach HGB und IAS, München 2002

Buchholz, R. (Rechnungslegung): Internationale Rechnungslegung, 2. Aufl., Bielefeld 2002

Buchholz, R./Weis, R. (Maßgeblichkeitsprinzip): Maßgeblichkeitsprinzip ade? Zur inhaltlichen Vereinbarkeit der Gewinnermittlung nach IAS und EStG, in: DStR 2002 (40. Jg.), S. 512 - 517 (Teil I) und S. 559 - 564 (Teil II)

Coenenberg, A.G. (Jahresabschluß): Jahresabschluß und Jahresabschlußanalyse, 18. Aufl., Landsberg/Lech, 2001

Dziadkowski, D. (Überschußrechnung): Die Überschußrechnung – eine Alternative zur Steuerbilanz, in: BB 2000 (55. Jg.), S. 399 - 402

Eisele, W. (Technik): Technik des betrieblichen Rechnungswesens, 6. Aufl., München 1998

Ekkenga, J. (Neuordnung): Neuordnung des Europäischen Bilanzrechts für börsennotierte Unternehmen: Bedenken gegen die Strategie der EG-Kommission, in: BB 2001 (56. Jg.), S. 2362 - 2369

Ernst, C. (Bilanzrecht): Bilanzrecht: Quo vadis? – Die kommende Reform des europäischen Bilanzrechts und mögliche Auswirkungen auf die deutsche Rechnungslegung, in: WPg 2001 (54. Jg.), S. 1440 - 1445

Federmann, R. (Bilanzierung): Bilanzierung nach Handelsrecht und Steuerrecht, 11. Aufl., Berlin 2000

Förschle, G./Holland, B./Kroner, M. (Rechnungslegung): Internationale Rechnungslegung: US-GAAP, HGB und IAS, 5. Aufl., Heidelberg 2001

Goebel, A. (IAS): Die Konzernrechnungslegung nach HGB, IAS und US-GAAP, in: DB 1995 (48. Jg.), S. 2489 - 2492

Heinhold, M. (Jahresabschluß): Der Jahresabschluß, 4. Aufl., München, Wien 1996

Heyd, R. (Internationale): Internationale Rechnungslegungsnormen in Deutschland – erschwert das Maßgeblichkeitsprinzip ihre Anwendung?, in: ZfB 2001 (71. Jg.), S. 371 - 383

KIR (2002): Kurznachrichten Internationale Rechnungslegung, in: DB 2002 (55. Jg.), S. 702

Kommission der Europäischen Gemeinschaften (Vorschlag): Vorschlag für eine Verordnung des Europäischen Parlaments und des Rates betreffend die Anwendung internationaler Rechnungslegungsgrundsätze, KOM (2001) 80 endgültig, im Internet unter der Adresse http://europa.eu.int/eur-lex, Stichwort: „IAS" verfügbar.

Moxter, A. (Zukunft): Die Zukunft der Rechnungslegung, in: DB 2001 (54. Jg.), S. 605 - 607

Niehus, R. (Einzelabschlüsse): „Auch für Einzelabschlüsse gelten grundsätzlich die IAS"? – Ein Beitrag zu den (möglichen) Grenzen einer „Internationalisierung" der Rechnungslegung im Einzelabschluss, in: WPg 2001 (54. Jg.), S. 737 - 752

Niehus, R. (Vorsichtsprinzip): „Vorsichtsprinzip" und „Accrual Basis" – Disparitäten bei den Determinanten der Fair Presentation in der sog. Internationalen Rechnungslegung, in: DB 1997 (50. Jg.), S. 1421 - 1427

Oestreicher, A./Spengel, C. (Maßgeblichkeitsprinzip): International Accounting Standards, Maßgeblichkeitsprinzip und Besteuerung, in: DB 1999 (52. Jg.), S. 593 - 599

Pellens, B. (Rechnungslegung): Internationale Rechnungslegung, 4. Aufl., Stuttgart 2000

Watrin, C. (Regulierung): Sieben Thesen zur künftigen Regulierung der Rechnungslegung, in: DB 2001 (54. Jg.), S. 933 - 938

Wöhe, G. (Bilanzierung): Bilanzierung und Bilanzpolitik, 9. Aufl., München 1997

Wöhe, G./Döring, U. (Betriebswirtschaftslehre): Einführung in die Allgemeine Betriebswirtschaftslehre, 20. Aufl., München 2000

Wollmert, P./Achleitner, A.-K. (IAS-Rechnungslegung): Konzeptionelle Grundlagen der IAS-Rechnungslegung, in: WPg 1997 (50. Jg.), S. 245 - 256 (Teil II)

Die laufende Besteuerung der typischen strukturellen Doppelgesellschaft

Eine Bewertung aus Sicht des deutschen Mittelstands

Dietrich Jacobs

Inhaltsverzeichnis

1 Problemstellung

Als typische strukturelle Doppelgesellschaft wird ein Unternehmen bezeichnet, welches sich zur Durchsetzung seiner einheitlichen Ziele zweier selbständig nebeneinander stehender Unternehmensteile bedient, von denen der eine als sog. Betriebsunternehmen in der Rechtsform einer Kapitalgesellschaft die betrieblichen Hauptfunktionen wahrnimmt, während der andere Teil als Personenunternehmen geführt wird und als sog. Besitzunternehmen seine Tätigkeit in der Idealform darauf beschränkt, dem Betriebsunternehmen Vermögenswerte entgeltlich zur Nutzung zu überlassen.[1]

Die Motive für solche Doppelgesellschaften, welche in der personalistisch geprägten deutschen mittelständischen Wirtschaft verbreitet vorkommen, sind aufgrund der individuellen Gestaltungsmöglichkeiten weit gefächert und können u.a. Überlegungen zur Haftungsbeschränkung sowie zu Publizitäts- oder Mitbestimmungsfragen umfassen.[2] In der Vergangenheit war es ferner möglich, z.T. erhebliche Vorteile bei der Besteuerung v.a. der laufenden Geschäftstätigkeit in Anspruch zu nehmen.[3] Eine durchgreifende Neuausrichtung der Besteuerung stellte sich mit dem StSenkG[4] ein. In der Folgezeit wurde in der Literatur zumindest für den Spezialfall der typischen Betriebsaufspaltung schon vom Wegfall der steuerplanerischen Berechtigung dieser Gestaltung gesprochen;[5] andererseits wird aber teilweise – spätestens unter Einbeziehung der Neuregelungen durch das UntStFG[6] – auch die Auffassung vertreten, dass die Betriebsaufspaltung eine steuerplanerische Renaissance erlebe.[7] Vor dem Hintergrund dieser uneinheitlichen Beurteilungen sollen im folgenden ausgewählte Aspekte einer Steuerplanung mittels typischer struktureller Doppelgesellschaften im Vergleich zur gewerblichen reinen Personenunternehmung bzw. reinen Kapitalgesellschaft analysiert werden. Wegen ihrer regelmäßig für die Rechtsformwahl dominanten Bedeutung konzentriert sich die Betrachtung auf die laufende Besteuerung.[8]

Die Untersuchung geht von folgenden Prämissen aus:

(1) Zur Abbildung typisch deutsch-mittelständischer Bedingungen wird angenommen, dass es sich bei den an der inländischen Besitz- sowie bei den an der inländischen Betriebsunternehmung Beteiligten um unbeschränkt

---

1 Durch diese Definition wird für die folgende Untersuchung die betriebswirtschaftliche Konstruktion der Doppelgesellschaft vom speziell steuerlichen Begriff der Betriebsaufspaltung unterschieden. Vgl. mit unterschiedlicher Begriffsverwendung Brönner, H., (1999), F Rz. 47; Jacobs, O., (2002), S. 58; Reiß, W., in: Kirchhof, P., (2002), § 15 Tz. 79; Wöhe, G., (1990), S. 297 ff. m.w.N.

2 Vgl. Jacobs, O., (2002), S. 58; Kaligin, T., (2001), S. 23 ff. u. 118 ff.; Söffing, G., (2001), S. 323 ff.

3 Vgl. Jacobs, O., (1998), S. 451 ff.; Kessler, W./Teufel, T., (2001a), S. 17 ff., jeweils m.w.N.

4 Gesetz v. 23.10.2000, BGBl. I 2000, S. 1433.

5 Vgl. Kessler, W./Teufel, T., (2001a), 23 ff.; im Ergebnis ähnlich Schiffers, J., (2000), S. 1013 f.; Märkle, R., (2002), S. 1109 f.

6 Gesetz v. 21.12.2001, BGBl. I 2000, S. 3858.

7 Vgl. Brandmüller, G., (2002), Gr. 2/A2 S. 254 ff.

8 Die Betriebsaufspaltung kann auch zur ErbSt-Optimierung i.S.d. § 13a, § 19a ErbStG eingesetzt werden – vgl. aber zur aktuellen Frage der Verfassungsmäßigkeit dieser Regelungen Daragan, H., (2002).

einkommensteuerpflichtige[9] Personen handelt, welche außerhalb der Doppelgesellschaft keiner weiteren wirtschaftlichen Betätigung nachgehen und deshalb ihren Lebensunterhalt aus dieser unternehmerischen Tätigkeit bestreiten.

(2) Indem ferner identische Beteiligungsquoten am Besitz- und am Betriebsunternehmen unterstellt werden, ist außerdem die vollständige Vergleichbarkeit der Alternativen sichergestellt: Ein – ertragsteuerlich wirksamer – interpersoneller Einkommenstransfer zwischen natürlichen Personen (z.B. zwischen Familienangehörigen) ist somit nicht Gegenstand der Analyse.

(3) Um für die grundsätzlichen steuerlichen Vorteilhaftigkeitsaussagen hinsichtlich der Doppelgesellschaft i.d.R. unnötige zusätzliche Annahmen zu vermeiden, wird schließlich auch die Nutzungsüberlassung von Grundstücken an die Betriebsgesellschaft ausgegrenzt, auch wenn gerade diese Konstellation einen in der Praxis häufigen Fall darstellen dürfte. Statt dessen wird grundsätzlich von der miet- bzw. pachtweisen Überlassung beweglicher Wirtschaftsgüter des Anlagevermögens bzw. eines gesamten Betriebs, welcher kein Grundvermögen beinhaltet, ausgegangen.

2 Angemessenheit der Nutzungsentgelte

Den Ausgangspunkt der klassischen steuerlichen Überlegungen zur typischen Doppelgesellschaft bildet die Tatsache, dass bei der entgeltlichen Nutzungsüberlassung eines Wirtschaftsguts durch eine Besitz-Personenunternehmung an die Betriebs-Kapitalgesellschaft ein Teil des Gesamterfolgs der Unternehmung dem Steuerregime der Kapitalgesellschaft, der andere Teil der Besteuerung unmittelbar in der Sphäre der Gesellschafter unterliegt und damit die jeweiligen Vorteile der Kapitalgesellschafts- und Personenunternehmensbesteuerung kombiniert bzw. evtl. Nachteile eliminiert werden können.[10] Da an der Besitz- wie an der Betriebsunternehmung dieselben Personen beteiligt sind, fehlt zwischen den an der Nutzungsüberlassung beteiligten Parteien ein wirtschaftlicher Interessengegensatz. Die Höhe der Nutzungsentgelte unterliegt daher zur Vermeidung von ungerechtfertigten Erfolgsverlagerungen einer Kontrolle im Hinblick auf verdeckte Gewinnausschüttungen:[11] Der nötige Drittvergleich richtet sich grundsätzlich nach konkreten Markttransaktionen. Dieser Ansatz versagt jedoch, wenn keine mit der infragestehenden Nutzungsüberlassung vergleichbaren Marktdaten vorliegen. Die Praxis orientiert sich in diesen Fällen häufig an dem Gedanken, dass die Nutzungsentgelte einerseits der Besitzunternehmung i.d.R. einen Ersatz

9 Vgl. zu grenzüberschreitenden Doppelgesellschaften Dehmer, H., (1987), Rdnr. 1060 ff.; Kaligin, T., (2001), S. 197; Schmidt, L., (1979), S.703 ff.; ders., (2002), § 15 Rdn. 862.

10 Vgl. Brönner, H., (1999), F 58.

11 Zur Unmöglichkeit der Korrektur zu niedriger Nutzungsentgelte unter den o.g. Prämissen vgl. BFH v. 3.2.1971 I R 51/66, BStBl. II 1971, S. 408.

für Abschreibungen auf die überlassenen materiellen Wirtschaftsgüter und für sonstige Aufwendungen, eine angemessene Verzinsung der (Teil-)Werte (ca. 6-10 % p.a.) sowie ggf. ein Entgelt für die Überlassung immaterieller Werte (ca. 0,5-2 % p.a., bezogen auf den Umsatz) bieten sollen, während andererseits und in erster Linie der Betriebs-Kapitalgesellschaft auch nach Abzug der Nutzungsentgelte zumindest noch eine angemessene Eigenkapitalverzinsung (ca. 10-15 % p.a.) verbleiben muss.[12] In diesen Grenzen wird regelmäßig ein gewisser Spielraum verbleiben, innerhalb dessen eine gezielte Festlegung der Nut-zungsentgelte zur Optimierung der Gesamtsteuerbelastung möglich ist.[13] Die Bestimmung eines angemessenen Miet-/Pachtzinses ist damit als wesentliches Mittel der Verteilung des Erfolgs der Gesamtunternehmung zwischen der Betriebs-Kapitalgesellschaft und der Besitz-Personenunternehmung prinzipiell eine der zentralen steuerplanerischen, zugleich aber wegen der vielfältigen Restriktionen auch schwierigsten Aufgaben bei Doppelgesellschaften.

3 Voraussetzungen einer Betriebsaufspaltung

Die steuerlichen Folgen einer typischen Doppelgesellschaft hängen grundlegend vom Bestehen oder Nicht-Bestehen einer Betriebsaufspaltung zwischen der Besitz- und der Betriebsunternehmung ab. Das Rechtsprechungsinstitut der Betriebsaufspaltung setzt voraus, dass zwischen der Besitzunternehmung und der Betriebs-Kapitalgesellschaft eine besonders enge Verbindung in Form einer personellen und sachlichen Verflechtung besteht.[14] Da aufgrund der o.g. Prämisse (2) die personelle Verflechtung in den hier untersuchten Fällen gegeben ist, kommt es im folgenden allein auf das Vorliegen der sachlichen Verflechtung, d.h. darauf an, ob die Besitzunternehmung der Betriebsgesellschaft mindestens eine funktional wesentliche Betriebsgrundlage überlässt.[15]

Zwar kann der Steuerpflichtige in der Frage der sachlichen Verflechtung auf eine für viele steuerplanerische Zwecke ausreichend gefestigte Auffassung von Rechtsprechung und Finanzverwaltung zurückgreifen. Unter Umständen ist es

12 Vgl. BFH 29.5.1972 GrS 4/71, BStBl. II 1973, S. 5; BFH IV R 26/68, BStBl. II 1973, S. 866; FG Niedersachsen 27.11.1973 VI Kö 4/69, EFG 1974, S. 273; Fichtelmann, H., (1996), Tz. 234; Herden, W. (2002), Tz. 4 ff., insbes. 9 ff.; Kaligin, T., (2001), S. 64 ff. und S. 182 ff.; Knoppe, H., (1985), S. 259 ff.; Neufang, B, (2002), Gr. 3 B 88 Tz. 8 f.; Schulze zur Wiesche, D., (1991), S. 137 ff.; Strahl, M., (2002), S. 11937; kritisch z.B. BFH v. 14.1.1998 X R 57/93, BFH/NV 1998, S. 1164 und Brönner, H., (1999), F 378 ff. sowie grundsätzlich Bärtels, H. (1991), S. 1543 ff.

13 Vgl. Brönner, H., (1999), F 381; Wöhe, G., (1990), S. 305 f.

14 Vgl. BFH v. 23.9.1998 XI R 72/97, BStBl. II 1999, S. 281; H 137 Abs. 4 ff. EStH; Reiß, W., in: Kirchhof, P., (2002), § 15 Tz. 75 ff.; Söffing, G., (2001), S. 50 ff., jeweils m.w.N.

15 Vgl. BFH v. 15.10.1998 IV R 20/98, BStBl. II 1999, S. 445; H 137 Abs. 5 EStH; Kaligin, T., (2001), S. 111 ff.; Söffing, G., (2001), S. 51 ff.; Strahl, M., (2002), S. 11924 ff.; jeweils m.w.N.

daher in Grenzen möglich, durch entsprechende Sachverhaltsgestaltung das Bestehen oder Nichtbestehen einer Betriebsaufspaltung zu beeinflussen und somit die gewünschten steuerlichen Folgen herbeizuführen. Trotz des relativ hohen Alters des Rechtsinstituts der Betriebsaufspaltung ist der Begriff der funktional wesentlichen Betriebsgrundlage jedoch noch keinesfalls bis in alle Einzelheiten geklärt, wie v.a. der bis vor kurzem andauernde Streit um Büro- und Verwaltungsgebäude[16] bewiesen hat. Wenn auch ein BMF-Schreiben[17] mit großzügigen Wahlrechten und – einer inzwischen bis zum 31.12.2002 verlängerten[18] – Übergangsfrist ausnahmsweise eine angemessene steuerplanerische Reaktion auf diese Änderung von Rechtsprechung und Verwaltungsmeinung ermöglicht, so illustriert doch dieser Fall sowie die allgemein starke Einzelfallabhängigkeit[19] der sachlichen Verflechtung, dass für den Steuerpflichtigen z.T. erhebliche Rechtsunersicherheiten bestehen und deshalb Sachverhaltsgestaltungen nur mit Vorsicht durchgeführt werden sollten.[20]

4 Doppelgesellschaft ohne Betriebsaufspaltung

4.1 Steuerliche Konsequenzen

Bei einer Doppelgesellschaft ohne Betriebsaufspaltung sind die angemessenen Nutzungsentgelte für die Überlassung der Vermögenswerte bei der Betriebs-Kapitalgesellschaft als Betriebsausgaben abziehbar und mindern so entsprechend ihrer bilanziellen Erfassung die Gewerbesteuer-, Körperschaftsteuer- und Solidaritätszuschlagsbelastung der Betriebs-Kapitalgesellschaft. Da die Miet-/Pachtentgelte bei der Besitzunternehmung nicht der Gewerbesteuer unterliegen, ist die hälftige Hinzurechnung der Miet-/Pachtentgelte für nicht in Grundbesitz bestehende Wirtschaftsgüter des Anlagevermögens gem. § 8 Nr. 7 GewStG bei der Betriebs-Kapitalgesellschaft zu berücksichtigen.[21] Die Einnahmen, vermindert um Abschreibungen und ggf. sonstige zuzurechnende Aufwendungen, führen bei den an der Besitz-Personenunternehmung beteiligten natürlichen Personen

---

16 BFH v. 23.5.2000 VIII R 11/99, BStBl. II 2000, S. 621; bestätigt durch BFH v. 16.10.2000 VIII B 18/99, BFH/NV 2001, S. 438; vgl. auch Fischer, P., (2001), S. 34 ff.; Märkle, R., (2002), S. 1115 ff.; Richter, W./Stangl, M., (2000), S. 1166; Stapelfeld, A., (2002).

17 BMF v. 18.9.2001 IVA6-S2240-50/01, BStBl. I 2001, S. 634.

18 BMF v. 20.12.2001 IVA6-S2240-97/01, BStBl. I 2002, S. 88, BMF v.11.6.2002 IVA6-S2240-70/02, DStR 2002, S. 1094.

19 Vgl. Jacobs, O., (2002), S. 270; Limberg, A., (2001), S. 304; jeweils m.w.N.

20 Vgl. Kaligin, T., (2001), S. 230 f. m.w.N.

21 Nach der EuGH-Entscheidung „Eurowings" (EuGH v. 26.10.1999 Rs. C 294/97, BStBl. II 1999, S. 851 – vgl. dazu Saß, G., (2000)) und den – gescheiterten – Umsetzungsvorschlägen im RegE zum UntStFG bleibt eine evtl. zukünftige Änderung des § 8 Nr. 7 GewStG abzuwarten.

im Zuflusszeitpunkt zu Einkünften entsprechend deren originärer Qualifikation (Einkünfte aus Vermietung und Verpachtung bzw. sonstige Einkünfte) und unterliegen damit der Einkommensteuer und dem Solidaritätszuschlag auf Ebene der Besitz-Gesellschafter. Neben der die eigentliche Doppelgesellschaft begründenden Gebrauchsüberlassung können mit Hilfe von zusätzlichen Gesellschaft-Gesellschafter-Verträgen – z.B. in Form von Dienstverträgen gegen laufendes Gehalt oder Pensionszusagen – Erfolgsbestandteile von der Kapitalgesellschaft in die steuerliche Sphäre der am Besitzunternehmen beteiligten Personen verlagert werden. Charakteristikum der typischen Doppelgesellschaft ist daher, dass die Erfolge aus der eigentlichen Unternehmenstätigkeit mit Ausnahme der durch die o.g. Verträge in die Gesellschaftersphäre transferierten Beträge grundsätzlich bei der Kapitalgesellschaft anfallen. Der steuerliche Vergleich zwischen einer Doppelgesellschaft einerseits und einer reinen Personenunternehmung bzw. einer Kapitalgesellschaft ohne Miet-/Pachtverträge basiert deshalb auf den bekannten steuerlichen Vorteilhaftigkeitsüberlegungen zwischen Personen- und Kapitalgesellschaften.[22] An dieser Stelle seien nur die wichtigsten Aspekte aufgegriffen und an die spezielle Situation der Doppelgesellschaft angepasst.

4.2 Vergleich mit einer reinen Personenunternehmung

Zur Gegenüberstellung der beiden Unternehmensformen soll im Fall der Doppelgesellschaft die Besteuerung der Betriebskapitalgesellschaft bzw. bei Ausschüttung auch der Gesellschafter getrennt von der unmittelbaren Besteuerung der Gesellschafter aus ihrem Anteil am Erfolg des Besitzunternehmens sowie aus evtl. Gesellschaft-Gesellschafter-Verträgen untersucht werden. Der Teil des Gesamterfolgs der Doppelgesellschaft, welcher aufgrund der Gebrauchsüberlassung durch das **Besitzunternehmen** oder z.B. zusätzlich zwischen der Betriebs-Kapitalgesellschaft und den Gesellschaftern abgeschlossenen Dienstverträgen in der steuerlichen Sphäre der Gesellschafter zu erfassen ist, unterliegt dem regulären Tarif der *Einkommensteuer* sowie dem Solidaritätszuschlag. Demgegenüber sind die entsprechenden Teile des steuerlichen Erfolgs der reinen Personenunternehmung zwar zusätzlich mit *Gewerbesteuer* belastet, jedoch wird diese Mehrbelastung regelmäßig bei Gewerbesteuerhebesätzen um 400 % und hoher einkommensteuerlicher Progression wirkungsvoll durch die Gewerbesteueranrechnung i.S.d. § 35 EStG kompensiert.[23] Zu berücksichtigen bleibt allerdings, dass die Einkünfteermittlung in der Besitz-Personenunternehmung (= steuerliches Privatvermögen) und in der gewerblichen Personenunternehmung (= Be-

22 Vgl. Bauer, J., (2001), S. 119 ff.; Jacobs, D., (2001), S. 806 ff.; Jacobs, O., (2002), S. 501 ff.; Schiffers, J., (2000), S. 1007 ff.; Schneeloch, D./Rahier, G./Trockels-Brand, T., (2000), S. 1619 ff., jeweils m.w.N.

23 Bei höheren/niedrigeren Hebesätzen sowie in Sonderfällen können sich allerdings Differenzen zugunsten/zuungunsten der Doppelgesellschaft ohne Betriebsaufspaltung ergeben. Vgl. Herzig, N./Lochmann, U., (2001); Korezkij, L., (2001).

triebsvermögen) in zahlreichen Punkten differiert; v.a. die Auswirkungen des Zuflussprinzips sowie die prinzipielle steuerliche Nichterfassung von Veräußerungserfolgen im Privatvermögen können insoweit der Doppelgesellschaft ohne Betriebsaufspaltung gegenüber der reinen Personengesellschaft zur steuerlichen Vorteilhaftigkeit verhelfen.

Im partiellen Vergleich zwischen der **Betriebs-Kapitalgesellschaft** und einem reinen Personenunternehmen unterscheidet sich zunächst die *gewerbesteuerliche* Behandlung: Die Nachteile der Doppelgesellschaft bestehen zum einen darin, dass nur die reine Personenunternehmung die tariflichen Vorteile in Form von Freibetrag und Staffeltarif in Anspruch nehmen kann; v.a. aber in der ggf. erheblichen Mehrbelastung durch die hälftige Hinzurechnung der Miet-/Pachtzinsen, da die Wirkung dieser Gewerbesteuerbelastung im Gegensatz zur reinen Personengesellschaft nicht durch einen Anrechnungsmechanismus in ihrer Wirkung gemindert oder aufgehoben wird. Hinsichtlich der *Einkommensteuer bzw. Körperschaftsteuer* ist zu berücksichtigen, dass der Erfolg der reinen Personenunternehmung den Gesellschaftern zugerechnet wird und bei ihnen der durch die Gewerbesteueranrechung i.S.d. § 35 EStG geminderten Einkommensteuer mit ihrem progressiven Tarif sowie dem Solidaritätszuschlag unterliegt. Da demgegenüber bei der Doppelgesellschaft der Erfolg der Betriebs-Kapitalgesellschaft bei Thesaurierung nur mit der proportionalen Körperschaftsteuer sowie dem Solidaritätszuschlag belegt wird, ergibt sich für den Thesaurierungsfall zunächst ein Steuersatz- und Liquiditätsvorteil der Doppelgesellschaft, wenn der Gewinn der Personengesellschaft einer hohen Einkommensteuerbelastung unterliegt. Unter Beachtung der o.g. Prämisse (1) ist dies bei größeren Unternehmen – hier gleichgesetzt mit höheren auf den einzelnen Gesellschafter entfallenden Gewinnen – der Fall. Berücksichtigt man noch zusätzlich, dass die bei der Betriebs-Kapitalgesellschaft thesaurierten Gewinne bei späterer Ausschüttung einer nachholenden – wenn auch durch das Halbeinkünfteverfahren gemilderten – Einkommensteuer- und Solidaritätszuschlagsbelastung auf Ebene des Gesellschafters unterliegen, so wird deutlich, dass zur endgültigen Nutzung des o.g. Liquiditäts- und des resultierenden Zinsvorteils oft eine sehr lange Thesaurierungsdauer nötig ist.[24] In dem Fall, dass die Betriebsgesellschaft Verluste erwirtschaftet, wird durch das für die Kapitalgesellschaft geltende Trennungsprinzip außerdem eine steuerliche Kompensation mit den Gewinnen des Besitzunternehmens verhindert: Eine Einheits-Personenunternehmung hätte im Vergleich zur Doppelgesellschaft insoweit Vorteile. Weitere Nachteile der Doppelgesellschaft können sich z.B. bei Refinanzierungsaufwendungen der Anteilseigner ergeben, da diese, soweit sie auf die Anteile an der Betriebs-Kapitalgesellschaft entfallen, nur hälftig bei der Einkommensteuer geltend gemacht werden können, während

---

24 Vgl. Tischer, F. (2000), S. 1009 ff.; Rogall, M., (2001), S. 590; Jacobs, D., (2001), S. 808.

bei der einheitlichen Personenunternehmung ein einkommensteuerlich wie gewerbesteuerlich (i.d.R. allerdings durch die hälftige Hinzurechnung bei der Gewerbesteuer geminderter) wirksamer Abzug dieser Aufwendungen möglich wäre.[25]

Zusammenfassend bietet die Doppelgesellschaft ohne Betriebsaufspaltung hinsichtlich der Besteuerung der Besitzunternehmung und ggf. zusätzlicher Gesellschaft-Gesellschafter-Verträge nur unter speziellen Bedingungen – z.B. bei bedeutenden steuerfreien Veräußerungsgewinnen, einem hohen Gewerbesteuerhebesatz, zeitlichen Abweichungen bei der steuerlichen Erfassung von Vergütungen – einen Vorteil gegenüber der reinen Personengesellschaft. Weiter ist die skizzierte Doppelgesellschaft v.a. dann steuerlich vorzugswürdig, wenn die Gesellschafter in der Lage sind, ihren Lebensbedarf während einer Mindestthesaurierungsdauer unter weitestgehendem Verzicht auf Ausschüttungen[26] des Betriebsunternehmens, d.h. unter Beachtung der Prämisse (1) möglichst allein aus dem Gewinn der Besitzunternehmung sowie aus ggf. zusätzlichen Gesellschaft-Gesellschafter-Verträgen zu erwirtschaften. Dies setzt eine gewisse Unternehmensgröße bzw. Gewinnhöhe voraus, da die schuldrechtlichen Nutzungsentgelte an die Besitzgesellschaft wie auch die unmittelbar an die Gesellschafter geleisteten Vergütungen angemessen sein müssen,[27] um die regelmäßig nachteiligen Folgen von verdeckten Gewinnausschüttungen zu vermeiden.[28] Für kleinere Unternehmen wird die Doppelgesellschaft ohne Betriebsaufspaltung deshalb häufig einer reinen Personenunternehmung steuerlich unterlegen sein.

4.3 Vergleich mit einer reinen Kapitalgesellschaft

Zwischen der reinen Kapitalgesellschaft ohne Miet-/Pachtverträge und der Doppelgesellschaft ohne Betriebsaufspaltung bestehen im Prinzip nur wenige Unterschiede. Wesentliche Konsequenz der Doppelgesellschaft ist, dass durch die Miet-/Pachtzinsen (zusätzliche) originäre Erfolge der Kapitalgesellschaft ertragsteuerlich in die Sphäre der Gesellschafter verlagert werden; die Erfolge unterliegen also nicht mehr dem Besteuerungssystem der Kapitalgesellschaft (Gewerbesteuer und Körperschaftsteuer, im Ausschüttungsfall Einkommensteuer nach dem Halbeinkünftesystem), sondern – abgesehen von der o.g. evtl. hälftigen Belastung der Entgelte mit *Gewerbesteuer* bei der Kapitalgesellschaft – nur der normalen *Einkommensteuer-* und Solidaritätszuschlagbelastung bei den Gesell-

---

25 Vgl. Jacobs, D., (2001), S. 809 f.; Jacobs, O., (2002), S. 539.

26 Bei Teilausschüttungen vor Erreichen der Mindestthesaurierungsdauer kann der eintretende negative Liquiditätseffekt durch eine längere Thesaurierung der übrigen Erfolge ausgeglichen werden. Vgl. zum Einfluss der Gewinnverwendungspolitik Jacobs, O., (2002), S. 541 ff.; Herzig, N., (2001), S. 258 m.w.N.

27 Vgl. Abschnitt 2 Angemessenheit der Nutzungsentgelte auf S. 161.

28 Vgl. Förster, G., (2001), S. 1240; Schiffers, J. (2000), S. 212; Hey, J., (2001), S. 2 f. m.w.N.

schaftern. Ob dabei die Doppelgesellschaft oder die Kapitalgesellschaft Vorteile bietet, kann nur im Einzelfall abhängig v.a. von der Gewinnverwendungspolitik, dem Gewerbesteuerhebesatz, der persönlichen Einkommensteuerbelastung sowie von den mit der Gebrauchsüberlassung verbundenen Aufwendungen (v.a. Abschreibungen) geklärt werden.[29] Unter Berücksichtigung der o.g. Grundsätze zur Bestimmung eines angemessenen Nutzungsentgelts wird jedoch häufig ohne eine Betriebsaufspaltung nur ein relativ geringer Erfolgstransfer in den Bereich der Besitzunternehmung möglich sein.[30]

Einen zusätzlichen Vorteil der Doppelgesellschaft ohne Betriebsaufspaltung liegt in der Tatsache, dass die stillen Reserven der überlassenen Vermögenswerte außerhalb von privaten Veräußerungsgeschäften i.S.d. § 23 EStG grundsätzlich nicht steuerverhaftet sind; im Gegenzug entfällt bei einer Doppelgesellschaft jedoch auch die Möglichkeit zur Inanspruchnahme von speziellen Begünstigungen, welche dem Bereich eines Betriebsvermögens vorbehalten sind (degressive Abschreibungen auf bewegliche Anlagegüter, steuerfreie Rücklagen etc.).[31]

4.4 Zwischenergebnis

Die typische Doppelgesellschaft ohne Betriebsaufspaltung bietet v.a. für größere, aber nicht sehr große Unternehmen steuerliche Vorteile. Dies liegt darin begründet, dass einerseits bei kleinen Unternehmen bzw. geringen auf den einzelnen Einkommensteuerpflichtigen entfallenden Gewinnen die Steuersatzvorteile einer reinen Personenunternehmung bestehen bleiben bzw. gleichzeitig ohne eine Betriebsaufspaltung hier nur ein relativ geringer Gewinntransfer auf die Gesellschafter möglich ist, sodass die natürlichen Personen i.d.R. auf steuerlich nachteilige Gewinnausschüttungen aus der Betriebskapitalgesellschaft angewiesen sein werden. Andererseits kann bei sehr großen Unternehmen evtl. bereits aus Dienstverträgen, d.h. ohne die gewerbesteuerlichen Nachteile nichtgewerblicher Gebrauchsüberlassungen, ein ausreichender Einkommenstransfer auf die Gesellschafter erreicht werden.

5 Doppelgesellschaft mit Betriebsaufspaltung

5.1 Grundsätzliche steuerliche Konsequenzen

Liegt zwischen der Betriebs-Kapitalgesellschaft und der Besitzpersonenunternehmung eine Betriebsaufspaltung vor, so wird die originär nicht gewerbliche Gebrauchsüberlassung durch die Besitzunternehmung in eine gewerbliche und

---

29 Vgl. Jacobs, O., (2002), S. 529 ff.

30 Vgl. Abschnitt 2 Angemessenheit der Nutzungsentgelte auf S. 161.

31 Vgl. Jacobs, O., (2002), S. 529 ff.

damit gewerbesteuerpflichtige Tätigkeit umqualifiziert.[32] Die überlassenen Vermögenswerte stellen bei der Besitzunternehmung also Betriebsvermögen dar; die steuerliche Gewinnermittlung erfolgt prinzipiell durch Betriebsvermögensvergleich. Nach den Grundsätzen über das (Sonder)Betriebsvermögen sind außerdem auch die Anteile an der Betriebs-Kapitalgesellschaft, die von den an der Besitzunternehmung beteiligten Personen gehalten werden, notwendiges Betriebsvermögen im Rahmen des Gewerbebetriebs der Besitzunternehmung.[33] Ob schuldrechtliche Entgelte aus Verträgen zwischen den Gesellschaftern der Betriebsaufspaltung und der Betriebs-Kapitalgesellschaft nach ihrer originären Qualifikation besteuert oder in die steuerliche (Sonder)Betriebssphäre der Besitzunternehmung einbezogen werden, hängt kasuistisch v.a. von der Art der zugrundeliegenden Verträge sowie z.T. von den Umständen des Einzelfalls ab: Beispielsweise führen Dienstverträge grundsätzlich zu Einkünften aus nichtselbstständiger Arbeit.[34] Bei Darlehensverträgen wird für die Abgrenzung zwischen der betrieblichen und privaten Sphäre dagegen weitergehend auf die Motive der Darlehenshingabe abgestellt,[35] Ähnliches gilt auch für Miet-/Pachtverträge.[36]

5.2 Voraussetzungen einer ertragsteuerlichen Organschaft

Mit Wirkung ab dem Erhebungszeitraum 2002[37] wurden die Voraussetzungen der gewerbesteuerlichen Organschaft an die Merkmale einer körperschaftsteuerlichen Organschaft angeglichen:[38] Einheitlich sind die finanzielle Eingliederung sowie ein Ergebnisabführungsvertrag nötig. Da nach der o.g. Prämissen die finanzielle Eingliederung über die Anteile im (Sonder)Betriebsvermögen der un-

---

32 Vgl. nur BFH v. 14.9.1999 III R 47/98, BStBl. II 2000, S. 255; BFH v. 25.6.1984 GrS 4/82, BStBl. II 1984, S. 751; Söffing, G., (2001), S. 209 ff. m.w.N.; Söffing, G., (1996), S. 1225 m.w.N. sowie aktuell BFH v. 19.3.2002 VIII R 57/99, DStR 2002, S. 900, a.A. Wehrheim, M., (2001), S. 913 f.

33 Vgl. Fichtelmann, H., (1996), Tz. 159 u. 214; Jacobs, O., (2002), S. 278 f.

34 Vgl. BFH v. 9.7.1970 IV R 16/69, BStBl. II 1970, S. 722; Knoppe, H., (1985), S. 213 f.; Zartmann, H., (1980), S. 78.

35 Vgl. BFH v. 10.11.1994 IV R 15/93, BStBl. II 1995, S. 452; Kaligin, T., (2001), S. 148; Märkle, R., (2002), S. 1159; Neufang, B., (1989), S. 86; Söffing, G., (2001), S. 228 ff.; Strahl, M., (2002), S. 11938 ff.; OFD Frankfurt/Main v. 2.11.2001 – S 2240, abgedruckt bei NWB DokSt Erl. Fach 3 § 15 EStG Rz 1.02, Tz. 3.7; aber FG München v. 28.7.1999 IV R 74/99, EFG 1999, S. 1210 (nrkr.).

36 Vgl. BFH v. 23.1.1980 I R 33/77, BStBl. II 1980, S. 356; Kaligin, T., (2001), S. 154 ff.; Lutterbach, T., (1999), S. 2332 ff.; Märkle, R., (2000), S. 19; Strahl, M., (2002), S. 11939 f.

37 Vgl. § 36 Abs. 1 GewStG.

38 Vgl. zur Lage vor dem UntStFG Prinz, U., (2000), S. 1255 ff.; Fenzl, B./Hagen, C., (2000), S. 289 ff.

beschränkt steuerpflichtigen natürlichen Personen erfüllt ist[39] und es sich bei der Besitzunternehmung auch um einen tauglichen Organträger handelt,[40] muss für eine ertragsteuerliche Organschaft die Besitzunternehmung nur noch einen § 14 Abs. 1 KStG entsprechenden Gewinnabführungsvertrag mit der Betriebs-Kapitalgesellschaft abschließen.[41] Somit bestehen bei der typischen Betriebsaufspaltung durch die Neuregelung der Gewerbesteuerorganschaft sowie durch deren Verknüpfung mit der körperschaftsteuerlichen Organschaft nur noch die durch den Gewinnabführungsvertrag gestaltbaren Alternativen einer Vollorganschaft einerseits und eines vollständigen Fehlens ertragsteuerlicher Organschaftsverhältnisse andererseits. Körperschaftsteuerliche „Insel-Organschaften" mit ihren unglücklichen einkommensteuerlichen Folgen[42] gehören somit der Vergangenheit an.

5.3 Doppelgesellschaft mit Betriebsaufspaltung ohne Organschaft

5.3.1 Steuerliche Konsequenzen

Im Rahmen einer Betriebsaufspaltung ohne Organschaften unterliegt die Betriebsgesellschaft mit ihren Erfolgen der normalen Kapitalgesellschaftsbesteuerung (Gewerbesteuer, Körperschaftsteuer, Solidaritätszuschlag). Aufgrund der im Gegensatz zur Doppelgesellschaft ohne Betriebsaufspaltung gewerblichen Gebrauchsüberlassung werden die Nutzungsentgelte für die überlassenen Vermögenswerte nur dann hälftig zum Gewerbeertrag der Betriebsgesellschaft hinzugerechnet, wenn ein Betrieb bzw. Teilbetrieb überlassen wird und zugleich die Nutzungsentgelte 125.000 € jährlich übersteigen.[43] Zur Vermeidung einer doppelten Gewerbesteuerbelastung wird in diesem Fall zugleich bei der Besitzunternehmung eine entsprechende Kürzung des Gewerbeertrags vorgenommen.[44] Ausschüttungen stellen bei den Beteiligten nach dem Halbeinkünfteverfahren zu erfassende Einkünfte aus Gewerbebetrieb im Rahmen der Besitzunternehmung dar;[45] eine gewerbesteuerliche Doppelbelastung wird durch das Schachtelprivileg § 9 Nr. 2a GewStG verhindert. Wie bereits oben erwähnt, unterliegen i.Ü. die Erfolge des Besitzunternehmens als Einkünfte aus Gewerbebetrieb der durch

---

39 Vgl. BFH v. 26.10.1972 I R 219/70, BStBl. II 1973, S. 383; Abschn. 52 Abs. 2 KStR; Jacobs, O., (2002), S. 275 f.; Herlinghaus, A., (2000), S. 1110 ff.

40 Vgl. Prinz, U., (2000), S. 1258 m.w.N.; Dötsch, E./Pung, A., (2000), S. 12; grundsätzlich gl.A. Herlinghaus, A., (2000), S. 1109.

41 Vgl. im einzelnen Abschn. 55 KStR.

42 Vgl. Fenzl, B./Hagen, C., (2000), S. 293 ff.; Kollruss, T., (2001), S. 114.

43 Vgl. § 8 Nr. 7 GewStG.

44 § 9 Nr. 4 GewStG.

45 Zu den Folgen des Wegfalls der phasengleichen Aktivierung von Dividendenansprüchen für die Betriebsaufspaltung und Gestaltungsmöglichkeiten vgl. Märkle, R., (2002), S. 1153 ff.

Freibetrag und Staffeltarif gemilderten Gewerbesteuer sowie der Einkommensteuer unter Anwendung der pauschalierten Gewerbesteueranrechnung (§ 35 EStG) und dem Solidaritätszuschlag.

5.3.2 Vergleich mit einer reinen Personenunternehmung

Die Vorteilhaftigkeit einer typischen Betriebsaufspaltung ohne Organschaften ähnelt in vielem derjenigen einer typischen Doppelgesellschaft ohne Betriebsaufspaltung.[46] Allerdings ergeben sich durch die als gewerblich eingestufte Nutzungsüberlassung verschiedene Modifikationen: Erstens sind die im Rahmen der Betriebsaufspaltung überlassenen Wirtschaftsgüter nunmehr als Betriebsvermögen steuerverhaftet.[47] Zweitens sind die Einkünfte der beteiligten natürlichen Personen, soweit sie nicht z.B. aus Rendite-Darlehen oder aus Dienstverträgen im Verhältnis zur Betriebsgesellschaft stammen und somit nach ihrer originären Qualifikation besteuert werden, insgesamt Einkünfte aus Gewerbebetrieb. Dies hat einerseits Auswirkungen auf Art, Höhe und Zeitpunkt der Einkünfteerfassung, andererseits unterliegen diese Beträge neben der Einkommensteuer inkl. Solidaritätszuschlag auch der Gewerbesteuer. Inwieweit die Doppelbelastung im Vergleich zur Doppelgesellschaft ohne Betriebsaufspaltung auch zu einer tatsächlich höheren Steuerlast oder zu einer Minderbelastung führt, hängt unter den o.g. Prämissen v.a. von der Höhe des Gewerbesteuerhebesatzes ab.[48] Kann die o.g. hälftige Hinzurechnung der Nutzungsentgelte bei der Betriebsgesellschaft vermieden werden, so ergibt sich eine gegenüber der Doppelgesellschaft ohne Betriebsaufspaltung insofern günstigere Situation, als die – ggf. zusätzlich wegen Freibetrag und Staffeltarif niedrigere – Gewerbesteuerlast i.d.R. wirkungsvoll durch die Anrechnung i.S.d. § 35 EStG kompensiert wird.[49]

Gegenüber einer Doppelgesellschaft ohne Betriebsaufspaltung ergibt sich keine grundsätzlich veränderte steuerliche Behandlung der Erfolgskomponenten bei der Betriebsgesellschaft sowie von Ausschüttungen;[50] auch hier wird daher prinzipiell entscheidend sein, ob aus den an die Besitzunternehmung bzw. direkt an

---

46 Vgl. Abschnitt 4.2 Vergleich mit einer reinen Personenunternehmung auf S. 164.

47 Zwar gilt dies ebenso für die Anteile an der Betriebsgesellschaft; dass diese nicht auch schon ohne Betriebsaufspaltung nach § 17 EStG steuerverhaftet gewesen wären, erscheint im mittelständischen Bereich aber nur schwer vorstellbar.

48 Vgl. Herzig, N./Lochmann, U., (2000), S. 1729 f.

49 Vgl. Kessler, W./Teufel, T., (2001a), S. 20. Kessler und Teufel schlagen zur Nutzung des Gewerbesteuereffekts aus der Hinzurechnung/Kürzung eine umgekehrte Betriebsaufspaltung vor; vgl. Kessler, W./Teufel, T., (2001b), S. 869 ff. Diesen Vorteilen stehen jedoch evtl. Nachteile z.B. daraus entgegen, dass schuldrechtliche Entgelte (insbes. Geschäftsführer-Gehälter) bei einer Besitz-Kapitalgesellschaft aufgrund des ggü. einer Betriebsunternehmung geringeren Tätigkeitsumfangs auch nur in geringerer Höhe als angemessen angesehen werden könnten.

50 Vgl. Abschnitt 4.2 Vergleich mit einer reinen Personenunternehmung auf S. 164.

die Beteiligten fließenden Entgelten die natürlichen Personen ihre Bedürfnisse unter weitestgehendem und längerfristigem Verzicht auf Ausschüttungen aus der Betriebsgesellschaft decken können. Insgesamt kann nur im jeweiligen Einzelfall beurteilt werden, ob die typische Betriebsaufspaltung ohne Organschaft gegenüber einer reinen Personenunternehmung steuerliche Vorzüge bietet. Tendenziell begünstigen aber u.a. folgende Umstände die Vorteilhaftigkeit einer Betriebsaufspaltung ohne Organschaft:[51]

- Lange Thesaurierungsdauer, hohe Thesaurierungsquote bei der Betriebs-Kapitalgesellschaft sowie relativ hohe (gegenwärtige) Einkommensteuerbelastung der beteiligten natürlichen Personen: In diesem Fall werden die Zinseffekte, die durch die relativ niedrige Thesaurierungsbelastung bei der Kapitalgesellschaft möglich sind, nicht durch die Steuerbelastung bei Ausschüttung überkompensiert.
- Hohe Bedeutung schuldrechtlicher Entgelte zwischen der Betriebsgesellschaft und den beteiligten natürlichen Personen, wenn diese Entgelte nach ihrem originären Charakter besteuert werden (v.a. Geschäftsführergehälter): Im Gegensatz zur reinen Personenunternehmung wird ggf. eine nicht vollständige Kompensation der Gewerbesteuerlast durch die Anrechnung i.S.d. § 35 EStG vermieden, andererseits können z.B. über Pensionszusagen Finanzierungseffekte erreicht werden. (Langfristige) Darlehen und Nutzungsüberlassungen sind aufgrund der hälftigen Hinzurechnung der Entgelte (§ 8 Nr. 1 bzw. Nr. 7 1. Alt. GewStG) aber tendenziell nachteiliger als Dienstvergütungen.
- Keine Überschreitung der Hinzurechnungsgrenze i.S.d. § 8 Nr. 7 2. Alt. GewStG (Überlassung eines Betriebs/Teilbetriebs zu einem Entgelt von über 125.000 €), da zwar nicht notwendig die Gewerbesteuer vermindert, wohl aber der Verlust von Anrechnungspotential i.S.d. § 35 EStG verhindert wird.

5.3.3 Vergleich mit einer reinen Kapitalgesellschaft

Auch hier wird grundsätzlich auf die Ausführungen zur Doppelgesellschaft ohne Betriebsaufspaltung verwiesen.[52] Da die zusätzliche Gewerbesteuerbelastung beim Besitzunternehmen häufig in hohem Maße durch die Gewerbesteueranrechnung kompensiert wird, ergeben sich i.d.R. aus der zusätzlichen Gewerbesteuerpflicht bei der Betriebsaufspaltung nur relativ geringe Belastungsveränderungen. Durch die Steuerverhaftung der im Rahmen der Betriebsaufspaltung überlassenen Vermögenswerte fällt einerseits ein Vorteil der Doppelgesellschaft ohne Betriebsaufspaltung weg, gleichzeitig entfallen aber auch die korrespondierenden o.g. Nachteile aus der Nichtanwendbarkeit insbesondere von der betrieblichen Sphäre vorbehalten Abschreibungsvorschriften (z.B. degressive,

51 Vgl. auch Jacobs, O., (2002), S. 560 ff.; Strahl, M., (2002), S. 11943 ff. m.w.N.
52 Vgl. Abschnitt 4.3 Vergleich mit einer reinen Kapitalgesellschaft auf S. 166.

Sonder- oder Teilwertabschreibungen). Insgesamt wird eine Betriebsaufspaltung bei mittleren Unternehmen in vielen Fällen vorteilhaft gegenüber einer reinen Kapitalgesellschaft sein, v.a. wenn die Gesellschafter andernfalls in vergleichsweise bedeutendem Umfang auf Ausschüttungen aus der Kapitalgesellschaft angewiesen wären.[53]

5.3.4 Zwischenergebnis

Die typische Betriebsaufspaltung ohne Organschaft eignet sich nach wie vor als Gestaltungsinstrument zur Optimierung der laufenden ertragsteuerlichen Belastung von Unternehmen,[54] wenn auch die vor dem Steuersenkungsgesetz geltenden Überlegungen in wesentlichen Bereichen keine Gültigkeit mehr haben. Dennoch kann die Betriebsaufspaltung ohne Organschaft v.a. bei mittelgroßen bis größeren Unternehmen vorteilhaft sein, insbesondere wenn es gelingt,

- über Nutzungsentgelte im Rahmen der steuerlichen Betriebsaufspaltung (möglichst ohne Verpachtung eines gesamten Betriebs/Teilbetriebs zu mehr als 125.000 €) sowie ggf. weitere schuldrechtliche Verträge (aufgrund der gewerbesteuerlichen Behandlung vorzugsweise in Form von Dienstverträgen) ausreichende Beträge von der Betriebs-Kapitalgesellschaft auf die Beteiligten zu transferieren, sodass nachteilige Ausschüttungen aus der Kapitalgesellschaft möglichst vermieden werden, und
- gleichzeitig durch die (langfristige) Thesaurierung von Gewinnen bei der Kapitalgesellschaft die Steuersatzvorteile in ausreichende Zinseffekte umzusetzen.

Aufgrund der o.g. Prämisse (1) und den Regeln zur steuerlichen Anerkennung von Verträgen zwischen der Kapitalgesellschaft und ihren Gesellschaftern bzw. nahestehenden Personen[55] wird die sinnvolle Nutzbarkeit der Vorteile einer typischen Betriebsaufspaltung i.d.R. eine gewisse Unternehmensgröße voraussetzen, da nur dann ausreichende Erfolge bei den beteiligten natürlichen Personen anfallen. Aufgrund der i.d.R. umfangreicheren Nutzungsüberlassung und der folglich höheren Nutzungsentgelte ist die Erfüllung dieser Bedingung bei einer Betriebsaufspaltung jedoch weitaus realistischer als bei einer Doppelgesellschaft ohne Betriebsaufspaltung.

5.4 Doppelgesellschaft mit Betriebsaufspaltung und Organschaft

5.4.1 Steuerliche Konsequenzen

Gegenüber den bisherigen Überlegungen ergeben sich bei der neuen Variante einer Betriebsaufspaltung mit Vollorganschaft größtenteils andersartige steuerli-

53 Vgl. Jacobs, O., (2002), S. 560 ff.; Strahl, M., (2002), S. 11942 ff.

54 Vgl. Strahl, M., (2002), S. 11943 f. m.w.N. sowie Zahlenbeispiel.

55 Vgl. Abschnitt 2 Angemessenheit der Nutzungsentgelte auf S. 161.

che Konsequenzen und Möglichkeiten, weil sowohl körperschaftsteuerlich als auch gewerbesteuerlich der für die Betriebsgesellschaft ermittelte Erfolg der Besitzunternehmung zugerechnet und bei ihr bzw. ihren Gesellschaftern der Besteuerung unterworfen wird. Dabei greift eine gegenüber der Betriebsaufspaltung ohne Organschaft ggf. günstigere Gewerbebesteuerung zum einen, durch die Vermeidung von Hinzurechnungen, welche eine gewerbesteuerliche Doppelbelastung auslösen würden,[56] zum anderen durch die allgemeine gewerbesteuerliche Begünstigung der Personenunternehmung (Freibetrag, Staffeltarif). Vor allem aber unterliegt der Gewinn der Kapitalgesellschaft bei den an der Besitzunternehmung beteiligten natürlichen Personen als Einkünfte aus Gewerbebetrieb nur noch der persönlichen Einkommensteuer unter pauschalierter Gewerbesteueranrechnung,[57] sowie dem Solidaritätszuschlag. Damit hat die Höhe der im Rahmen der steuerlichen Betriebsaufspaltung vereinbarten Nutzungsentgelte grundsätzlich keinen Einfluss mehr auf die Besteuerung, und auch das steuerliche Risiko von verdeckten Gewinnausschüttungen entfällt.[58] Bei der Besteuerung schuldrechtlicher Verträge außerhalb der Betriebsaufspaltung treten durch die Organschaft keine Änderungen auf.

5.4.2 Vergleich mit einer reinen Personenunternehmung

Durch die Vollorganschaft wird die Besteuerung der Betriebsaufspaltung in wesentlichen Bereichen derjenigen einer einheitlichen Personenunternehmung angeglichen. Soweit schuldrechtliche Verträge zwischen den natürlichen Personen und der Betriebs-Kapitalgesellschaft nicht zu Einkünften aus Gewerbebetrieb im Rahmen der Betriebsaufspaltung führen, sondern entsprechend ihrer originären Qualifikation besteuert werden, treten jedoch Abweichungen auf. Daher ist es beispielsweise anders als bei der Einheits-Personengesellschaft möglich, mit ertragsteuerlicher Wirkung Geschäftsführerverträge zwischen der Betriebs-Kapitalgesellschaft und den Gesellschaftern abzuschließen und somit eine gewerbesteuerliche Belastung dieser Beträge zu vermeiden. Vorteilhaft könnte dabei insbes. die Vereinbarung von direkten Pensionszusagen mit den resultierenden Finanzierungseffekten sein. Es bleibt allerdings u.a. anzumerken, dass bei kleineren Unternehmen häufig nur der absoluten Höhe nach geringe Steuerersparnisse zu erzielen sein werden und dass sich der primäre Vorteil der Vermeidung von Einkünften aus Gewerbebetrieb bei laufenden Einkünften und niedrigem Gewerbesteuerhebesatz ggf. in einen Nachteil verkehren kann.

56 Vgl. Abschn. 41 GewStR m.w.N.
57 Vgl. § 35 Abs. 1, Abs. 2 S. 4 EStG.
58 Vgl. Abschn. 58 Abs. 3 KStR; Rieke, I., (2001), S. 272 f. m.w.N.

5.4.3 *Vergleich mit einer reinen Kapitalgesellschaft*

Die Gegenüberstellung der Betriebsaufspaltung mit Organschaft und der reinen Kapitalgesellschaft ähnelt dem Vergleich zwischen einer reinen Personenunternehmung und der reinen Kapitalgesellschaft – es kann daher, nun aber mit umgekehrter Zuordnung der Doppelgesellschaft, in weiten Teilen auf die o.g. Vorteilhaftigkeitsvergleiche verwiesen werden.[59] Die Betriebsaufspaltung mit Organschaft hat damit u.a. Vorzüge bei relativ niedrigen Gewinnen bzw. hohem Entnahme- bzw. Ausschüttungsbedarf, bei Refinanzierungsaufwand (Nichtanwendung des § 3c Abs. 2 EStG) sowie in Verlustsituationen; Nachteile bestehen v.a. bei hohen Gewinnen in Verbindung mit einem niedrigen Entnahme- bzw. Ausschüttungsbedarf sowie in der eingeschränkten Möglichkeit zum Abschluss steuerlich wirksamer Gesellschaft-Gesellschafter-Verträge.[60]

5.4.4 *Zwischenergebnis*

Die typische Betriebsaufspaltung mit Vollorganschaft stellt eine neue Gestaltungsvariante dar, die zu einer weitestgehend der reinen Personenunternehmung ähnlichen Besteuerung führt; insbesondere bei kleineren Unternehmen oder einem hohen Entnahme- bzw. Ausschüttungsbedarf können somit die o.g. klassischen Vorteile einer Einheits-Personenunternehmung in Anspruch genommen werden. Mit der begrenzten ertragsteuerlichen Anerkennung zusätzlicher Betriebsgesellschaft-Gesellschafter-Verträge bietet die Betriebsaufspaltung weiteres Optimierungspotential, welches in Abhängigkeit u.a. von der Unternehmensgröße ggf. wirksame Möglichkeiten zu weiterer Steuerersparnis bietet.

Unter Einbeziehung auch außersteuerlicher Überlegungen wird die Vorteilhaftigkeit der Organschaftsvariante allerdings eingeschränkt, wenn für die Betriebsaufspaltung Überlegungen zur Haftungsbeschränkung eine Rolle spielen,[61] denn diese Haftungsbeschränkung wird durch die mit dem Gewinnabführungsvertrag verbundene Verpflichtung zur Verlustübernahme[62] aufgehoben.[63] Grundsätzlich besteht jedoch die Möglichkeit zur Etablierung einer – wenn auch andersartigen – Haftungsabschirmung, indem die Besitzunternehmung in Form einer haftungsbeschränkten Personengesellschaft (z.B. GmbH & Co. KG) geführt wird. Gegenüber einer einfachen GmbH & Co.-Konstruktion bleiben in diesem Fall z.B. die Gesellschafter-Geschäftsführer-Gehälter bei der Betriebs-Kapital-

59 Vgl. die in Fn. 22 angeführte Literatur.

60 Vgl. Rieke, I., (2001), S. 270 ff.; Jacobs, O., (2002), S. 560 ff.

61 Vgl. Kaligin, T., (2001), S. 23 ff.; Söffing, G., (2001), S. 322 ff.

62 Vgl. § 302 Abs. 1 AktG.

63 Auch im Nicht-Organschaftsfall bleiben evtl. Haftungsrisiken nach den Grundsätzen über den qualifiziert faktischen Konzern – vgl. Kaligin, T., (2001), S. 34 ff., wohl a.A. Strahl, M., (2002), S. 11952, je m.w.N.

gesellschaft abziehbar. Zugleich besteht bei einer gewerblicher Prägung[64] der GmbH & Co. KG ein wirksamer Schutz vor einer Besteuerung der stillen Reserven in den im Rahmen der Betriebsaufspaltung überlassenen Wirtschaftsgütern bei einer ggf. unbeabsichtigten Beendigung der Betriebsaufspaltung.[65]

6 Zusammenfassung

Die typische strukturelle Doppelgesellschaft bietet auch nach den jüngsten Steuerreformen z.T. attraktive Möglichkeiten für mittelständische Unternehmen zur Optimierung der laufenden Besteuerung. Zur Erreichung erheblicher ertragsteuerlicher Wirkungen wird in vielen Fällen eine Überlassung wesentlicher Betriebsgrundlagen und damit unter den o.g. Prämissen die Etablierung einer Betriebsaufspaltung unumgänglich sein. Wie gezeigt werden konnte, wirken die Vorzüge einer Betriebsaufspaltung je nach Ausgestaltung in unterschiedliche Richtungen; eine Rechtsformentscheidung zugunsten der oder gegen die Betriebsaufspaltung mit bzw. ohne Organschaft kann deshalb nur im konkreten Einzelfall getroffen werden. Auch wenn die Bedeutung der Betriebsaufspaltung sich durch das Steuersenkungsgesetz z.T. verändert hat[66], so kann doch keineswegs vom Wegfall ihrer steuerplanerischen Berechtigung gesprochen werden. Zusätzlich ergeben sich ab 2002 mit der Vollorganschaftsvariante neue interessante Gestaltungsmöglichkeiten, sodass m.E. zumindest für die o.g. Fälle wieder eine wachsende Bedeutung der typischen strukturellen Doppelgesellschaft im Rahmen der steuerlichen Unternehmensplanung zu erwarten ist.

Literatur

Bärtels, H. (1991): Gewinnverlagerungen in der Betriebsaufspaltung als Frage des zugrundeliegenden Besteuerungskonzepts, BB 1991, S. 1539

Bauer, J. (2001): Rechtsformwahl mittelständischer Unternehmen nach der Unternehmenssteuerreform, StBJb 2000/2001, S. 117

Brandmüller, G. (2002): Betriebsaufspaltung – Die aktuelle Rechtsform, Freiburg (Loseblatt)

Brandmüller, G./Küffner, P. (2001): Bonner Handbuch GmbH, Bonn (Loseblatt)

Brönner, H. (1999): Die Besteuerung der Gesellschaften, 17. Aufl., Stuttgart 1999

Daragan, H. (2002): Verfassungsmäßigkeit der Erbschaftsteuer, BB 2002, S. 649

Dehmer, H. (1987): Die Betriebsaufspaltung – Steuerrecht, Umwandlung und Bilanzierung, Gesellschafts-, Pacht- und Arbeitsrecht, 2. Aufl., München 1987

Dötsch, E./Pung, A. (2000): Steuersenkungsgesetz: Die Änderungen bei der Körperschaftsteuer und bei der Anteilseignerbesteuerung, DB 2000, Beilage 10

Fenzl, B./Hagen, C. (2000): Überlegungen zur Organschaft im Hinblick auf die geplante Unternehmenssteuerreform, in: FR 2000, S. 289

---

64 Vgl. § 15 Abs. 3 Nr. 2 EStG.

65 Vgl. zu dieser Problematik Strahl, M., (2002), S. 11945 ff.; Wenzel, F., (1990).

66 Vgl. Jacobs, O., (2002), S. 263.

Fichtelmann, H. (1996): Betriebsaufspaltung im Steuerrecht, 9. Aufl., Heidelberg 1996
Fischer, P. (2001): Anmerkung zu BFH, Urt. v. 23.5.2000 – VIII R 11/99, FR 2001, S. 34
Förster, G. (2001): Rechtsformwahl, Unternehmenskauf und Umwandlung nach der Unternehmenssteuerreform, WPg 2001, S. 1234
Herden, W. (2002): Miet- und Pachtverhältnisse, insbesondere Betriebsaufspaltung, in: Ernst & Young (Hrsg.): Verdeckte Gewinnausschüttungen und verdeckte Einlagen, Bonn/Berlin (Loseblatt)
Herlinghaus, A. (2000): StSenkG: Änderung der Eingliederungsvoraussetzungen bei Organschaften (§ 14 KStG und § 2 Abs. 2 S. 2 GewStG), FR 2000, S. 1005
Herzig, N. (2001): Aspekte der Rechtsformwahl für mittelständische Unternehmen nach der Steuerreform, WPg 2001, S. 253
Herzig, N./Lochmann, U. (2000): Steuersenkungsgesetz: Die Steuerermäßigung für gewerbliche Einkünfte bei der Einkommensteuer in der endgültigen Regelung, DB 2000, S. 1728
Hey, J. (2001): Bedeutung und Besteuerungsfolgen der verdeckten Gewinnausschüttung nach der Unternehmenssteuerreform, GmbHR 2001, S. 1
Jacobs, D. (2001): Rechtsformwahl nach der Unternehmenssteuerreform: Personenunternehmung oder Kapitalgesellschaft?, DStR 2001, S. 806
Jacobs, O. (2002): Unternehmensbesteuerung und Rechtsform, 3. Aufl., München 2002
ders. (1998): Unternehmensbesteuerung und Rechtsform, 2. Aufl., München 1998
Kaligin, T. (2001): Die Betriebsaufspaltung, 4. Aufl., Bielefeld 2001
Kessler, W./Teufel, T. (2001a): Die klassische Betriebsaufspaltung nach der Unternehmenssteuerreform, BB 2001, S. 17
dies. (2001b): Die umgekehrte Betriebsaufspaltung zwischen Schwestergesellschaften – eine attraktive Rechtsformkombination nach der Unternehmenssteuerreform, DStR 2001, S. 869
Kirchhof, P. (2002): EStG Kompaktkommentar, 2. Aufl., Heidelberg 2002
Knoppe, H. (1985): Betriebsverpachtung, Betriebsaufspaltung, 7. Aufl., Düsseldorf 1985
Kollruss, T. (2001): Die Organschaft nach dem Steuersenkungsgesetz, SteuerStud 2001, S. 112
Korezkij, L. (2001): Anrechnung der Gewerbesteuer nach § 35 EStG, BB 2001, S. 333 (Teil 1) und S. 389 (Teil 2)
Limberger, M. (2001): Grundzüge der Betriebsaufspaltung, SteuerStud 2001, S. 300
Lutterbach, T. (1999): Sonderbetriebsvermögen II bei Betriebsaufspaltungen, DB 1999, S. 2332
Märkle, R. (2002): Beratungsschwerpunkt Betriebsaufspaltung – neueste Rechtsprechung und Verwaltungsanweisungen, DStR 2002, S. 1109 (Teil I) und S. 1153 (Teil II)
ders. (2000): Die Betriebsaufspaltung an der Schwelle zu einem neuen Jahrtausend, BB 2000, Beilage 7
Neufang, B. (2002): Deutsche Steuerberater-Richtlinien, Offenburg (Loseblatt)
ders. (1989): Darlehensverträge und Betriebsaufspaltung, StBp 1989, S. 86
Prinz, U. (2000): Unternehmenssteuerreform 2001: Organschaftsbesteuerung im Wandel, in: FR 2000, S. 1255
Richter, W./Stangl, M. (2000): Die sachliche Verflechtung bei Bürogebäuden im Spiegel der jüngsten Rechtsprechung – eine kritische Bestandsaufnahme, BB 2000, S. 1166
Rieke, I. (2001): Vorteile und Risiken einer körperschaftsteuerlichen Organschaft bei Betriebsaufspaltung, Inf 2001, S. 269

Rogall, M. (2001): Die Berücksichtigung von Personengesellschaften durch die Unternehmenssteuerreform, DStR 2001, S. 586

Saß, G. (2000): Einfluß der Dienstleistungsfreiheit in der EU auf die direkten Steuern – Anmerkungen zum Eurowings-Urteil des EuGH v. 26.10.1999 und zu seiner Umsetzung, DB 2000, S. 176

Schiffers, J. (2000): Steuersenkungsgesetz: Steuerliche Rechtsformwahl und Rechtsformoptimierung, GmbHR 2000, S. 1005

Schmidt, L. (2002): EStG, 20. Aufl., München 2002

ders. (1979): In den Grenzbereichen von Betriebsaufgabe, Betriebsverpachtung, Betriebsaufspaltung und Mitunternehmerschaft, DStR 1979, S. 671 (Teil 1) und S. 699 (Teil 2)

Schneeloch, D./Rahier, G./Trockels-Brand, T. (2000): Steuerplanerische Überlegungen zur Unternehmenssteuerreform, DStR 2000, S. 1619

Schulze zur Wiesche, D. (1991): Verdeckte Gewinnausschüttung und Betriebsaufspaltung, DStR 1991, S. 137

Söffing, G. (2001): Die Betriebsaufspaltung, 2. Aufl., Herne/Berlin 2001

ders. (1996): Gedanken zur Rechtfertigung der Betriebsaufspaltung, DStR 1996, S. 1225

Stapelfeld, A. (2002): Die aktuelle BFH-Rechtsprechung zur Problematik der Büro- und Verwaltungsgebäude als wesentliche Betriebsgrundlage im Rahmen der Betriebsaufspaltung, DStR 2002, S. 161

Strahl, M. (2002): Betriebsaufspaltung im Steuer- und Zivilrecht, NWB Fach 3, S. 11921

Wehrheim, M. (2001): Die Betriebsaufspaltung im Spannungsfeld zwischen wirtschaftlicher Einheit und rechtlicher Selbständigkeit, BB 2001, S. 913

Wenzel, F. (1990): Die Beendigung der Betriebsaufspaltung: Maßnahmen zur Vermeidung der Besteuerung der stillen Reserven der Besitzgesellschaft, Frankfurt a.M. 1990

Wöhe, G. (1990): Betriebswirtschaftliche Steuerlehre II/1: Der Einfluß der Besteuerung auf die Wahl und den Wechsel der Rechtsform des Betriebes, 5. Aufl., München 1990

Zartmann, H. (1980): Die Betriebsaufspaltung, Wiesbaden 1980

Die Umsatzsteuerhaftung nach § 25d UStG

Jörg Richter

Inhaltsverzeichnis

1 Einleitung

Mit gewisser Regelmäßigkeit, die fast schon die Eigenart einer Naturgesetzlichkeit einzunehmen scheint, treten zu Beginn eines jeden Jahres eine Vielzahl steuerrechtlicher Änderungen in Kraft. Dabei fällt auf, dass diese Änderungen zunehmend nicht mehr das Ergebnis eines intensiven parlamentarischen Gesetzgebungsprozesses sind, sondern in sehr kurzer Beratungszeit zustande kommen. So hat die Zeit zwischen der Einbringung des Gesetzesentwurfs der Bundesregierung zum Steuerverkürzungsbekämpfungsgesetz[1] (StVBG) vom 17. 8. 2001[2] und der endgültigen Verabschiedung Ende November 2001[3] nur knapp vier Monate betragen.[4] Dass diese Kurzfristigkeit zu Lasten der Zielgenauigkeit der betreffenden Normen führen kann, liegt nahe. Dies gilt vor allem dann, wenn we-

---

1 Gesetz zur Bekämpfung von Steuerverkürzungen bei der Umsatzsteuer und zur Änderung anderer Steuergesetze vom 19. 12. 2001, BGBl. I S. 3922.

2 BR-Drs. 637/01, BT-Drs. 14/6883.

3 BR-Drs. 892/01.

4 Unter Einbeziehung der ministeriellen Vorarbeiten (Sachstandsbericht der Referatsleiter Umsatzsteuer und Organisation Steuer der obersten Finanzbehörden des Bundes und der Länder vom 30. 5. 2001, IV B 2 - S 7420 - 130/01, sowie des Referentenentwurfs vom 13. 7. 2001, IV B 2 - S 7420 - 276/01) ergibt sich ein Zeitrahmen von sechs Monaten.

sentlich in eine bestehende Systematik eingegriffen wird und die Änderungen ein hohes Maß an Normdurchsetzung verfolgen.

Eine solche Regelung beinhaltet Art. 1 Nr. 5 StVBG mit der Einführung eines neuen § 25d UStG, der erstmals in der Geschichte der Umsatzsteuer als Allphasen-Netto-Umsatzsteuer mit Vorsteuerabzug die Haftung des Unternehmers für schuldhaft aus einem vorangegangenen Umsatz nicht abgeführte Umsatzsteuer festschreibt. Der Gesetzgeber sieht hierin eine Norm, die im Zusammenwirken mit weiteren Maßnahmen des StVBG[5] geeignet ist, den Umsatzsteuerbetrug wirksam zu bekämpfen.[6]

Erste Stimmen in der Literatur gehen auf kritische Distanz. So spricht *Nieskens* mit Blick auf die Entscheidungsalternativen der Finanzverwaltung von keiner "durchdachten rechtsstaatlichen Offensive".[7] *Leingang-Ludolph/Wiese* sehen in der Umsatzsteuerhaftung eine Vorschrift, die kaum geeignet ist, das Umsatzsteueraufkommen zu sichern.[8] Die Normstruktur sei ungenau gefasst, mit objektiven und subjektiven Voraussetzungen "überfrachtet" und dürfte mit Blick auf die in § 71 AO geregelte Haftung als Teilnehmer an einer Steuerhinterziehung keinen maßgeblichen eigenständigen Anwendungsbereich erlangen.[9] Für *Reiß* ist § 25d UStG ein abschreckendes Beispiel entweder für eine symbolische Gesetzgebung oder stelle eine zu Lasten rechtstreuer Unternehmer gehende Regelung dar.[10] Ob diese Einschätzungen zutreffend sind, will der nachfolgende Beitrag untersuchen.

2 Systembedingte Betrugsanfälligkeit der Umsatzsteuer

Die Umsatzsteuer hat das Ziel, die sich in dem privaten Verbrauch von Gütern und Dienstleistungen erschöpfende Einkommensverwendung zu besteuern.[11] Aus wirtschaftlicher Sicht soll der Endverbraucher belastet werden. Für die Leistungen erbringenden Unternehmer muss die Umsatzsteuer deshalb belastungsneutral sein.[12] Da aus Gründen der Erhebungstechnik der Steuerzugriff

---

5 Im Einzelnen sind dies: Einführung der Sicherheitsleistung bei Vorsteuererstattungen (§ 18f UStG), festgeschriebener Voranmeldungszeitraum bei Existenzgründung (§ 18 Abs. 2 UStG), strafrechtliche Sanktionierung für den Fall nicht vollständig oder nicht rechtzeitig entrichteter Umsatzsteuer (§ 26b und § 26c UStG), Einführung einer allgemeinen Umsatzsteuernachschau (§ 27b UStG) sowie zusätzlicher Rechnungsinhalte (§ 14 Abs. 1a und § 27 Abs. 3 UStG). Zu ergänzenden Maßnahmen im organisatorischen und personellen Bereich vgl. Kruhl, 1018 (1023).

6 Siehe BT-Drs. 14/6883, S. 7.

7 S. 53 (73).

8 S. 1472 (1475).

9 Ebenda.

10 In: Tipke/Lang, § 14 Rz. 166.

11 Allgemein zur Systematik der Umsatzsteuer, vgl. Reiß, in: Tipke/Lang, § 14 Rz. 1 ff.

12 Siehe Reiß, in: Tipke/Lang, § 14 Rz. 3.

nicht beim Endverbraucher, sondern beim Unternehmer erfolgt, ist die Umsatzsteuer konzeptionell ausgerichtet als eine Allphasen-Netto-Umsatzsteuer mit Vorsteuerabzug.[13] Der Unternehmer ist Steuerschuldner.[14] Seine Belastungsneutralität wird dadurch sichergestellt, dass er die in seinen Eingangsumsätzen enthaltene Umsatzsteuer als Vorsteuer vergütet bekommt.[15]

Wegen der Trennung von Steuerschuldner und Steuerträger sowie der Steuererhebung auf jeder Leistungsstufe galt die Umsatzsteuer gemeinhin zwar nicht als umgehungsresistent, gegenüber den direkten Steuern doch als weniger hinterziehungsgefährdet.[16] Was aus optimalsteuertheoretischer Sicht – zumindest 1968 im Zeitpunkt der Einführung des gemeinsamen Mehrwertsteuersystems innerhalb der EU – plausibel erschien hat sich in der Praxis nicht bestätigt.[17]

Neben Geschäften, bei denen Unternehmer gegenüber Endverbrauchern Leistungen ohne Rechnung erbringen, und der Verrechnung von Vorsteuer, denen keine entsprechende Eingangsleistung gegenübersteht, ist – begünstigt durch den Wegfall der Zollgrenzkontrollen anlässlich der Einführung des EU-Binnenmarktes 1993 – eine neue, organisiert-kriminelle Strukturen aufweisende Form des innergemeinschaftlichen Umsatzsteuerbetrugs entstanden.[18]

Im Rahmen so genannter Karussellgeschäfte gelangt ein und dieselbe Handelsware von einem inländischen Unternehmer über einen im übrigen Gemeinschaftsgebiet ansässigen Unternehmer und unter der Zwischenschaltung eines weiteren inländischen (Schein)Unternehmers zurück an den ersten Unternehmer in der Kette.[19] Der zwischengeschaltete inländische Unternehmer führt die Umsatzsteuer nicht ab, vermittelt aber gleichzeitig für den ersten Unternehmer den Vorsteuerabzug.

Der Bundesrechnungshof hat mit seinen Feststellungen zur Haushaltsführung des Bundes das Problem des Umsatzsteuerbetrugs in Form der Vorsteuerkarusselle erstmals Ende 2000 einer breiten Öffentlichkeit zugänglich gemacht und auf erheblichen Handlungsbedarf hingewiesen.[20]

Verlässliche Zahlen über das Maß der Steuerausfälle gibt es nicht. Die Schätzungen zum Umsatzsteuerbetrug gehen weit auseinander. So konstatiert der

---

13 Ebenda.

14 § 13a Abs. 1 Nr. 1 UStG.

15 Siehe Reiß, in: Tipke/Lang, § 14 Rz. 3.

16 Zur Merklichkeit indirekter Steuern, siehe Lang, in: Tipke/Lang, § 8 Rz. 11.

17 Zur Betrugsanfälligkeit im innergemeinschaftlichen Warenverkehr, vgl. Widmann (Lieferungen), S. 1346 ff.

18 Siehe BT-Drs. 14/4226, S. 216 f.

19 Zur umsatzsteuerrechtlichen Einordnung und weiterer Varianten von Karussellgeschäften, siehe BT-Drs. 14/4226. S. 217.

20 Bemerkungen des Bundesrechnungshofs 2000 zur Haushalts- und Wirtschaftsführung (einschließlich der Feststellungen zur Jahresrechnung des Bundes 1999), BT-Drs. 14/4226, Tz. 68, S. 216 ff.

Bundesrechnungshof eine Größenordnung von 23 Mrd. DM.[21] Vorsichtige Schätzungen auf der Basis von aufgedeckten Betrugsfällen sehen die Untergrenze bei 5 Mrd. Euro.[22] Die Bundesregierung rechnet durch das StVBG mit Steuermehreinnahmen von 2,3 Mrd. Euro im Jahr 2002.[23]

3 Regelungszweck und Regelungsinhalt

Im Vergleich zu den übrigen Regelungen des StVBG kann § 25d UStG wegen seines Sanktionscharakters maßgebliche Bedeutung beigelegt werden. Konzeptionell ist die Vorschrift ausgerichtet an der Bekämpfung des Umsatzsteuerbetrugs in Form von Karussellgeschäften.[24] In erster Linie soll der Tatbestand der Umsatzsteuerhaftung verhindern, dass nicht abgeführte Umsatzsteuer als Vorsteuer vergütet werden muss.[25] Eingebettet in den Maßnahmenkatalog des StVBG soll sie allgemein das Umsatzsteueraufkommen sichern, den Verfolgungsdruck erhöhen und zum Schutz der steuerehrlichen Unternehmer beitragen.[26]

Aus steuersystematischer Sicht ist § 25d UStG eine einzelsteuergesetzliche Erweiterung der allgemeinen abgabenrechtlichen Haftungsregeln (§§ 69 ff., 191 u. 219 AO).[27]

Den Haftungstatbestand des § 25d Abs. 1 S. 1 UStG erfüllt ein Unternehmer für die in einer Rechnung ausgewiesene und nicht abgeführte Umsatzsteuer, wenn er im Zeitpunkt des Vertragschlusses über seinen Eingangsumsatz von der vorgefassten Absicht des Ausstellers der Rechnung, die Umsatzsteuer nicht zu entrichten, Kenntnis hatte. Einbezogen wird auch der Fall, bei dem der Rechnungsaussteller sich vorsätzlich außer Stande gesetzt hat, die Umsatzsteuer zu entrichten. Die Haftung erstreckt sich nicht nur auf die Umsatzsteuer aus dem unmittelbaren Eingangsumsatz, sondern allgemein auf die Umsatzsteuer aus vorangegangenen Umsätzen.

Für den Erlass des Haftungsbescheides gelten die allgemeinen haftungsrechtlichen Grundsätze (§ 25d Abs. 4 UStG). Der Unternehmer haftet unmittelbar. Er kann sich nicht auf die vorrangige Inanspruchnahme des Rechnungsausstellers berufen. Die Anwendung des § 219 AO ist nach § 25d Abs. 4 UStG ausdrücklich ausgeschlossen. Erfüllen mehrere Unternehmer den Haftungstatbestand, haften sie als Gesamtschuldner (§ 25d Abs. 1 S. 2 UStG). In diesem Fall liegt

21 Siehe BT-Drs. 14/4226, Tz. 68.23, S. 219.
22 Siehe Kruhl, S. 1018.
23 Siehe BT-Drs. 14/6883, S. 2.
24 Siehe BT-Drs. 14/6883, S. 7.
25 Ebenda.
26 Ebenda.
27 Leingang-Ludolph/Wiese, S. 1472.

die Zuständigkeit bei jedem Finanzamt, bei dem der Vorsteueranspruch geltend gemacht wird (§ 25d Abs. 2 UStG).

4 Ausgewählte Aspekte der materiellen Haftungsvoraussetzungen

Bei vorsichtiger Betrachtung des § 25d UStG ergeben sich Zweifel an der Bestimmtheit des Normtextes sowie – gemessen an der Betrugsanfälligkeit der Umsatzsteuer – Bedenken im Hinblick auf die Zielgenauigkeit der Umsatzsteuerhaftung und ihrer praktischen Rechtsanwendung.

Unproblematisch erscheinen die Tatbestandsvoraussetzungen der Nichtentrichtung offen ausgewiesener Umsatzsteuer durch den Aussteller der Rechnung und der Zeitpunkt des Vertragsschlusses über den Eingangsumsatz,[28] vage und mehrdeutig hingegen die planmäßige Nichtentrichtung der Umsatzsteuer, die sich darauf beziehende Kenntnis des potentiell haftenden Unternehmers und der Begriff des vorangegangenen Umsatzes. Darüber hinaus ist unklar, ob nur der Unternehmer haften soll, der auch eine Vorsteuervergütung geltend macht.

4.1 Unternehmer

Haftungssubjekt ist der Unternehmer. Damit sind in den Kreis der Haftenden diejenigen Personen einbezogen, denen § 2 Abs. 1 UStG Unternehmereigenschaft beilegt. Nicht erfasst werden die übrigen Personen, die sonst als Steuerschuldner infrage kommen (z.B. der Erwerber i.S.d. § 1 Abs. 1 Nr. 5 UStG und der Abnehmer i.S.d. § 6a Abs. 4 UStG), sowie der Kreis der Nichtunternehmer.

Die Beschränkung der Haftung auf den Unternehmer erscheint konsequent, weil nur dieser zum Vorsteuerabzug berechtigt ist (§ 15 Abs. 1 S. 1 UStG). Nach dem Gesetzeswortlaut ist die Frage der Vorsteuerverrechnung offensichtlich unerheblich.[29] Auch in Fällen des Vorsteuerausschlusses (§ 15 Abs. 2 UStG) würde die Haftung greifen. Mithin ginge es nicht nur um die Saldierung von abzuführenderer Umsatzsteuer und abzugsfähiger Vorsteuer, sondern allgemein um die Sicherung des Umsatzsteueraufkommens. Dann wäre es nur folgerichtig gewesen, jeden Leistungsempfänger als potentiell Haftenden zu benennen um so den Kreis der so genannten "Ohne-Rechnung-Geschäfte" einzubeziehen.

Die Unabhängigkeit vom tatsächlichen Vorsteuerabzug ist allerdings nicht zwingend. Systematische Bedenken ergeben sich aus der Zuständigkeitsregelung des § 25d Abs. 2 UStG und der Aufrechnungslage nach § 25d Abs. 3 UStG.

Erfüllen mehrere Unternehmer den Haftungstatbestand, so haften sie als Gesamtschuldner (§ 25d Abs. 1 S. 2 UStG). Für diesen Fall ist jedes Finanzamt zuständig, bei dem der Vorsteuerabzug geltend gemacht wird (§ 25d Abs. 2 S. 2 EStG). Damit kommt klar zum Ausdruck, dass nur der Vorsteuer verrechnende Unternehmer in Anspruch genommen werden soll.

---

28 Leingang-Ludolph/Wiese, S. 1472 (1473).

29 Ebenda; Widmann (Änderungen), S. 166 (168).

Bestätigt wird dieses Ergebnis durch § 25d Abs. 3 S. 2 UStG: Bis zum Abschluss der Prüfung der materiellen Haftungsvoraussetzungen kann die Zustimmung zur Auszahlung eines Vorsteuerüberschusses versagt werden.

Die Beschränkung auf den Vorsteuer geltend machenden Unternehmer entspricht ebenso den Vorstellungen des Gesetzgebers.

Der Regierungsentwurf setzt den Haftungstatbestand mit dem Fall gleich, dass ein Unternehmer in Kenntnis über die planmäßig nicht entrichtete Umsatzsteuer selbst Vorsteuer verrechnet.[30] § 25d UStG soll die Finanzbehörde in die Lage versetzen, mit Vorsteuererstattungsansprüchen aufzurechnen.[31] So werde das systemimmanente Gleichgewicht von Vorsteuerabzugsrecht für in Rechnung gestellte Umsatzsteuer und Abführung der in Rechnung gestellten Umsatzsteuer wieder hergestellt.[32] Der Fiskus solle nicht gezwungen sein, Steuerbeträge auszuzahlen, die er nicht erhalten hat.[33] Dieser Normzweck hat sich im Laufe des Gesetzesgebungsverfahren nicht geändert. Abweichungen sind weder der Stellungnahme des Bundesrates[34] noch dem Bericht des Finanzausschusses[35] zu entnehmen.

Der sich aus dem Normtext und Sinnzusammenhang ergebende objektivierte Wille des Gesetzgebers[36] entspricht folglich seinen tatsächlichen Vorstellungen. Dies bedeutet: Haftungsschuldner kann nur der Unternehmer sein, der Vorsteuer geltend macht.[37]

4.2 Vorangegangener Umsatz

Der Unternehmer haftet für die Steuer aus einem vorangegangenen Umsatz.

Was unter einem vorangegangen Umsatz zu verstehen ist, ist auf den ersten Blick nicht eindeutig bestimmbar. *Widmann* weist am Beispiel der Restaurationsleistungen darauf hin, dass nach dem Wortverständnis wohl jede im Eingangsumsatz enthaltende Vorstufenleistung einen vorangegangenen Umsatz darstelle.[38] Insbesondere bei einem offensichtlichen Missverhältnis zwischen Vor-

30 Siehe BT-Drs. 14/6883, S. 7.

31 Ebenda

32 Ebenda.

33 Siehe BT-Drs. 14/6883, S. 8.

34 Vgl. BT-Drs. 14/7085.

35 Vgl. BT-Drs. 14/7471.

36 Zur Maßgeblichkeit des sich aus dem Normtext und Sinnzusammenhang ergebenden objektivierten Willen des Gesetzgebers als entscheidendes Auslegungskriterium, vgl. BVerfG, Beschluss vom 17. Mai 1960 2 BvL 11/59 und 11/60, BVerfGE 11, 126 (131).

37 So im Ergebnis auch Leingang-Ludolph/Weise, S. 1472 (1474), die jedoch zu einer Beschränkung der Haftung auf den Vorsteuer geltend machenden Unternehmer durch eine vorteilsorientierte Einschränkung auf der Ebene des Entschließungsermessens gelangen.

38 (Änderungen), S. 166 (168).

stufenleistung und Eingangsumsatz ergäben sich erhebliche Zweifel, ob die Haftung soweit ausgedehnt werden dürfte.[39]

Mit dem Begriff des vorangegangenen Umsatzes ist in das Umsatzsteuergesetz ein neuer Terminus eingeführt worden. Im Schrifttum und in der Rechtsprechung benennt er – teilweise unter der Bezeichnung "Vorbezug" – die Eingangsleistung eines Unternehmens, deren vorsteuerliche Behandlung von ihrer Verwendung abhängt.[40]

Der Gesetzgeber wollte die Umsatzsteuerhaftung nicht nur auf die Umsatzsteuer aus dem unmittelbaren Eingangsumsatz beschränken, sondern auch die Umsätze aus den Vorstufen miteinbeziehen.[41] Gesetzestechnisch musste deshalb ein den Eingangsumsatz selbst und die Vorstufenumsätze mit einander verknüpfender und damit umfassender Begriff gefunden werden.

Dem Umsatzsteuergesetz ist eine solche Verkettung von Leistungen mit der Regelung des Reihengeschäfts (§ 3 Abs. 6 S. 5 UStG) nicht fremd. Ein Reihengeschäft liegt vor, wenn mehrere Unternehmer über den selben Gegenstand Umsatzgeschäfte abschließen.

Übertragen auf die Umsatzsteuerhaftung würde dies die Leistungsidentität von Eingangsumsatz und den ihm vorangegangenen Umsätzen bedeuten.

Dies entspricht auch der Zielvorstellung des Gesetzgebers, der § 25d UStG als eine speziell am Umsatzsteuerbetrug in Form von Karussellgeschäften ausgerichtete Norm verstanden wissen will.[42] Dass er gleichwohl von einer Definition der Karussellgeschäften abgesehen hat, kann darauf zurück geführt werden, dass auch ein eingliedriges Umsatzgeschäft zwischen zwei Unternehmern betrugsanfällig ist.

4.3 Kenntnis des Unternehmers von der vorsätzlichen Nichtentrichtung offen ausgewiesener Umsatzsteuer

Die Haftung setzt die Kenntnis des Unternehmers von der planmäßigen Nichtentrichtung der Umsatzsteuer durch den Rechnungsaussteller voraus.[43]

---

39 Leingang-Ludolph/Wiese, S. 1472 (1474).

40 Für viele: Jakob, § 10 Rdn. 81; Widmann (Vorumsatz), S. 80 ff.; BFH, Urteil vom 26. 2. 1987 VR 71/77, BStBl. II 1987, 685; Urteil vom 16. 4. 1997 XI R 87/96, BStBl. II 1997, 585; EuGH, Urteil vom 8. 6. 2000 Rs. C 98/98, UR 2000, 342.

41 Siehe BT-Drs. 14/6883, S. 8.

42 Siehe BT-Drs. 14/6883, S. 7; 14/7471, S. 14.

43 Der Regierungsentwurf sah zunächst eine weitergehende Haftung vor. So sollte auch der Fall, dass der Unternehmer den Umständen nach Kenntnis von der Nichtentrichtung gehabt haben musste, einbezogen werden (siehe BT-Drs. 14/6883, S. 5). Zum Wegfall dieser Voraussetzung und dem Einfluss des Bundesrates, vgl. Hillmann-Stadtfeld, S. 434 (435).

Der Gesetzeswortlaut nennt zwei Alternativen der planmäßigen Nichtentrichtung, auf die sich die Kenntnis beziehen muss: die vorgefasste Absicht oder das vorsätzlich außer Stande Setzen, die ausgewiesene Umsatzsteuer zu entrichten.

Da sich die Haftung neben dem unmittelbaren Eingangsumsatz auch auf die Vorstufenumsätze erstreckt, muss die Kenntnis zeitlich gesehen sowohl Fälle bereits verwirklichter als auch solche erst zukünftiger Nichtentrichtung umfassen.[44] Das vorsätzlich außer Stand Setzen, die Steuer nicht zu entrichten, ist somit immer eine Erscheinungsform der vorgefassten Absicht und folglich eine funktionslose Sachverhaltsalternative.[45]

Das planmäßige Handeln des Rechnungsausstellers und die positive Kenntnis des Unternehmers sind subjektive Tatbestandsvoraussetzungen. Es liegt in der Natur innerer Tatsachen, dass sie besondere Feststellungsprobleme aufwerfen. Dabei ist zu berücksichtigten, dass es sich in beiden Fällen um steuerbegründende Merkmale handelt und der Finanzbehörde deshalb die objektive Beweislast zufällt.[46]

Entrichtet der Aussteller der Rechnung keine Umsatzsteuer, dürfte die bloße Nichtentrichtung geeignet sein, seine vorgefasste Absicht widerlegbar zu vermuten. Diese Schlussfolgerung kann aber nicht auf die Kenntnis des potentiell haftenden Unternehmers übertragen werden. Sie wäre dann plausibel, wenn zum Beispiel die Geschäftsführung von Rechnungsaussteller und Unternehmer in Personalunion ausgeübt würde. Im Regelfall wird es der Finanzverwaltung aber schwer fallen, den Nachweis über die positive Kenntnis der planmäßigen Nichtentrichtung der Umsatzsteuer zu führen.

5 Inanspruchnahme

Sind die materiellen Haftungsvoraussetzungen des § 25 Abs. 1 S. 1 UStG erfüllt, d.h., dass ein Unternehmer in Kenntnis der planmäßigen Nichtentrichtung der Umsatzsteuer seines Eingangsumsatzes bzw. eines dem Leistungsinhalt des Eingangsumsatzes entsprechenden Vorumsatzes Vorsteuer geltend macht, hat die Finanzbehörde im Rahmen des § 191 Abs. 1 S. 1 AO darüber zu entscheiden, ob der Unternehmer in Anspruch genommen werden soll oder nicht (§ 25d Abs. 4 UStG). Ihr Entschließungsermessen wird nicht dadurch aufgehoben, dass § 25d Abs. 4 UStG die Anwendung der gegenüber dem Steuerschuldner sekundären Inanspruchnahme ausschließt. Es ist allgemein anerkannt, dass sich die Ermächtigungskompetenz des § 191 AO nicht auf das Auswahlermessen zwischen Steuerschuldner und Haftungsschuldner beschränkt.[47]

---

44 Siehe Leingang-Ludolph/Wiese, S. 1472 (1473); Widmann, S. 166 (168).

45 So Leingang-Ludolph/Wiese, a.a.O.

46 Siehe Seer, in: Tipke/Lang, § 21 Rd. 217.

47 Siehe Klein/Rüsken AO § 191 Anm. 3; BFH, Urteil vom 5. 6. 1985 VII R 57/82, BStBl. II 1985, 688.

Die Abwägungskriterien sind aus dem Zweck der Haftungsvorschrift abzuleiten (§ 5 AO).[48] Einer Abwägung des Für und Wider bedarf es dann nicht, wenn dem Haftenden eine Pflichtverletzung vorgeworfen werden kann, die geeignet ist, seine Inanspruchnahme in der Weise vorzuprägen, dass sie regelmäßig gerechtfertigt ist.[49]

Handeln Rechnungsaussteller und Unternehmer im planmäßigen Zusammenwirken wird der Unternehmer als Teilnehmer an einer Steuerhinterziehung gelten müssen.[50] Anstiftung und Beihilfe implizieren ein solches Maß an Pflichtverletzung, dass es keiner besonderen Begründung der Ermessensbetätigung bedarf.[51]

In den Fällen des nicht planmäßigen Zusammenwirkens mit dem Rechnungsaussteller kennzeichnet den Unternehmer die bloße Kenntnis über die Nichtabführung von Umsatzsteuer und die Tatsache, dass er trotz Kenntnis das Umsatzgeschäft tätigt.

Geht man davon aus, dass der Abschluss eines Umsatzgeschäfts in Kenntnis der Nichtentrichtung von Umsatzsteuer aus Vorumsätzen keine Mitwirkung im Sinne einer Umsatzsteuerhinterziehung darstellt,[52] bedarf es weiterer Rechtfertigungsgründe.

Eine solche Rechtfertigung könnte sich daraus ergeben, dass die Umsatzsteuerhaftung auch den steuerehrlichen Unternehmer schützen soll, da die Nichtentrichtung der Umsatzsteuer erfahrungsgemäß zur Preisreduzierung eingesetzt wird.[53] Danach wäre eine Inanspruchnahme ermessensgerecht, wenn der potenziell haftende Unternehmer durch ein unter dem normalen Marktpreis liegendes Umsatzgeschäft einen Wettbewerbsvorteil erlangt. Dies ist im Regelfall zu vermuten: Ein Unternehmer, der mit einer Inanspruchnahme rechnen muss, wird nur einen um die latent geschuldete Umsatzsteuer geminderten Preis bereit sein zu zahlen.

6 Bewertung

Die Umsatzsteuerhaftung nach § 25d UStG erfasst Sachverhalte, bei denen die Beteiligten bewusst zusammenwirken und die Steuerverkürzung in der geplanten und durchgeführten Nichtentrichtung der Umsatzsteuer liegt. Sie entspricht damit der Zielvorstellung des Gesetzgebers, den Umsatzsteuerbetrug durch Ka-

48 Siehe Klein/Rüsken, a.a.O; BFH, Urteil vom 3. 2. 1981 VII R 86/78, BStBl. II 1981, 493; Urteil vom 30. 4. 1987 VII R 48/84, BStBl. II 1988, 170; Urteil vom 22. 9. 1992 VII R 74/91, BFH/NV 1993, 215.

49 Siehe Klein/Rüsken, § 72 Anm. 4, § 5 Anm. 8; BFH, Urteil vom 26. 2. 1991 VII R 3/90, BFH/NV 1991, 504.

50 Siehe Reiß, in: Tipke/Lang, § 14 Rz. 166.

51 BFH, Urteil vom 26. 2. 1991 VII R 3/90, BFH/NV 1991, 504 (506).

52 Vgl. Klein/Gast-de Haan § 370 Anm. 25.

53 Siehe BT-Drs. 14/6883, S. 6.

russellgeschäfte zu sanktionieren. Allerdings hätte es der Regelung insoweit nicht bedurft, da sich bereits aus § 71 AO eine Haftung ergibt.

Über den Umsatzsteuerbetrug in Form von Karussellgeschäften hinausgehend greift die Haftung in Fällen der Kenntnis nicht entrichteter Umsatzsteuer, wenn der Unternehmer daraus einen Wettbewerbsvorteil zieht und Vorsteuer geltend macht. Hierin liegt der eigentliche Anwendungsbereich. Da § 25d UStG erkennbar auf die Verrechnung von Vorsteuer abstellt, wird der vom Vorsteuerabzug ausgeschlossene Unternehmer nicht erfasst.

Nur wenn man dem Wortlaut folgt ist der Vorwurf berechtigt, die Umsatzsteuerhaftung sei eine zu Lasten rechtstreuer Unternehmer gehende Vorschrift. Mit der gebotenen Rücksicht auf den Sinn und Zweck des StVBG und der Rechtfertigung der Haftungsvorschrift lässt sich ein vertretbarer Anwendungsbereich gewinnen.

§ 25d UStG kann auch nicht entgegen gehalten werden, er folge dem Prinzip, den Steuerausfall des Fiskus auf der Seite des Leistenden durch eine Inanspruchnahme des Leistungsempfängers zu kompensieren und verstoße so gegen den Grundsatz der Neutralität der Umsatzsteuer wie auch gegen das Gebot des Sofortabzugs der Vorsteuer.[54] Die Haftung ist beschränkt auf den Vorsteuer verrechnenden Unternehmer, der durch seine Kenntnis einen Vorteil erlangt. Dieser Vorteil soll ihm genommen werden. Seine Vorsteuerabzugsberechtigung bleibt unberührt. Europarechtliche Bedenken ergeben sich nicht, da Art. 18 der Sechsten Richtlinie 77/388/EWG ebenfalls von einem rechtmäßigen Verhalten im Rahmen des (gemeinsamen) Mehrwertsteuersystems ausgeht.[55]

In der Rechtspraxis wird § 25d UStG allerdings keine große Bedeutung zukommen. Unbeschadet der Überschneidungen mit § 71 AO wird der Finanzbehörde die Feststellung der Kenntnis des Unternehmers von der planmäßigen Nichtentrichtung der Umsatzsteuer nur in wenigen Fällen gelingen.

Zusammenfassend gesehen beschränkt sich die Umsatzsteuerhaftung damit auf die symbolische Wirkung der Abschreckung.

Literatur

Hillmann-Stadtfeld, A.: Umsatzsteuernachschau und Verschärfung der Strafrechtslage durch das Steuerverkürzungsbekämpfungsgesetz, in: DStR 2002, Heft 11, S. 434 - 437

Jakob, W.: Umsatzsteuer, 2. Aufl. 1998

Kruhl, A.: Reichen die Maßnahmen des Steuerverkürzungsbekämpfungsgesetzes zur Betrugsbekämpfung aus oder ist eine Änderung des Umsatzsteuersystems notwendig?, in: BB 2002, Heft 20, S. 1018 - 1026

54 So Wichmann (Änderungen), S. 53 (72).

55 EuGH, Urteil vom 18. 12. 1997 Rs. C-286/94, C-340/95, C 01/95, C-47/96, EuGHE 18.12.1997, Rs. C-286/94, C-340/95, C-401/95, C-47/96, Garage Molenheide u.a., Slg. 1997 S. I-7281.

Leingang-Ludolph, B./Wiese, G.: Der neue Haftungstatbestand des § 25d UStG – Haftung für die schuldhaft nicht abgeführte Umsatzsteuer, in: DB 2002, Heft 29, S. 1472 - 1475

Maier, A./Weigl, R.: Steuerverkürzungsbekämpfungsgesetz – Überblick über die wichtigsten Regelungen und kritische Würdigung, in: WPg 2002, Heft 9, S. 461 - 467

Nieskens, H.: Steueränderungsgesetz 2001 und Steuerverkürzungsbekämpfungsgesetz, in: UR 2002, Heft 2, S. 53 - 75

Tipke, K./Lang, J.: Steuerrecht, 17. Aufl., Köln 2002

Widmann, W. (Änderungen): Die umsatzsteuerlichen Rechtsänderungen zum 1. 1. 2002, in: DB 2002, Heft 4, S. 166 - 173

Ders. (Lieferungen), Umsatzsteuer auf innergemeinschaftliche Lieferungen: Rechtliche Anforderungen im Vergleich zur wirtschaftlichen Realität, in BB 2002, Heft 26, S. 1346 - 1349

Ders. (Vorumsatz), Der ausgelagerte Vorumsatz und der vorgeschobene Bezug in § 15 UStG, UR 1998, S. 80 - 81

Klein, F.: Abgabenordnung, Kommentar, 7. Aufl., München 2000

Mögliche Konsequenzen aus der Neufassung bankaufsichtsrechtlicher Eigenkapitalunterlegungsnormen („Basel II") für die Kreditfinanzierung mittelständischer Unternehmen

Stephan Schöning

Inhaltsverzeichnis

1 Einführung

Nachdem über Jahre die Diskussion über die geplanten Neuerungen der bankaufsichtsrechtlich geforderten Eigenkapitalunterlegung von Risiken der Kreditinstitute fast ausschließlich zwischen den beteiligten Aufsichtsgremien, den kreditwirtschaftlichen Verbänden und der Bankwissenschaft geführt wurde, ist seit dem Sommer 2001 das Thema „Basel II"[1] und seine Folgen für den Mittelstand

1 „Basel II" wird im Folgenden als Synonym für die sich in der Konsultationsphase befindenden Veränderungen des international gültigen Bankaufsichtsregelwerks verwendet.

allgegenwärtig in den europäischen Ländern, deren Wirtschaft mittelständisch geprägt ist, die geringe Eigenkapitalquoten aufweisen und in denen Bankkredite daher einen hohen Beitrag zur Unternehmensfinanzierung leisten.[2] In Deutschland ist zwischenzeitlich ein ungewöhnlich hoher Grad an Polarisierung bei den Äußerungen führender Wirtschaftsvertreter erreicht worden, sodass sich auch Bundesregierung und Bundestag wiederholt in den zwischen mittelständischer Wirtschaft, Kreditwirtschaft und Bankenaufsicht entbrannten Streit eingeschaltet haben.[3] In dessen Kern steht dabei die Frage, ob, wie und zu welchen Konditionen die Kreditversorgung von KMU zukünftig gesichert ist.

Der folgende Beitrag beleuchtet zunächst überblicksartig den Hintergrund für die Notwendigkeit zur Reform bankaufsichtsrechtlicher Eigenkapitalnormen und die absehbaren Neuerungen durch die Umsetzung von Basel II in nationales Recht. Hierauf aufbauend wird analysiert, welche Auswirkungen sich von Basel II für KMU ergeben. Hierbei ist zu beachten, dass die Veränderungen bereits im Vorfeld der eigentlichen Umsetzung eintreten, was zum Teil in der Konzeption von Basel II selbst begründet liegt, zum Teil aber auch Ausfluss weiterer, mit Basel II nur mittelbar zusammenhängender Entwicklungen ist. Abschließend wird versucht, die sich aus Basel II ergebenden Chancen und Risiken für kreditsuchende KMU abzuschätzen.[4]

Aufgrund des langwierigen Handlungsprozesses ist mit einem In-Kraft-Treten nicht vor dem Jahr 2006 zu rechnen, vgl. Hofmann/Meister in o.V. (2002g), S. 5, wenngleich sich die Veränderungen bereits jetzt aufgrund der Einführung entsprechender Ratingsysteme auswirken, vgl. Winkeljohann/Senczek (2002), S. B1.

2 Zur Bedeutung von Bankkrediten für die Finanzierung von Unternehmen in Deutschland vgl. Deutsche Bundesbank (2000), S. 33 ff. Orientiert an Umsatzgrößenklassen zeigt sich bei mittelständischen Unternehmen (1-50 Mill. € Umsatz) insgesamt, dass sie durchschnittlich zu ca. 27 % über Bankkredite finanziert sind, aber dieser Anteil bei kleineren Unternehmen ebenso wie der Fremdkapitalanteil insgesamt größer ist, vgl. Lichtblau/Utzig (2002), S. 326 ff. Umfragegemäß gilt die Kreditfinanzierung für 2/3 der Unternehmen als ein unverzichtbarer Finanzierungsbestandteil, auch wenn die tatsächliche Nutzung zwischen den Wirtschaftssektoren stark variiert: So erfolgt im Bereich des Handels und der Dienstleistungen die Finanzierung von Investitionen meist nur bis zu 20 % über Bankkredite, wohingegen der Finanzierungsanteil im produzierenden Gewerbe deutlich höher ist, vgl. Impulse/Dresdner Bank (2001), S. 18 f. Im internationalen Vergleich führender Industrieländer weist neben Deutschland nur Italien ähnlich niedrige Eigenkapitalquoten und hohe Anteile von Bankfinanzierungen bei kleinen Unternehmen auf, wohingegen in den angloamerikanischen Ländern die Fremdkapitalquoten kleiner Unternehmen deutlich niedriger und sogar unter denjenigen der Großunternehmen liegen, vgl. Lichtblau/Utzig (2002), S. 329 f.

3 Vgl. Böhnke (2002), S. B4; so droht der Bundeskanzler mit dem Veto zu Basel II, wenn die Nachteile für den Mittelstand nicht beseitigt werden. Kritisch zur politischen Einflussnahme, vgl. Juncker/Rühle (2002), S. 32.; Döring (2002), S. 16.

4 Zu alternativen Finanzierungsmöglichkeiten siehe u.a. den Beitrag von Nolte/Hartung in diesem Band, S. 215 ff.

2 Zur Reform bankaufsichtsrechtlicher Begrenzungsnormen für das Kreditrisiko

2.1 Derzeitige Eigenkapitalunterlegungsvorschriften für Kreditrisiken und ihr Einfluss auf die Kalkulation von Kreditpreisen

Die Bankenaufsicht bezweckt mit der Kontrolle von Kreditinstituten einerseits das Vorbeugen gegen Risiken und Störungen im Kreditwesen, die sich negativ auf die Finanzmärkte und die Gesamtwirtschaft auswirken (Solvenzschutz), und andererseits den Schutz der Kundeneinlagen.[5] Ein wesentliches Risiko der Geschäftstätigkeit von Kreditinstituten und maßgebliche Ursache für auftretende wirtschaftliche Schwierigkeiten sind Kreditrisiken, also das Risiko, dass Kredite ganz oder teilweise nicht zurückgezahlt werden können. Das Aufstellen und die laufende Überwachung von Normen zur Begrenzung von Kreditrisiken ist daher ein traditioneller Bestandteil der Aufsichtstätigkeit. Begrenzungsnormen für Kreditrisiken setzen ausfallgefährdete Forderungen und andere Aktiva in Relation zu dem als Risikoauffangpotenzial angesehenen sog. haftenden Eigenkapital der Kreditinstitute, welches sich im Wesentlichen aus dem bilanziellen Eigenkapital, hybriden Finanzierungsinstrumenten sowie Teilen der stillen Reserven zusammensetzt. Zu unterscheiden sind dabei Begrenzungsnormen für das allgemeine Kreditrisiko sowie für spezielle Risiken wie z.B. Großkredite, welche im Weiteren nicht betrachtet werden. Die Eigenkapitalanforderungen für das allgemeine Kreditrisiko sind in Deutschland seit der Einführung des Kreditwesengesetzes 1961 durch § 10 KWG geregelt und werden durch Grundsatz I des Bundesaufsichtsamtes für das Kreditwesen, das inzwischen in die Bundesanstalt für Finanzdienstleistungsaufsicht aufgegangen ist, konkretisiert.[6] Als Folge verschiedener Schieflagen von Kreditinstituten und zur Erfassung neuartiger Geschäfte, mit denen Kreditinstitute die Geschäftsbegrenzung durch Grundsatz I unterliefen,[7] wurde der Umfang der zu berücksichtigenden Geschäfte mit Kreditrisiko kontinuierlich ausgeweitet und umfasst mittlerweile fast sämtliche Bilanzaktiva sowie einen Großteil der außerbilanziellen Geschäfte. Angesichts der zunehmenden Bedeutung international tätiger Kreditinstitute wurden überdies Anstrengungen zur Angleichung der nationalen Aufsichtsnormen und zur Vermeidung von aus Aufsichtsdivergenzen resultierenden Wettbewerbsnachteilen unternommen, die im 1988 verabschiedeten Baseler Akkord (heute als „Basel I“

5 Zu Begründung, Aufgaben und Zielen der Bankenaufsicht vgl. Hartmann-Wendels et al. (2000), S. 323 ff.

6 Zum Überblick über die Entwicklung der Beaufsichtigung von Kreditrisiken vgl. z.B. Paul (2001), S. 6 ff.

7 Markante Beispiele hierfür sind die Verbriefung von Forderungen („Securitization“) sowie das Ausweichen in außerbilanzielle Geschäfte mit Kreditrisiko, wie etwa Übernahmeverpflichtungen für Euronotes oder Derivate.

bezeichnet) mündeten. Der Baseler Akkord, beschlossen von Bankaufsehern und Notenbankpräsidenten, war zwar primär für die Überwachung international tätiger Geschäftsbanken vorgesehen und stellte eine Empfehlung für Gesetzgeber dar, ist aber durch im wesentlichen unveränderte Umsetzung in EU- und nationales Recht[8] verbindlich für alle deutschen Kreditinstitute geworden.

Gemäß Grundsatz I in Verbindung mit § 10 KWG müssen Kreditinstitute in Bezug auf Kredit- und Marktrisiken[9] derzeit folgende Relation erfüllen:

$$\frac{\text{Eigenmittel}}{\text{gewichtete Risikoaktiva} + 12{,}5 \text{ x Marktrisikoposition}} \geq 8\,\%$$

Die Risikoposition wird dabei für Bilanzaktiva durch Multiplikation der Bilanzansätze mit Bonitätsgewichtungsfaktoren ermittelt,[10] welche die Ausfallgefährdung des Geschäfts bzw. des Geschäftspartners widerspiegeln sollen. Die Höhe der Bonitätsgewichtungsfaktoren reicht von 0 (kein Risiko; Kredite staatliche Stellen) bis 100 % (hohes Kreditrisiko); letzterer Kategorie sind generell alle Unternehmen außerhalb des Bankensektors zugeordnet. Für grundpfandrechtlich gesicherte Kredite gilt ein Anrechnungssatz von 50 %; zudem wirken auch vorhandene Bürgschaften und Garantien sowie Wertpapiere anforderungsentlastend, sofern der Garant bzw. der Emittent einem geringeren Bonitätsgewichtungsfaktor zugeordnet ist.

Obwohl mit dem Baseler Akkord erstmals eine weltweit akzeptierte Risikobegrenzungsnorm geschaffen wurde, war die pauschale und undifferenzierte Risikokategorisierung stets Anlass zur Kritik[11] und Grundlage für eine Überarbeitung des Baseler Akkords.

---

8 Eigenmittel- und Solvabilitäts-Richtlinie auf EU-Ebene, umgesetzt durch die 4. KWG-Novelle in deutsches Recht. Auf die detaillierte Darstellung der Eigenkapitalpositionen wird hier verzichtet, da dieser Bereich durch Basel II unverändert bleibt, vgl. hierzu z.B. Hartmann-Wendels et al. (2000), S. 366 ff.

9 Auf die mit der EU-Kapitaladäquanz-Richtlinie bzw. 6. KWG-Novelle umgesetzte Erweiterung des Baseler Akkords um bestimmte Marktrisiken wird hier nicht eingegangen, da keine direkte Auswirkung auf die Begrenzung der Kreditrisiken besteht und zudem dieser Bereich durch Basel II keine wesentliche Änderung erfährt.

10 Hingegen ist bei den ebenfalls zu erfassenden außerbilanziellen Geschäften vor der Bonitätsgewichtung zunächst ein Kreditäquivalenzbetrag zu bestimmen, durch den das andersartige und oft geringere Kreditrisiko dieser Geschäfte berücksichtigt werden soll.

11 Vgl. o.V. (2002a), S. 30; da für alle Kredite an Unternehmen die gleiche Eigenkapitalanforderung besteht, erwächst eine „adverse selection"-Problematik, die die Stabilität des Finanzsystems gefährdet: Einerseits werden Bankleitungen ermutigt, Kredite an schlechte Schuldner zu vergeben, da bei gleicher Eigenkapitalunterlegung tendenziell höhere Kreditpreise erzielt werden können, vgl. Sanio in o.V. (2002b), S. 102; andererseits werden sich bonitätsmäßig einwandfreie Kreditnehmer alternative Kapitalaufnahmemöglichkeiten beschaffen und daher nur die schlechten Risiken bei Kreditinstituten verbleiben.

2.2 Die zukünftigen Eigenkapitalunterlegungsvorschriften für Kreditrisiken

Mit der Reform der Eigenkapitalunterlegungsvorschriften durch den Basler Ausschuss für Bankenaufsicht[12] wird u.a. bezweckt, dass die Kreditrisiken zukünftig entsprechend ihrer Ausfallgefährdung mit haftendem Eigenkapital zu unterlegen sind und zudem die bislang implizit enthaltenen operationellen Risiken[13] des gesamten Bankgeschäfts separat erfasst werden. Seit der Veröffentlichung des 1. Konsultationspapiers ist eine Reihe von Änderungen erreicht worden, mit denen viele der die KMU zunächst benachteiligenden Regelungen entschärft werden konnten.[14]

$$\frac{\text{Eigenmittel}}{\text{Kreditrisiko} + 12{,}5 \times (\text{Marktrisikoposition} + \text{operationelle Risiken})} \geq 8\,\%$$

Zur Bestimmung der Ausfallgefährdung von Krediten wird dabei auf Rating-Verfahren zurückgegriffen, die entweder extern durch Rating-Agenturen wie Moodys oder Standard & Poors oder bankintern durchgeführt werden und für deren Anerkennung die Bankenaufsicht Mindestanforderungen aufstellt.[15] Ratings stellen dabei ein Instrument zur Bonitätsbeurteilung dar, bei dem eine Meinung über die Wahrscheinlichkeit eines ordnungsgemäßen Zins- und Tilgungsverhalten zum Ausdruck gebracht wird.[16] Da in Deutschland externe Ratings nur

12 Vgl. Basler Ausschuss für Bankenaufsicht (2001a); ein kurzer Überblick über das umfangreiche Konsultationspapier findet sich bei Deutsche Bundesbank (2001a), S. 3 ff.; für einen allgemeinen Überblick vgl. z.B. Paul (2001), S. 5 ff.; Vera (2002), S. 8 ff.

13 Unter die operationellen Risiken fallen interne Personal-, Rechts- und Systemrisiken sowie externe Katastrophenrisiken, vgl. Basler Ausschuss für Bankenaufsicht (2001c), S. 2. Die geplante Eigenmittelunterlegung für diese Risiken ist mehrfach abgesenkt worden, sie beträgt z.Z. 12 %. Erklärtes Ziel von Basel II ist ein Beibehalten der durchschnittlichen Eigenkapitalausstattung der Kreditinstitute und damit auch der durchschnittlichen Kreditkonditionen, vgl. Deutsche Bundesbank (2001a), S. 29 f., woraus sich ergibt, dass mit der Einführung von Ratings durchschnittlich eine Entlastung im Kreditbereich von 12 % angestrebt wird. Die 2. Wirkungsanalyse im Jahr 2001 hat jedoch gezeigt, dass dieses Ziel in Deutschland nicht erreicht wird, vgl. Basler Ausschuss (2001b); es gilt aber durch weitere Modifikationen des Regelwerks als realisierbar, vgl. Sanio in o.V. (2002m), S. 17.

14 Das 1. Konsultationspapier beinhaltete noch die ausschließliche Verwendung von externem Rating sowie eine sehr eingeschränkte Anerkennung von Sicherheiten, vgl. Basler Ausschuss (1999), zur Kritik vgl. z.B. Arnold (2001), S. 65 f.; zu den erreichten Modifikation vgl. Otto/Walter (2002), S. 25.

15 Für einen Überblick vgl. z.B. Paul (2001), S. 16 ff.; Wilkens et al. (2001), S. 40 ff.; Boos/Schulte-Mattler (2001), S. 346 ff.

16 Vgl. Krämer-Eis (2000), S. 21; zu einem Überblick über die Vorgehensweise beim Rating sowie die dabei eingesetzten Verfahren vgl. Krämer-Eis (2000), S. 24 ff.; skeptisch zur Genauigkeit bankinterner Ratings vgl. Joppe (2002), S. K3.

eine untergeordnete Rolle spielen,[17] werden viele Kreditinstitute bankinterne Rating-Verfahren aufbauen bzw. die vorhandenen Verfahren derart weiterentwickeln, dass sie den Anforderungen der Aufsicht genügen.[18] Zu unterscheiden sind hierbei vergleichsweise einfache interne Rating-Verfahren (Basis-Ansatz/Foundation-Approach) von aufwändigeren Verfahren (Fortgeschrittener Ansatz/Advanced Approach) (vgl. Abb. 1). Allerdings bleibt unklar, ob alle Kreditinstitute diesen von der Bankenaufsicht gewünschten Weg beschreiten werden oder den auf externen Ratings basierenden Standardansatz anwenden, der für nicht geratete Unternehmen den bisherigen Zustand (100 % Anrechnung) im wesentlichen beibehält.[19]

Generell orientieren sich die Eigenkapitalanforderungen für Kredite nach Umsetzung von Basel II am Ausfallrisiko des Engagements, wobei kleinere Kredite wegen der Zurechnungsmöglichkeit zum Retail-Bereich geringere Eigenkapitalunterlegungssätze aufweisen werden[20] und bei Krediten an mittelgroße Unternehmen über eine Vergünstigung verhandelt wird.[21] Zu beachten bleibt aber, dass die Eigenkapitalanforderung für den gleichen Kreditnehmer kreditinstitutsspezifisch durchaus unterschiedlich ausfallen kann, da in Abhängigkeit vom Rating-Verfahren, welches das Kreditinstitut anwendet:

---

17 Vgl. Tholen (2000), S. 548; dies hängt primär mit den erstmaligen Kosten des Ratings zusammen, die je nach Agentur zwischen unter 5.000 und 60.000 € liegen, wobei die Folgekosten für weitere Ratings zu beachten sind, vgl. Krämer-Eis (2001), S. 24.

18 Vgl. Paetzmann (2001), S. 494; Stroer (2001), S. 17.

19 Vgl. zur Haltung der Bankenaufsicht Heinke (2001), S. 176; ausschlaggebend für die Wahl könnte der Vergleich der mit der Einführung bankinterner Rating-Verfahren erzielbaren Kostenvorteile durch eine verringerte Eigenkapitalanforderung mit den mit deren Einführung verbundenen Kosten sein. Diese Entscheidung wird nicht zuletzt abhängig von der Geschäftsstruktur der einzelnen Bank, vgl. Paul (2001), S. 26 ff., sowie der Rückgriffsmöglichkeit auf fremdentwickelte Rating-Verfahren sein, die zur Zeit von den Spitzenverbänden in der deutschen Kreditwirtschaft (BdB, BVR und DSGV) für die ihnen angeschlossenen Institute entwickelt werden, vgl. Kramer-Eis (2001), S. 27.

20 Bei der Einstufung in den Retailbereich verringert sich die Eigenkapitalunterlegung von 8 % auf 5,7 %, vgl. Sanio in o.V. (2002i), S. 17. Noch nicht endgültig beschlossen ist, bis zu welcher Kredit- bzw. Unternehmensgröße diese Reduzierungsform anwendbar sein wird. Absehbar ist, dass der Retail-Bereich zumindest bis zu Forderungshöhen von 1 Mio. € gefasst wird, sodass erfahrungsgemäß Unternehmen mit einem Umsatz von bis zu 2 Mio. € und somit ca. 3 Mio., d.h. 90 % der deutschen Unternehmen hierunter fallen dürfen, vgl. Meister (2002), S. 13; Sanio in Otto/Walter (2002), S. 25.

21 Für größere Unternehmen mit Umsätzen bis zu 50 Mio. €, also ca. weitere 3 % der Unternehmen, soll eine Erleichterung und damit Beibehaltung der derzeitigen 8 % Eienkapitalunterlegung über den sog. „firm size factor" erreicht werden, sodass allein noch größere und zumeist bonitätsmäßig gut eingestufte Unternehmen den originären Regelungen unterliegen werden, vgl. Meister (2002), S. 13; Sanio in o.V. (2002i), S. 17.

- der Kreis der berücksichtigungsfähigen Sicherheiten unterschiedlich ist,
- der Umfang der Risikodifferenzierung unterschiedlich ist,[22]
- die Anzahl der Risiko-Klassen zwischen den Instituten abweichen kann (vorgeschrieben sind mindestens 6 für intakte Kredite plus 1 für nicht intakte Kredite),[23]
- deshalb und auch wegen der unterschiedlichen Ausfallquoten in der Vergangenheit die geschätzten Ausfallwahrscheinlichkeiten je Risikoklasse zwischen den Instituten differieren können,[24]
- zudem die Höhe der Eigenkapitalunterlegung auch von der Änderungshäufigkeit der Ratings beeinflusst wird.[25]

Von erheblicher Bedeutung für die KMU-Finanzierung sind zudem die unterschiedliche Anerkennung von Sicherheiten[26] und die hochgradig umstrittene Ausgestaltung der Laufzeitzuschläge (Maturity Adjustments), durch die die erhöhten Risiken langfristiger Kredite berücksichtigt werden sollen.[27] Insgesamt werden Kredite zukünftig nicht nur je nach Risikohöhe und Laufzeit, sondern auch je nach gewährendem Kreditinstitut mit unterschiedlichen Eigenkapitalanforderungen verbunden sein, was auch Folgen für die Gestaltung der Kreditpreise haben wird.[28]

---

22 Beim Standardansatz findet im Bereich der ungerateten Unternehmen keine Differenzierung statt, wohingegen bei den internen Rating-Verfahren Risikoklassen gebildet werden.

23 Die Anzahl der derzeit verwendeten Rating-Klassen weicht zwischen den Banken erheblich voneinander ab, zum Teil werden bis zu 24 Klassen verwendet, vgl. Übersicht bei Paul (2001b), S. 205 f.

24 Je nach Intensität der Kundenverbindung und des Know-hows der Bank kann die Güte des Ratings schwanken, vgl. Lambert (2002a), S. 107.

25 Vgl. Paul (2001b), S. 207 ff.

26 So werden selbst recht volatile finanzielle Sicherheiten gegenüber wertbeständigen physischen Sicherheiten bevorzugt anerkannt, kritisch hierzu Schmidt in o.V. (2002f), S. 18.

27 Die durch die angloamerikanischen Vertreter im Baseler Ausschuss eingebrachten Laufzeitzuschläge werden durch die deutschen Vertreter aufgrund der damit verbundenen Konsequenzen für die Finanzierung deutscher KMU abgelehnt und gelten als der Bereich, der einer Einigung über die Neuregelung am meisten im Wege steht, vgl. Sanio in Rathmann et al. (2002), S. 19. Im Zuge der Verhandlungen wurde ein Kompromiss erreicht, der den nationalen Aufsichtsgremien ermöglicht, Laufzeitzuschläge nur noch bei Anwendung des fortgeschrittenen IRB-Ansatzes vorzuschreiben. Zudem wird noch über eine Ausnahmeregelung für kleinere Unternehmen diskutiert, vgl. Meister (2002), S. 14.

28 Vgl. Günter et al. (2002), S. 123; zu beachten bleibt, dass sich die Eigenkapitalanforderungen bei breit gestreuten Portfolios reduzieren, wovon auch die einzelnen Kreditnehmer profitieren können, vgl. Lambert (2002a), S. 107.

	Standardansatz	**IRB-Ansätze**	
Verwendetes Verfahren	**Externes Rating**	**Internes Rating**	
		Basis Ansatz (Foundation Approach)	Fortgeschrittender Ansatz (Advanced Approach)
Ermittlung des Risikogewichts des Schuldners	Entsprechend dem externen Rating: AAA bis AA- : 20 % A+ bis A- : 50 % BBB bis BB- : 100 % schlechter als BB- : 150 % ohne Rating: 100 %, bei Klassifizierung als „Retailkredit": 75 %	entsprechend dem internen Rating	
		nur die Ausfallwahrscheinlichkeiten (Probability of Default, PD) der einzelnen Ratingklassen werden bankintern bestimmt, übrige Größen werden durch die Aufsicht vorgegeben geringere Unterlegung bei Klassifizierung als „Retailkredit"	Ausfallwahrscheinlichkeiten (PD) der einzelnen Ratingklassen sowie Ausfallrate (Loss Given Default, LGD) und Forderungsvolumen bei Ausfall (exposure at Default, EAD) des Engagements werden bankintern bestimmt geringere Unterlegung bei Klassifizierung als „Retailkredit"
Berücksichtigung von Sicherheiten	wie bislang: Realsicherheiten, Bareinlagen, Wertpapiere von Staaten, Garantien von Staaten und Banken	wie Standardansatz	wie Basisansatz
	zusätzlich: Garantien von Unternehmen, geratete Schuldverschreibungen, Schuldverschreibungen von Banken, Aktien, Investmentfonds, Kreditderivate und Lebensversicherungen	zusätzlich: Forderungen aus Lieferungen und Leistungen, andere Sachsicherheiten	zusätzlich: alle anderen Arten von Sicherungsinstrumenten, sofern Verlustquoten ermittelbar

Abb. 1: Eigenkapitalunterlegung für Nichtbankenkredite nach Umsetzung von Basel II

3 Konsequenzen von Basel II für die Kreditfinanzierung von KMU

3.1 Risk based pricing von KMU-Krediten

3.1.1 Grundlagen des Pricing von Krediten

Generell werden bei der bankinternen Kalkulation der mit Kreditnehmern vereinbarten Kreditpreise mehrere Komponenten berücksichtigt, wobei auch die Kosten für das bankaufsichtsrechtlich geforderte Eigenkapital mit einfließen (vgl. Abb. 2).[29]

29 Vgl. z.B. Rolfes (2001), S. 8 ff., ausführlich bei Schierenbeck (2001), S. 375 ff.

Komponente	Klassifizierung	Orientierungsgröße
Refinanzierungs-, bzw. Zinskosten	variabel, Einzelkosten	Refinanzierungskosten bzw. Alternativanlageerlös
+ Risikokosten	variabel, Einzel-/Gemeinkosten	durchschnittlich zu erwartende Ausfallquote unter Berücksichtigung von Sicherheiten
+ Bearbeitungskosten	größtenteils fix (tw. variabel), Einzel-/Gemeinkosten	durchschnittlich zu erwartende Kosten für Kreditgewährung und laufende Kontrolle
+ Eigenkapitalkosten	variabel Einzel-/Gemeinkosten	Renditeanforderungen an das gemäß Grundsatz I gebundene haftende Eigenkapital
= Kreditpreis		

Abb. 2: Komponenten und Bestimmungsgrößen bei der Kreditkalkulation

Betriebswirtschaftlich stellen Risikokosten eine entsprechend der durchschnittlichen Ausfallgefährdung in den Kreditpreis einzukalkulierende Kostenkomponente dar. Die Eigenkapitalunterlegung dient hingegen dazu, einen Ausgleich dafür zu schaffen, dass die bei allen Krediten angesammelten Risikoprämien für die erwarteten Verluste nicht ausreichen, um die tatsächlichen Kreditausfälle abzudecken.[30] Gleichwohl ist die Kalkulation von Eigenkapitalkosten mit einer Reihe von Bestimmungs- und Zurechnungsproblemen[31] behaftet und u.a. abhängig von den Renditeerwartungen der Eigenkapitalgeber sowie der Diversifikation des Kreditportfolios.[32] Auch bei den übrigen Komponenten des Kreditpreises mit Ausnahme der Markt- bzw. Einstandszinsen bestehen aufgrund des Fix- bzw. Gemeinkostencharakters mannigfaltige Schwierigkeiten, exakte Kostengrößen zu ermitteln.[33] Vielfach wird zudem die Vermutung geäußert, dass auf-

30 Vgl. Goebel (2001), S. 86; diese Trennung von „erwarteten“ und „unerwarteten“ Verlusten findet in Basel II keine Entsprechung, was zwar vielfach kritisiert wird, vgl. z.B. Goebel (2001), S. 92; Hromadka/Döhring (2001), S. 107, aber darin begründet ist, dass die Risikovorsorge außerhalb von Deutschland zum Teil als bankaufsichtsrechtliches Eigenkapital anerkannt ist.

31 So stellt sich grundsätzlich die Frage, ob Eigenkapitalkosten nach dem Tragfähigkeitsprinzip oder nach dem Verursachungsprinzip auf alle Bankgeschäfte oder nur auf Risikoaktiva zu verteilen sind. Auch umfasst das haftende Eigenkapital von Kreditinstituten gemäß § 10 KWG neben dem bilanziellen Eigenkapital auch unter bestimmten Bedingungen offene und stille Reserven sowie eigenkapitalähnliche Fremdkapitalpositionen wie Genussrechte oder nachrangige Verbindlichkeiten. Generell ist die Höhe der Eigenkapitalkosten damit abhängig von der kreditinstitutsspezifischen Struktur des haftenden Eigenkapitals. Zu den Problemen der Eigenkapitalkostenberechnung vgl. Paul/Siewert (2000), S. 178 ff.

32 Die erhöhte Eigenkapitalbelastung bei mangelnder Portfoliodiversifizierung dürfte sich an sich nicht im Pricing von Krediten niederschlagen, da sie nicht kreditnehmerabhängig sind, vgl. Goebel (2001), S. 89.

33 Zur Darstellung und kritischen Analyse der Kalkulationsverfahren in Kreditinstituten vgl. Schierenbeck (2001), S. 304 ff.; Paul/Siewert (2000), S. 42 ff.; die Problematik wird be-

grund der ungenauen Kalkulationsmöglichkeiten, des intensiven Wettbewerbs im Bankenmarkt sowie aus Marketingerwägungen[34] die Kreditpreise nicht risikogerecht gestaltet und eine Quersubventionierung zwischen guten und schlechten Kreditrisiken stattfindet, die bei Kreditnehmern mit niedriger Bonität zu zu niedrigen Konditionen führt.[35]

3.1.2 Die Wirkungen von Basel II auf das Pricing von Krediten

Die risikogerechtere Unterlegung von Ausfallrisiken mit haftendem Eigenkapital nach Umsetzung von Basel II wird sich auf die Kalkulation von Kreditpreisen insofern auswirken, als dass der bislang wenig ausgeprägte Anreiz zur Differenzierung der Kreditkonditionen erhöht wird und dabei das Ergebnis des externen oder internen Rating sowie die vorhandenen Sicherheiten stärker Berücksichtigung finden.[36] Zwar wird seitens der Bankenaufsicht betont, dass eine direkte Koppelung zwischen bankaufsichtsrechtlichem Rating und der Kalkulation von Risikoprämien nicht vorgesehen ist,[37] trotzdem behält sich die Aufsicht Sanktionen für den Fall vor, dass Kreditinstitute beim Pricing eines Kredits deutlich von dessen Rating abweichen.[38] Im Wettbewerb könnten Kreditinstitute allerdings auch weiterhin bereit sein, Zugeständnisse bei den Kreditkonditionen aufgrund von Zusatzgeschäften und anderen impliziten Preisbestandteilen zu machen.[39]

---

sonders evident in Niedrigzinsphasen, wenn der Anteil der nicht exakt bestimmbaren Komponenten hoch ist.

34 Zunehmend wird die Gewährung von Krediten ähnlich wie traditionell die Abwicklung des Zahlungsverkehrs als Anknüpfungspunkt für den Aufbau von Kundenbeziehungen angesehen und dies verbunden mit der Hoffnung, dass nicht kostendeckende Preise in diesen Bereichen durch Erlöse aus Zusatzgeschäften kompensiert werden, vgl. Süchting/Paul (1998), S. 680 ff.

35 Vgl. Paul (2001a), S. 17; Sanio in o.V. (2002b), S. 106, Arnold/Boos (2001), S. 715; Kütter et al. (2001), S. 185 f.; Heinke (2001), S. 178; R. Breuer verweist in diesem Zusammenhang darauf, dass verglichen mit Deutschland in den USA die Zinsen für Mittelstandskredite bezogen auf den Umsatz doppelt so hoch sind und auch in den Niederlanden und in Frankreich höhere Zinsen verlangt werden, vgl. o.V. (2002a), S. 30.

36 Vgl. Arnold/Boos (2001), S. 714; Böhnke (2002), S. B4; PwC (2001), S. 4; gleichzeitig wird betont, dass die vergleichsweise einfachen bankaufsichtsrechtlichen Risikokategorisierungen kaum geeignet sind für ein risikogerechtes Pricing, vgl. Wilkens et al. (2001), S. 57.

37 Vgl. Sanio in o.V. (2002b), S. 106, vgl. auch Goebel (2001), S. 85.

38 Vgl. Sanio in o.V. (2002b), S. 106, die Prüfung wird Bestandteil der zukünftigen Vor-Ort-Aufsicht in den Kreditinstituten sein, dem in der 2. Säule der Reform des Baseler Akkords verankerten sog. „Supervisory Review Process".

39 Vgl. Paul (2001a), S. 31, Süchting in Benölken (2002), S. 45; die in diesem Zusammenhang genannten impliziten Preise in Form der Gewährung von Einflussnahme auf die Unternehmensführung sowie den Einblick in die Unternehmensplanung sowie die Ein-

Entsprechend der o.a. Überlegungen wird es beim Pricing von Firmenkrediten aus der Sicht des Kreditnehmers darauf ankommen, ob das Kreditvolumen noch eine Zuordnung zum Retail-Bereich gestattet, welches Rating-Verfahren das jeweilige Kreditinstitut anwendet, welcher Rating-Klasse das Unternehmen zugeordnet wird und ob für das jeweilige Rating-Verfahren anrechnungsfähige Sicherheiten im Unternehmen vorhanden sind. Obwohl aufgrund dieser Vielzahl von Bestimmungsfaktoren für Kreditpreise und aufgrund des nicht vollständig abgeschlossenen Konsultationsprozesses abschließende Aussagen nicht getroffen werden können, ist zu erwarten, dass sich aufgrund der unterschiedlichen Eigenkapitalanforderungen eine stärkere Spreizung der Kreditpreise zwischen guten und schlechten Unternehmen ergeben wird (vgl. Abb. 3) und Kreditnehmer mit schlechter Bonität mit ungünstigeren Konditionen rechnen müssen.[40] Allerdings kann noch nicht abschließend beurteilt werden, ob die Neuregelung der Eigenkapitalunterlegung tatsächlich zu einer Erhöhung der durchschnittlichen Kreditkonditionen für KMU führen wird.[41] Selbst wenn dies der Fall sein sollte, bleibt zu beachten, dass Finanzierungskosten nur einen relativ kleinen Anteil an den Gesamtkosten bei KMU ausmachen.[42]

Das Ausmaß der Spreizung bleibt ebenfalls unklar, da es außer durch die ratingabhängige Höhe der Risikoprämie und der Eigenkapitalunterlegung auch durch den ratingunabhängigen Eigenkapitalkostensatz bestimmt wird.[43] Zudem

räumung von Kreditsicherheiten fließen allerdings teilweise in die Ermittlung der Eigenkapitalunterlegung ein und sind daher kritisch zu beurteilen.

40 Vgl. Sanio in o.V. (2002b), S. 106; vgl. auch Paul (2001a), S. 30; Vera (2002), S. 31; hiervon sind auch Unternehmen betroffen, die vorübergehend in wirtschaftliche Schwierigkeiten geraten, vgl. Günter et al. (2002), S. 124.

41 Die Konstanz der durchschnittlichen Zinsbelastung soll durch die dargestellten Erleichterungen für KMU und weitere Nachverhandlungen erreicht werden. So geht die Bankenaufsicht sogar davon aus, dass die durchschnittliche Eigenkapitalunterlegung für KMU-Kredite im Allgemeinen und für Handwerkskredite im Besonderen sinken wird, vgl. Sanio in Rathmann et al. (2002), S. 19. Kritisch hierzu Juncker/Rühle (2002), S. 33, die eine Erhöhung der Kreditzinsen aufgrund von Basel II befürworten.

42 Erhebungen gehen von ca. 1,6 bis 2,1 %, vgl. Lichtblau/Utzig (2002), S. 330, bzw. maximal 2 bis 3 % aus, vgl. Duhnkrack in Otto (2002), S. 19; außerhalb Deutschlands ist dieser Anteil trotz der höheren Eigenkapitalquoten vielfach größer, vgl. Juncker/Rühle (2002), S. 32 f.; da aber kleinere Unternehmen durchschnittlich sowohl einen höheren Fremdfinanzierungsanteil als auch eine niedrigere Ertragskraft aufweisen, zeigt sich das besondere Gefährdungspotential einer Kreditverteuerung für diese Unternehmen.

43 Erste Anhaltspunkte für das Ausmaß der Verteuerung und die Spreizung, aber auch für die Unsicherheit der Zinseffekte liefern Untersuchungsergebnisse der Universität Mannheim, die einen Zinsanstieg zwischen 2,45 % (nach 2. Konsultationspapier) bzw. 1,08 % (modifizierte Fassung) für KMU ohne Berücksichtigung von Sicherheiten anzeigen. Diese Werte reduzieren sich auf 1,41 % bzw. 0,39 %, wenn nur die kreditwürdigen Unternehmen betrachtet werden, vgl. o.V. (2001a), S. 17. Die Spreizung berührt demnach v.a. bonitätsmäßig nicht einwandfreie Unternehmen negativ. Wiederum bezogen auf sämt-

wurde davon ausgegangen, dass die übrigen Pricing-Komponenten unverändert bleiben.[44]

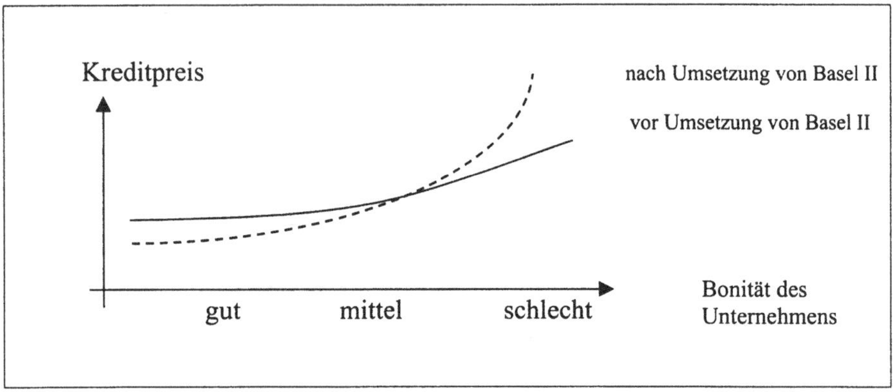

Abb. 3: Veränderungen der Kreditpreise nach Umsetzung von Basel II

3.2 Der Rating-Prozess und die damit einhergehende Veränderung der Bank-Kreditnehmer-Beziehung

Da zukünftig die Höhe des Kreditpreises nicht unwesentlich vom Ergebnis des externen oder internen Ratings abhängen wird, ist es für alle Unternehmen zweckmäßig, sich näher mit dem Procedere von Rating-Verfahren zu beschäftigen.[45] Zusätzlich zu den etablierten, primär finanzkennzahlenorientierten Instrumenten der Kreditwürdigkeitsprüfung und der laufenden Kreditüberwachung wird im Rahmen des Rating-Prozesses qualtitativen Gesichtspunkten ein großer Wert beigemessen (vgl. Abb. 4).[46]

---

liche mittelständische Unternehmen werden – verglichen mit dem jeweiligen Branchendurchschnitt – kleinere Unternehmen aufgrund des schlechteren Rating stärker betroffen sein (Zinsanstieg 2,72 % bzw. 1,25 %) als größere (2,19 % bzw. 0,91 %).

44 Dies ist insofern unrealistisch, als dass die Umsetzung der komplexen Regelungen von Basel II zu einer erheblichen Kostenbelastung bei den Kreditinstituten führt, die an die Kreditnehmer weitergegeben werden, vgl. Baxmann (2001), S. 34. Gleichzeitig bestehen durch das systematische Rating und Umstrukturierungsmaßnahmen im Bereich der Bearbeitungsprozesse Möglichkeiten zur Absenkung der Bearbeitungskosten, vgl. Goebel (2001), S. 88, vgl. auch Kramer-Eis (2000), S. 27. Allgemein zeigen internationale Vergleiche einen deutlichen Nachholbedarf im Bereich des Kostenmanagements bei deutschen Kreditinstituten auf, vgl. Ashauer (2002), S. 256.

45 In diesem Bereich bestehen offensichtlich noch Defizite bei KMU, denn mit Rating-Fragen hatten sich im Jahr 2001 erst 31,1 % der Entscheidungsträger konkret auseinandergesetzt, vgl. Impulse/Dresdner Bank (2001), S. 21.

46 Vgl. zu den Kriterien Basler Ausschuss (2001a), S. 54, vgl. auch Becker (2001), S. 16; Kuhn (2001), S. 19, Arnold (2001), S. 54; zu den allgemeinen und speziell mit der Beur-

Generell wird seitens der Kreditnehmer ein höheres Maß an Transparenz im Hinblick auf unternehmensinterne Vorgänge erforderlich sein, was gerade für KMU traditionell nur wenig akzeptabel erscheint und dementsprechend nicht sehr ausgeprägt vorhanden ist.[47] Aber auch Kreditinstitute werden zukünftig transparenter im Hinblick auf ihre Konditionengestaltung sein müssen.[48]

3.3 Basel II und Veränderungen im Kreditangebot an KMU

Neben den vielfach mit Basel II begründeten, aber damit nur indirekt in Verbindung stehenden Veränderungen von Kreditpreisen wird auch vehement um die Gefahr einer Einschränkung der Kreditfinanzierungsmöglichkeiten für KMU gestritten. Als Beleg dafür wird der durch Basel II ausgelöste (vermeintliche) Rückzug mancher Kreditinstitute aus dem Firmenkundenkreditgeschäft herangezogen.[49]

---

teilung von „soft facts" verbundenen Problemen vgl. Günter et al. (2002), S. 122; Kramer-Eis (2000), S. 27; tw. wird darauf verwiesen, dass Rating sich einseitig an Kapitalgesellschaften orientiert, woraus die Notwendigkeit eines speziellen EU-Rechts für KMU-Kredite oder spezieller Förderprogramme und steuerlicher Entlastungen abgeleitet wird, vgl. Hamers in Benölken (2002), S. 45: Dies vertauscht aber Ursache und Wirkung und ist daher abzulehnen. Hingegen ist es notwendig, beim Rating spezielle Gegebenheiten bei KMU wie z.B. Haftungsmassen oder die Integration von Management und Gesellschafterkreis zu berücksichtigen, vgl. Kuhnen (2002), S. 18.

47 Zur „Herr-im-Haus-Syndrom" vgl. Döring (2002), S. 16; Lichtblau/Utzig (2002), S. 331; innerhalb des Mittelstands bestehen Defizite v.a. in Bezug auf die Transparenz strategischer Planungen, vgl. PwC (2001), S. 12.

48 Dies betrifft auch Informationen über den Rating-Prozess, vgl. Kleine/Anclam (2001), S. 163; Böhnke (2002), S. B 4.

49 Abgesehen von der öffentlich angekündigten Aufgabe bzw. Reduzierung des Firmenkundengeschäfts durch einige Privatbanken, vgl. Bertram et al. (2002), S, 12; Rathmann (2002), S. 18, ist der konkrete Nachweis für eine restriktive Kreditvergabe primär durch das private Bankgewerbe – welche den Vorwurf zurückweisen, vgl. für die Deutsche Bank Fitschen in o.V. (2001c), S. 36 – überaus schwierig. Als Beleg werden sowohl die Entwicklung der Marktanteile im Firmenkundengeschäft gemäß Bundesbankstatistik, vgl. Monatsberichte Teil IV.2; vgl. auch Lambert (2002a), S. 105, Umfrageergebnisse von Kreditnehmern und Unternehmerverbänden, vgl. z.B. Voss (2002), S. 14, KfW (2002), S. 5 ff.; Pfister (2002), S. 23, die vermehrte Kreditnachfrage bei öffentlich-rechtlichen Kreditinstituten durch anderweitig abgewiesene KMU, vgl. Mang (2001), S. 73 f.; Adam in Eigendorf/Struve (2002), S. 24, oder die Herkunft der Finanzierungs anfragen für durchgeleitete Förderkredite der KfW angeführt, vgl. Lambert (2002a), S. 105, wobei die letzten beiden Argumentationen auch wettbewerbspolitisch motiviert sind. Zu beachten bleibt in diesem Zusammenhang auch die unterschiedliche Abgrenzung des Mittelstands bei Großbanken, vgl. Lambert (2002a), S. 107, sowie das schwierige konjunkturelle Umfeld der letzten Jahre, welches für den Rückgang der Kreditvergabe mitverantwortlich gemacht wird, vgl. Fitschen in o.V. (2001c), S. 36.

Vermögens- und Kapitalstruktur: Eigenkapitalquote, Eigenmittelquote, Kapitalstruktur, Cashflow, Kapitalrückflussquote, Kapitalbindungsdauer, Stille Reserven

Liquiditäts- und Ertragslage: Liquidität, Lagerumschlag, Lagerbindung, Verschuldungsdauer, Verschuldungsgrad, Nettozinsquote, Umsatz, Umsatzentwicklung, Bilanzsumme, Umsatzrendite, Gesamtkapitalrendite, Eigenkapitalrendite, Außerordentliches Ergebnis, Investitionsquote, Zinssatz für Pensionsrückstellungen

Management, Geschäftspolitik: Produktpolitik, Vertriebspolitik, Preispolitik, Qualität des Managements, Kontinuität des Managements, Führungsstruktur, Nachfolgeregelungen, Personalkonzept

Kundenbeziehung: Informationsverhalten ggü. dem Kreditinstitut, (Rück-)Zahlungsverhalten, Kontoführungsverhalten, Fristigkeit/Dauer der Kundenbeziehung

Planungen: Planbilanzen, Ertrags- und Liquiditätsplanung, Finanzplanung, Umsatzplanung, Investitionsplanung

Zukunftsorientierung: Investitionsverhalten, F&E-Aktivitäten, Modernität, Umweltrisiken

Gesamtwirtschaftliche Lage, Marktsituation: Marktstruktur, Konkurrenzintensität, Marktstellung, Marktanteil, Abgrenzung zu Wettbewerbern, Marktzutrittsbarrieren, Branchenperspektiven, Wettbewerbsfähigkeit, Saison- und Konjunkturabhängigkeit, Wirtschaftswachstum, Lohnkostenentwicklung

Externe Abhängigkeiten: Lieferantenrisiko, Abnehmerrisiko, Auftragslage

Bilanzierungsmethoden: Ansatz von Rückstellungen, Art und Höhe der Abschreibungen, Herstellkosten, Bewertung der Vorräte

Controlling/Rechnungswesen: Erfolgsrechnungen, Kostenvor- und Nachkalkulation, Einhaltung und Kontrolle von Planungen

Sonstige Parameter: Rechtsform, Alter des Unternehmens, Auftragsbestand, Auslastungsgrad, Beschäftigungsentwicklung, Zahlungsabsicherung, Kreditversicherung, Transportrisikoabsicherung, Genereller Versicherungsschutz, Betriebsklima

Abb. 4: Auswahl von Parametern im Rahmen von Rating-Prozessen[50]

Bei beiden Diskussionsbereichen wird übersehen, dass Basel II nicht direkt in die Kreditentscheidungen der Kreditinstitute eingreift, sondern allein Anhaltspunkte für das Pricing enthält. Vielmehr ist die seit mehreren Jahren zu beobachtende reservierte Kreditvergabepraxis, von der v.a. kleinere KMU betroffen sind, die Konsequenz von verglichen mit anderen Geschäftsfeldern unzureichenden Erfolgspotenzialen bestimmter Teile des Kreditgeschäfts.[51] Gerade für das private Bankgewerbe ist dies verbunden mit wachsenden Renditeanforderungen der Eigenkapitalgeber.[52] Entsprechend ziehen sich diese Kreditinstitute, zumal

50 Vgl. Kramer-Eis (2001), S. 30.

51 Europaweit beeinträchtigen die hohen Risiko- und Kapitalkosten die Erfolgssituation der im Kreditgeschäft tätigen Geschäftsbanken, vgl. Untersuchungen von Oliver, Wyman & Company sowie Morgan Stanley, zitiert in o.V. (2002k), S. 18. Betroffen von der restriktiven Kreditvergabe sind v.a. Engagements, bei denen Kredite nicht von umfangreichen Provisionsgeschäften begleitet werden, vgl. für die Deutsche Bank Ackermann in o.V. (2001b), S. 13; vgl. auch o.V. (2001c), S. 36.

52 Hierbei bleibt zu beachten, dass in der deutschen Kreditwirtschaft im internationalen Vergleich nur recht niedrige Eigenkapitalrenditen erzielt werden, vgl. Ashauer (2002), S. 257 f. Verantwortlich hierfür sind v.a. der intensive Wettbewerb, eine mangelnde Effizienz und ein geringer Spezialisierungsgrad, vgl. z.B. die Untersuchung von Accenture,

wenn sie einen höheren Entwicklungsstand bei den Risikomanagementsystemen aufweisen und anders als öffentlich-rechtliche Kreditinstitute oder Genossenschaftsbanken nicht gemäß Satzung auf bestimmte Regionen, Kundengruppen oder Geschäftsfelder festgelegt sind, aus denjenigen Geschäften zurück, in denen langfristig die Unternehmensziele nicht erreicht werden können.[53] Das Firmenkundenkreditgeschäft besaß auch vor der aktuellen Insolvenzwelle aufgrund der geringen Renditen und hohen Risiken für viele Institute nur eine geringe Attraktivität, da in anderen Geschäftsbereichen ohne bzw. mit weniger restriktiven Eigenkapitalunterlegungsvorschriften bessere Verdienstmöglichkeiten existieren.[54] Eine derartige Geschäftsverlagerung ist als legitim zu bezeichnen, da in einer marktwirtschaftlich organisierten Gesellschaftsordnung Kreditinstitute grundsätzlich, wie jedes andere Unternehmen auch, sowohl bei der Auswahl der Geschäftsschwerpunkte als auch bei der Preisgestaltung weitgehende Handlungsfreiheit aufweisen.[55]

Es ist davon auszugehen, dass höhere Eigenkapitalrenditeanforderungen und die durch die Vorbereitungen auf Basel II initiierte intensivere Beschäftigung mit den im Kreditgeschäft zu fordernden Risikoprämien dazu führen werden, dass sich die Kreditpreise für KMU weiter nach Risiko und Laufzeit staffeln und tendenziell erhöhen werden.[56] Da beide Strömungen – wenn auch in unterschiedlicher Ausprägung – für die gesamte deutsche Kreditwirtschaft gelten, ist es absehbar, dass mittelfristig die Profitabilität und damit Attraktivität des Firmenkundenkreditgeschäfts für die Kreditwirtschaft wieder steigt. Von daher ist eine generelle Verknappung von Unternehmenskrediten nicht zu erwarten.

---

zitiert bei Rudolf (2002), S. 37; dementsprechend fordert sogar die Bankenaufsicht eine Erhöhung der Rentabilität des Kreditgeschäfts, vgl. Sanio in Otto/Walter (2002), S. 25.

53 Dies zeigt sich besonders in den neuen Bundesländern, in denen öffentlich-rechtliche Kreditinstitute einen hohen Risikovorsorgebedarf im Kreditgeschäft mit dem Mittelstand beklagen, auch weil sich die privaten Geschäftsbanken weitgehend zurückgezogen haben, vgl. Voigt in o.V. (2002l), S. 18.

54 Zur mangelnden Rentabilität des Firmenkundengeschäfts vgl. Juncker/Rühle (2002), S. 31; vgl. auch Bertram et al. (2002), S. 12, von Trippelskirch (2002), S. 110; Kayser/ Kokalj (2002), S. 114; die spezielle Problematik der KMU-Kredite zeigt sich u.a. darin, dass der Risikovorsorgebedarf in diesem Bereich mehr als dreimal so hoch ist wie im Großkundengeschäft, vgl. Döring (2002), S. 16.

55 Vgl. Arnold/Boos (2001), S. 714; Juncker/Rühle (2002), S. 32; zudem wird darauf verwiesen, dass Mittelstandskredite ein hohes Gefährdungspotential aufweisen und für die meisten Bankenkrisen in Deutschland ursächlich sind, vgl. o.V. (2002j), S. 4.

56 So wird davon ausgegangen, dass im Neugeschäft die Margen durchschnittlich um ca. 10 bis 15 Basispunkte steigen werden, vgl. Duhnkrack in Otto (2002), S. 19; vgl. auch Vera (2002), S. 32; Juncker/Rühle (2002), S. 33; damit erfolgt eine Abkehr von der bislang verfolgten Kreditrationierungs- (pauschalisierte Kreditpreise bis zum Erreichen der Rationierungsgrenze) hin zur Risikoabgeltungsstrategie, vgl. Kayser/Kokalj (2002), S. 112.

Gleichwohl bestehen in der aktuellen Übergangsphase, in der viele Unternehmen ihr Finanzierungsverhalten noch nicht vollständig an das deutlich veränderte Kreditvergabeverhalten der Banken angepasst haben, erhebliche Anspannungen.[57] Dies betrifft kleine Unternehmen[58] sowie v.a. diejenigen Unternehmen, die Schwierigkeiten haben, potenzielle Eigenkapital- und Kreditgeber von der Solidität des Unternehmens und der Investitionen – also von den Voraussetzungen für eine vertragsgemäße Verzinsung und ggf. Zurückführung des Kredite – zu überzeugen und zudem langfristige Bankkredite benötigen.[59] Diese Schwierigkeiten können durch Portfolio-Überlegungen von Kreditinstituten noch insoweit verschärft werden, als dass zur Vermeidung übermäßiger Branchen- oder Größenklassenkonzentrationen selbst bonitätsmäßig ordentlichen Unternehmen Kredite verweigert werden.[60]

4 Wesentliche Auswirkungen von Basel II auf die Finanzierung von KMU

Entscheidend für den Zugang zu Bankkrediten und für deren Konditionen wird das Ergebnis des bei KMU i.d.R. zur Anwendung kommenden internen Ratings sein, dass zum Teil vom Kreditnehmer positiv beeinflusst werden kann.[61] Ungünstige Ratings stellen dabei den Ansatzpunkt für die Überprüfung der Unternehmenspolitik hinsichtlich der einfließenden quantitativen und qualitativen Faktoren dar. Dabei werden regelmäßig folgende Bereiche von erheblicher Relevanz sein:

Die *Finanzierungsstruktur* im Allgemeinen, also dem Verhältnis von Eigenkapital zu Fremdkapital: In der Vergangenheit wurde die Finanzierungsstruktur bei deutschen KMU kaum als aktiver Gestaltungsraum betrachtet, sodass die Kapitalstrukturen als nicht besonders ausdifferenziert zu bezeichnen sind. Die vorherrschenden niedrigen Eigenkapitalquoten im Mittelstand sind dabei u.a.

---

57 Vgl. Hennerkes et al. (2002), R3; so sieht z.B. die KfW erheblichen kurzfristigen Handlungsbedarf, vgl. Reich in o.V. (2002h), S. 29.

58 Hierbei spielt auch eine Rolle, dass kleine Unternehmen im Gegensatz zu Großunternehmen bei wirtschaftlichen Problemen nicht auf staatliche Unterstützung hoffen können, vgl. Böhnke (2002), S. B4.

59 Vgl. KfW (2002), S. 3 f.; Kayser/Kokalj (2002), S. 114 f.; Döring (2002), S. 16; es wird in diesem Zusammenhang auch darauf verwiesen, dass durch risikoadäquate Kreditzinsen eine kritischere Prüfung der Investitionsvorhaben angeregt wird, vgl. Arnold/Boos (2001), S. 714.

60 Dies betrifft zur Zeit v.a. konjunkturell angeschlagene Branchen wie Bau oder Einzelhandel, vgl. KfW (2002), S. 6. Portfolioüberlegungen werden auch von Sparkassen und Landesbanken dafür angeführt, dass sie derzeit nicht in der Lage sind, alle beantragten Kredite von anderweitig abgewiesenen Unternehmen zu gewähren, vgl. Adam in Eigendorf/Struve (2002), S. 24.

61 Vgl. Joppe (2002), S. K3.

steuerlich motiviert und auch eine Folge vergleichsweise günstigen Fremdkapitals in der Vergangenheit.[62] Gleichwohl wird die Verteuerung und u.U. Verknappung von langfristigem Bankkrediten bei geringen Eigenkapitalquoten einen Anreiz schaffen, eine Verbesserung der Eigenkapitalausstattung durch Nutzung auch neuerer Formen der Eigenkapitalbereitstellung wie Private Equity oder Mezzanine-Kapital zu erwirken.[63] Bei der Gewinnung von zusätzlichem Eigenkapital kommt auch die Nutzung des im Zuge von Kreditverhandlungen erstellten Rating in Betracht.[64]

Die *Fremdkapitalstruktur*, also die Aufteilung auf die verschiedenen Arten von Bankkrediten, Lieferantenkrediten, Direktaufnahmen am Kapitalmarkt sowie andere Finanzierungsformen wie Leasing oder Factoring:[65] Während sich für größere KMU der Trend verstärken wird, sich direkt, etwa durch Begebung von Unternehmensanleihen, oder indirekt, etwa durch Verbriefung von Bankforderungen, am Kapitalmarkt zu finanzieren[66] und dafür ein externes Rating in Auftrag zu geben, werden kleinere KMU weiterhin in hohem Umfang auf Bankkredite angewiesen sein.[67] Sie sind daher gezwungen, zukünftig noch sorgfältiger die Finanzierungsmöglichkeiten abzuwägen und bei sich bietenden Möglichkeiten verstärkt auf Förderkredite und Spezialfinanzierungsformen zurückzugreifen.[68] Wegen der besonderen Problematik bei langfristigen Krediten steht zu erwarten, dass die Kreditlaufzeiten sich verkürzen und damit Zinsänderungsrisi-

62 Vgl. Kayser/Kokalj (2002), S. 112 f.; Böhnke (2002), S. B4; ursächlich hierfür ist die hohe Steuerbelastung bei Gewinnthesaurierung, vgl. Lichblau/Utzig (2002), S. 330, vgl. auch Deutsche Bundesbank (2002), S. 45. Allerdings spiegeln Eigenkapitalquoten nicht die im Mittelstand vielfach vorhandenen zusätzlichen Haftungsmassen wider, vgl. KfW (2002), S. 14; Reich (2002), S. B4.

63 Vgl. KfW (2002), S. 14; Lambert (2002a), S. 105 f.; während unter Private Equity die Eigenkapitalbereitstellung von Privatanlegern unter Vermittlung von Banken zu verstehen ist, umfasst Mezzanine Kapital hybride Finanzierungsformen wie stille Beteiligungen, Wandelanleihen oder nachrangige Darlehen, vgl. Heinzel (2002), S. B11.

64 Vgl. Böhnke (2002), S. B4; abzuwarten bleibt indes, ob die Ergebnisse des internen Ratings den Kreditnehmern zur Verfügung gestellt werden, skeptisch hierzu Günter et al. (2002), S. 124.

65 Zur Übersicht über alternative Finanzierungsquellen vgl. Winkeljohann/Senczek (2002), S. B1 f.

66 Vgl. Hennerkes et al. (2002), S. R3; Ergenzinger/Espenhain (2002), S. B6; Achleitner in o.V. (2001b), S. 13.

67 Vgl. Deutsche Bundesbank (2000), S. 33 ff.; es wird geschätzt, dass alternative Finanzierungsmöglichkeiten nur für 3 bis 5 % der KMU zur Verfügung stehen, vgl. Meister (2001), S. 3.

68 Vgl. KfW (2002), S. 19; Kayser/Kokalj (2002), S. 116 f.; zur wachsenden Bedeutung des Factoring vgl. o.V. (2002e), S. 18 f.; zu der des Leasing vgl. Gödel (2002), S. 2 f.; Hartmann-Wendels (2002), S. B4.

ken verstärkt von Kreditnehmern zu tragen sind.[69] Allerdings ist die derzeit zu beobachtende Situation, dass mangels Alternative Investitionen durch Betriebsmittelkredite oder Lieferantenkredite finanziert werden,[70] primär auf die Zinssituation und auch auf die allgemeine Unsicherheit hinsichtlich der zukünftigen Kreditvergabepolitik in vielen Kreditinstituten zurückzuführen ist und daher nicht dauerhaft sein wird. Für manche KMU-Unternehmen sollte die derzeitige Umbruchsituation Anlass sein, Möglichkeiten zur Verlagerung der Bankfinanzierung auf Kreditinstitute mit geringeren Kreditprozess- und Risikokosten zu prüfen. Aufgrund der kürzeren Kreditlaufzeiten ist überdies der Einsatz von Zinssicherungsgeschäften im Rahmen des Risikomanagements zu forcieren.[71]

Das *Kreditnehmer/-geber-Verhältnis* wird zukünftig beiderseitig von größerer Transparenz und Professionalität geprägt sein, die die bislang vorherrschenden gegenseitigen Vorbehalte abbauen. Einerseits werden KMU für ein risikogerechtes Rating einen deutlich tieferen Einblick in die bewertungsrelevanten Teilbereiche gewähren müssen,[72] andererseits bedarf es seitens der Kreditwirtschaft einer deutlich erhöhten Kompetenz bei der Bewertung von Unternehmens- und Marktinformationen sowie bei der Kommunikation der Ergebnisse.[73] Durch die Vorbereitung auf das Rating sowie den eigentlichen Rating-Prozess werden Kreditnehmer mit Stärken und Schwächen ihres Unternehmens konfrontiert und erhalten damit bei geeigneter Präsentation der Ergebnisse vielfältige Informationen zur Verbesserung der Wettbewerbsfähigkeit, aber vor allem der Krisenfestigkeit.[74] Diese Informationen sollten als Ausgangspunkt für ggf. extern unterstützte Veränderungsprozesse dienen, die nicht allein auf eine Verbesserung des Rating-Ergebnisses abzielen.[75]

---

69 Dies kann zudem zu einer Abwärtsspirale bezogen auf das Rating führen, vgl. Günter et al. (2002), S. 123.

70 Nach Schätzungen der EU-Kommission decken KMU mittlerweile 20-50 % ihres Kreditbedarfs durch Lieferantenkredite, vgl. o.V. (2002d), S. 11.

71 Tendenziell kommen hierfür aufgrund der Kostenstrukturen sowohl Spezialfinanzierer als auch aufgrund ihrer Marktnähe Sparkassen und Kreditgenossenschaften in Frage, vgl. Hennerkes et al. (2002), S. R3.

72 Vgl. Becker (2001), S. 16; Paetzmann (2001), S. 496 f.; Winkeljohann/Senczek (2002), S. B2.

73 Vgl. Kuhn (2001), S. 18, Arnold/Boos (2001), S. 713, Mang (2002), S. B1.

74 Vgl. Joppe (2002), S. K3; KfW (2002), S. 17 f.; Kayser/Kokalj (2002), S. 116; Juncker/Rühle (2002), S. 34; gerade im Bereich des Risikomanagements bestehen vielfach erhebliche Defizite, vgl. Reichling/Beinert (2002), S. B6.

75 Vgl. PwC (2001), S. 22; propagiert wird dabei der Aufbau von Beratungs-Netzwerken, wobei unklar bleibt, ob Kreditinstitute selbst Beratungsleistungen im Zusammenhang mit Rating anbieten werden und sollten, vgl. Juncker/Rühle (2002), S. 34, Norden (2001), S. 541; skeptisch zur Kompetenz von Banken in diesem Bereich vgl. Joppe (2002), S. K3.

Angesichts der gesamtwirtschaftlichen Situation werden die kreditpolitischen Veränderungen, die im Zusammenhang mit der Umsetzung von Basel II stehen, für viele KMU eine große zusätzliche Belastung darstellen, die aber zugleich die Chance für eine einzel- und gesamtwirtschaftlich effizientere Kapitalallokation beinhaltet.[76]

5 Fazit

Durch die Umsetzung von Basel II in nationales Recht werden bankaufsichtsrechtlich essentielle Anforderungen an das Betreiben von Kreditgeschäften sanktioniert, nämlich die Begrenzung von Informationsasymmetrien durch intensiven Informationsaustausch zwischen Kreditnehmern und -gebern sowie die risikogerechte Preisgestaltung. In beiden Bereichen sind in der jüngsten Vergangenheit Defizite erkennbar, welche mitverantwortlich für eine restriktivere Kreditvergabepolitik der Banken sind. Der Mittelstand als kreditintensiver Bereich ist durch diese Veränderungen der Kreditbeziehungen erheblich betroffen, obwohl durch die Anerkennung interner Ratings sowie mittelstandstypischer Sicherheiten die gröbsten Wettbewerbseffekte abgebaut werden konnten. KMU sind gefordert, die Finanzierungsstrukturen und -arten sowie das Informationsverhalten an die geänderten Rahmenbedingungen anzupassen. Darin liegt zugleich die Chance, ungesunde, da nicht krisenresistente Finanzierungsstrukturen zu überwinden, auf alternative, dem Finanzierungsanlass entsprechende Finanzierungsformen überzuwechseln und existenzbedrohende Defizite z.B. in den Bereichen Unternehmensplanung, -organisation und im Rechnungswesen zu erkennen und zu beseitigen. Verwunderlich bleibt jedoch, warum es eines massiven und mit erheblichen Regulierungskosten verbundenen Eingriffs seitens der Bankenaufsicht bedurfte, um diese an sich selbstverständlichen und angesichts der angespannten Ertragslage vieler Kreditinstituten mehr als notwendigen Kreditvergabepraktiken durchzusetzen.[77]

Literatur

Arnold, W. (2001): Aktuelle Überlegungen zur aufsichtsrechtlichen Begrenzung bankbetrieblicher Kreditrisiken (Basel II), in: U.G. Baxmann [Hrsg.], Kreditrisikomanagement im Bankwesen, Frankfurt a.M. 2001, S. 43 - 69

---

76 Vgl. Kuhn (2001), S. 18; Arnold/Boos (2001), S. 714 f.; Winkeljohann/Senczek (2002), S. B2.

77 Vgl. Sanio in o.V. (2002b), S. 106; zudem lässt sich auch der Standpunkt vertreten, dass mit dem Einsatz des vergleichsweise einfachen Ansatzes der Bankenaufsicht auch Versäumnisse bei der Implementierung von bankeigenen Verfahren zur Bestimmung des Risikoprofils und zur Ableitung risikogerechter Konditionen kaschiert werden, vgl. Wilkens et al. (2001), S. 57.

Arnold, W./Boos, K.-H. (2001): Basel II – Einzel- und gesamtwirtschaftliche Aspekte, in: Die Bank, o.Jg. (2001), S. 712 - 715
Ashauer, G. (2002): Die Rentabilität der Kreditwirtschaft im internationalen Vergleich, in: Die Sparkasse, 119. Jg. (2002), S. 248 - 259
Basler Ausschuss für Bankenaufsicht [Hrsg.] (1999): A New Capital Adequancy Framework, Basel, Juni 1999
Basler Ausschuss für Bankenaufsicht [Hrsg.] (2001a): Die Neue Basler Eigenkapitalvereinbarung, Übersetzung der Deutschen Bundesbank, Basel, Januar 2001
Basler Ausschuss für Bankenaufsicht [Hrsg.] (2001b): Results of the Second Quantitative Impact Study, Basel 5. November 2001
Basler Ausschuss für Bankenaufsicht [Hrsg.] (2001c): Working Paper on the Regulatory Treatment of Operational Risk, Basel 2001
Baxmann, U.G. (2001): Entwicklungstendenzen im Kreditrisikomanagement, in: U.G. Baxmann [Hrsg.], Kreditrisikomanagement im Bankwesen, Frankfurt a.M. 2001, S. 1 - 42
Becker, H. (2001): Bereitschaft zu mehr Transparenz erforderlich, in: Sparkassenzeitung v. 30.11.2001, S. 16
Benölken, H. (2002): Eine Mediation über die Jagd nach Gespenstern aus Basel, in: Die Sparkasse, 119. Jg. (2002), S. 44 - 45
Bertram, B. et al. (2002): Der Mittelstand – draußen vor der Tür, in: Handelsblatt v. 5.4.2002, S. 12
Böhnke, W. (2002): Basel II ist auch Chance für den Mittelstand, in: Börsenzeitung v. 15.3.2002, S. B4
Boos, K.-H./Schulte-Mattler, H. (2001): Basel II: Externes und internes Rating, in: Die Bank, o.Jg. (2001), S. 346 - 354
Deutsche Bundesbank [Hrsg.] (2000), Die Beziehung zwischen Bankkrediten und Anleihemarkt in Deutschland, in: Monatsbericht, 48. Jg. (2000), Januar, S. 33 - 48
Deutsche Bundesbank [Hrsg.] (2001a): Die neue Baseler Eigenkapitalvereinbarung, in: Monatsbericht, 49. Jg. (2001), April, S. 15 - 44
Deutsche Bundesbank [Hrsg.] (2001b): Erträge und Finanzierungsverhältnisse deutscher Unternehmen nach Rechtsformen, in: Monatsbericht, 49. Jg. (2001), Dezember, S. 45 - 77
Deutsche Bundesbank [Hrsg.], (2002): Ertragslage und Finanzierungsverhältnisse deutscher Unternehmen im Jahr 2000, in: Monatsbericht, 50 Jg. (2002), April, S. 33 - 57
Döring, C. (2002): Die Eigenkapitallücke, in: Börsenzeitung v. 22.6.2002, abgedruckt in: Deutsche Bundesbank [Hrsg.], Auszüge aus Presseartikeln Nr. 29 v. 26. Juni 2002, S. 16
Eigendorf, J./Struve, A. (2002): „Schweres Jahr für den Mittelstand“ Landesbank-Chef Adam beklagt Rückzug der Banken bei Kreditvergabe, in: Die Welt, 13.5.2002, S. 24
Ergenzinger, T./Espenhain, R. (2002), Alternative Refinanzierungsmöglichkeiten ausschöpfen, in: Handelsblatt v. 20.3.2002, S. B6
Gödel, R. (2002), Leasing – Eine wirtschaftlich sinnvolle Alternative zur klassischen Finanzierung, in: Bankinformation und Genossenschaftsforum, 27. Jg. (2002), H. 3, S. 2 - 4
Goebel, R. (2001): Basel II und seine Folgen für die Sparkassen-Finanzgruppe und ihre Kunden, in: G. Hofmann [Hrsg.], Auf dem Weg zu Basel II: Konzepte, Modelle, Meinungen, Frankfurt a.M. 2001, S. 83 - 103
Günter, G. et al. (2002): Kreditvergabe-Szenarien für Basel II, in: ZfgK, 55. Jg. (2002), S. 122 - 126
Hartmann-Wendels, T. (2002): Konzentration im Leasingsektor setzt sich fort, in: Handelsblatt v. 20.3.2002, S. B4

Hartmann-Wendels, T. et al. (2000): Bankbetriebslehre, 2. Aufl., Berlin u.a. 2000
Heinke, E. (2001): Basel II und seine Bedeutung für die mittelständische Wirtschaft, in: ZfgK, 54. Jg. (2001), S. 174 - 178
Heinzel, H. (2002): Mezzanine – interessante Ergänzung des Finanzierungsangebotes, in: Börsenzeitung v. 22.6.02, S. B11
Hennerkes, B.-H. et al. (2002): Wandel der Bankbeziehungen fordert Kreativität heraus, in: Handelsblatt v. 27.2.2002, S. R3
Hromadka, J./Döhring, J. (2001): Erfassung des Kreditrisikos aus Sicht der Genossenschaftsbanken, in: G. Hofmann [Hrsg.], Auf dem Weg zu Basel II: Konzepte, Modelle, Meinungen, Frankfurt a.M. 2001, S. 105 – 122
Impulse/Dresdner Bank (2001): mind – Mittelstand in Deutschland, Köln 2001
Joppe, J. (2002): Wenn Banken raten, in: Handelsblatt v. 11.1.2002, S. K3
Juncker, K./Rühle, J. (2002): Firmenkredite: Mit Basel II zu besseren Margen, in: bank und markt, 31. Jg. (2002), H. 2, S. 31 - 34
Kayser, G./Kokalj, L. (2002): Mittelständische Unternehmen in Deutschland - Anmerkungen zur Finanzierung nach Basel II, in: ZfgK, 55. Jg. (2002), S. 112 -116
KfW – Kreditanstalt für Wiederaufbau [Hrsg.] (2002): Unternehmensfinanzierung im Umbruch – Die Finanzierungsperspektiven deutscher Unternehmen im Zeichen von Finanzmarktwandel und Basel II, Frankfurt a.M. 2002
Kleine, D.W./Anclam, S. (2001): Basel II und die Folgen für kleine und mittelständische Unternehmen, in: G. Hofmann [Hrsg.], Auf dem Weg zu Basel II: Konzepte, Modelle, Meinungen, Frankfurt a.M. 2001, S. 153 - 165
Krämer-Eis, D. H. (2000): Ratings, Basel II und die Finanzierungskosten von KMU, in: KfW [Hrsg.], KfW-Beiträge zur Mittelstands- und Strukturpolitik, Nr. 16, März 2000, S. 21 - 30
Krämer-Eis, D.H. (2001): Rating: Herausforderung für Kreditinstitute und Unternehmen, in: KfW [Hrsg.], KfW-Beiträge zur Mittelstands- und Strukturpolitik, Nr. 26, August 2001, S. 24 - 32
Kuhn, E. (2001): „Basel II“ als Verbandsaufgabe: Lobbyarbeit für den Mittelstand, in: bank und markt, 30. Jg. (2001), H. 6, S. 18 - 20
Kuhnen, W. (2002): Nutzen statt Kosten, in: Bankmagazin, o.Jg. (2002), H. 4, S. 17 - 22
Kütter, G. et al. (2001): Das zweite Konsultationspapier zur Überarbeitung der Baseler Eigenkapitalübereinkunft, in: ZfgK, 54. Jg. (2001), S. 183 - 186
Lambert, M. (2002a), Sparkassen-Finanzgruppe Berater und Finanzier des deutschen Mittelstands, in: Die Sparkasse, 119. Jg. (2002), S. 104 - 107
Lambert, M. (2002b): Anreiz für Unternehmer immer geringer, in: Sparkassenzeitung, Beilage 2/2002, S. B4
Lichtblau, K./Utzig, S. (2002): Finanzierungs- und Kostenstrukturen des deutschen Mittelstandes, in: Die Bank, o.Jg. (2002), S. 326 - 331
Mang, T. (2001): Kreditrisiken im mittelständischen Firmenkundengeschäft und bei Existenzgründungen als Herausforderung der Sparkassenorganisation, in: Entwicklungstendenzen im Kreditrisikomanagement, in: U.G. Baxmann [Hrsg.], Kreditrisikomanagement im Bankwesen, Frankfurt a.M. 2001, S. 71 - 85
Mang, T. (2002): Wandel in der Mittelstandsfinanzierung gefragt, in: Sparkassenzeitung, Beilage 2/2002, S. B1
Meister, E. (2001): Neue Wege der Mittelstandsfinanzierung, Vortrag beim Wirtschaftsempfang der SPD und der Arbeitsgemeinschaft Selbständige in der SPD (AGS), in Berlin,

am 24. September 2001, abgedruckt in: Deutsche Bundesbank [Hrsg.], Auszüge aus Presseartikeln Nr. 43 v. 26. September 2001, S. 3 - 4

Meister, E. (2002): Basel II und die Folgen für die Finanzierung des Mittelstandes, Statement auf dem Eurobörsentag 2002 – Eigenkapital für den Mittelstand –, in Frankfurt a.M., am 26. Juni 2002, abgedruckt in: Deutsche Bundesbank [Hrsg.], Auszüge aus Presseartikeln Nr. 29 v. 26. Juni 2002, S. 12 - 14

Norden, J. (2001): Mögliche Wege aus dem Dilemma mittelständischer Firmenkunden, in: Betriebswirtschaftliche Blätter, 50. Jg. (2001), S. 540 - 542

o.V. (2001a): Basel II verteuert Kredite für den Mittelstand, in: Börsenzeitung v. 28.12.2001, S. 17

o.V. (2001b): Geschäft mit Mittelstand nicht profitabel genug, in: Handelsblatt v. 27.11.2001, S. 13

o.V. (2001c): Deutsche Bank hält am Mittelstand fest, in: Handelsblatt v. 12.11.2001, S. 36

o.V. (2002a): „Basel II ist nicht der Tod des deutschen Mittelstandes" Interview mit Rolf-E. Breuer, in: Bankmagazin, o. Jg. (2002), H. 5, S. 30 - 31

o.V. (2002b): „Kein Mitgliedsstaat darf für sein Bankensystem ungerechtfertigte Sondervorteile herausholen, Redaktionsgespräch mit Jochen Sanio, in: ZfgK, 55. Jg. (2002), S. 100 - 106

o.V. (2002c): „Eigenkapitaldecke des Mittelstandes ist zu dünn", in: Börsenzeitung v. 29.1.2002, S. 12

o.V. (2002d): Die schlechte Konjunktur treibt die Pleitewelle, in: Börsenzeitung v. 6.2.2002, S. 11

o.V. (2002e): Factoringbranche wächst zweistellig, in: Börsenzeitung v. 6.3.2002, S. 18

o.V. (2002f): Nachweis der Behandlung von Firmenkrediten nötig, in: Börsenzeitung v. 14.3.2002, S. 18

o.V. (2002g): Basel II entzweit Mittelstand und Banken, in: Börsenzeitung v. 21.3.2002, S. 5

o.V. (2002h): KfW-Chef warnt vor Engpass bei Krediten, in: Handelsblatt v. 26.3.2002, S. 29

o.V. (2002i): Mittelstandsfinanzierung bei Basel II gesichert, in: Börsenzeitung v. 4.7.2002, S. 17

o.V. (2002j): Gegen das Recht auf Kredit, in: bank und markt, 31. Jg. (2002), H. 2, S. 4.

o.V. (2002k): Studie: Kredite sind teures Einstiegsprodukt – Banken büßen 2002 im Firmenkundengeschäft ein, in: Börsenzeitung v. 28.3.2002, S. 18

o.V. (2002l): Ost-Sparkassen beklagen Verluste bei Firmenkredit, in: Börsenzeitung v. 13.2.2002, S. 18

Otto, P. (2002): Banken drehen an der Preisschraube, in: Handelsblatt v. 6.3.2002, S. 19.

Otto, P./Walter, N. (2002), Sanio beschwichtigt den Mittelstand, in: Handelsblatt v. 20.3.2002, S. 25

Paetzmann, K. (2001): Finanzierung mittelständischer Unternehmen nach „Basel II" – Neue Spielregeln durch bankinterne Ratings, in: Der Betrieb, 54. Jg. (2001), S. 493 - 497

Paul, S. (2001a): Der Baseler Akkord im Überblick, in: G. Hofmann [Hrsg.], Auf dem Weg zu Basel II: Konzepte, Modelle, Meinungen, Frankfurt a. M. 2001, S. 5 -35

Paul, S. (2001b): Überwachung der Banken unter marktwirtschaftlichen Gesichtspunkten, in: G. Hofmann [Hrsg.], Auf dem Weg zu Basel II: Konzepte, Modelle, Meinungen, Frankfurt a.M. 2001, S. 199 - 221

Paul, S./Siewert, K.-J. (2000): Bank-Controlling I: Ertragsmanagement in Kreditinstituten, 4. Aufl., Frankfurt a.M. 2000

Pfister, S. (2002): Es knirscht und klappert im Handwerk, in: Handelsblatt v. 8./9.3.2002, S. 23

PwC Deutsche Revision (2001): Fit für Rating?, Frankfurt a.M. 2001

Rathmann, C. (2002): Privatbankiers limitieren das Kreditgeschäft, in: Börsenzeitung v. 10.5.2002, S. 18

Rathmann, C. et al. (2002): „Das Problem der Laufzeiten ist fast unlösbar“ - Interview mit Jochen Sanio, in: Börsenzeitung v. 3.5.2002, S. 19

Reichling, P./Beinert, C. (2002): CCC für den ostdeutschen Mittelstand?, in: Börsenzeitung v. 23.3.2002, S. B6

Reich, H.W. (2002): Potenzial des deutschen Beteiligungsmarktes liegt im Mittelstand, in: Börsenzeitung v. 22.6.2002, S. B4

Rolfes, B. (2001): Steuerung des Kreditrisikos im Dualen Steuerungsmodell, in: Ausfallrisiken – Quantifizierung, Bepreisung und Steuerung, hrsg. von Rolfes, B./Schierenbeck, H., Frankfurt a.M. 2001, S. 1 - 28

Rudolf, B. (2002): Deutsche Banken auf Abstiegsplätzen, Bankmagazin, o.Jg. (2002), H. 5, S. 37

Schierenbeck, H. (2001): Ertragsorientiertes Bankmanagement, Bd. 1 Grundlagen, Marktzinsmethode und Rentabilitäts-Controlling, 7. Aufl., Wiesbaden 2001

Ströer, C. (2001): Basel II und die Folgen, in: Bankmagazin, o.Jg. (2001), H. 4, S. 17 -19

Süchting, J./Paul, S. (1998): Bankmanagement, 4. Aufl., Stuttgart 1998

Taistra, G. et al. (2001): Basel II – Auswirkungen auf typische Mittelstandsportfolien, in: Die Bank, o.Jg. (2001), S. 514 - 519.

Tholen, M. (2002): Basel II: Was erwartet den Mittelstand?, in: ZfgK, 53. Jg. (2000), S. 547 - 549

Vera, A. (2002): Das Basel-II-Abkommen und die Auswirkungen auf die deutsche Kreditlandschaft, in: WiSt, 31. Jg. (2002), S. 28 - 32

von Trippelskirch, A. (2002): Strategische Allianz für den Mittelstand, in: ZfgK, 55. Jg. (2002), S. 110 - 111

Voss, K.-H. (2002): Maschinenbauer ärgern sich über Banken, in: Handelsblatt v. 5.2.2002, S. 14

Winkeljohann, N./Senczek, M. (2002): Basel II wirft schon weite Schatten voraus, in: Börsenzeitung v. 22.6.2002, S. B1 - B 2

Wilkens, M. et al. (2001): Erfassung des Kreditrisikos aus wissenschaftlicher Sicht, in: G. Hofmann [Hrsg.], Auf dem Weg zu Basel II: Konzepte, Modelle, Meinungen, Frankfurt a.M. 2001, S. 39 - 64

Private Equity für den deutschen Mittelstand

Bernd Nolte/Sven Hartung

Inhaltsverzeichnis

1 Einleitende Gedanken

Mittelstand ist in. Selten werden Stimmen laut, die den Mittelstand in irgendeiner Form und Weise kritisieren. Eher ist das Gegenteil der Fall: Gesetze, Vorschriften oder gesamtwirtschaftliche Entwicklungen, die auch nur annähernd den Mittelstand benachteiligen könnten, werden unisono von allen Parteien bzw. Interessenverbänden unter Beschuss genommen. Lange Zeit schien es, als sei der sakrosankte Mittelstand unangreifbar. Nun droht ihm der Angriff an seiner verwundbarsten Stelle: der Eigenkapitalausstattung. Der Stand der momentanen Eigenkapitalausstattung zusammen mit steigenden Problemen der Fremdkapitalfinanzierung kann den Fortbestand vieler mittelständischer Unternehmen gefährden. Aus diesem Grund sollen in diesem Beitrag Möglichkeiten gezeigt werden, wie diese offene Flanke geschlossen werden kann. Zunächst werden einige Charakteristika des Mittelstandes aufgezeigt, um dann auf die Bedeutung des Private Equity im Allgemeinen für die Unternehmensfinanzierung und im Speziellen für den Mittelstand einzugehen. Hierbei wird auch auf die Bedeutung des Eigenkapitals im Unternehmen eingegangen, sowie Möglichkeiten, Vorgehensweisen und Konsequenzen einer Beteiligungsfinanzierung aufgezeigt. An dieser Stelle wird ebenfalls skizziert, wie eine Beteiligung beendet werden kann. Der Beitrag schließt mit einem Ausblick der Entwicklungschancen des Private Equity in Deutschland.

2 Ausgewählte Charakteristika und daraus resultierende Probleme des Mittelstands

Es gibt keine allgemein anerkannte Definition, die besagt, welche Unternehmen in Deutschland zu den sogenannten mittelständischen Unternehmen gezählt werden können. Der Mittelstand gilt als typisch für das deutsche Unternehmertum;[1] wobei nicht einwandfrei unterschieden werden kann, ob die Zugehörigkeit zum Mittelstand Resultat einer aus dem externen Rechnungswesen resultierenden Klassifikation, so wie sie § 267 HGB bietet, oder eher die Vorstellung von überschaubaren und nicht in Bürokratie erstickenden Unternehmen ist, die sich durch Flexibilität auszeichnen. Zählt man all jene Unternehmen mit weniger als 500 Beschäftigen in Deutschland zum Mittelstand, so gehören bereits 99 % zum Mittelstand, wobei diese Betrachtung auch Kleinunternehmen enthält.

Im Rahmen dieser Arbeit soll der Definition des Instituts für Mittelstandforschung in Bonn gefolgt werden, die in Ermangelung weiterer typisierender Daten sich auf die Beschreibung von Unternehmensgrößenstrukturen wie die Merkmale „Umsatz" und „Zahl der Beschäftigten" beschränkt. Dieser Einteilung folgend, weisen 84,8 % aller Unternehmen die Charakteristika auf, dass ihr Umsatz kleiner als 500.000 Euro ist und sie weniger als 9 Arbeitnehmer beschäftigten. Diese Unternehmen können auch als Kleinunternehmen bezeichnet werden. 14,8 % tätigen einen Umsatz, der zwischen 500.000 Euro und 50 Mio. Euro liegt, bei einer Beschäftigtenzahl von 10 bis 499. 0,4 % aller Unternehmen tätigen einen Umsatz, der jenseits der 50 Mio. Euro liegt und beschäftigen 500 und mehr Arbeitnehmer.[2] Diese Unternehmen werden nicht mehr dem Mittelstand zugerechnet und gelten als Großunternehmen. Dem Mittelstand werden dementsprechend die KMU, d.h. die kleinen und mittleren Unternehmen zugeordnet (s. Abb. 1).

Neben dieser Klassifikation nach Größenstrukturen[3] sind es vor allem qualitative Aspekte, die gemeinhin den Mittelstand typologisieren. Mittelständischen Unternehmen werden zumeist folgende Charakteristika[4] zugesprochen:

---

1 Aus diesem Grund kann die Bezeichnung „deutscher Mittelstand" schon als Pleonasmus gelten, da selbst im angelsächsischen Sprachraum der Begriff „Mittelstand" verwendet wird und die für die deutsche Unternehmenslandschaft typische Unternehmensform bezeichnet.

2 Vgl. www.ifm-bonn.org.

3 Der Mittelstand wird gemeinhin als Rückgrat der Volkswirtschaft bezeichnet. Die 3,3 Millionen kleinen und mittleren Unternehmen tätigen 45 % aller steuerpflichtigen Um-

- Die Unternehmen sind personenbezogen und durch die Einheit von Eigentum und Führung geprägt, sodass die klassische Prinicipal-Agent-Problematik nicht existent ist. Die Organisationsstrukturen sind flach. Strategische sowie operative Entscheidungen werden meist ausschließlich vom Unternehmer getroffen. Zumeist obliegt einer Familie hierbei die Führung des Unternehmens.[5]
- Innerhalb der Belegschaft herrscht ein hohes Maß an Loyalität und Identifikation mit dem Unternehmen und dem Unternehmer.
- Die Unternehmen sind gering diversifiziert und agieren in relativ engen Märkten, in denen sie sich auf wenige Kompetenzen konzentrieren.
- Sprunginvestitionen sind von großer Bedeutung, da unregelmäßig investiert wird. Dies führt zu einer langen Ansparphase und bei typischer partieller Kreditfinanzierung zu einer langen Rückzahlungsphase.
- Die Kommunikation zur Umwelt und insbesondere zu kreditgebenden Banken ist wenig ausgeprägt. Viele mittelständische Unternehmer geben nur wenige unternehmensrelevante Informationen nach außen,[6] obwohl jedoch die meisten dieser Unternehmen gesetzlich dazu verpflichtet wären, ihren Jahresabschluss zumindest beim Handelsregister einzureichen. Nicht ausreichende Sanktionsmechanismen des Handelsgesetzes führen jedoch zu einer ständigen Missachtung dieser Informations- und Offenlegungspflichten.

---

sätze, beschäftigen 70 % aller Arbeitnehmer, bilden rund 80% aller Lehrlinge aus, leisten knapp 60 % der Bruttowertschöpfung aller Unternehmen und führen knapp 50 % aller Investitionen durch. Vgl. Lambert, M., Sparkassen-Finanzgruppe Berater und Finanzier des deutschen Mittelstands, in: Sparkasse, 119. Jg. (2002), S. 104 - 107.

4 Vgl. Zimmermann, G./Wortmann, A., Finanzwirtschaftliche Positionen traditioneller und innovativer mittelständischer Unternehmen, in: Finanzbetrieb, 3. Jg. (2001), S. 157 - 165.

5 In Deutschland werden knapp 90 % der mittelständischen Unternehmen vom Inhaber geführt. Jeder zehnte Betrieb hat einen Gesellschafter-Geschäftsführer und nur ca. 3 % einen angestellten Geschäftsführer. Vgl. Lambert, M., Sparkassen-Finanzgruppe Berater und Finanzier des deutschen Mittelstands, in: Sparkasse, 119. Jg. (2002). S. 104 - 107.

6 Zur Qualität und Umfang der Berichterstattungspraxis deutscher Unternehmen vgl. Hartung, S., Anhang und Lagebericht im Spannungsfeld zwischen Bilanztheorie und Bilanzpolitik, Aachen (2002), S. 157 ff.

Mittelstandsdefinition des IfM Bonn

Unternehmensgröße	Zahl der Beschäftigten	Umsatz EURO / Jahr
klein	bis 9	bis unter 500.000
mittel	10 bis 499	500.000 bis 50 Millionen
klein + mittel (= Mittelstand)	bis 499	bis 50 Millionen
groß	500 und mehr	50 Millionen und mehr

Abbildung 1: Mittelstandsdefinition des IfM Bonn[7]

Die Charakteristika der mittelständischen Unternehmen, insbesondere die beiden zuletzt genannten Punkte, zeigen, dass die aktuelle Entwicklung den mittelständischen Unternehmen in der Zukunft Probleme bereiten kann. Stellt doch die Fremdfinanzierung über Bankkredite bislang immer noch die dominierende Kapitalaufnahmemöglichkeit für die mittelständischen Unternehmen dar. Geplante Änderungen in der Eigenkapitalunterlegung von Banken, die für herauszugebende Kredite verlangt werden, könnten zu steigenden Kosten in der Unternehmensfinanzierung führen, sofern die mittelständischen Unternehmen nicht durch den Abbau bestehender Informationsasymmetrien transparenter werden. Ein Abbau fehlender Informationstransparenz dürfte bei positivem Inhalt zu einem besseren Rating seitens der Banken führen, was wiederum zu einer besseren Konditionengestaltung für das Unternehmen führen würde. Weigert sich dagegen ein mittelständisches Unternehmen relevante Daten seinem (potenziellen) Kreditgeber zur Verfügung zu stellen, dürfte dies automatisch als Verheimlichung negativer Informationen gewertet werden.

All jene Bestrebungen seitens der Banken, mehr Informationen von Kreditnehmern zu erhalten, werden gemeinhin unter dem Thema Basel II subsumiert.[8] Diesbezüglich kommt eine Untersuchung der Universität Mannheim zu dem Ergebnis, dass mittelständische Unternehmen aufgrund der Einführung von Basel II mit einer durchschnittlichen Kreditkostenerhöhung um 108 Basispunkte zu rechnen haben. Auch wenn sich der Studie zufolge für 39 % aller Unternehmen die Kreditkosten verringern dürften, so werden sich doch immerhin für 61 % aller Unternehmen die Kreditkosten erhöhen. Dies bedeutet, dass sich fast zwei

7 Vgl. www.ifm-bonn.org.

8 Hierbei ist zu beachten, dass im direkten Sinne sich Basel II zunächst nur an die Banken selbst richtet, die Unternehmen jedoch letztlich sich mit den an die Banken gestellten Anforderungen auseinander zu setzen haben.

Drittel aller Unternehmen auf steigende Finanzierungskosten einzustellen haben.[9]

Abbildung 2 vermittelt einen Überblick der zukünftigen Anforderungen, die auf mittelständische Unternehmen zukommen.

Festzustellen ist in diesem Zusammenhang auch, dass sich die gesamtwirtschaftliche Eigenkapitalquote seit Mitte der 60er Jahre deutlich reduziert hat. Betrug 1966 die durchschnittliche Eigenkapitalquote noch 30 %, so sank sie bis 1996 auf durchschnittlich ca. 18 %.[10] Da dieses Niveau bereits Mitte der 80er Jahre erreicht wurde, kann mit einer relativ konstanten Eigenkapitalquote westdeutscher Unternehmen für die letzten Jahre gerechnet werden.[11] Jedoch bleibt es in diesem Zusammenhang offen, ob die Daten für diesen Zeitraum als Eigenkapitalmangel interpretiert werden können. Vielmehr kann die sinkende Eigenkapitalquote auch als Maximierungskalkül der mittelständischen Unternehmen zur Steigerung der Eigenkapitalrentabilität durch Ausnutzung des Leverage Effekts gewertet werden. Würden aus der Finanzierungsstruktur eines Unternehmens keine zusätzlichen Risiken resultieren, wäre es nach dem geltenden Steuerrecht für Unternehmen optimal, sich ausschließlich über Fremdkapital zu finanzieren.[12]

Diese Präferenz für eine sehr weitreichende Fremdkapitalfinanzierung war zugleich Ursache und Folge der langfristigen Finanzierungsbeziehungen zwischen Mittelstand und Kreditinstituten. Die Beziehungen hielten die Anforderungen an den Einsatz von risikotragendem Kapital in Grenzen, da das Finanzierungsverhalten durch eine enge Beziehung zur Hausbank auf Langfristigkeit, Verlässlichkeit und Stetigkeit ausgerichtet war, welches zu einer sinkenden Informationsasymmetrie führte und langfristige Finanzierungen erleichterte. Demzufolge verfolgten die Banken eher eine Kreditrationierungs-, denn eine Risikoabgeltungsstrategie. Die zentrale Frage war mithin, ob ein Unternehmen überhaupt einen Kredit erhielt und nicht, zu welchen Konditionen ein Darlehen zugeteilt wurde, da bei Schuldnern nur geringfügig nach Einzelbonitäten differenziert wurde.[13]

---

9 Grunert, J./Kleff, V./Norden, L./Weber, M., Mittelstand und Basel II: Der Einfluss der neuen Eigenkapitalvereinbarung für Banken auf die Kalkulation von Kreditzinsen, in: Arbeitsbericht 01-07 (2002), Lehrstühle für Finanzwirtschaft, Universität Mannheim.

10 Vgl. Deutsche Bundesbank, Monatsbericht November 1997, S. 31 - 56.

11 Vgl. Matz, C., Wettbewerbsentwicklung im deutschen Private-Equity-Markt, Wiesbaden (2002), S. 116.

12 Vgl. Gerke, W., Mittelstand: Finanzierungsprobleme und Lösungen, in: Knapps Enzyklopädisches Lexikon des Geld-, Bank- und Börsenwesens (1999), S. 1336 - 1345.

13 Vgl. Kayser, G./Kokalj, L., Mittelständische Unternehmen in Deutschland – Anmerkungen zur Finanzierung nach Basel II, in: Kreditwesen, 55. Jg. (2002), S. 112 - 116.

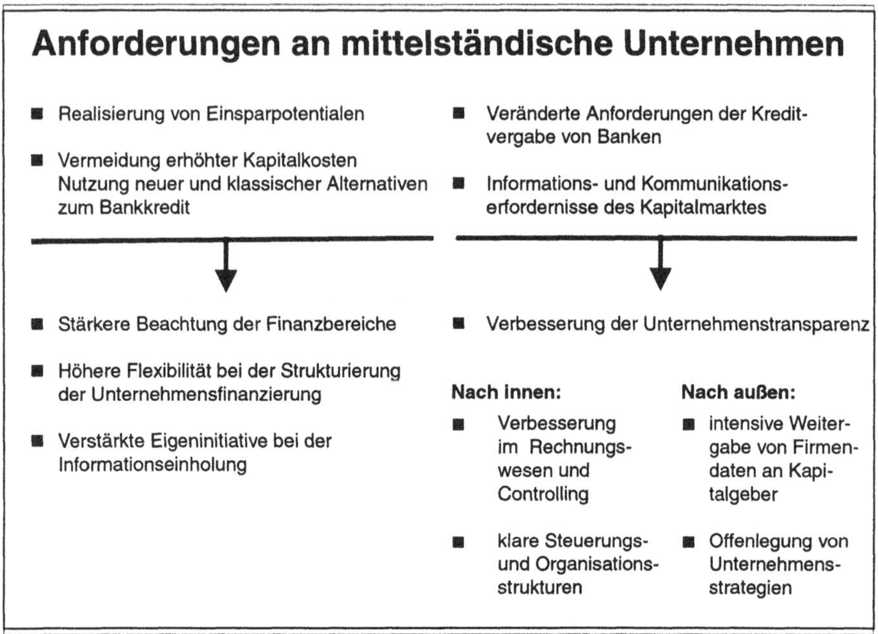

Abbildung 2: Anforderungen an mittelständische Unternehmen[14]

Offensichtlich besteht nun Änderungsbedarf in der Finanzierung mittelständischer Unternehmen. Die u.a. durch Basel II verursachten Anforderungsänderungen der Kreditvergabe des Bankensektors machen die Notwendigkeit einer Verbesserung der Eigenkapitalausstattung des deutschen Mittelstandes deutlich. Pressemitteilungen zu Folge wird diese Problematik unter dem Stichwort der Eigenkapitalknappheit betrachtet.[15] „Der Mittelstand ist in einer Eigenkapitalkrise“, so eine in der aktuellen Diskussion um die Mittelstandsfinanzierung häufig geäußerte Aussage, da Kredite nicht die Rolle von risikotragendem Eigenkapital übernehmen können.[16] Daneben ist die Bereitschaft mittelständischer Unternehmer gestiegen, Finanzpartner zur Realisation eines überdurchschnittlichen Wachstums oder zur Regelung der Unternehmensnachfolge am Unternehmen zu beteiligen. Eine in diesem Zusammenhang immer wieder genannte Lösung ist die Finanzierung mittels Private Equity. Welche Rolle Private Equity in der Zu-

14 Vgl. Paffenholz, G., Geld für morgen – wie die Mittelstandsfinanzierung der Zukunft aussieht, vgl. www.ifm-bonn.org.

15 Vgl., Bertram, B./Freitag, M./Walter, N., Der Mittelstand – draußen vor der Tür, in: Handelsblatt, 05./06.04.2002, S. 12.

16 o.V., Fahrholz: Der Mittelstand ist in einer Eigenkapitalkrise, in: Börsen-Zeitung, 12.04.2002, S. 18.

kunft in der deutschen Finanzierungslandschaft einnehmen kann, soll im Folgenden näher betrachtet werden.

3 Private Equity als Lösungsmöglichkeit mittelständischer Finanzierungsprobleme

3.1 Bedeutung des Private Equity und der Beteiligungsgesellschaften

„Private Equity provides equity capital to enterprises not quoted on a stock market. Private equity can be used to develop new products and technologies, to expand working capital, to make acquisitions, or to strengthen a company's balance sheet. It can also resolve ownership and management issues – a succession in family-owned companies, or the buy-out or buy-in of a business by experienced managers may be achieved using private equity funding."[17] Als Private Equity wird demnach also die befristete Bereitstellung von Eigenkapital für nicht börsennotierte Unternehmen bezeichnet.[18] Darüber hinaus wird je nach Bedarf neben Kapital auch Managementleistung zur Verfügung gestellt. Von Beginn an ist geplant, die Kapitalüberlassung mittelfristig wieder zu beenden. Wann die Beteiligung genau veräußert wird, ist jedoch meistens nicht abzusehen und hängt von Determinanten wie bspw. der Kapitalmarktentwicklung oder der Ausübung von Vorkaufsrechten ab. Ein typischer Beteiligungszyklus kann in sechs Prozessschritte gegliedert werden:[19]

- Die Einwerbung von Mitteln durch die Beteiligungsgesellschaft.
- Die Kontaktaufnahme mit potenziellen Investitionsobjekten und erste Durchsicht von Investitionsvorschlägen.
- Die eingehende Prüfung und Bewertung von Investitionsvorschlägen.
- Die vertragliche Ausgestaltung des Beteiligungsverhältnisses.
- Das Beteiligungscontrolling und die aktive Unterstützung bzw. Beratung der Portfoliounternehmen während der Beteiligungsphase.

---

17 Rudolph, B., Venture Capital und Private Equity als Finanzierungs- und Anlageinstrumente, in: Hummel, D. (Hrsg.), Handbuch Europäischer Kapitalmarkt, Wiesbaden (2001), S. 501 - 515.

18 Unter dem häufig synonym verwendeten Begriff des Venture Capital wird dagegen die Finanzierung von jungen zumeist hochinnovativen Unternehmen verstanden. Insofern stellt Venture Capital eine Teilmenge des Private Equity dar. Da im Rahmen dieses Beitrages jedoch bereits etablierte mittelständische Unternehmen betrachtet werden sollen, wird auf Venture Capital kein weiterer Bezug genommen. Darüber hinaus werden auch sogenannte Buyout-Transaktionen mit börsennotierten Unternehmen, die im Anschluss an die Transaktion von der Kursliste gestrichen werden (Going Private) häufig von Private Equity Gesellschaften durchgeführt; diese Transaktionen werden nicht betrachtet.

19 Vgl. Feinendegen, S./Hommel, U./Wright, M., Stand der Beteiligungsfinanzierung in Deutschland, in: Finanzbetrieb. 3. Jg. (2001), S. 569 - 578.

- Die Veräußerung der Anteile am Ende der Haltedauer und Ausschüttung der realisierten Kapitalzuwächse an die Investoren.

Die Prozessschritte werden in Abbildung 3 grafisch skizziert.

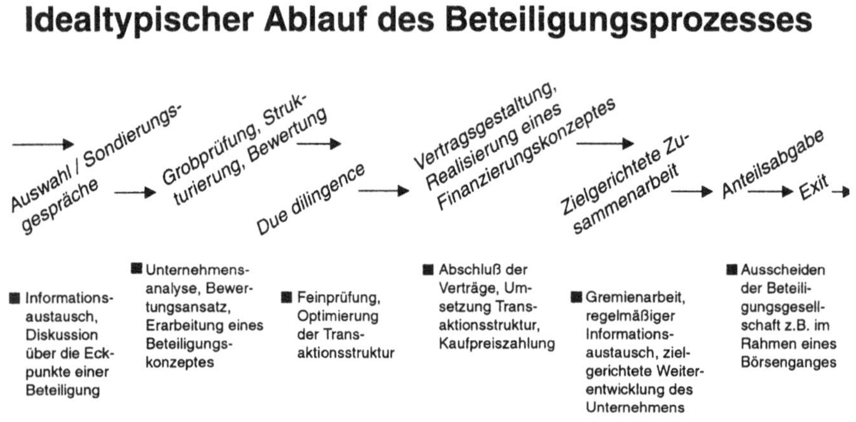

Abbildung 3: Idealtypischer Ablauf des Beteiligungsprozesses[20]

Je erfolgreicher eine Beteiligungsgesellschaft arbeitet, umso eher werden potentielle Investoren ihr Gelder anvertrauen. Aus dem gleichen Grund allerdings ist das Geschäft im Jahr 2001 zurückgegangen, da aufgrund der Kapitalmarktsituation und zu euphorischer Erwartungen die meisten Private Equity Gesellschaften Abschreibungen auf ihr Portfolio vornehmen mussten und eine schlechte Rendite erwirtschafteten.[21] Nichtsdestotrotz kann mittelfristig sowohl von einem weiter steigendem Bedarf als auch einem weiter steigenden Angebot an Beteiligungskapital ausgegangen werden. Abgesehen vom Rückgang in 2001 hat sich allein von 1998 bis zum Jahr 2000 das investierte Volumen in Deutschland mehr als verdoppelt.[22] Eine weitere Zunahme der Bedeutung des Beteiligungskapitals in der deutschen Unternehmensfinanzierung lässt auch ein Vergleich des investierten Private Equity Volumens in den USA, Großbritannien und Deutschland zu. Der Vergleich bietet sich nicht zuletzt deshalb an, weil den beiden angelsächsischen Ländern oftmals eine Vorreiterfunktion in Finanzierungsfragen zugestanden wird und damit ein solcher Vergleich zukünftige Entwicklungsmöglichkeiten des Marktes in Deutschland aufzeigen kann.

---

20 Vgl. www.bdw-gmbh.de.

21 Vgl. Saigol, L., Private equity investors begin to show their teeth, in: Financial Times, 26.02.2002, S. 15.

22 Für einen Überblick der Entwicklung über einen längeren Zeitraum siehe Stummer, F./Nolte, B., Die Entwicklung des deutschen Beteiligungskapitalmarktes, in: Finanzbetrieb, 2. Jg. (2000), S. 808 - 811.

Entwicklung der Private Equity Investitionen in Deutschland (D), Großbritanien (GB), USA

		BSP	PE-Portfolio	%-BSP	PE-Investitionen	%-BSP
1998	D	EUR 1.928 Mrd.	EUR 5,57 Mrd.	0,29 %	EUR 1,94 Mrd.	0,10 %
	GB	EUR 1.386 Mrd.	EUR 20,00 Mrd.	1,44 %	EUR 7,10 Mrd.	0,51 %
	USA	USD 8.760 Mrd.	USD 332,20 Mrd.	3,82 %	USD 77,21 Mrd.	0,88 %
1999	D	EUR 1.969 Mrd.	EUR 7,89 Mrd.	0,40 %	EUR 3,16 Mrd.	0,16 %
	GB	EUR 1.454 Mrd.	EUR 28,00 Mrd.	1,93 %	EUR 11,5 Mrd.	0,79 %
	USA	USD 9.256 Mrd.	USD 450,00 Mrd.	4,86 %	USD 96,05 Mrd.	1,04 %
2000	D	EUR 2.025 Mrd.	EUR 11,48 Mrd.	0,57 %	EUR 4,77 Mrd.	0,24 %
	GB	EUR 1.523 Mrd.	EUR 39,21 Mrd.	2,57 %	EUR 13,18 Mrd.	0,87 %
	USA	USD 10.028 Mrd.	USD 569,00 Mrd.	5,67 %	USD 168,00 Mrd.	1,68 %

Abbildung 4: Entwicklung der Private Equity Investitionen in Deutschland (D), Großbritannien (GB), USA[23]

Private Equity wird in Deutschland zumeist von Beteiligungsgesellschaften[24] bereit gestellt. Diese Beteiligungsgesellschaften gehen in aller Regel nur Minderheitsbeteiligungen ein und stellen nicht börsennotierten Unternehmen Eigenkapital für eine begrenzte Zeit zur Verfügung. Minderheitsbeteiligungen werden zumeist deshalb eingegangen, da zum einen der Unternehmer den Einfluss auf „sein" Unternehmen nicht verlieren möchte. Zum anderen setzt sich eine Beteiligungsgesellschaft bei einer Kapitalübernahme von 20 % bilanzrechtlichen Konsolidierungspflichten (§ 311 und § 312 HGB) aus.[25] Bei den Beteiligungsgesellschaften ist zwischen privatwirtschaftlichen (erwerbswirtschaftlichen) und

23 Vgl. www.bdw-gmbh.de

24 Ein nicht zu vernachlässigender Anbieter von Private Equity ist die Kreditanstalt für Wiederaufbau (KfW). Allen von der KfW angebotenen Beteiligungsprogrammen ist gemeinsam, dass sie sich nicht direkt an das kapitalsuchende Unternehmen, sondern an den Beteiligungsgeber selbst richten. Ziel ist es, die Beteiligungsgeber zur Investition zu ermutigen, durch den Beitrag der KfW weitere Investitionen folgen zu lassen. Die fünf zurzeit von der KfW bereitgestellten Programme sind das KfW/BMWi-Technologie-Beteiligungsprogramm (BTU), das ERP-Innovationsprogramm, das KfW-Risikokapitalprogramm, der KfW-Beteiligungsfonds (Ost) und das ERP-Beteiligungsprogramm. Vgl. v. Blanckenburg, H., Venture Capital und Private Equity: Das Angebot der KfW, in: Stadler, W. (Hrsg.), Venture Capital und Private Equity: erfolgreich wachsen mit Beteiligungskapital, Köln (2001), S. 273 - 279.

25 Vgl. Weitnauer, W., Rahmenbedingungen und Gestaltung von Private Equity Fonds, in: Finanzbetrieb, 3. Jg. (2001), S. 258 - 271.

gemeinnützigen Gesellschaften zu unterscheiden, wobei die privatwirtschaftlichen Gesellschaften noch in Kapitalanlagegesellschaften und Unternehmensbeteiligungsgesellschaften separierbar sind.

Nach der Legaldefinition in § 1 Abs. 1 im Gesetz über Kapitalanlagegesellschaften (KAGG) handelt es sich bei der Kapitalanlagegesellschaft um ein Kreditinstitut, dessen Geschäftsbereich darauf gerichtet ist, bei ihm eingelegtes Geld im eigenen Namen für gemeinschaftliche Rechnung der Einleger (Anteilsinhaber) nach dem Grundsatz der Risikomischung in den nach dem KAGG zugelassenen Bereichen als Sondervermögen anzulegen und hierüber Anteilsscheine auszustellen. Der Kapitalanlagegesellschaft ist es gestattet, ein Beteiligungssondervermögen aufzulegen, das nicht nur aus börsengängigen Papieren, sondern auch aus sonstigen Wertpapieren und stillen Beteiligungen besteht (§§ 25a ff. KAGG).[26] Das Beteiligungssondervermögen ist nicht von der Körperschafts- und Gewerbesteuer befreit.

Im Gegensatz zu den Kapitalanlagegesellschaften werden die Unternehmensbeteiligungsgesellschaften durch ein eigenes Gesetz (Gesetz über Unternehmensbeteiligungsgesellschaften, UBGG) reguliert.[27] Unter steuerlichen Aspekten werden Eigner einer Unternehmensbeteiligungsgesellschaft den Minderheitsgesellschaftern einer Direktinvestition gleich gestellt.[28] Für eine Unternehmensbeteiligungsgesellschaft[29] (UBG) gilt, dass sie generell nur Minderheitsbeteiligungen eingehen darf, eine Einzelinvestition nicht 30 % der UBG-Bilanzsumme überschreiten darf, sie keinen Anteilserwerb an börsennotierten Unternehmen mit einer Bilanzsumme über 250 Mio. € tätigen darf und ferner, dass die Summe der Beteiligungen außerhalb der Europäischen Union maximal 30 % der UBG-Bilanzsumme ausmachen darf. Die UBG unterliegt der Aufsicht der zuständigen obersten Landesbehörde und ist von der Gewerbesteuer befreit.[30]

---

26 Vgl. Weitnauer, W., Rahmenbedingungen und Gestaltung von Private Equity Fonds, in: Finanzbetrieb, 3. Jg. (2001), S. 258 - 271.

27 Jedoch sind Fondskonzeptionen außerhalb des KAGG und UBGG durchaus möglich, die individuell ausgestaltet werden können. Allerdings werden diese Konstruktionen nicht staatlich privilegiert.

28 Vgl. Matz, C., Wettbewerbsentwicklung im deutschen Private-Equity-Markt, Wiesbaden (2002), S. 77.

29 Ferner können Unternehmensbeteiligungsgesellschaften noch in offene und integrierte unterteilt werden. Während die integrierte Unternehmensbeteiligungsgesellschaft freier in der Struktur der Anteilseigner ist und dafür größere Restriktionen für die Anlagepolitik vorsieht, unterliegen spiegelbildlich offene Unternehmensbeteiligungsgesellschaften größeren Beschränkungen bezüglich der Anlagepolitik. Vgl. Weitnauer, W., Rahmenbedingungen und Gestaltung von Private Equity Fonds, in: Finanzbetrieb, 3. Jg. (2001), S. 258 - 271.

30 Vgl. Becker, H.P./Peppmeier, A., Bankbetriebslehre, 4. Aufl. (2000), Ludwigshafen, S. 221.

Eine Sonderform sind Beteiligungen, die von Beteiligungsgesellschaften der öffentlichen Hand bzw. von öffentlich geförderten Beteiligungsgesellschaften gegeben werden. Zielgruppe sind in der Regel Unternehmen, die aufgrund des Marktversagens in der Gründungsfinanzierung keinen Zugang zu Bankkrediten erhalten, insbesondere Unternehmen in sehr frühen Phasen der Unternehmensentwicklung sowie Unternehmen in der Konsolidierung.[31] Bei den letzteren handelt es sich um Venture-Capital-Finanzierungen. Diese Beteiligungsgesellschaften arbeiten zumeist auf gemeinnütziger Grundlage und werden von den jeweiligen Bundesländern, Industrie- und Handelskammern, Wirtschaftverbänden und Banken getragen. Die Verzinsung des bereitgestellten Eigenkapitals setzt sich aus einem festen und einem gewinnabhängigen Entgelt zusammen. Aufgrund der subventionierten Refinanzierung primär durch Rückgriff auf öffentliche Förderprogramme können die Gesellschaften den Verzinsungsanspruch für das Beteiligungskapital auf einem relativ niedrigen Niveau halten. Auf die laufende Geschäftsführung nehmen sie in aller Regel keinen Einfluss.[32]

Im weiteren Verlauf der Arbeit wird jedoch zwischen den verschiedenen Formen der Private Equity-Gesellschaften nicht mehr unterschieden und die Termini synonym verwendet.

3.2 Bedeutung von Eigenkapital in der Finanzierung mittelständischer Unternehmen

Die gegenwärtige Konjunkturlage, die gepaart ist mit einem scheinbaren Ende des „Free Lunch Exits" Neuer Markt sowie steuerlichen Änderungen, lassen Engagements im Markt für Eigenkapital eher unattraktiv erscheinen.[33] Schlagzeilen wie „Venture Capital fließt nur spärlich zurück",[34] „Exit am Ende?"[35] oder „Wagniskapital-Geber müssen sich länger bescheiden"[36] fördern nicht gerade die Bereitschaft, sich als Eigenkapitalgeber zu betätigen. Gerade aber in Problemzeiten ist für Unternehmen Eigenkapital der Puffer, der diese schwierigen Situationen zu überstehen hilft. Aus diesem Grund müssen sich Unternehmen trotz der aufgeführten Probleme bemühen, ausreichend Eigenkapital zu akquirieren. Dies gilt umso mehr auch für mittelständische Unternehmen, die sich neben der

---

31 Vgl. Nolte, B./Stummer, F., Die Beteiligungsgesellschaften der Sparkassen auf dem deutschen Venture-Capital-Markt, in: Kreditwesen, 53. Jg. (2000), S. 1066 - 1067.

32 Vgl. Becker, H.P./Peppmeier, A., Bankbetriebslehre, 4. Aufl. (2000), Ludwigshafen, S. 219.

33 Vgl. Stummer, F./Nolte, B., Venture Capital – ein wichtiges Instrument im Finanzierungskasten, in: Betriebswirtschaftliche Blätter, 50. Jg. (2001), S. 381 - 383.

34 Köhler, P., Venture Capital fließt nur spärlich zurück, in Handelsblatt, 07.12.2001, S. 28.

35 Börner, C./Geldmacher, D., Exit am Ende?, in Finanzbetrieb, 3. Jg. (2001), Nr. 12, S. 695 - 701.

36 o.V., Wagniskapital-Geber müssen sich länger bescheiden, in Börsen-Zeitung, 09.11.2001, S. 11.

gegenwärtigen Konjunkturlage auch noch der bereits beschriebenen Eigenkapitalkrise ausgesetzt sehen. Die wesentlichen Aufgaben und Funktionen, die Eigenkapital in diesem Zusammenhang zur Lösung der Probleme übernehmen kann, sollen im Folgenden kurz dargestellt werden.

Eigenkapital dient neben dem Fremdkapital der Deckung des Kapitalbedarfs der Unternehmung. Während Fremdkapital nur zur Finanzierung von überschaubaren und mit begrenzten Risiko verbundenen Projekten dienen sollte, um die Rückzahlung und die regelmäßig anfallenden Entgelte relativ sicher erwirtschaften zu können, kann Eigenkapital demgegenüber auch für Projekte eingesetzt werden, die mit größeren Wagnissen und längerem Zeithorizont verbunden sind. Im System der betrieblichen Finanzierung erfüllen also Fremdkapital und Eigenkapital die Funktion der jeweils risiko- und zeitentsprechenden Finanzierung.[37] Gerade für mittelständische Unternehmen dürfte unter der Annahme des o.a. Basel II Szenarios dementsprechend die Finanzierungsfunktion des Eigenkapitals von steigender Bedeutung sein.

Daneben haftet das Eigenkapital eines Unternehmens für die Erfüllung aller Verbindlichkeiten der Unternehmung. Diese Garantie auf Zurückzahlung ermöglicht es erst, dass die Banken als Fremdkapitalgeber auch nach Basel II bereit sind, ihr Kapital den unter „Eigenkapitalmangel“ leidenden mittelständischen Unternehmen zu überlassen.

Ebenso wie Eigenkapital in diesem Sinne eine Risikosicherungsfunktion für die Gläubiger darstellt,[38] dient es auch der Sicherung des mittelständischen Unternehmens an sich, indem es auftretende Verluste mit der damit verbundenen Gefahr des Konkurses bis zu einem gewissen Grad absorbieren kann. Die bei der gegenwärtigen Konjunkturlage auch bzw. insbesondere bei mittelständischen Unternehmen auftretenden Verluste werden zuerst die Eigenkapitalpositionen aufzehren, sodass die Verbindlichkeiten durch das verbleibende Vermögen weiterhin gedeckt werden.[39]

Ein ausreichender Eigenkapitalstock kann somit zu einem leichteren Zugang zu weiteren Finanzierungsquellen führen. Das bloße Vorhandensein des Eigenkapitals, das im (rechtlich gesicherten) Vertrauen auf die Haftungsfunktion dieses Vertrauenspotenzial erhöht, reicht vielfach schon zu einer leichteren Überlassung weiterer Fremdkapitalmittel aus. Weiterhin kann ein ausreichend hoher Eigenkapitalstock auch positiv auf weitere potenzielle Eigenkapitalgeber wirken und neben zusätzlichem Fremdkapital auch Eigenkapital erschließen.[40] Bei den

---

37 Vgl. Vormbaum, H., Finanzierung der Betriebe, 9. Aufl., Wiesbaden (1995), S. 35 - 41.

38 Vgl. Bieg, H./Kußmaul, H., Investitions- und Finanzierungsmanagement, Band II: Finanzierung, München (2000), S. 45 - 48.

39 Vgl. Wöhe, G., Einführung in die Allgemeine Betriebswirtschaftslehre, 20. Aufl., München (2000), S. 886.

40 Vgl. Wöhe, G./Bilstein, J., Grundzüge der Unternehmensfinanzierung, 8. Aufl., München (1998), S. 351 - 355.

personenbezogenen und durch die Einheit von Eigentum und Führung geprägten mittelständischen Unternehmen kann angenommen werden, dass Eigenkapitalgeber um so stärker an einem positiven Verlauf der Unternehmensentwicklung interessiert sind, je höher ihr in die Unternehmung eingebrachtes Kapital in Relation zu ihrem sonstigen Vermögen ist. Die Anreizwirkung des Übereignens von privatem Kapital in die Eigenkapitalmittel einer Unternehmung beruhen auf den mit der Unternehmung verbundenen Risikoen, aber auch den Chancen, das private Kapital überdurchschnittlich im Vergleich zu anderen Kapitalanlagen zu mehren.[41] Auch wenn diese Identifikationsfunktion bei der Bereitstellung von Private Equity für mittelständische Unternehmen durch Beteiligungsgesellschaften nur eingeschränkt zutrifft, kann die Aufnahme weiterer Eigenkapitalgeber die Unabhängigkeit in der Geschäftsführung der Unternehmung sichern, da bei einer drohenden Überschuldung die Dispositionsfreiheit der Unternehmensleitung auch von Fremdkapitalgebern eingeschränkt werden kann.

Insgesamt betrachtet wird eine ausreichende und als gesund eingeschätzte Eigenkapitaldecke positive Auswirkungen auf die Darstellung und den Geschäftsverlauf der Unternehmung haben. Dies betrifft gleichermaßen die damit erreichbaren vertrauensvolleren Geschäftsbeziehungen der Unternehmung und das positivere Image in der allgemeinen Öffentlichkeit als auch die Kapitalausstattung und die Kapitalkosten. Ebenso wird auch die Unternehmung in den Augen der Mitarbeiter als zukunftssicher erscheinen und damit einen nicht unwesentlichen Anreiz zur Arbeit darstellen.[42]

3.3 Gründe einer Beteiligungsfinanzierung bei mittelständischen Unternehmen

Die aufgezeigten Eigenkapitalfunktionen, ein drohender Anstieg der Kosten bei der Fremdkapitalfinanzierung, die Probleme, die bei der Bereitstellung von Kreditsicherheiten anfallen, sowie mitunter risikoaverse Kreditbearbeiter, die zumeist die speziellen Belange eines Unternehmens nicht kennen können, lassen die Finanzierung mit Eigenkapital für mittelständische Unternehmen interessanter erscheinen. Eine ausreichende Eigenkapitalausstattung kann sich in diesem Sinne für mittelständische Unternehmen als Garant des Unternehmensfortbestandes und als Motor für unternehmerisches Wachstum erweisen.

Die Aufnahme von Eigenkapital bei mittelständischen Unternehmen gestaltet sich jedoch teilweise recht schwierig. Aufgrund der mangelnden Möglichkeit den organisierten Kapitalmarkt direkt in Anspruch zu nehmen, kommt in vielen

41 Es ist aber zu beachten, dass es insbesondere für Unternehmer noch eine Vielzahl anderer Anreize gibt, die sie an einer positiven Unternehmensentwicklung interessieren, aber nicht mit dem Einsatz ihres eigenen Kapitals verbunden sind, z.B. Einkommenserzielung, sozialer Status und Selbstverwirklichung.

42 Vgl. Bieg, H./Kußmaul, H., Investitions- und Finanzierungsmanagement, Band II: Finanzierung, München (2000), S. 48 - 49.

Fällen nur ein Engagement einer Kapitalbeteiligungsgesellschaft in Betracht. Daneben ist zwar grundsätzlich auch die Kooperation bzw. Fusion von mittelständischen Unternehmen oder der Verkauf des Mittelständlers an einen großen strategischen Partner denkbar, doch ist zumeist wegen der niedrigen Markttransparenz auf dem nicht organisierten Kapitalmarkt die Aufnahme einer Beteiligungsgesellschaft mit relativ geringen Such- und Informationskosten die sinnvollste Alternative. Darüber hinaus stellt sie meist eine unkomplizierte und auf die Bedürfnisse des Mittelständlers ausgerichtete Lösung dar. Das von den Beteiligungsgesellschaften zur Verfügung gestellte Eigenkapital wird ohne übliche Kreditsicherheiten gewährt und unterliegt voll dem unternehmerischen Risiko. Der Finanzpartner auf Zeit engagiert sich als Minderheitsgesellschafter, ohne ständig Einfluss auf die Führung des Unternehmens nehmen zu wollen.[43] Das Interesse der Beteiligungsgesellschaft konzentriert sich damit allein auf eine optimale Gesamtrendite des eingesetzten Kapitals.[44] Darüber hinaus nehmen Beteiligungsgesellschaften eine für mittelständische Unternehmen wichtige Beratungsfunktion wahr. Der geschäftsführende Gesellschafter, der sich meist als kaufmännischer Generalist darstellt, wird hierbei in speziellen Fragestellungen mit fachlichem Know-how unterstützt. Beispielsweise erhält der Kunde Unterstützung bei der Kapitalbedarfs- und Finanzplanung (gerade auch im Hinblick auf die Beantragung öffentlicher Förderprogramme), aber auch Unterstützung in der Unternehmensführung, wie bspw. im Controlling, Personalführung und evtl. Technologietransfer.[45]

In diesem Zusammenhang gilt es für den mittelständischen Unternehmer, eine seiner Mentalität entsprechende Beteiligungsgesellschaft mit „ins Boot" zu holen, welche auch „seine Sprache" spricht. Die im Kapitel 3.2 beschriebenen vielfältigen Aufgaben und Funktionen, die das Eigenkapital für das Unternehmen bzw. den Unternehmer hierbei erfüllt, sind zu berücksichtigen. Aussagen wie „der Mittelstand muss die Herausforderungen einer erhöhten Transparenz und einer stärkeren Shareholder-Value-Orientierung annehmen, um der zunehmenden Globalisierung der Kapitalmärkte und Finanzdienstleistungen erfolgreich zu begegnen"[46] sind richtig, laufen jedoch Gefahr, nicht immer dem Kanon eines klassischen Mittelständlers gerecht zu werden. Darüber hinaus suchen viele mittelständische Unternehmen einen Partner, der ihrer Philosophie

---

43 Vgl. Berrios Amador, M., Aktivitäten renditeorientierter Kapitalbeteiligungsgesellschaften, in: Berrios Amador, M./Lohmann, K./Pleschak, F., (Hrsg.), Beteiligungskapital in der Unternehmensfinanzierung, Wiesbaden (1999), S. 61 - 73.

44 Fahrholz, B., Neue Formen der Unternehmensfinanzierung, München (1998), S. 92.

45 Vgl. Becker, H.P./Peppmeier, A., Bankbetriebslehre, 4. Aufl. (2000), Ludwigshafen, S. 216 - 218.

46 o.V., Kapitalmarkt-Orientierung deutscher Mittelstandsunternehmen ist unzureichend – Wettbewerbsfähigkeit und Attraktivität des Finanzplatzes sind zu verbessern, in: Pressemitteilung des F.A.Z. – Instituts v. 25.03.2002.

entspricht und es vor allem versteht, Diskretion walten zu lassen. Nicht jeder Unternehmer sieht gerne den an ihn gezahlten Kaufpreis oder seine Margen in der Zeitung erwähnt. Aus diesem Grund sollte eine Beteiligungsgesellschaft nicht nur ein Finanzpartner sondern auch ein Mentalitätspartner sein. „Wir brauchen keine parkettsichere Manager, die alle Weinkarten dieser Welt kennen“, so Winfried Kill, Vorstandsvorsitzender der Indus Holding AG, einer börsennotierten Unternehmensbeteiligungsgesellschaft in einem Gespräch mit der Frankfurter Allgemeinen Zeitung.[47]

Neben der Notwendigkeit, auf die speziellen Bedürfnisse des mittelständischen Unternehmens einzugehen, kommt den Beteiligungsgesellschaften jedoch auch eine transaktionskostenminimierende Funktion zu. Beteiligungsgesellschaften müssen Experten im Abbau von unternehmensbezogenen Informationsasymmetrien sein. Nicht zuletzt aus diesem Grund investieren viele Kapitalgeber nicht direkt in Unternehmen, sondern über den Finanzintermediär „Beteiligungsgesellschaft".[48] Die Beteiligungsgesellschaften sammeln als Finanzintermediär das Kapital ein und versuchen dieses unter Berücksichtigung einer beschränkten Beteiligungsdauer mit einer möglichst hohen Rendite, die insbesondere über einen günstigen Exit erzielt werden soll, als Eigenkapital in Unternehmen zu investieren. Hierbei gilt im Allgemeinen für Beteiligungsgesellschaften, dass reine Umschuldungen zur Verbesserung der Finanzierungsstruktur ohne Wachstumsperspektiven uninteressant sind. So gibt es Untersuchungen bei Aktiengesellschaften,[49] die belegen, dass es zu Kurssteigerungen kam, wenn Kreditprogramme angekündigt wurden und zu Kursverlusten kam, wenn mit dem Erlös neu emittierender Wertpapiere Kredite zurückgefahren wurden, da Eigenkapital nur bedingt Fremdkapitalfunktionen übernehmen kann und vice versa. Bei der Finanzierung mittelständischer Unternehmen kann es damit nicht allein um fremdkapitalersetzende Finanzierung von Unternehmen und somit um eine Externalisierung von Kreditrisiken auf andere Marktteilnehmer gehen. Selbst für eine Bank kann eine Eigenkapitalzurverfügungstellung mitunter attraktiver sein als eine Kreditgewährung, denn in aller Regel partizipiert das Kreditinstitut nicht an den resultierenden Gewinnen, die sich letztlich in einem höheren Unternehmenswert niederschlagen. Dagegen ist eine Bank bei einer Kreditvergabe am Verlustrisiko voll beteiligt, d.h. die Situation der Bank bei der Kreditvergabe entspricht der eines Short Put, dem Verkauf einer Verkaufsoption. Insofern kann die Eigenkapitallücke bei mittelständischen Unternehmen meist nur dann mit Private Equity von Beteiligungsgesellschaften geschlossen werden, wenn

---

47 Vgl. o.V., Wir leben von der Diskretion, in: Frankfurter Allgemeine Zeitung, 18.03.2002, S. 17.

48 Vgl. Kaufmann, F., Beteiligungskapital für kleine und mittlere Unternehmen, in: Bankarchiv, 44. Jg. (1996), S. 348 - 352.

49 Vgl. Süchting, J./Paul, S., Bankmanagement, 4. Aufl., Stuttgart (1998), S. 12 - 26.

strategische Weichenstellungen für ein Unternehmen geplant sind, die nach einer Phase des erhöhten Risikos in eine wesentliche Wertsteigerung münden sollen. Die häufigsten Formen[50] der Finanzierung mit Private Equity bei mittelständischen Unternehmen sind daher die Wachstumsfinanzierungen bzw. Finanzierungen, die mit Änderungen in der Eigentümerstruktur (Management Buy-Out bzw. Management Buy-In) einhergehen und die deshalb im Folgenden exemplarisch dargestellt werden sollen.[51]

Die Verbesserung der Eigenkapitalposition von mittelständischen Unternehmen durch Private Equity von Beteiligungsgesellschaften eignet sich gut in Wachstumssituationen, da hierbei mit wesentlichen Wertsteigerungen des Unternehmens und somit auf Seiten der Eigentümer und Finanzinvestoren mit einem entsprechend relativ schnellen Vermögenszuwachs gerechnet werden kann. Das Wachstum kann sowohl organisch als auch durch Akquisition anderer Unternehmen erfolgen. Während im ersten Fall der Finanzierungsbedarf unter anderem auch davon abhängt, wie rasch ein Vorhaben umgesetzt werden soll, und daher in bestimmten Finanzierungsbandbreiten variiert werden kann, ist das erforderliche Finanzierungsvolumen bei einem Unternehmenskauf durch den zu erwartenden Kaufpreis sowie die zu erwartenden Kosten der nachfolgenden Integration vorgegeben.[52]

Auch bei *Änderungen der Eigentümerstruktur* können sich mittelständische Unternehmen durch Private Equity von Beteiligungsgesellschaften mit dem notwendigen Eigenkapital finanzieren. In Fällen einer Übernahme eines mittelständischen Unternehmens durch das bestehende (MBO) oder ein externes (MBI) Management kann der Kaufpreis von diesem in aller Regel nicht geleistet werden, da dieses zumeist nicht über ausreichende Mittel verfügt und eine rein kreditfinanzierte Akquisition das Unternehmen überfordert. Gründe für eine Änderung der Eigentümerstruktur sind häufig in der sog. Nachfolgediskussion zu finden. Viele mittelständische Unternehmen finden innerhalb der eigenen Familie keinen oder keinen geeigneten Nachfolger, der das Unternehmen weiterführen kann. Ein weiterer häufig in diesem Zusammenhang gewählter Finanzierungsanlass ist das Ausscheiden eines Mitgesellschafters, da der/die anderen Mit-

---

50 Weitere Gründe für die Einbeziehung von Private Equity sind evtl. Börsenvorbereitungen, Spin-Offs, Interne Leverage Buyouts, Turnaround-Finanzierungen, Going Private und das Eingehen von strategischen Allianzen. Da diese Beteiligungsanlässe aber zumeist größere mittelständische Unternehmen betreffen, sollen sie an dieser Stelle nicht weiter betrachtet werden.

51 Vgl. Bousek, H./Ehringer, G., Wertsteigerungen durch Private Equity, in: Stadler, W. (Hrsg.), Venture Capital und Private Equity: erfolgreich wachsen mit Private Equity, Köln (2001), S. 97 - 106.

52 Vgl. Bousek, H./Ehringer, G., Wertsteigerungen durch Private Equity, in: Stadler, W. (Hrsg.), Venture Capital und Private Equity: erfolgreich wachsen mit Private Equity, Köln (2001), S. 97 - 106.

gesellschafter mitunter nicht über ausreichend liquide Mittel verfügen, um den Partner auszuzahlen oder aufgrund interner Kapitalallokationsaspekte nicht daran interessiert sind.

4 Investitions- und Desinvestitionsmöglichkeiten bei mittelständischen Unternehmen

Für Beteiligungsgesellschaften kommen, um u.a. auch den beschriebenen Bedürfnissen des Mittelständlers gerecht zu werden, in aller Regel folgende Beteiligungsmöglichkeiten an mittelständischen Unternehmen in Betracht:[53]

- Offene Beteiligung in einer AG oder GmbH,
- Kommanditist in einer KG,
- Beteiligung als typischer oder atypischer stiller Gesellschafter.

Offene Beteiligungen oder auch direkte Beteiligungen eignen sich besonders für Gesellschaften mit beschränkter Haftung (GmbH) und Aktiengesellschaften (AG). Gerade die Haftungsbeschränkung erleichtert der GmbH, als typisch mittelständische Gesellschaftsform, die Eigenkapitalaufnahme, da diese sich auf die Erbringung der Gesellschaftereinlage beschränkt, sofern im Gesellschaftsvertrag keine Nachschusspflicht vorgesehen ist.

Bei der KG ermöglicht die *Aufnahme weiterer Kommanditisten* als Teilhafter die Stärkung der Eigenkapitalbasis. Da die Höhe der Kapitaleinlage beschränkt ist und Kommanditisten von der Geschäftsführung ausgeschlossen sind, entspricht diese Konstellation in ganz besonderer Weise den Bedürfnissen vieler Kapitalsucher und Kapitalgeber in der Weise, dass der Unternehmer sich ungern in das Geschäft reinreden lässt und die Beteiligungsgesellschaft das Tagesgeschäft weder führen kann noch will. Allerdings weist die Kommanditeinlage aufgrund der eingeschränkten Fungibilität Probleme auf, die bei Kapitalgesellschaften in dieser Form nicht gegeben sind.[54]

Auch die *stille* Gesellschaft entspricht in hohem Maß dem Diskretionsgedanken vieler Unternehmer, da sie eine reine Innengesellschaft ist und nach außen nicht in Erscheinung zu treten braucht. Aufgrund der dispositiven handelsrechtlichen Vorschriften kann der vertragliche Gestaltungsspielraum individuell austariert werden. So kann z.B. durch besondere Zusatzvereinbarungen die stille Beteiligung als sogenannte mitunternehmerische Beteiligung mit haftungsrechtlichen Sonderregelungen so ausgestaltet werden, dass die Anlegergelder bilanzrechtlich Eigenkapital darstellen.[55] Nach der Art des Vermögensanspruchs, den

---

53 Vgl. Perridon, L./Steiner, M., Finanzwirtschaft der Unternehmung, 10. Aufl., München (1999), S. 355 - 356.

54 Vgl. Perridon, L./Steiner, M., Finanzwirtschaft der Unternehmung, 10. Aufl., München (1999), S. 353.

55 Vgl. Werner, H., Eigenkapital-Beschaffung, 5. Aufl., (2001), Göttingen, S. 27.

der stille Gesellschafter beim Ausscheiden besitzt, und dem Umfang der Ausübung unternehmerischer Funktionen kann in typische und atypische stille Gesellschaft unterschieden werden. Bei der *typischen stillen Gesellschaft* wird der stille Gesellschafter mit seiner nominellen Einlage abgefunden wohingegen er bei einer *atypischen stillen Gesellschaft* am Vermögenszuwachs des Betriebs beteiligt ist.[56] Darüber hinaus hat diese Unterscheidung vor allem steuerliche Konsequenzen.

Mit dem Einstieg einer Unternehmensbeteiligungsgesellschaft ist bereits der Gedanke an den Ausstieg verbunden, denn um einen Beteiligungspartner zu gewinnen, muss ihm eine interessante Desinvestitionsmöglichkeit aufgezeigt werden. Für Beteiligungsgesellschaften stellt ein Börsengang zumeist die attraktivste Exitmöglichkeit dar. Allerdings ist zu beachten, dass dieser häufig auch als Königsweg bezeichnete Exitkanal nur größeren, den Ansprüchen der Börse genügenden Unternehmen offen steht. Viele mittelständische Unternehmer sind hingegen gar nicht an einer Börsennotierung interessiert, da sie die mit einer Notierung verbundenen Auflagen scheuen. Darüber hinaus wird ein Börsengang von vielen Unternehmern als eine Art „Abschied auf Raten" betrachtet, was der Intention eines familienbezogenen Going Concerns nicht entgegen kommt.

Weitere Desinvestitionswege sind der Verkauf an ein anderes Unternehmen (Trade Sale), ein Verkauf an andere finanzielle Investoren, der Rückkauf der Anteile durch den ursprünglichen Verkäufer (Buy Back) oder der Erwerb der Anteile durch den Mehrheitsgesellschafter.

Abbildung 5 zeigt die aggregierten Desinvestitionswege des deutschen Beteiligungskapitalmarktes für den Zeitraum 1994 - 2000. Es wird deutlich, dass Trade Sales und Buy Backs mehr als 50 % an Exits darstellen und der „Königsweg" Börse trotz des positiven Kapitalmarktumfeldes Ende der 90er Jahre nur gut 10 % ausmachte.

Bei einem *Trade Sale* erfolgt der Verkauf in der Regel an einen Mitbewerber oder zwecks vertikaler Integration an einem bisherigen Lieferanten, respektive Kunden. Für den Konkurrenten kann der Kauf des Unternehmens die Möglichkeit bieten, ohne großen Zeitaufwand technologisches Know-how zu akquirieren, sich durch die Nutzung bestehender Vertriebswege schnell in neuen Märkten zu etablieren oder andere Synergieeffekte zu nutzen.[57]

---

56 Vgl. Bieg, H./Kußmaul, H., Investitions- und Finanzierungsmanagement, Band II: Finanzierung, München (2000), S. 49 - 53.

57 Vgl. Achleitner, A.-K., Handbuch Investment Banking, 2. Aufl., Wiesbaden (2001), S. 740.

Desinvestitionswege des deutschen BK-Marktes für die Jahre 1994 bis 2000

Desinvestitionswege (1994 - 2000)	Summe Desinvestitionen (in Mio.)	Anteil (in %)	Summe Transaktionen	Anteil (in %)	∅Transaktions-volumen (in Mio.)
Trade Sale	1.474,44	33,4	335	17,8	4,19
Buy Back	1.00,68	22,8	648,5	34,5	1,77
Going Public	473,37	10,7	132	7,0	3,79
Ohne Angabe	663,67	15,0	257	13,7	2,28
Totalverluste	793,01	18,0	506,5	27,0	1,77
Summe	**4.410,15**	**100**	**1.879**	**100**	**2,17**

Abbildung 5: Desinvestitionswege des deutschen BK-Marktes für die Jahre 1994 - 2000[58]

Bei einem *Rückkauf der Anteile durch den Verkäufer* erwirbt der ursprüngliche Eigentümer wieder die volle Kontrolle über das Unternehmen. In den meisten Finanzierungsverträgen ist eine Option zum Rückkauf vorgesehen. Mittelständische Unternehmen verlangen häufig eine Call Option im Sinne eines Vorkaufsrechts gegenüber einem Börsengang, da sie diese vor allem dann ausüben, wenn sie den Börsengang überhaupt oder auch den Zeitpunkt des Going Public verhindern möchten.[59] Häufig identisch mit dem Rückkauf der Anteile durch den Verkäufer ist der *Erwerb der Anteile durch den Mehrheitsgesellschafter*, da dieser zumeist der ursprüngliche Verkäufer ist. Allerdings kann der ursprüngliche Verkäufer sich in der Zwischenzeit komplett von seinem ehemaligen Unternehmen getrennt haben oder er ist nur Minderheitsgesellschafter. In diesem Zusammenhang kann es Aufgabe einer Unternehmensbeteiligungsgesellschaft sein, die Besitzstruktur neu zu gestalten. Häufig kommt es hierbei zu einer *Hereinnahme neuer Finanzinvestoren*, die ihrerseits kein strategisches Interesse an der Unternehmung haben. Bei diesen Finanzinvestoren kann es sich auch wiederum um Beteiligungsgesellschaften handeln.

5 Ausblick

Die geringe Eigenkapitalausstattung vieler mittelständischer Unternehmen, die mit einer zunehmend restriktiveren Kreditvergabepraxis der Banken und Sparkassen einhergeht, eröffnet den Eigenkapital bereitstellenden Gesellschaften große Wachstumschancen in Deutschland. Dies haben mittlerweile auch auslän-

---

58 Vgl. Matz, C., Wettbewerbsentwicklung im deutschen Private-Equity-Markt, Wiesbaden (2002), S. 69.; den größten Teil der Abgänge im Jahr 2001 machten mit 34,8 % die Totalverluste aus. Trade Sales kamen auf 20,3 % und IPO auf 0,4 %. Sonstiger Aktienverkäufe beliefen sich auf 7,7 %, Rückzahlungen von stillen Beteiligungen und Gesellschafterdarlehen kamen auf 18,7 %. Vgl., o.V. Branche erkennt zarte Belebung bei Private Equity, in: BörsenZeitung, 16.02.2002, S. 11. Da keine absoluten Zahlen zur Verfügung standen, konnten die Daten nicht in Abbildung 5 berücksichtigt werden.

59 Vgl. Achleitner, A.-K., Handbuch Investment Banking, 2. Aufl., Wiesbaden (2001), S. 741.

dische Gesellschaften erkannt, die vehement in den deutschen Markt drängen und zu einer Belebung der Konkurrenzsituation führen. Investierten früher viele Beteiligungsgesellschaften eher undifferenziert und über alle Branchen weit gestreut, so entstehen im Augenblick immer mehr Gesellschaften, die eine fokussierte und internationale Kapitalallokation betreiben. Trotz dieser teilweise über verschiedene Länder hinweggehenden Investitionsstrategien sollten die spezifischen Besonderheiten der deutschen mittelständischen Unternehmen nicht aus dem Auge verloren werden. In diesem Zusammenhang sollten sich gerade Beteiligungsgesellschaften, die in etablierte, renditestarke (dafür mitunter „langweilige“) Unternehmen investieren, eine gute Marktchance bieten.

Der höhere Wettbewerb im Markt für Eigenkapital wird es jedoch nicht nur den Beteiligungsgesellschaften, sondern auch den mittelständischen Unternehmern erlauben, gezielter als bisher strategische Partner für ihr Unternehmen zu gewinnen. Darüber hinaus werden viele Unternehmungen auch ihre Fremdkapitalfinanzierungen optimieren können. Auch wenn Private Equity den Markt für Unternehmensfinanzierungen nicht revolutionieren wird (welcher Unternehmer wünscht sich schon eine Revolution?), so wird es doch die Finanzierungsmöglichkeiten vieler Unternehmen erweitern.

Sponsoring von mittelständischen Unternehmen

Sponsoring als Kommunikationsinstrument für KMU am Beispiel von Universitätsbibliotheken

Kathrin Gassert

Inhaltsverzeichnis

1 Einleitung

Sponsoring gewinnt als Kommunikationsinstrument zunehmend an Bedeutung. Im Jahr 2002 wendete die deutsche Wirtschaft ca. 2,4 Mrd. Euro für Sponsoring-Maßnahmen auf. Für das Jahr 2005 wird ein Anstieg auf 3,4 Mrd. Euro prognostiziert (Angenendt, 2000, S. 16). Das Sportsponsoring nimmt innerhalb der Sponsoringbereiche nach wie vor eine dominante Stellung ein (Hermanns, 2001, S. 5), jedoch gewinnen Bildung und Wissenschaft als Einsatzfelder zunehmend an Bedeutung (Angenendt, 2000, S. 18).

Gründe für das zunehmende Interesse der Wirtschaft am Sponsoring können beispielsweise in Preissteigerungen und Streuverlusten bei klassischen Werbeträgern liegen oder in dem Versuch, sich durch Sponsoring von den Werbeauftritten der Wettbewerber zu differenzieren. Darüber hinaus ist das Sponsoring ein Kommunikationsinstrument, das eine verstärkte emotionale Ansprache ermöglicht und eine positive Wirkung auf die gesamte Unternehmenskommunikation verspricht (Bruhn, 1998, S. 35 f.; Philipp, 1997, S. 43). In empirischen Untersuchungen wird in der Regel das Sponsoringverhalten von umsatzstarken großen Unternehmen betrachtet (z.B. Hermanns, 2001, S. 2). Doch auch für KMU lässt sich dieses Instrument nutzen, wie am Beispiel des Sponsoring von Universitätsbibliotheken gezeigt wird.

Zunächst folgt eine Klärung des Sponsoring-Begriffs. Anschließend werden aus Sicht eines Sponsors verschiedene Erscheinungsformen des Sponsoring dargestellt. Mögliche Leistungen und Gegenleistungen für einen Sponsor werden beispielhaft anhand des Sponsoring von Universitätsbibliotheken vorgestellt. Damit das Sponsoring als Kommunikationsinstrument erfolgreich eingesetzt werden kann, bedarf es eines entsprechenden Managements. Die Aufgaben eines Sponsoring-Managements werden unter Berücksichtigung der besonderen Stärken und Schwächen von KMU am Beispiel des Bibliothekssponsoring von Universitäten herausgearbeitet.

2 Sponsoring: Definition und Formen

Eine Vorstellung von dem, was unter Sponsoring zu verstehen ist, bietet die folgende Definition:

Sponsoring ist demnach

- „die Zuwendung von Finanz-, Sach- und/oder Dienstleistungen von einem Unternehmen, dem Sponsor,
- an eine Einzelperson, eine Gruppe von Personen, eine Organisation bzw. Institution aus dem gesellschaftlichen Umfeld eines Unternehmens, dem Gesponserten,
- gegen die Gewährung von Rechten zur kommunikativen Nutzung von Personen bzw. Organisationen und/oder Aktivitäten des Gesponserten,
- auf Basis einer vertraglichen Vereinbarung“ (Hermanns, 1997, S. 36).

Sponsoring ist damit sowohl vom Mäzenatentum als auch vom Spendenwesen abzugrenzen. Beim Mäzenatentum ist ein persönlicher immaterieller Nutzen das Motiv für die Förderung, der keine Gegenleistung erfordert (Landwehr, 1998, S. 56). Beim Spendenwesen sind die Fördermotive als dominant anzusehen, für Unternehmen können aber auch steuerliche Gründe eine Rolle für die Spendenvergabe spielen (Bruhn, 1998, S. 19 ff.). Beim Sponsoring hingegen werden Mittel nur bereitgestellt, wenn der Geförderte auch entsprechende Gegenleistungen erbringt (Bruhn, 1997, S. 608).

Für das Sponsoring können die folgenden Merkmale als charakteristisch angesehen werden (Bruhn, 1998, S. 24 f.):

- Sponsoring basiert auf dem Austausch von Leistung und Gegenleistung. Im Rahmen eines Sponsorprojekts (Sponsorship) sind also mindestens zwei aktive Elemente zu identifizieren. Zum einen gibt es den Sponsor, d.h. ein Unternehmen oder eine Marke, die auch als Sponsoringsubjekt bezeichnet werden können, zum anderen gibt es den Gesponserten bzw. das Sponsoringobjekt. Zwischen beiden kann eine vermittelnde Funktion durch Agenten oder Agenturen wahrgenommen werden (Klemm, 1997, S. 103 ff.).
- Sponsoring umfasst mehr, als beispielsweise lediglich den Kauf von Werbefläche. Wichtig ist auch der Fördergedanke, der dadurch zum Tragen kommt,

dass sich der Sponsor inhaltlich mit den Aufgaben des Sponsornehmers identifiziert.[1]

- Sponsoring erfüllt für Unternehmen kommunikative Funktionen und ist im Verbund mit anderen kommunikativen Instrumenten einzusetzen. Inwieweit einem Sponsor die Kommunikation mit Zielgruppen gelingt, hängt aber nicht nur von den Kommunikationsaktivitäten eines Unternehmens ab, sondern wird auch durch die Medien beeinflusst. Durch ihre Entscheidung, ob und in welchem Umfang sie über Sponsorships berichten, nehmen sie zunehmend Einfluss auf unternehmerische Kommunikationserfolge (Klemm, 1997, S. 106).

Sponsoring kann unterschiedlich Formen annehmen. Aus Sicht eines Sponsors können anhand unterschiedlicher Merkmale die in Tabelle 1 aufgeführten Gestaltungsmöglichkeiten differenziert werden.

3 Sponsoring von Universitätsbibliotheken

Das Sponsoring einer Universitätsbibliothek fällt in den Bereich Wissenschaft und Bildung und ist damit dem Soziosponsoring zuzuordnen. Aus Sicht einer Hochschule bzw. ihrer organisatorischen Einheit 'Bibliothek' ist Sponsoring in erster Linie eine Finanzierungsquelle. Sponsoring stellt somit eine besondere Variante des Fundraising dar (Hermanns/Glogger, 1998, S. 14 f.). Darüber hinaus kann es jedoch auch kommunikationspolitische Funktionen für den Sponsoringnehmer übernehmen. Zu denken ist hier an einen Imagetransfer vom Sponsor auf die Universitätsbibliothek, z.B. die Suggestion von Modernität und Know-how durch die Zusammenarbeit mit einer Computerfirma. Darüber hinaus besteht aber auch die Möglichkeit, Sponsoringaktivitäten zu nutzen, um Kontakte zu relevanten Interessengruppen der Universität und/oder Bibliothek aufzubauen und zu pflegen (Leinberger, 1998, S. 17).

Die Art der Leistung, die ein Sponsor im Zuge des Sponsoring einer Universitätsbibliothek erbringt, kann unterschiedliche Ausprägungen annehmen. Einige Maßnahmen und entsprechende Gegenleistungen werden im Folgenden vorgestellt:

- **Bestandssponsoring/Zeitschriftensponsoring**: Durch die Bereitstellung eines einmaligen Betrages oder regelmäßige Zahlungen werden Neuerwerbungen getätigt bzw. übernimmt der Sponsor die Kosten eines Zeitschriftenabonnements (Schleef, 1997, S. 104 ff.; Becker, 1999, S. 34 ff.). Die Gegenleistung der Universitätsbibliothek kann dabei in Form einer Markierung der Bücher oder Zeitschriften erfolgen, bei der Name und/oder das Logo des Unternehmens in Form eines Ex Libris auf die erste Seite des Buches eingeklebt wird, oder das Zeitschriftenfach wird mit einer entsprechenden Plakette be-

1 Kritisch zum Fördergedanken des Sponsoring Hermanns, 1997, S. 36.

stückt. Darüber hinaus kann eine Universität auf einer Sponsoring-Tafel in der Bibliothek auf die Sponsoren hinweisen, wie es zum Beispiel die Universität Saarbrücken handhabt (Schleef, 1997, S. 104). Die Universitätsbibliothek Konstanz weist auf ihren Internetseiten auf Sponsoren hin (Schleef, 1997, S. 112). Des Weiteren ist denkbar, dass im Rahmen der Presse- und Öffentlichkeitsarbeit der Bibliothek bzw. der Universität der Sponsorenname genannt wird (Humpert, 2000, S. 129) oder dass dem Unternehmen beispielsweise die Nutzung des Bibliotheksfoyers für einen Kunden- oder Mitarbeiterempfang überlassen wird.

- **Betriebsmittelsponsoring/Anmietung von Werbeflächen**: Beim Betriebsmittelsponsoring übernimmt der Sponsor zum Beispiel die Kosten für die Herstellung von Friststreifen, Broschüren, Münzen für Garderobenfächer etc. Die Anmietung von Werbeflächen kann sich sowohl auf die Räume der Universität beziehen als auch auf einen Hinweis im Internetportal der Bibliothek. Strenggenommen handelt es sich hierbei um eine werbliche Aktivität und nicht um Sponsoring, da hier Werbeflächen genutzt werden, die sich nicht oder nur sehr begrenzt mit den originären Aktivitäten einer Bibliothek in Beziehung setzen lassen (Becker, 1999, S. 33). Für den Sponsor bietet sich auf den unterschiedlichen Werbeflächen die Möglichkeit, auf seine Produkte und Dienstleistungen hinzuweisen. Die Universitäts- und Landesbibliothek Münster hat beispielsweise Werbeflächen in ihrer Lehrbuchsammlung einer Bausparkasse und einem PC-Lieferanten zur Verfügung gestellt und verweist auf der Bibliothekshomepage über das Logo eines Online-Buchhändlers auf dessen Internetzugang (Becker, 1999, S. 37 f.).
- **Ausstellungs-/Projektsponsoring**: In diesem Fall stellt der Sponsor Produkte, Gelder oder Dienstleistungen zur Verfügung. 1996 wurde an der Universität Oldenburg das Projekt 'media paradise: die multimediale Zukunft von Kindern und Jugendlichen' durchgeführt. Verschiedene Sponsoren beteiligten sich an der Ausstellung und übernahmen den Plakatdruck und Katalogaufnahmen, oder stellten PCs und Geldbeträge zur Verfügung. Im Gegenzug wurden ihnen Präsentationsmöglichkeiten während der Ausstellung und die Teilnahme an Workshops angeboten (Schleef, 1997, S. 110).

Die Entscheidung für das Sponsoring einer Universitätsbibliothek und für bestimmte Einzelmaßnahmen sollte auf der Seite des Sponsors nicht dem Zufall oder der Intuition überlassen werden. Hier kann ein 'Management-Approach' gewählt werden (Hermanns, 1997, S. 135), um begrenzte Unternehmensressourcen effektiv und effizient einzusetzen.[2]

---

2 Effektiv bedeutet, 'die richtigen Dinge zu tun'. Werden die richtigen Dinge darüber hinaus im Rahmen eines optimalen Input-Output-Verhältnisses realisiert, wurde effizient gehandelt. Es geht also beispielsweise darum, das Budget für kommunikationspolitische Aktivitäten so einzusetzen, dass es die größtmögliche Wirkung entfaltet.

Merkmale	Formen
Sponsoringbereich	• **Sportsponsoring**, z.B. Förderung von Breiten- oder Spitzensport • **Kultursponsoring**, z.B. Förderung von Theater, Musik, Film, Literatur, Bildender Kunst, Kultur-Events, Kulturpflege und Architektur • **Soziosponsoring**, z.B. Unterstützung karitativer, gemeinnütziger Organisationen aus dem Bereich Gesundheit, Sozialwesen, Wissenschaft, Bildung • **Umweltsponsoring**, z.B. Förderung von Umwelt- und Naturschutzorganisationen • **Programmsponsoring**, z.B. Präsentation einer Sendung, Unterstützung von Gewinnspielen und Game-Shows
Art der Sponsoringleistung	• Bereitstellung eines einmaligen **Geldbetrages** oder regelmäßige Zahlungen • Bereitstellung von **Sachmitteln**, z.B. Ausstattung mit Produkten des Sponsors, Verpflegung bei Veranstaltungen • Bereitstellung von **Dienstleistungen**, z.B. Übernahme administrativer Aufgaben
Anzahl der Sponsoren	• **Exklusiv-Sponsorship**, d.h. alleiniges Auftreten • **Co-Sponsorship**, d.h. mehrere Sponsoren treten in Erscheinung
Art des Sponsors	• **Leistungssponsor**, d.h. ein Unternehmen, das durch seine angebotenen Produkte oder Dienstleistungen originäres Interesse an Durchführung von Sponsorships hat, z.B. Hersteller von Sportbekleidung • **Unternehmen als Sponsor**, d.h. das Leistungsprogramm steht in keiner Beziehung zum gesponserten Bereich, das Sponsoring dient ausschließlich als Kommunikationsinstrument • **Stiftungen als Sponsoren**
Initiator des Sponsoring	• **Fremdinitiiertes Sponsoring**, d.h. Sponsorships werden extern angeboten • **Eigeninitiertes Sponsoring**, d.h. unternehmensintern entwickeltes Sponsorship
Vielfalt des Sponsoring	• **Konzentriertes Sponsoring**, d.h. Beschränkung auf einen Förderbereich • **Differenziertes Sponsoring**, d.h. paralleler Einsatz verschiedener Sponsoringformen

Tabelle 1: Unterschiedliche Formen des Sponsoring
Quelle: In Anlehnung an Bruhn, 1997, S. 610 ff. und Bruhn, 1998, S. 37 ff.

4 Sponsoring-Management

Im Rahmen des Sponsoring sind auf unterschiedlichen Ebenen Entscheidungen zu treffen. Um diese transparent und zweckmäßig zu gestalten, kann die Orientierung an einem idealtypischen Phasenmodell erfolgen, wie in der folgenden Abbildung dargestellt.

Abbildung 1: Managementprozess des Sponsoring
Quelle: In Anlehnung an Bruhn, 1998, S. 61.

Im Folgenden werden die einzelnen Phasen mit Bezug zu den Besonderheiten von KMU auf das Beispiel des Sponsoring von Universitätsbibliotheken übertragen.

4.1 Situationsanalyse

In einem ersten Schritt geht es um die Analyse der gegenwärtigen Situation. Hier sind zum Beispiel bisherige Sponsoringaktivitäten im Hinblick auf ihren erzielten Erfolg zu beurteilen und zukünftige Grundsatzentscheidung in Bezug auf den Einsatz des Kommunikationsinstruments Sponsoring zu treffen (Bruhn, 1998, S. 60).

KMU weisen im kommunikativen Bereich im Vergleich zu Großunternehmen einige Unterschiede auf. Während insbesondere einige große Unternehmen als quasiöffentliche Institutionen mit unterschiedlichsten marktbezogenen und gesellschaftlichen Anspruchsgruppen kommunizieren (müssen), beschränken sich die Aktivitäten kleiner und mittelständischer Unternehmen in der Regel auf die Ansprache gewerblicher Kunden oder Endverbraucher (Bussiek, 1996, S. 233 f.). Eine besondere Rolle spielt hier für KMU der persönliche Kundenkontakt (Bussiek, 1996, S. 251). Dadurch, dass der Unternehmer eines KMU das Unternehmen personifiziert (Bussiek, 1996, S. 255) und selber Kontakte zu Kunden pflegt, ergibt sich in vielen Fällen eine enge und direkte Kundenbindung. Insbesondere diese Stärke sollte für Sponsoringaktivitäten genutzt werden, um beispielsweise die Schwäche geringerer Budgets und geringerer Marketingexpertise aufzufangen, deshalb macht „gerade für kleine und mittelständische

Unternehmen mit eher überschaubaren Budgets ... Sponsoring Sinn“ (Gottstein/Weichert, 2001, S. 11).

4.2 Strategische Planung

Nach der Klärung der Ausgangssituation schließt sich im zweiten Schritt die strategische Planung des Sponsoring an. Zunächst gilt es hier, im Einklang mit den Kommunikations-, Marketing- und Unternehmenszielen allgemeine Sponsoring-Richtlinien festzulegen (Bortoluzzi Dubach/Frey, 1997, S. 51). An diesem grundlegenden Konzept sind die Ziele des Sponsoring auszurichten. Unterschieden werden können ökonomische und psychologische Ziele. Ökonomische Ziele lassen sich für KMU in der Regel nur festlegen, wenn die angebotenen Produkte in unmittelbarem Zusammenhang mit dem Sponsorship stehen, z.B. Steigerung des Umsatzes eines wissenschaftlichen Verlages, der als Bibliothekssponsor auftritt. Psychologische Ziele lassen sich weiter in unternehmensinterne und -externe Ziele unterteilen.

Unternehmensintern kann durch das Sponsoring von Universitätsbibliotheken die **Mitarbeitermotivation** gefördert werden. Durch die aktive Mitwirkung an Sponsoringaktivitäten können sich Mitarbeiter mitunter besser mit Unternehmenszielen identifizieren. Darüber hinaus kann auch die Einladung zur Teilnahme an Veranstaltungen motivierend wirken.

Unternehmensexterne psychologische Ziele können die Steigerung des Bekanntheitsgrades von Unternehmen oder Produkten bzw. Dienstleistungen, Imageprofilierung und/oder -verbesserung, die Kontaktpflege zu Unternehmenszielgruppen, Intensivierung der Medienpräsenz oder Dokumentation gesellschaftlicher Verantwortung bezwecken (Walliser, 1995, S. 35 ff.; Bortoluzzi Dubach/Frey, 1997, S. 108; Hermanns, 2001, S. 4 f.). Übertragen auf das Beispiel des Sponsoring von Universitätsbibliotheken lassen sich folgende Ziele vorstellen (Leinberger, 1998, S. 15 f.):

- **Imageverbesserung**: Durch die öffentlichkeitswirksame Aufbereitung der Zusammenarbeit zwischen KMU und einer Universitätsbibliothek wird auf einen positiven Image-Transfer gehofft. Allgemein werden Bibliotheken mit Begriffen wie zum Beispiel sozialer Verantwortung, Ästhetik, Tradition, Jugendlichkeit und Originalität in Verbindung gebracht (Leinberger, 1998, S. 15). Der Bereich Wissenschaft und Forschung, dem eine Universitätsbibliothek ebenso zugeordnet werden kann, wird mit Wissen, Kompetenz, Seriosität, Verantwortungsbewusstsein, Zukunftsorientierung und Fortschrittlichkeit assoziiert (Becker, 1999, S. 15).
- **Steigerung des Bekanntheitsgrades**: Wenn eine Bibliothek bzw. Universität über gute Kontakte zu den örtlichen Medien verfügt, kann der Bekanntheitsgrad des KMU in der Öffentlichkeit gesteigert werden. Ansonsten ist eine Steigerung des Bekanntheitsgrades bei den Bibliotheksnutzern möglich, die

unter Umständen ebenfalls als Multiplikator fungieren und in ihrem persönlichen Umfeld den Bekanntheitsgrad eines KMU steigern.

- **Kundenbeziehungen fördern**: Ausstellungen in den Räumen einer Bibliothek oder Lesungen können einen besonderen Rahmen für die Pflege von Kundenkontakten bieten. Aufgabe des Unternehmers eines KMU bzw. der Vertriebsmitarbeiter ist es in diesem Zusammenhang, die individuelle Interessenlage der Schlüsselkunden herauszufiltern, um ein speziell auf die Zielgruppe zugeschnittenes Angebot zu generieren. Wenn die Zielgruppe der Bibliotheksnutzer gleichzeitig eine mögliche Kundengruppe des Unternehmens darstellt, bietet sich durch Sponsoringmaßnahmen eine Möglichkeit zur Ansprache außerhalb einer kommerziellen Situation. Handelt es sich beim Sponsor um ein KMU, beispielsweise ein lokales Buchhandelsunternehmen, das über Bücher eine Affinität zur Universitätsbibliothek aufweist, kann sich durch akzeptierte Sponsoringmaßnahmen der Umsatz durch die studentische Klientel steigern.
- **Übernahme gesellschaftlicher Verantwortung**: Insbesondere für KMU, die auf regionalen Märkten agieren, ergibt sich durch die Zusammenarbeit mit einer regional anerkannten Einrichtung die Möglichkeit, gegenüber Kunden, Mitarbeitern oder der allgemeinen Öffentlichkeit gesellschaftliche Verantwortung innerhalb einer Region dokumentieren.
- **Gewinnung neuer Mitarbeiter**: Durch gezieltes Sponsoring einer Universitätsbibliothek kann sich für ein KMU die Möglichkeit bieten, potenzielle Praktikanten oder Mitarbeiter anzusprechen. Sind zum Beispiel Studierende einer bestimmen Fachrichtung für ein KMU besonders interessant, könnte ein KMU speziell die Anschaffung von Büchern oder Zeitschriften für diesen Fachbereich unterstützen.

Hand in Hand mit der Festlegung der Ziele werden die Zielgruppen des Sponsoring bestimmt und es muss auch festgelegt werden, ob das KMU als Sponsor auftritt oder eine Marke (Bruhn, 1998, S. 62). Wesentlich ist es, auf die Verbindungslinien zwischen Sponsorsubjekt und Sponsorobjekt zu achten. So kann eine Affinität zwischen unternehmerischen Zielgruppen und Zielgruppen, die durch das Sponsoringereignis erreicht werden, bestehen. Denkbar sind auch Übereinstimmungen aufgrund von Produkt, Image, Know-how oder regionalem Bezug (Bruhn, 1997, S. 624; Bruhn, 1998, S. 224 ff.).

4.3 Operative Planung

Im Rahmen der operativen Umsetzung des Sponsoring wird das Budget, das für Sponsoringmaßnahmen zur Verfügung steht, kalkuliert und es erfolgt die Festlegung auf ein konkretes Sponsorship samt der durchzuführenden Einzelmaßnahmen (Bruhn, 1998, S. 63). Es empfiehlt sich, die Rechte und Pflichten, die Sponsor und Gesponsertem im Zuge eines Sponsorships erwachsen, in einem Vertrag festzuhalten (Püttmann, 1993, S. 659), um späteren Unstimmigkeiten vorzubeugen.

Bei der Durchführung von Einzelmaßnahmen sollte darauf geachtet werden, Sponsoringmaßnahmen in intrainstrumenteller und interinstrumenteller Hinsicht zu verknüpfen. So sollten zum einen alle Sponsoringmaßnahmen in thematischer Hinsicht und gestalterischer Dimension abgestimmt werden. Zum anderen sollten Sponsoringmaßnahmen in den Kommunikationsmix des Unternehmens integriert werden, um die Gesamtwirkung der Kommunikation zu verstärken (Bruhn, 1998, S. 54).

Mögliche Maßnahmen und Gegenleistungen, die sich im Zuge des Sponsoring von Universitätsbibliotheken ergeben können, wurden oben bereits dargestellt. Die Auswahl der Aktivität wird dabei insbesondere durch die anzusprechende Zielgruppe, aber natürlich auch durch das zur Verfügung stehende Budget bestimmt. Bei der Budgetierung ist für den Sponsor zu beachten, dass neben den Leistungen an den Gesponserten auch noch Kosten für begleitende Maßnahmen im KMU anfallen können, z.B. Personalkosten, Werbung, Nachbereitungsaufwand (Westebbe u.a., 1997, S. 34).

Darüber hinaus sind in Bezug auf die rechtliche Gestaltung des Sponsoringvertrages mögliche Einschränkungen zu klären. Grundsätzlich stehen dem Sponsoring innerhalb des Hochschulrechts keine Bedenken entgegen. Die Belange der Universitätsbibliotheken bleiben durch das Hochschulrahmengesetz weitgehend unberücksichtigt. Im Rahmen ihrer vom Gesetz eingeräumten Autonomie haben die Universitäten jedoch unterschiedliche Regelungen für die Bibliotheken getroffen, die entsprechend in Sponsoring-Verträgen zu berücksichtigen sind (Becker, 1999, S. 25).

Auf der Seite des Sponsors ist darauf zu achten, dass alle Sponsoringaktivitäten miteinander vernetzt werden. So sollte eine thematische Abstimmung ebenso erfolgen wie eine gestalterische, z.B. Wahl gleicher Zeichen und Farben (intrainstrumentelle Integration). Des Weiteren sollte Sponsoring nicht nur als isoliertes Kommunikationsinstrument genutzt werden, sondern im Verbund mit anderen Kommunikationsinstrumenten, um Synergien zu nutzen (interinstrumentelle Integration). Durch das Sponsoring werden Ereignisse und Anlässe geschaffen, die durch andere Instrumente der Unternehmenskommunikation aufgegriffen und weitertransportiert werden können (Bruhn, 1997, S. 640). So kann beispielsweise im Rahmen der allgemeinen Öffentlichkeitsarbeit gegenüber wichtigen Anspruchsgruppen aus dem gesellschaftlichen Umfeld auf das Engagement für die Universitätsbibliothek hingewiesen werden. Auch in der Werbung oder auf Ausstellungen und Messen lassen sich Sponsoringaktivitäten gegenüber Kunden thematisieren und begründen. Im Bereich der Verkaufsförderung ist denkbar, Mitarbeitern und wichtigen Kunden die Gelegenheit zu bieten, an gesponserten Veranstaltungen in der Universitätsbibliothek teilzunehmen (Bruhn, 1998, S. 248 ff.; Bruhn, 1997, S. 641 ff.).

4.4 Kontrolle

Der idealtypische Planungsprozess des Sponsoring schließt mit der Kontrolle des Sponsoringerfolges ab (Bruhn, 1998, S. 64, ausführlich zu Möglichkeiten und Grenzen der Kontrolle Walliser, 1995, S. 119 ff.). Durch Wirkungsanalysen lässt sich beispielsweise feststellen, ob durch Sponsoringaktivitäten das Image eines Unternehmens oder einer Marke verbessert wurde oder ob neue Kunden akquiriert werden konnten. Mit Hilfe von Effizienzanalysen kann ein Kosten-Nutzen-Vergleich vorgenommen werden, der das eingesetzte Budget dem kommunikativen Nutzen gegenüberstellt (Bruhn, 1998, S. 379). Neben der Ergebniskontrolle nach der Durchführung von Sponsoringaktivitäten sollte zusätzlich eine Kontrolle während des Planungsprozesses erfolgen, um bei eventuellen Fehlentwicklungen gegensteuern zu können. Checklisten können hier eingesetzt werden, um beispielsweise die Einhaltung von Zeitplänen zu überprüfen (Bruhn, 1998, S. 380).

Grundsätzlich erscheint eine Kontrolle des Sponsoringerfolges sinnvoll. Es ist jedoch darauf zu achten, dass der Aufwand für die Kontrolle angemessen und rentabel ist (Bruhn, 1998, S. 266). Für ein KMU könnte die Erfolgskontrolle des Sponsoring einer Universitätsbibliothek beispielsweise in Form der quantitativen und qualitativen Analyse von Clippings erfolgen oder durch die Befragung von Kunden und Mitarbeitern (Bortoluzzi Dubach/Frey, 1997, S. 160). Die Kontrolle des Sponsoring-Prozesses könnte anhand von Check-Listen vorgenommen werden, die sich in entsprechenden einschlägigen Praxis-Leitfäden finden lassen (z.B. Bortoluzzi Dubach/Frey 1997).

5 Schlussbemerkung

Sponsorships sind Projekte, die von zwei Partnern, das heißt sowohl von dem KMU als auch der Universitätsbibliothek, gleichermaßen getragen werden müssen. Aus Sicht der Universitätsbibliothek könnten Bedenken bestehen, ob sich Sponsoringmaßnahmen mit dem Ruf einer Universitätsbibliothek vereinen lassen oder ob die öffentliche Finanzierung aufgrund von Sponsoringeinnahmen weiter reduziert wird. Darüber hinaus müssen eventuelle Vorbehalte auf der Seite der Bibliotheksmitarbeiter und -nutzer in dic Überlegungen einbezogen werden (Philipp, 1997, S. 45), um spätere Akzeptanzbarrieren zu vermeiden.

Der Sponsor muss überlegen, wie das Sponsoringengagement durch die Zielgruppen beurteilt wird, die er durch Sponsoringmaßnahmen ansprechen möchte, und wie es sich geschickt für eigene kommunikationspolitische Maßnahmen nutzen lässt.

Das Sponsoring von Universitätsbibliotheken ist sicherlich nicht ein Kommunikationsinstrument, das sich gleichermaßen für alle KMU eignet. Es bietet jedoch eine Möglichkeit, auf relativ effiziente Art und Weise Zielgruppen anzusprechen. Wichtig ist hierbei, Affinitäten zwischen dem KMU und der Universitätsbibliothek zu beachten. So kann beispielsweise eine Verbindung über die Produkte (Bücher und Zeitschriften) hergestellt werden, über die gemeinsame Zielgruppe der Studierenden oder über einen angestrebten Imagetransfer. Besonders hervorzuheben ist jedoch der regionale Bezug als verbindendes Element. Für KMU, die auf regionalen Märkten agieren, können Universitäten, die ebenfalls als bedeutende Institutionen für eine Region anzusehen sind, ein attraktives Sponsoringobjekt darstellen. Ein Engagement in diesem Bereich kann einem KMU sowohl die Möglichkeit bieten, wichtige Schlüsselkunden in einem ausgefallenen Rahmen anzusprechen, als auch der regionalen Öffentlichkeit gesellschaftsorientiertes verantwortungsvolles Handeln zu demonstrieren.

Literatur

Angenendt, C. (2000): Prognosen zur Entwicklung des Sponsoring-Marktes, in: planung & analyse, 6, S. 16 - 20

Becker, S. (1999): Sponsoring für Universitätsbibliotheken: Aspekte einer alternativen Finanzierungsmöglichkeit, Berliner Handreichungen zur Bibliothekswissenschaft, 61, Berlin

Bortoluzzi Dubach, E./Frey, H. (1997): Sponsoring: Der Leitfaden für die Praxis, Bern u.a.

Bruhn, M. (1997): Kommunikationspolitik: Bedeutung – Strategien – Instrumente, München

Bruhn, M. (1998): Sponsoring: Systematische Planung und integrativer Einsatz, 3. Aufl., Wiesbaden

Bussiek, J. (1996): Anwendungsorientierte Betriebswirtschaftslehre für Klein- und Mittelunternehmen, 2. Aufl., München/Wien

Gottstein, D./Weichert, R. (2001): Was Sponsoring bringt, weiß nur der Vertrieb, in: salesBusiness, April, S. 8 - 11

Hermanns, A. (1996): Kommunikation und Unternehmen, in: Schweizer Industrie, Frühjahr 1996, S. 7 - 11

Hermanns, A. (1997): Sponsoring: Grundlagen, Wirkungen, Management, Perspektiven, 2.. Aufl., München

Hermanns, A. (2001): Sponsoring 2000: Bestandsaufnahme und Perspektiven – Ergebnisse einer empirischen Studie, in: transfer Werbeforschung & Praxis, 1, S. 2 - 5

Hermanns, A./Glogger, A. (1998): Management des Hochschulsponsoring: Orientierungshilfen für die Gestaltung und Umsetzung von Sponsoringkonzepten an Hochschulen, Neuwied u.a.

Humpert, K. (2000): Potentiale des Hochschulsponsoring: Argumente und Ansatzpunkte zur Realisation eines kommerziellen Hochschulsponsoring unter besonderer Berücksichtigung medien- und kommunikationswissenschaftlicher Gesichtspunkte, Berlin

Klemm, M. (1997): Sponsoringcontrolling: Effizientes Sponsoring durch Generierung und Implementierung eines Sponsoringcontrollingsystems, Aachen

Landwehr, M. (1998): Kunst und ökonomische Theorie, Wiesbaden

Leinberger, V. (1998): Sponsoring in Bibliotheken, Kölner Arbeitspapiere zur Bibliotheks- und Informationswissenschaft, 10. Köln

Philipp, P. (1997): Die Interessen der Sponsoren: Entwicklung des „Social-Sponsoring“, in: Busch, R. (Hrsg.): Sponsoring für Bibliotheken. Beiträge zur bibliothekarischen Weiterbildung, 11. Berlin, S. 42 - 50

Püttmann, M. (1993): Das Management von Sponsoring, in: Berndt, R./Hermanns, A. (Hrsg.): Handbuch Marketing-Kommunikation: Strategien, Instrumente, Perspektiven. Wiesbaden, S. 649 - 669

Walliser, B. (1995): Sponsoring: Bedeutung, Wirkung und Kontrollmöglichkeiten, Wiesbaden.

Westebbe, A./Winter, E./Trost, O. (1997): Hochschul-Sponsoring: Ein Leitfaden für die Sponsoring-Praxis an Hochschulen, Stuttgart u.a.

Ein Referenz-Datenmodell für Online-Fragebögen im World Wide Web (WWW)

Rainer Paffrath[1]

Inhaltsverzeichnis

1 Einführung

Mit dem Aufkommen und der schnellen Diffusion des Internets (speziell der World Wide Web-Dienste) sieht sich die Marktforschung vor einer neuen Herausforderung. Neben den klassischen Medien, mit Hilfe derer persönliche Interviews, telefonische Interviews oder schriftliche Befragung durchgeführt werden, kann das World Wide Web als zusätzliches Medium für Befragungen genutzt werden.[2] Ein Fragebogen kann so zu relativ geringen Kosten einer breiten Öffentlichkeit zugänglich gemacht werden. Damit wird auch ein bislang durch Medienbrüche unterbrochener Prozess integriert. Die Daten werden einmal vom Befragten eingegeben und sind beinahe realtime in verarbeitbarer Form verfüg-

---

1 Der Autor dankt Herrn cand. rer. pol. André Fleischer für seine wertvollen Hinweise zur HTML- und Skript-Programmierung.

2 Ca. 4% der Befragungen wurden im Jahr 2001 online ausgeführt (Quelle: ADM Arbeitskreis Deutscher Markt- und Sozialforschungsinstitute e.V.).

bar. So sind auch KMU in der Lage, großangelegte Befragungen relativ kostengünstig durchzuführen, z.B. die Abfrage der Kundenzufriedenheit. Der relativ kostengünstigen Durchführung einer Online-Befragung steht jedoch neben anderen Einschränkungen[3] die vergleichsweise aufwendige Erstellung eines Online-Fragebogens gegenüber.

Es lässt sich feststellen, dass Online-Fragebögen bzw. Fragebögen allgemein aus immer wiederkehrenden Elementen zusammengesetzt sind. Die Wiederverwendung bezieht sich z.B. darauf, dass ein Fragebogen stets aus mehreren Seiten besteht oder dass einzelne Frage*typen* wiederholt auftreten. Es liegt daher nahe, ein Referenzmodell zu konstruieren, in dem die typische Grundstruktur eines Online-Fragebogens festgehalten ist und welches invariante von varianten Bestandteilen trennt.[4] Ein solches Referenzmodell wird dann genutzt, um unternehmungsspezifische Fragebögen zu konfigurieren. Auf der Entwurfs- bzw. Implementierungsebene kann auf Basis eines solchen Referenzmodells schließlich ein Generator entwickelt werden, mit dem die komfortable Konfiguration und die automatische Erstellung eines Online-Fragebogens vorgenommen werden können.[5] Das Ziel dieses Artikels ist es, schrittweise ein solches Referenzmodell auf der konzeptionellen Ebene zu entwickeln.[6] Die Kosten der Erstellung von Online-Fragebögen könnten mit Hilfe eines solchen Modells entscheidend gesenkt werden.

Als Modellierungsform für ein derartiges Referenzmodell bietet sich im vorliegenden Fall das Entity-Relationship-Modell an, mit dem Strukturen relativ redundanzfrei modelliert werden können.[7] Die Entity-Relationship-Darstellung ist stark verbreitet und macht das vorliegende Modell einer breiten Leserschaft zugänglich. Die hier angestrebte Referenzmodellierung verlangt darüber hinaus nach einer Darstellung, in der Gemeinsamkeiten und Varianten überblicksweise dokumentiert werden.[8] Diese Rolle wird hier Featurediagrammen zugewiesen, die diese Aufgabe in der gebotenen Klarheit wahrnehmen.[9]

---

3 Vgl. etwa zu Einschränkungen hinsichtlich der Repräsentativität von Online-Befragungen Witt 1999, S. 1 ff.; Hauptmanns 1999, S. 21 ff.

4 Zur Definition von Referenzmodellen vgl. Schütte 1998, S. 69 ff.; Paffrath 2002, S. 10 ff.

5 Vgl. z.B. Batinic et al. 1999, S. 93 ff.

6 Zur Einordnung der konzeptionellen Ebene vgl. Scheer 1998 (Geschäftsprozess), S. 38 ff.

7 Vgl. Connolly et al. 1999, S. 149 ff.

8 Vgl. zur Idee einer Variantendokumentation in Referenzmodellen Griss et al. 1998, S. 79 f.

9 Featurediagramme stammen ursprünglich aus der Feature-Oriented Domain Analysis (FODA), vgl. Kang et al. 1990. Zum Einsatz von Featurediagrammen in Referenzmodellen vgl. Cohen/Northtrop 1998, S. 88 ff.; Eisenecker/Czarnecki 2000, S. 82 ff.; Paffrath 2002, S. 41 ff.

Der Modellierungsprozess wird in einem der Domänenanalyse nachempfundenen Dreischritt vorgenommen.[10] Zuerst findet ein Abstraktionsprozess statt, in dem der Modellierungsgegenstand (Domäne) beschrieben und genau eingegrenzt wird. Nach einer Phase, in der Daten erhoben und evaluiert werden, schließt sich die Konstruktion eines Featurediagramms an, in dem Gemeinsamkeiten und Varianten der Domäne übergreifend modelliert sind. Zuletzt folgt die Konstruktion der Referenzmodellstruktur, des eigentlichen Referenzmodells, in Form eines Entity-Relationship-Diagramms.

Entsprechend der beschriebenen Vorgehensweise ist der vorliegende Artikel gegliedert. Abschnitt 2 widmet sich der Modellierungsform. In Abschnitt 3 wird der Modellierungsgegenstand exakt eingegrenzt. Die Entwicklung des eigentlichen Modells wird in Abschnitt 4 vorgenommen. Hierzu wird in 4.1 zunächst der Referenzmodellrahmen in Form eines Featurediagramms erstellt. 4.2 enthält schließlich das eigentliche Referenzmodell.

2 Modellierungsform

Für die Referenzmodellierung der Datensicht hat sich als grundlegende Modellierungsform das Entity-Relationship-Modell (ERM) etabliert.[11] Es ermöglicht eine exakte Darstellung der Datensicht und erleichtert den Übergang zum relationalen Datenmodell. An wesentlichen Konzepten unterscheidet das Entity-Relationship-Modell Entitytypen, Attribute und Beziehungstypen. Mit Hilfe von Entitytypen werden reale oder abstrakte Dinge, die Modellierungsgegenstände sind, auf einer generalisierenden Ebene dargestellt. Für den hier betrachteten Modellierungsgegenstand lassen sich etwa Fragebögen oder einzelne Fragebogenseiten als Entitytypen interpretieren. Sie werden im Entity-Relationship-Diagramm durch entsprechend beschriftete Rechtecke notiert.[12]

Entities sind Instanzen von Entitytypen.[13] Das zuvor genannte Beispiel aufgreifend, ist etwa ein unternehmungsspezifischer Fragebogen oder eine spezielle Seite eines Fragebogens als Entity zu bezeichnen. Da Entitytypen die generalisierende Darstellung einzelner Entities sind, lassen sich die so zusammengefassten Entities mit gemeinsamen Attributen beschreiben. Ein die Entities eines Typs eindeutig charakterisierendes Attribut wird als Schlüsselattribut ausge-

---

10 Zur Domänenanalyse vgl. ursprünglich Neighbors 1980. Zur Übersicht über bestehende Ansätze der Domänenanalyse und zum Dreischritt vgl. Arrango 1994.

11 Chen ist der Erfinder des Entity-Relationship-Modells; vgl. ders. 1977, S. 17 ff.; Zum Entity-Relationship-Modell in der Referenzmodellierung vgl. Scheer 1998, S. 31 ff. Zur neueren Referenzmodellforschung vgl. Schütte 1998, S. 37 ff. Vgl. ergänzend zur relativ jungen objektorientierten Referenzmodellierung Paffrath 2002, S. 12 ff.

12 Das Entity-Relationship-Diagramm ist eine Darstellung auf der Typebene. Auf der Objektebene wird das Entity-Relationship-Modell zumeist mit Hilfe des Relationenmodells dargestellt. Zum Relationenmodell vgl. Connolly et al. 1999, S. 71 ff.

13 Zur Unterscheidung von Typ- und Objektebene vgl. Hesse et al. 1994, S. 45 f.

wählt. Weitere Attribute beschreiben die Entities hinsichtlich wesentlicher Eigenschaften. Die Seiten eines Fragebogens lassen sich etwa eindeutig durch die Seitenzahl identifizieren (Schlüsselattribut). Weitere Attribute sind z.B. die Überschrift einer Seite oder die Seitengröße. In der graphischen Darstellung des Entity-Relationship-Modells werden Attribute in Kreisen oder Ellipsen notiert, die eine Verbindungslinie zum zugehörigen Entitytyp unterhalten.[14]

Entities stehen in vielerlei Beziehung zueinander. Ein Entity kann grundsätzlich zu keinem, einem oder mehreren Entities in Beziehung stehen.[15] Ein Beziehungstyp wird stets zwischen zwei Entitytypen geschaltet. Graphisch wird er durch eine Raute dargestellt, die durch Kanten mit den verbundenen Entitytyp-Symbolen verbunden wird.[16] Bei einer 1:1-Beziehung steht ein Entity in genau einer Beziehung zu einem anderen Entity und umgekehrt. Bei einer n:1-Beziehung unterhält ein Entity eines Typs mehrere Beziehungen zu Entities eines anderen Typs. Ein Entity des anderen Typs hat hingegen nur genau einen Beziehungspartner. Schließlich existieren allgemeine Beziehungen (n:m-Beziehungen), bei denen Entities des einen Typs mehrere Beziehungen zu Entities des anderen Typs unterhalten und umgekehrt.[17] Die Kardinalität gibt im Entity-Relationship-Diagramm an, mit wie vielen Entities ein Entity eine Beziehung aufnehmen kann. Sie wird stets an den Kanten der jeweiligen Beziehungstyps notiert. Die maximale Anzahl, zu der ein Entity eines bestimmten Typs Beziehungen aufnehmen kann, wird direkt an der abgehenden Beziehungskante notiert.

Neben diesen Grundelementen existieren für das Entity-Relationship-Modell einige Erweiterungen, von denen hier lediglich die Generalisierung bzw. Spezialisierung zum Tragen kommt.[18] Bei der Generalisierung werden ähnliche Entitytypen zu einem übergreifenden Entitytyp zusammengefasst.[19] Der übergreifende Entitytyp umfasst alle gemeinsamen Attribute der zusammengefassten Entitytypen. Lediglich die für einen untergeordneten Entitytyp spezifischen At-

---

14 Im Folgenden werden Schlüsselattribute in Entity-Relationship-Diagrammen stets unterstrichen.

15 Zur Unterscheidung von Kann- und Mussbeziehungen vgl. Balzert 1996, S. 144 ff.

16 Genauer gesagt wird so ein Beziehungstyp dargestellt. Nicht nur Entitytypen, sondern auch Beziehungstypen werden mit Hilfe von Attributen charakterisiert.

17 Z.B. bei der Beziehung zwischen den Entitytypen Eigentümer und Haus handelt es sich um eine n:m-Beziehung. Ein Eigentümer kann mehrere Häuser besitzen. Ein Haus kann hingegen aus mehreren Einheiten bestehen, die je einen Eigentümer haben, d.h. das Haus hat mehrere Eigentümer.

18 Zusätzliche Erweiterungen sind die Konstruktionsoperatoren Aggregation und Gruppierung; vgl. Scheer 1998, S. 36 ff. Auch auf referenzmodellspezifische Erweiterungen von Entity-Relationship-Modellen wird hier verzichtet; vgl. hierzu Schütte 1998, S. 261 ff.

19 Dies ist äquivalent zum Konzept der Vererbung in der objektorientierten Modellierung. Zur Vererbung im objektorientierten Paradigma vgl. Coad/Yourdon 1991, S. 80 ff.

tribute werden an dem untergeordneten Entitytyp notiert.[20] Die Notation sieht zur Darstellung einer Generalisierung bzw. Spezialisierung ein Dreieck vor, dessen Spitze auf den vererbenden Entitytypen zeigt. Von der gegenüberliegenden Seite des Dreiecks gehen Verbindungslinien zu den erbenden Entitytypen aus.[21]

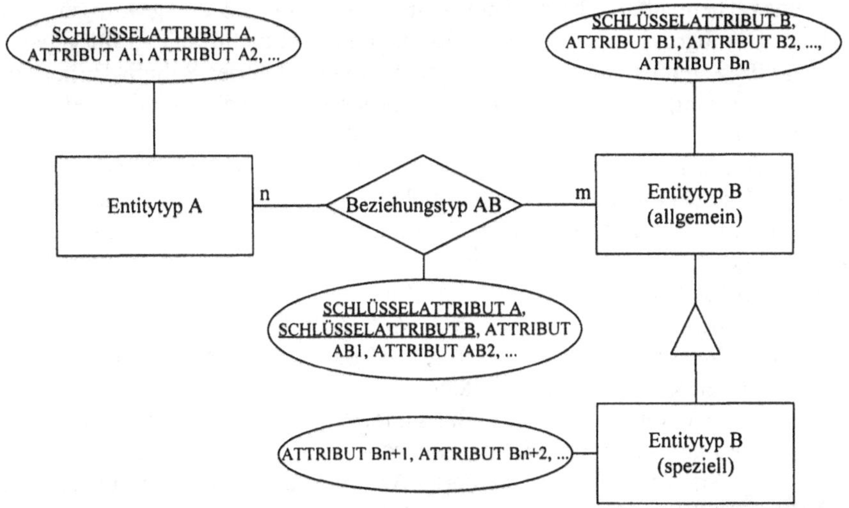

Abbildung 2-1: Notationselemente des Entity-Relationship-Diagramms

3 Abstraktion

3.1 Elemente eines repräsentativen Online-Fragebogens

Grundsätzlich unterscheidet sich ein Online-Fragebogen in nur wenigen Aspekten von der Paper & Pencil-Variante oder einem computergestützten Interview. Im Folgenden seien daher zunächst ein repräsentativer Fragebogen[22] und begleitend wichtige Spezifika von Online-Fragebögen[23] beschrieben.

20 Betrachtet man den genannten Sachverhalt aus Sicht des übergeordneten Entitytyps, so wird dieser in verschiedene Entitytypen spezialisiert (Spezialisierung).

21 In Abbildung 2-1 erbt Entitytyp B (speziell) von Entitytyp B (allgemein). Entitytyp B (allgemein) verfügt über ein Schlüsselattribut sowie n weitere Attribute. Entitytyp B (speziell) verfügt ebenfalls über die Attribute von Entitytyp B (allgemein) sowie weitere, „eigene" Attribute.

22 Vgl. z.B. Hammann/Erichson 1990, S. 88 ff; Nieschlag et al. 1991, S. 698 ff. Zweifelsohne könnte man dem hier vorgestellten repräsentativen Fragebogen weitere Features zufügen, die in der Domäne auftreten. Zielsetzung ist jedoch weniger eine

Ein Fragebogen verfügt zunächst über einen Titel. Es folgen einleitende Texte, die den Befragten über das Ziel der Befragung aufklären, das Objekt der Befragung erklären sowie technische Hinweise zum Ausfüllen des Fragebogens geben. Ein Fragebogen verfügt über mehrere Seiten. Jede Seite ist in eine Kopfzeile, eine Fußzeile sowie einen Rumpfteil unterteilt. In der Kopfzeile wird der Titel eines Themenbereichs genannt, dem sich die Fragen der jeweiligen Seite widmen. Darüber hinaus wird in der Kopfzeile die aktuelle Seitenzahl genannt. In der Fußzeile eines Online-Fragebogens befindet sich der Submit-Button, bei dessen Betätigung zur nächsten Fragebogenseite gewechselt oder die Befragung beendet wird.[24]

In den Rumpfteilen der Fragebogenseiten sind verschiedene Themenbereiche enthalten. Ein Themenbereich enthält mehrere Fragen zu einem zusammenhängenden Thema. Ein Themenbereich wird durch eine Überschrift und durch Bemerkungen eingeleitet. Die einleitenden Bemerkungen führen den Befragten in den entsprechenden Themenbereich ein (bloßer Text). Anschließend folgen die Fragen des Themenbereichs. Eine Frage wird eindeutig durch die Fragenummer identifiziert. Weitere Elemente einer Frage sind die eigentliche Fragestellung und entsprechende Antwortmöglichkeiten.

Es lassen sich unterschiedliche Basis-Fragetypen unterscheiden, aus denen jede praktisch mögliche Frageform gebildet werden kann. Ein einfacher Fragetyp ist die offene Frage, bei der keinerlei Antwortmöglichkeit vorgegeben wird. Von einem Befragten wird hierauf eine Antwort in Form eines unformatierten Textes erwartet. Es werden entweder eine oder mehrere Zeilen für die Textantworten vorgesehen.[25] Als Interaktionselement wird ein mehrzeiliges Textfeld verwendet.[26] Ein weiterer einfacher Fragetyp ist die numerische Frage.[27] Die Antwortmöglichkeit auf eine numerische Frage besteht in der Angabe einer Zahl. Es ist sinnvoll, Wertebereiche für die Antwortmöglichkeiten auf numerische Fragen anzugeben. Dies kann durch Angabe eines Minimums oder Maximums geschehen. Auch die maximale Anzahl von Vorkomma- und Nachkommastellen sollten limitiert werden.

---

vollständige Model-lierung, sondern vielmehr die Funktionalität des Referenzmodells an einem mit Basis-Features ausgestatteten Fragebogen zu demonstrieren.

23 Zu Spezifika von Online-Fragebögen vgl. Bandilla/Bosnjak 2000, S. 16 ff.

24 Genauer gesagt werden bei Betätigen des Submit-Buttons Variablennamen (Fragenummern) und die eingegebenen Werte des Befragten an den Webserver übertragen. Vgl. die folgenden Ausführungen zur Anwendungsarchitektur in 3.2.

25 Vgl. Frage 1) in Abbildung 3-1. Die Bezeichnungen offene Frage und Textfrage werden im Folgenden synonym verwendet.

26 Zur deutschen Bezeichnung der Interaktionselemente vgl. Balzert 1999, S. 705.

27 Vgl. Frage 2) in Abbildung 3-1.

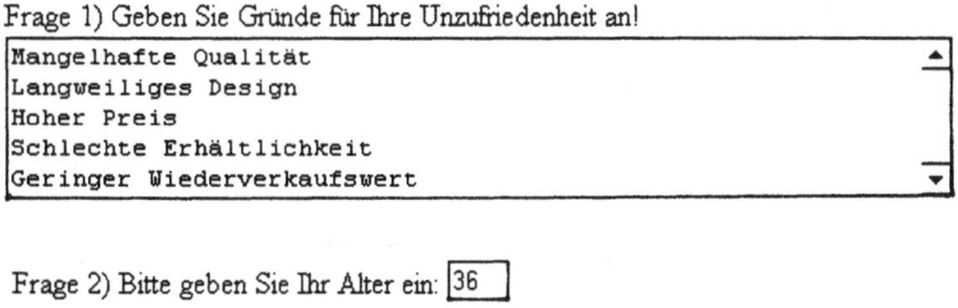

Abbildung 3-1: Beispiele für Textfrage und numerische Frage

Ein weiterer Fragetyp ist die sog. Select-Frage. Aus einer vorgegebenen Liste sollen entweder eine oder mehrere Antwortmöglichkeiten ausgewählt werden. Select-Fragen mit einfacher Auswahl werden häufig mit Einfachauswahlknöpfen[28] oder Kombinationsfeldern[29] dargestellt.[30] Die einzelnen Antwortmöglichkeiten schließen sich gegenseitig aus. Für die Select-Frage mit Mehrfachantwortmöglichkeit werden Mehrfachauswahlknöpfe verwendet.[31] Es können gleichzeitig mehrere Kreuze in den Mehrfachauswahlknöpfen zu einer Frage gemacht werden.

Für alle Fragetypen gilt, dass zwischen Muss- und Kannfragen unterschieden wird. Es gibt Fragen, für die aus diversen Gründen unbedingt eine Antwort verlangt wird. So sind z.B. Mussfragen für die Steuerung des Interviews notwendig. Auf Kann-Fragen braucht keine Antwort gegeben zu werden. Es muss mitunter die Möglichkeit eingeräumt werden, auch keine Antwort zuzulassen, um die Fortführung des Interviews zu gewährleisten oder weil der Befragte die Frage nicht beantworten will (z.B. weil die Frage zu stark in den persönlichen Bereich hineinragt).

Ein besonderes Kennzeichen eines Online-Fragebogens ist die Passwortverwaltung. Es muss sichergestellt werden, dass nur autorisierte Personen an der Befragung teilnehmen können. Personen identifizieren sich durch ein Passwort. Dadurch kann auch sichergestellt werden, dass ein Befragter lediglich einmal die Befragung durchführt und nicht durch mehrfache Beantwortung des Fragebogens eine Verzerrung der Ergebnisse erzielen kann.

---

28 Vgl. Frage 3a) in Abbildung 3-2. Die englische Bezeichnung für Einfachauswahlknopf lautet Radiobutton.

29 Vgl. Frage 3b) in Abbildung 3-2. Die englische Bezeichnung für Kombinationsfeld lautet Combobox.

30 In HTML wird anstelle von Interaktionselementen von sog. Formularen zur Benutzerführung gesprochen. Vgl. Tittel/James 1998, S. 281 ff.

31 Vgl. Frage 4) in Abbildung 3-2. Die englische Bezeichnung für Mehrfachauswahlknopf lautet Checkbox.

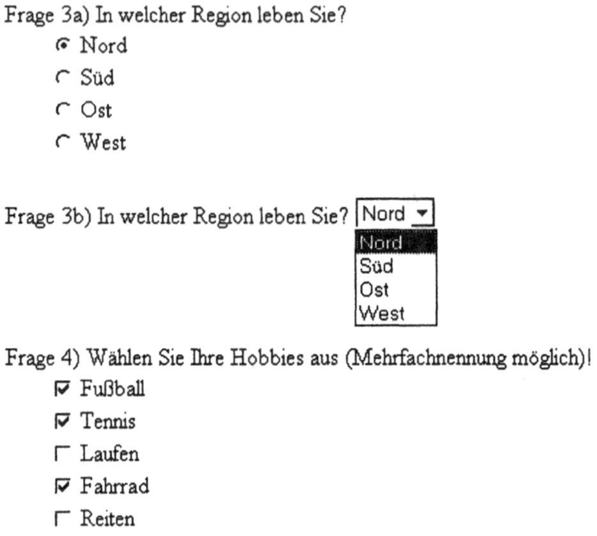

Abbildung 3-2: Beispiele für Select-Fragen

Ein weiteres besonderes Kennzeichen von computergestützten Fragebögen ist, dass Antworten auf Fragen genutzt werden, um den weiteren Verlauf des Interviews zu steuern. Wählt ein Befragter zu Beginn des Interviews z.B. die Sprache Englisch aus, werden im Folgenden lediglich die englischsprachigen Seiten des Fragebogens aufgerufen. Letztendlich lässt sich ein Fragebogen als Prozesskette darstellen, wobei die Funktionen die Fragen sind, und die Ereignisse jeweils lauten: „Frage XY beantwortet". Mit den Darstellungsmöglichkeiten der Prozesskette können dann übersichtlich alle Verzweigungen des Fragebogens dargestellt werden. Das ist besonders wichtig, wenn sich ausschließende Segmente von Befragten existieren, beispielsweise unterschiedliche Sprachen, unterschiedliche Aufgaben (z.B. Techniker vs. Einkäufer). Verzweigungen bzw. Beziehungen zwischen Fragen in Fragebögen können relativ komplex sein und in ihrem Bedingungsteilen durch logische Operatoren verknüpfte Bedingungen enthalten.

3.2 Zur Anwendungsarchitektur von Online-Applikationen

Bei internetbasierten Anwendungen – so auch bei Online-Fragebögen – handelt es sich stets um eine Client-Server-Architektur, welche eine logische Zerlegung von Anwendungen in die Präsentations-, Anwendungs- und Datenschicht meint.[32] Der Client ist in diesem Fall ein lokaler Rechner, auf dem ein Browser installiert ist. Diese Software übernimmt die Aufgabe der Präsentation. Der

32 Vgl. zur Client-Server-Architektur Sims 1989, S. 4 ff.

Browser leitet die Ereignisse (z.B. Betätigen des Submit-Buttons in einem Online-Fragebogen) ggf. zusammen mit Parametern an einen WWW-Server weiter. Auf dem WWW-Server sind die HTML-Seiten abgelegt, in die Verweise zu der hinterlegten Applikationslogik integriert sind (vgl. 4.2.1). Die zu den Seiten eines Online Fragebogens hinterlegte Logik besteht in erster Linie aus der Übernahme und Speicherung von Eingaben des Befragten, aus Plausibilitätsprüfungen der Angaben[33] und aus der Steuerung des Interviews (Verzweigungen). Die Anwendungslogik kann in einer beliebigen Programmiersprache verfasst sein, zumeist wird jedoch auf sog. Skriptsprachen zurückgegriffen (z.B. Perl, JavaScript, PHP).[34] Das Programm greift gegebenenfalls auch auf eine Datenbank bzw. einen Datenbankserver zu, z.B. zum Abspeichern der Befragtendaten oder wenn Daten erneut ausgelesen werden sollen.[35]

4 Referenzmodellierung

4.1 Erstellung Referenzmodellrahmen

Das nachfolgende Featurediagramm dokumentiert zum einen die für den Fragebogen verfügbaren Features[36] und zum anderen die Variationsmöglichkeiten innerhalb der Domäne (vgl. Abbildung 4-1). Ein Fragbogen verfügt über das obligatorische Feature Passwortidentifikation.[37] Es ist nicht zwingend notwendig, den Fragebogen in Themenbereiche zu unterteilen, weswegen das Feature Themenbereich optional ist. Das Feature Seite ist hingegen obligatorisch. Es wird im Folgenden in weitere Subfeatures differenziert.

---

33 Insbesondere ist hier die Autorisierung eines Befragten über die Abfrage eines Passworts zu nennen.

34 Vgl. überblicksartig zu Skriptsprachen Wenz/Hauser 2002, S. 18 ff.

35 Die Befragtendaten müssen z.B. erneut ausgelesen werden, wenn zu einer bereits früher ausgefüllten Fragebogenseite zurückgesprungen werden soll.

36 Der Begriff Feature umschreibt sämtliche Elemente, die in dem Referenzmodell beschrieben werden. Hierzu gehören z.B. Datenelemente, Methoden, Ereignisse, Aktivitäten, Anwendungsfälle und Strukturen aus diesen Elementen. Der allgemeine Begriff Feature wird hier gewählt, da in der Literatur keine Einigkeit darüber herrscht, welche Elemente hierunter gefasst werden sollen. Czarnecki verwendet den allgemeinen Begriff Concepts als Oberbegriff für die einzelnen Features und meint damit „any elements and structures in the domain of interest" (Czarnecki 1999, S. 84). Schütte subsumiert die beschriebenen Modellkomponenten unter dem Begriff Informationsobjekt (vgl. 1998, S. 211).

37 Ein obligatorisches Feature wird stets durch einen ausgefüllten Kreis notiert. Optionale Features werden hingegen durch nicht ausgefüllte Kreise gekennzeichnet.

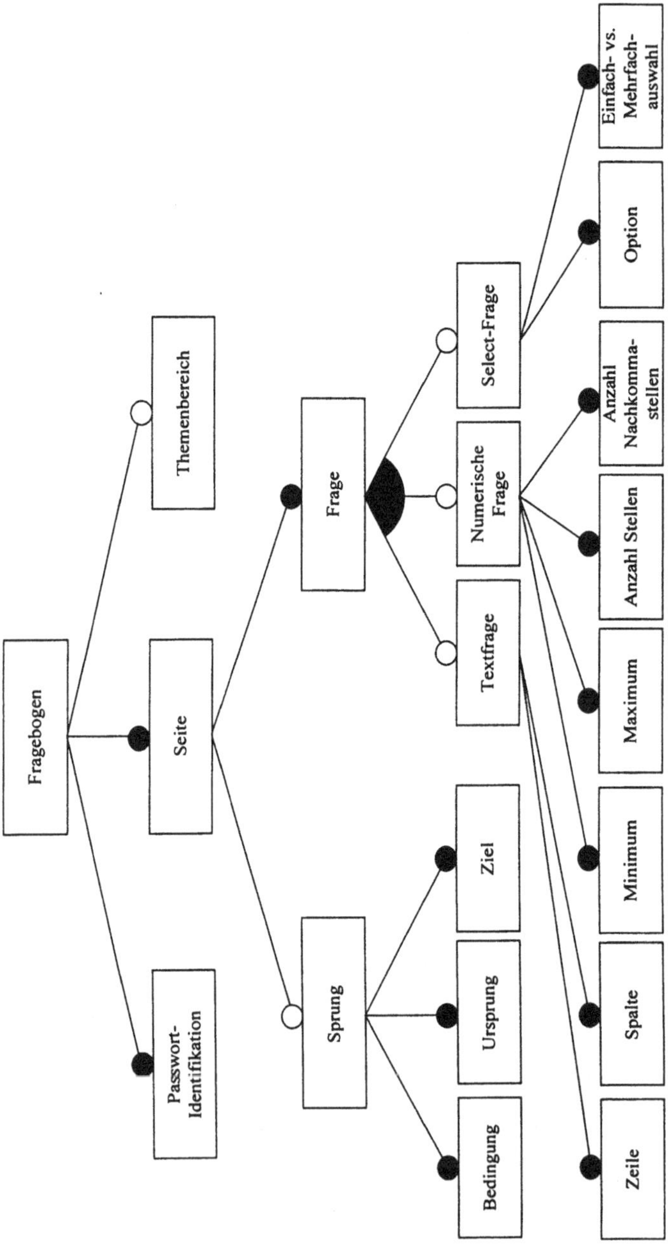

Abbildung 4-1: Featurediagramm Fragebogen

Im Wesentlichen verfügt eine Fragebogenseite über die obligatorischen Fragen und die – optionalen – Sprünge. Bei den Subfeatures Textfrage, Numerische Frage und Select-Frage handelt es sich um alternative Features,[38] die alternativ („gleichzeitig") im Fragebogen bzw. auf einer Seite verwendet werden. Um eine Textfrage eindeutig in der Seitenbeschreibungssprache HTML beschreiben zu können, ist die Angabe der Zeilen- und Spaltenposition nötig (Features Zeile und Spalte). Die Antwortmöglichkeiten auf eine numerische Frage sind durch Angabe eines Minimums und eines Maximums einzuschränken. Zudem soll vorkonfiguriert werden, wie viele Vorkomma- und Nachkommastellen der Antwortwert haben darf. Für eine Select-Frage sind schließlich die vorzugebenden Antwortmöglichkeiten zu bestimmen (Feature Option). Darüber hinaus muss angegeben werden, ob es sich um eine Frage mit Einfach- oder Mehrfachantwortmöglichkeit handelt. Die optionalen Sprünge werden durch Angabe einer Bedingung, der Ursprungs- und der Zielseite spezifiziert.

4.2 Erstellung Referenzmodellstruktur

4.2.1 Grundstruktur des Fragebogens

Um die Grundstruktur eines Fragebogens darzustellen, werden die Entitytypen FRAGEBOGEN, SEITE, THEMENBEREICH und FRAGE verwendet.[39] Ein Entity des Typs FRAGEBOGEN ist ein unternehmungsspezifischer Online-Fragebogen. Das Schlüsselattribut dieses Entitytyps ist die Fragebogennummer FBNR. Darüber hinaus verfügt dieser Entitytyp über die Attribute FBTITEL, FBLOGO und FBTEXT. Der Titel (FBTITEL) benennt die Studie oder das Projekt, zu dem der Fragebogen gehört. Unter dem Attribut FBLOGO kann der Dateiname einer Bilddatei abgelegt werden, die das Firmenlogo der befragenden Unternehmung enthält. Eine Ausprägung dieses Attributs ist die URL der das Logo enthaltenden Bilddatei.[40] FBTEXT ist ein fragebogenbezogener einleitender Text.

Ein Fragebogen besteht aus mehreren Seiten. Mit dem Entitytyp SEITE sind die einzelnen Seiten des Web-Dokuments Fragebogen gemeint.[41] Zwischen dem Entitytyp FRAGEBOGEN und SEITE besteht eine n:1-Beziehung. Ein Fragebogen enthält n Seiten und eine Seite lässt sich genau einem Fragebogen zuordnen.[42] Eine Seite wird mit ihrem Schlüsselattribut Seitenzahl (SZAHL) identifi-

38 Alternative Features werden durch einen ausgefüllten Winkelbogen, der die Alternativen verbindet, markiert.

39 Vgl. zu den folgenden Ausführungen Abbildung 4-2.

40 Vgl. Balzert 1999, S. 58.

41 Vgl. Balzert 1999, S. 57.

42 Streng genommen lässt sich für diese Beziehung auch eine n:m-Beziehung annehmen, wenn es sich um Standardseiten eines Fragebogens handelt. Eine Standardseite ist z.B.

ziert.[43] Darüber hinaus enthält der Entitytyp SEITE das Attribut SHTML-CODE, das das mit einer Seite verbundene Skriptprogramm benennt. Das Skript wird bei Betätigen des Submit-Buttons ausgelöst. Es handelt sich um den Code

```
<FORM METHOD="POST" ACTION="/cgi-bin/skriptname.cgi">,
```

wobei `skriptname` den Namen des assoziierten Skripts meint.[44]

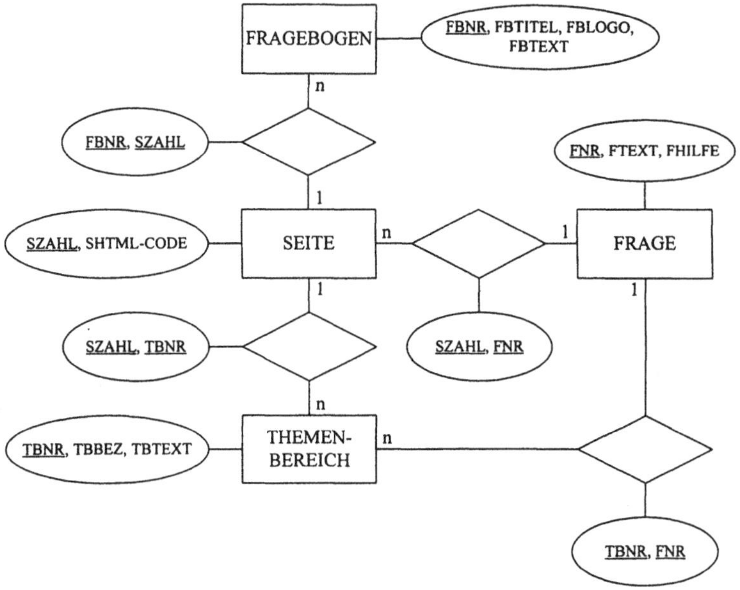

Abbildung 4-2: ERM Fragebogen (Grundstruktur)

Wie beschrieben wurde, sind die Fragen des Fragebogens thematisch sortiert. Ein Fragebogen enthält also einen oder mehrere Themenbereiche. Ein Themen-

die Seite mit der Abfrage des Passworts. Diese Seite kann in verschiedenen Fragebogen wiederverwendet werden.

43 Hier wird die Annahme getroffen, dass sich die Seitenzahl in der Kopfzeile befindet. Da zwischen Kopfzeile und Seite eine 1:1-Beziehung besteht, wird SZAHL (und damit die Kopfzeile) als Attribut in SEITE aufgenommen und kein eigener Entitytyp für die Kopfzeile modelliert.

44 Mit der angegebenen Methode POST erhält das Skript die Daten so, als würde der Anwender die erwarteten Daten nacheinander eingeben. Alternativ kann die Methode GET verwendet werden, bei der die Daten einfach der URL-Angabe angefügt werden. Dies funktioniert allerdings nur bis zu 512 Zeichen, da WWW-Server nicht mehr Zeichen akzeptieren. Vgl. Schmidt/Diedrich 1998, S. 227 ff.

bereich gehört zu genau einem Fragebogen. Ein THEMENBEREICH – hier als Entitytyp interpretiert –, dessen Schlüsselattribut die Themenbereichsnummer TBNR ist, enthält wiederum eine oder mehrere Fragen. Wichtige Attribute von THEMENBEREICH sind die Themenbezeichnung TBBEZ und ein den Themenbereich einleitender Text TBTEXT.

Fragen werden eindeutig durch die Fragenummer FNR identifiziert. Weitere Attribute des Entitytyps FRAGE sind der Fragetext FTEXT, in dem die Fragestellung formuliert wird und ein Hilfetext FHILFE, der inhaltliche oder technische Ratschläge zur Beantwortung der Frage enthält. Aus der Beziehung zwischen SEITE und THEMENBEREICH einerseits und THEMENBEREICH und FRAGE andererseits, ergibt sich die abgeleitete Beziehung zwischen SEITE und FRAGE. Eine Seite enthält demnach eine oder mehrere Fragen und eine Frage befindet sich auf genau einer Seite.

4.2.2 Unterschiedliche Fragetypen

Wie beschrieben wurde, existieren in Abhängigkeit von den Antwortmöglichkeiten vier unterschiedliche Fragetypen. Als Basisfragetypen wurden die offene Frage, die numerische Frage sowie die Select-Fragen mit einfacher und mehrfacher Antwortmöglichkeit genannt.

Die Textfrage wird auf dem Online-Fragebogen durch ein Textarea-Formular[45] dargestellt.[46] So lautet der HTML-Code für ein dreizeiliges und 65-spaltiges Texteingabefeld namens Texteingabe

```
<TEXTAREA NAME="Texteingabe" ROWS="3" COLS="65">.
```

Neben den Attributen FNR, FTEXT und FHILFE sind also insbesondere die Zeilen- und Spaltenangabe als weitere Attribute dieses Fragetyps aufzufassen (Attribute FZEILE und FSPALTE). Als TEXTAREA NAME (vgl. obiger Code) kann FNR verwendet werden. Da es sich um einen Spezialfall einer Frage handelt, wird der Entitytyp FRAGE im Folgenden spezialisiert in den Entitytyp TEXTFRAGE (vgl. zu den folgenden Ausführungen Abbildung 4-3).

Die numerische Frage wird stets durch Angabe einer Zahl beantwortet. Die Seitenbeschreibungsprache HTML sieht für die numerische Frage kein spezielles Formular vor. So wird ebenfalls auf das Textarea-Formular zurückgegriffen. Um die Plausibilitätsprüfung zu implementieren, ist es sinnvoll, den Antwortwert auf eine minimale und maximale Höhe einzuschränken (Attribute FMIN, FMAX). Auch die Anzahl der Vorkommastellen sowie die Anzahl der Nachkommastellen, die für eine Antwort vorgesehen sind, sind wichtige Attribute

45 Vgl. die frühere Abbildung 3-1.

46 Mit Hilfe dieses HTML-Tags wird ein mehrzeiliges Textfeld erzeugt. Alternativ wäre auch das Formular Text möglich, allerdings ist dieses aufgrund der beschränkten Antwortmöglichkeit auf eine Zeile nicht in jedem Fall hinreichend. Vgl. zur Unterscheidung der HTML-Tags Text und Textarea Tittel/James 1998, S. 286.

(FVKSTELLEN, FNKSTELLEN). Diese vier zuletzt genannten Attribute werden genutzt, um mit dem der Seite assoziierten Skript die Logik der Plausibilitätsprüfung zu implementieren.[47] Da diese Attribute für den Fragetyp numerische Frage einzigartig sind, ist auch hier ein spezialisierter Entitytyp einzurichten. Es handelt sich um den Entitytyp NUMERISCHE FRAGE in Abbildung 4-3.

Die Select-Frage mit einfacher Antwortmöglichkeit wird mit Hilfe von Einfachauswahlknöpfen dargestellt, bei denen jeweils nur eine Option ausgewählt werden kann.[48] Der HTML-Code für eine zweifache Auswahl, bei der zwischen den Optionen Deutsch und Englisch gewählt werden kann, lautet etwa:[49]

```
Deutsch <INPUT TYPE="RADIO" NAME="Sprache" VALUE="1"> <BR>
Englisch <INPUT TYPE="RADIO" NAME="Sprache" VALUE="2">
```

Die beiden Optionen unterscheiden sich in ihrer HTML-Darstellung – außer in der textuellen Bezeichnung Deutsch oder Englisch – lediglich durch die Ausprägung des Attributs VALUE. Hierbei handelt es sich um die Werte, die dem der Seite assoziierten Skript übergeben werden. Wählt ein Befragter z.B. die deutsche Sprache aus, so wird dem Skript der Wert eins übergeben.

Darüber hinaus ist zu konfigurieren, über wie viele Antwortmöglichkeiten eine Select-Frage verfügt. Diese Konfigurationsmöglichkeit wird im Datenmodell durch einen Entitytyp OPTION dargestellt. Ein Entity des Typs SELECT-FRAGE kann zu zwei oder mehr Entities des Typs OPTION eine Beziehung unterhalten. Eine Option ist einer Select-Frage eindeutig zuzuordnen, so dass zwischen den Entitytypen SELECT-FRAGE und OPTION eine n:1-Beziehung vorliegt. Der Entitytyp OPTION verfügt über das Schlüsselattribut ONR sowie die weiteren Attribute OBEZ und OVAL. Die textuelle Bezeichnung OBEZ (im obigen Beispiel Deutsch und Englisch) erläutert die Option inhaltlich. Die Ausprägungen von OVAL geben an, welcher Parameter an das Skript übergeben werden soll. Da die Bezugnahme auf die Entities des Typs OPTION einzigartig für Entities vom Typ SELECT-FRAGE ist, wird auch der Entitytyp SELECT-FRAGE aus dem Entitytyp FRAGE spezialisiert.

---

47 Die Attribute FMIN, FMAX, FVKSTELLEN und FNKSTELLEN müssen dem assoziierten Skript als Parameter übergeben werden. Dies ist beispielsweise mit dem INPUT-Formulartyp HIDDEN möglich (vgl. Tittel/James 1998, S. 286). Hierbei handelt es sich um einen unsichtbaren Eingabebereich, der vom Befragten nicht modifiziert werden kann. Im Skript ist dann die tatsächliche Angabe des Befragten zu analysieren, ob sie den durch die Parameter übergebenen Vorgaben entspricht. Ist dies nicht der Fall, wird die HTML-Seite mit den zuvor gemachten Angaben zusammen mit einer entsprechenden Fehlermeldung eingeblendet. Der Befragte muss dann die Antwort korrigieren.

48 Genauso ist es möglich, Kombinationsfelder zu verwenden. Die Ausführungen beschränken sich hier allerdings auf Einfachauswahlknöpfe.

49 Der Tag <BR> erzeugt einen Zeilenumbruch.

Eine Select-Frage mit Mehrfachauswahlmöglichkeit wird mit Hilfe von Mehrfachauswahlknöpfen dargestellt. Der HTML-Code für eine dreifache Auswahl, bei der nach Kenntnissen in Fremdsprachen gefragt wird, lautet:

```
<SELECT NAME="Fremdsprachen" SIZE ="2" MULTIPLE>
<OPTION>Deutsch
<OPTION>Englisch
<OPTION>Französisch
</SELECT>
```

Der Wert zwei des Attributs SIZE gibt an, dass auf dem Bildschirm nur jeweils zwei Optionen sichtbar sind. Die jeweils andere Option ist über die Scroll-Funktion zu erreichen. Das Schlüsselwort MULTIPLE gibt an, dass es sich um eine Mehrfachauswahl handelt. Wird das Attribut MULTIPLE weggelassen, kann lediglich eine Auswahl durchgeführt werden, was dem Fall der Select-Frage mit einfacher Auswahl entspricht.

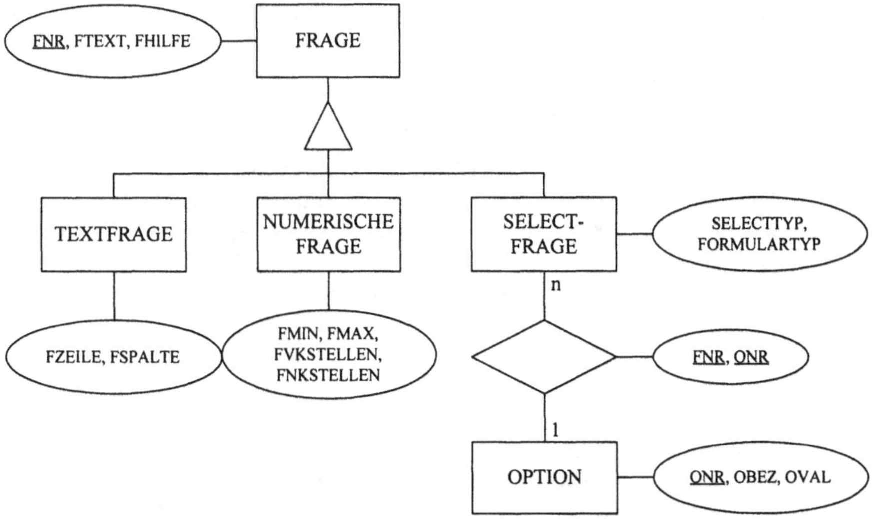

Abbildung 4-3: ERM Fragetypen

Prinzipiell unterscheiden sich Select-Fragen mit einfacher und mehrfacher Antwortmöglichkeit nicht. Auch wenn sich die HTML-Syntax unterscheidet, sind in beiden Fällen die Auswahlmöglichkeiten (Optionen) anzugeben. Durch eine Erweiterung der Attribute des Entitytyps SELECT-FRAGE um das Attribut SELECTTYP, das die Ausprägungen einfach oder mehrfach annehmen kann, wird die Unterscheidung von einfacher und mehrfacher Auswahlmöglichkeit gewährleistet. Mehrfachauswahlknöpfe können sowohl für Einfach- als auch für

Mehrfachauswahl verwendet werden. Dies unterscheidet sie von Einfachauswahlknöpfen oder Kombinationsfeldern. Um exakt spezifizieren zu können, welche Darstellung für eine Select-Frage mit einfacher Auswahl gewählt werden soll, ist also unter einem weiteren Attribut anzugeben, ob Einfachauswahlknöpfe, Kombinationsfelder oder Mehrfachauswahlknöpfe verwendet werden sollen. Dieses Attribut trägt den Namen FORMULARTYP (vgl. Abbildung 4-3). Aus den Angaben zu diesen Attributen stellt der Generator selbsttätig den ensprechenden Darstellungscode zusammen.

4.2.3 Verzweigungen im Fragebogen

Die Verzweigungen in Fragebögen werden durch Sprünge realisiert, die bei Erfüllung von zuvor spezifizierten Bedingungen ausgeführt werden. Gesprungen werden kann jeweils nur von Seite zu Seite.[50] Ein Sprung kann als eine Beziehung zwischen Seiten aufgefasst werden. Mit anderen Worten handelt es sich somit bei einem Sprung modellierungstechnisch um rekursive Beziehungen zwischen den Entities des Typs SEITE (vgl. Abbildung 4-4). SPRUNG enthält als Schlüsselattribute das Schlüsselattribut der aufrufenden Seite (ASZAHL) und das Schlüsselattribut der empfangenden Seite (ESZAHL). Der Beziehungstyp SPRUNG implementiert eine n:m-Beziehung, da von einer Seite (unter Geltung verschiedener Bedingungen) zu verschiedenen Seiten gesprungen werden kann und eine Seite von verschiedenen Seiten aus aufgerufen werden kann.

Eine einfache Bedingung vergleicht entweder die Antwort auf eine Frage mit einem Literal[51] oder die Antwort auf eine Frage mit einer Antwort auf eine andere Frage.[52] Um den Vergleich zu spezifizieren, muss ein Vergleichsoperator angegeben werden.[53] Bedingungen können auch mit logischen Verknüpfungsoperatoren verbunden werden.[54] Hier wird vereinfachend angenommen, dass le-

---

50 Soll von Frage zu Frage gesprungen werden, müssen die Fragen entsprechend auf den Seiten angeordnet werden. Die Begründung hierfür ist, dass – wie erläutert wurde – die Anwendungslogik eines Skripts stets seiten- und nicht fragebezogen ist. Um Sprünge zu realisieren muss allerdings auf die Anwendungslogik zurückgegriffen werden.

51 Z.B. „Wenn die Antwort auf Frage X größer als fünf ist, dann springe zu Seite Y." Literale sind selbstdefinierte Werte bzw. Konstanten, die ohne Bereichsdefinition als Direktoperand in einem Programm verwendet werden. Ein Literal kann alphanumerisch oder numerisch sein. Im gerade genannten Beispiel ist das Literal „fünf".

52 Z.B. „Wenn die Antwort auf Frage X der Antwort auf Frage Y entspricht, dann springe zu Seite Z."

53 Die Menge der Vergleichsoperatoren besteht aus den Elementen gleich, größer als, kleiner als, größer gleich, kleiner gleich und ungleich.

54 Die Menge der logischen Verknüpfungsoperatoren besteht aus den Elementen und, logisches oder und exklusives oder. Ein Beispiel für verbundene Bedingungen: „Wenn die Antwort auf Frage X größer als fünf ist und die Antwort auf Frage Y kleiner als sieben ist, dann springe zu Seite Z."

diglich zwei einfache Bedingungen miteinander verbunden werden können.[55] Für die meisten praktischen Fragestellungen ist dies auch bereits ausreichend.

Modellierungstechnisch handelt es sich bei einer einfachen Bedingung um eine rekursive Beziehung der Elemente des Entitytyps FRAGE. Diese Beziehung verbindet zwei Entities des Typs FRAGE miteinander. Es handelt sich um eine Kann-Beziehung, da – wie beschrieben – auch eine Antwort auf eine Frage mit einem Literal verglichen werden kann. Weitere Attribute, die zur Spezifikation einer einfachen Bedingung angegeben werden müssen, sind das Literal (LIT) und der Vergleichsoperator (VGLOP).

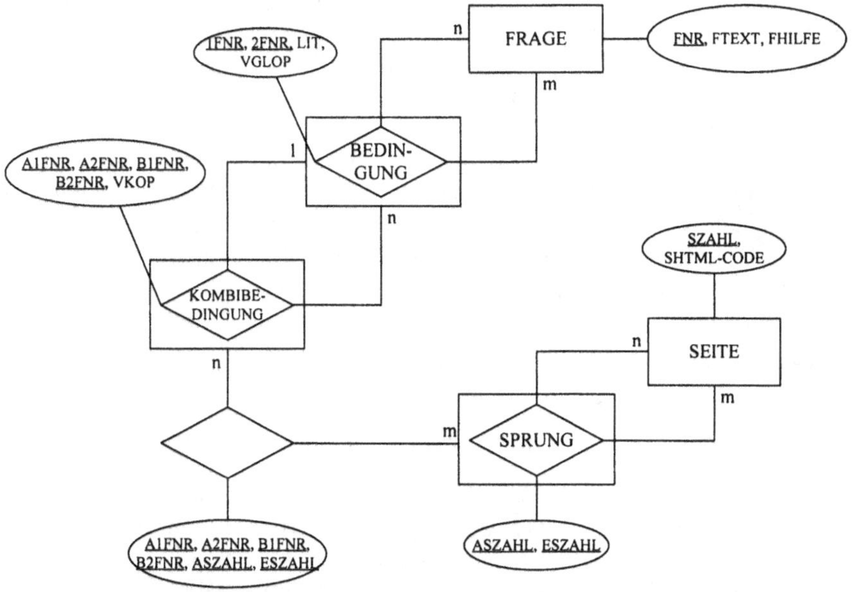

Abbildung 4-4: ERM Verzweigungen

Eine kombinierte Bedingung (Beziehungstyp KOMBIBEDINGUNG) setzt zwei einfache Bedingungen in Beziehung zueinander. Die Schlüsselattribute dieser (erneut rekursiven) Beziehung sind ein Paar von Bedingungszeigern (A1FNR, A2FNR, B1FNR, B2FNR).[56] Zusätzlich existiert das Attribut VKOP, dessen Ausprägungen die logischen Verknüpfungsoperatoren sind. Schließlich

55 Für komplexere Bedingungen und transformierte Werte in Bedingungen vgl. Paffrath 2002, S. 261 ff.

56 Eine Kombination aus zwei Fragenummern identifiziert eine einfache Bedingung. Mit den hier genannten vier Fragenummern werden zwei einfache Bedingungen zueinander in Beziehung gesetzt.

muss noch dokumentiert werden, welche Bedingungen bzw. kombinierte Bedingungen gelten müssen, um einen Sprung auszuführen. Zu diesem Zweck wird der Beziehungstyp KOMBIBEDINGUNG uminterpretiert und über einen Beziehungstyp mit dem uminterpretierten Beziehungstyp SPRUNG verbunden. Es handelt sich um eine n:m-Beziehung, da ein Sprung zum einen aufgrund verschiedener Bedingungen ausgeführt werden kann. Zum anderen ist es möglich, dass auf Basis einer Bedingung mehrfach gesprungen wird.

4.2.4 Passwortabfrage

Die jeweils erste Seite eines Fragebogens ist die Passwortabfrage, um nur autorisierte Befragte zuzulassen und um zu gewährleisten, dass jeder Befragte die Befragung nur einmal durchführt. Hier wird angenommen, dass einem Befragten vor Beginn der Befragung eine UserID und ein Passwort zugänglich gemacht wurden. Ein Befragter gibt also zu Beginn der Befragung in ein entsprechendes Formular seine Log-in-Daten an. Nach Absenden der Daten überprüft ein Skript, ob UserID und Passwort zueinander passen. Mit anderen Worten existiert eine Relation namens PASSWORT, die als Attribute die USERID und das PASSWORT enthält. Jede UserID-Passwort-Kombination wird durch das Schlüsselattribut IDNR eindeutig identifiziert. Zwischen dem Entitytyp FRAGEBOGEN und dem Entitytyp PASSWORT besteht eine 1:n-Beziehung.

Literatur

Arrango, G. (1994): Domain Analysis Methods, in: Schäfer et al. (Hrsg.) 1994, S. 17 - 49

Balzert, H. (1996): Lehrbuch der Software-Technik, Bd. 1: Software-Entwicklung, Heidelberg et al.

Balzert, H. (1999): Lehrbuch Grundlagen der Informatik, Heidelberg et al.

Bandilla, W./Bosnjak, M. (2000): Online-Surveys als Herausforderung für die Umfrageforschung - Chancen und Probleme, in: Mohler/Lüttinger (Hrsg.) 2000, S. 9 - 28

Batinic, B./Puhle, B./Moser, K. (1999): Der WWW-Fragebogen-Generator (WFG), in: Batinic et al. 1999, S. 93 - 102

Batinic, B./Werner, A./Gräf, L./Bandilla, W. (Hrsg.) (1999): Online Research, Göttingen et al.

Chen, P. (1977): The Entity-Relationship Approach to Logical Data Base Design, Wellesley, Massachussetts

Coad, P./Yourdon, E. (1991): Object-Oriented Analysis, Englewood Cliffs

Cohen, L./Northrop, L. M. (1998): Object-Oriented Technology and Domain Analysis, in: Devanbu, P./Poulin, J. (Hrsg.) 1998, S. 86 - 93

Conallen, J. (2000): Building Web Applications with UML, Boston

Connolly, Th./Begg, C./Strachan, A. (1999): Database Systems, 2. Aufl., Harlow, England et al.

Czarnecki, K. (1999): Generative Programming, Ilmenau

Devanbu, P./Poulin, J. (Hrsg.) (1998): Proceedings of the Fifth International Conference on Software Reuse (Victoria, Canada, June 1998), IEEE Computer Society Press

Eisenecker, U. W./Czarnecki, K. (2000): Generative Programming: Methods, Tools and Applications, Boston et al.

Griss, M./Favaro, J./d'Allessandro, M. (1998): Integrating Feature Modeling with the RSEB, in: Devanbu, P./Poulin, J. (Hrsg.) 1998, S. 76 - 85

Hammann, P./Erichson, B. (1990): Marktforschung, 2. Aufl., Stuttgart et al.

Hauptmanns, P. (1999): Grenzen und Chancen von quantitativen Befragungen mit Hilfe des Internets, in: Batinic et al. 1999, S. 21 - 38

Hesse, W./Barkow, G./von Braun, H./Kittlaus, H.-B./Scheschonk, G. (1994): Terminologie der Softwaretechnik (Teil 1), in: Informatik Spektrum, Heft 1, S. 39 - 47

Kang, K. C./Cohen, S. G./Hess, J. A./Novak, W .E./Peterson, A. S. (1990): Feature-Oriented Domain Analysis (FODA) Feasibility Study (CMU/SEI-90-TR-21, ADA235785), Carnegie Mellon University, Pittsburgh

Mohler, P./Lüttinger, P. (Hrsg.) (2000): Querschnitt – Festschrift für Max Kaase, Mannheim

Neighbors, J. (1980): Software Construction Using Components, University of California, Irvine

Nieschlag, R./Dichtl, E./Hörschgen, H. (1991): Marketing, 16. Aufl., Berlin

Paffrath, R. (2002): Entwicklung von computergestützten Planungsmodellen zur simultanen Produktions- und Marketingplanung, Wiesbaden

Schäfer, R./Prieto-Diaz, R. /Matsumoto, M. (Hrsg.) (1994): Software Reusability, New York

Scheer, A.W. (1998 Geschäftsprozess): ARIS - Vom Geschäftsprozeß zum Anwendungssystem, Berlin et al.

Scheer, A.W. (1998): Wirtschaftsinformatik, 2. Aufl., Berlin et al. (Studienausgabe)

Schmidt, S./Diedrich, O. (1998): Interaktiv im Web, in: c't, Heft 24, S. 226 - 235

Schütte, R. (1998): Grundsätze ordnungsmäßiger Referenzmodellierung, Wiesbaden

Sims, O. (1989): The Impact of SAA on IS Planning, Document Number UKCMGOS, Hampshire: IBM United Kingdom

Tittel, E./James, S. (1998): HTML für Dummies, Landsberg

Wenz, C./Hauser, T. (2002): Web-Skriptsprachen und Objektorientierung, in: OBJEKT-Spektrum, Heft 3, S. 18 - 25

Witt, K.J. (1999): Evaluating the Representativeness of Online Convenience Samples, in: Proceedings of the Sawtooth Software Conference, Februar 1999, San Diego, California, S. 1 - 7

Erfolgsfaktoren im Geschäftsreisemarkt

Kundenerwartungen von kleinen und mittleren Unternehmen

Jan Wolf Baake/Susanne Brunswig

Inhaltsverzeichnis

1 Einführung in die Problemstellung

In diesem Beitrag werden die Ergebnisse einer Unternehmensbefragung von kleinen und mittelständischen Unternehmen (KMU)[1] dokumentiert, in der relevante Kundenerwartungen und -anforderungen sowie daraus resultierende strategische Erfolgsfaktoren für Geschäftsreiseanbieter ermittelt und analysiert werden.

---

1 Bemessungsgrundlage für ein „kleines bis mittleres" Unternehmen ist in diesem Artikel nicht allein die Anzahl der Mitarbeiter. Die Höhe des Geschäftsreisevolumens kann ebenfalls Hinweise auf die Erfahrung und den Umgang mit Geschäftsreiseentscheidungen liefern.

Auch für mittelständische Unternehmen spielen Geschäftsreisen[2] eine bedeutende Rolle zur Aufrechterhaltung des Geschäftsbetriebes. Der Geschäftsreiseprozess selbst ist jedoch ein sekundärer Prozess. Er findet erst aufgrund eines primären Prozesses oder auch Kernprozesses des Unternehmens statt, wie z.B. der Notwendigkeit eines Kundengespräches oder des Besuchs einer Tagung.[3] Aus diesem Grund wird diesen Prozessen häufig nicht die Aufmerksamkeit entgegen gebracht, die notwendig wäre, um entsprechende (Kosten-) Einsparpotenziale und Ineffizienzen zu entdecken. Dieses Defizit möchte eine Vielzahl von Anbietern professioneller Geschäftsreisedienstleistungen, von der Full-Service-Reiseagentur bis zum Systemanbieter, ausgleichen. Fraglich ist, ob diese in der Lage sind, die speziellen Anforderungen des Mittelstandes optimal zu bedienen.

2 Situation im Geschäftsreisemarkt

Die Geschäftsreisebranche ist stark konjunkturabhängig und sieht sich entsprechend der allgemeinen wirtschaftlichen Lage mit deutlich rückläufigen Erträgen konfrontiert. Insbesondere die Ereignisse des 11. Septembers 2001 haben die Branche weltweit verändert und die Folgen sind noch nicht endgültig abzusehen.[4] Alternativen zum Reisen, wie Video- oder Webkonferenzen, können Geschäftsreisen jedoch nicht gänzlich ersetzen. Die weiter zunehmende Globalisierung der Wirtschaft und der dafür notwendige persönliche Kontakt zu neuen Kunden und Mitarbeitern wird die Geschäftsreise auch in Zukunft unverzichtbar machen.[5]

Im Kampf um Kunden im schrumpfenden Markt existiert speziell um die Großkonzerne ein starker Verdrängungswettbewerb der Anbieter von Geschäftsreisedienstleistungen. Hier teilen sich die großen Geschäftsreisebüroketten (American Express, BTI Eurolloyd, Carlson Wagonlit Travel, DER, TQ_3) rund 72 % des Umsatzes mit Geschäftsreisen untereinander auf. Zwar gibt es in Deutschland über 16.000 Reiseagenturen, doch nur die großen Reisevermittler (überwiegend Ketten und Franchise-Systeme) erreichen die für Firmen interessanten Großabnehmerrabatte von Fluglinien, Mietwagenanbietern und Hotelketten.[6]

Die Großkunden, so genannte „Key Accounts", werden bereits sehr intensiv mit maßgeschneiderten Angeboten und Bonus-Programmen betreut. Eine opti-

2 können als Reisen definiert werden, die im weitesten Sinne mit dem Beruf des Reisenden zusammenhängen und i.d.R. über eine Entfernung von mehr als 50 km hinweg z.B. zu Messen, Tagungen, Kongressen, Seminaren oder Besuchen bei Kunden unternommen werden. Quelle: GfK Geschäftsreiseklima 2002, Kurzfassung, S. 2.

3 Vgl. Lufthansa AirPlus, CSC Ploenzke (1998), S. 3.

4 Vgl. Langrock (2002), S. 2, G+J Branchenbild, Nr. 7, 2002, S. 7.

5 Vgl. G+J Branchenbild, Nr. 7, 2002, S. 7.

6 Vgl. G+J Branchenbild, Nr. 7, 2002, S. 6.

male Bedienung der kleinen und mittleren Unternehmen erscheint jedoch fraglich, da diese Zielgruppe erst langsam das Interesse der Anbieter weckt.[7] Gemäß der ABC-Analyse[8] besteht die Vermutung, dass sich Anbieter bevorzugt um eine gute Betreuung der A-Kunden bemühen, da diese einen größeren Umsatz garantieren. Kleinere Kunden erfordern i.d.R. im Verhältnis dazu einen weitaus höheren Aufwand und bringen nur einen Bruchteil des Ertrages ein.[9] Gerade aus diesem Aspekt heraus erscheint eine effizientere Marktbearbeitung dieses Segments für beide Seiten, für die Anbieter, wie auch die Nachfrager, wünschenswert.

Zunehmende Wettbewerbsintensität erfordert bei den Anbietern eine Spezialisierung der Prozesse im Hinblick auf die spezifische Befriedigung heterogener Kundenbedürfnisse. Oftmals werden die Anforderungen einzelner Marktsegmente jedoch erst dann aufgespürt, wenn Anbieter aufgrund der hohen Wettbewerbsintensität nach neuen Profilierungsmöglichkeiten suchen müssen.[10] Da die Etats der Großkonzerne unter den Geschäftsreisebüroketten verteilt sind, bietet der Mittelstand mit durchschnittlichen Reisebudgets zwischen 25.000 und 50.000 Euro jährlich noch ein Potenzial von ca. 2,4 Mill. Kunden.[11] Um kleine und mittlere Unternehmen optimal und kosteneffizient bedienen zu können, bedarf es seitens der Geschäftsreiseanbieter der genauen Kenntnis über die Ansprüche und Prioritäten des Kundensegments. Für Anbieter sind daher Nachfrageanalysen von zentraler Bedeutung. Sie fördern die Entwicklung bedürfnisgerechterer Angebote und können entscheidende Wettbewerbsvorteile verschaffen.[12]

Bis vor einigen Jahren schien das Segment der kleinen und mittleren Unternehmen keinem intensiven Wettbewerb ausgesetzt. Mittlerweile agiert seit 2000 das Unternehmen BTO 24,[13] ein Spezialanbieter für kleine Unternehmen und Selbstständige, sehr aggressiv und erfolgreich auf diesem Markt.[14] Im harten Wettbewerb um Firmenkunden können bei mittelständischer Klientel auch

---

7 Vgl. Pütz-Willems (2002), S. 14; o.V. (2001), Markt & Wirtschaft, S. 80.

8 Die ABC-Analyse untersucht klassischerweise die Wert-Mengen-Verhältnisse von Materialien, ist aber auch in anderen Unternehmensbereichen vorzufinden. Kunden können ebenso in A, B oder C-Kunden eingeteilt werden. A-Kunden haben einen sehr hohen Wertanteil, d.h. sie erbringen sehr gute Erträge, machen aber mengenmäßig nur einen geringen Anteil im gesamten Kundenpool eines Unternehmens aus. C-Kunden hingegen stellen mengenmäßig den Großteil der Kunden dar. Sie erbringen jedoch im Verhältnis einen nur geringen Anteil des Ertrages für das Unternehmen. Vgl. Wöhe (2000), S. 430 f.)

9 Vgl. Baumann/Kistner (2000), S. 43 ff.

10 Vgl. Körfgen (1999), S. 179 f.

11 Vgl. o.V. (2001), Wirtschaft & Markt, S. 80.

12 Vgl. Mundt (1996), S. 380 f.

13 BTO24 wurde im März 2002 von BTI Central Europe übernommen, wird aber als eigenständiger Geschäftsbereich weitergeführt. Vgl. o.V. (2002), FVW News.

14 Vgl. Jüngert/Spielberger, 2000, S. 35; http://www.bto24.de, 01.05.2002.

kleinere oder unabhängige Reisebüros mittelfristig im Vorteil sein: Persönliche Betreuung, jahrelange Geschäftsbeziehungen, feste Ansprechpartner sowie die genaue Kenntnis der Reisewünsche sind möglicherweise wichtige Kriterien für mittelständische Betriebe.[15] Ob eher emotionale Argumente wie der persönliche Kontakt oder harte Kriterien wie der Preis für Mittelständler ausschlaggebend sind, darüber differieren die Meinungen von Geschäftsreiseexperten.[16]

3 Erfolgsfaktoren und strategische Wettbewerbsvorteile

3.1 Strategische Erfolgsfaktorenforschung

Die Basis für momentanen und zukünftig anhaltenden Erfolg wird in der Literatur in der Schaffung und Erhaltung sogenannter Erfolgspotenziale gesehen. Ziel strategischen Managements ist daher u.a., neue oder bestehende Erfolgspotenziale aufzubauen bzw. zu erweitern.[17] Erfolgspotenziale entstehen durch die unternehmerische Gestaltung von Produkten, Märkten und Ressourcen im Hinblick auf eine vorteilhafte Position im Wettbewerb. Sie bieten keine Garantie für nachhaltigen Erfolg, bahnen aber den Weg dafür, bzw. können eine Ursache davon sein.[18] Die Einflussfaktoren von Erfolgspotenzialen sind sehr vielfältig und schwer quantifizierbar,[19] daher sind sie für die praktische Steuerung und Kontrolle des Unternehmens nur mäßig geeignet. Aus diesem Grund wird nach wenigen „kritischen" Kriterien und Faktoren, so genannten Erfolgsfaktoren[20] gesucht, die maßgeblich für den Erfolg oder Misserfolg von Unternehmen verantwortlich sind.[21]

Die empirische Erfolgsfaktorenforschung setzt sich aus sehr heterogenen Forschungsansätzen zusammen.[22] Es dominieren Studien, die den faktischen Kausalzusammenhang zwischen Erfolgsfaktoren und Unternehmenserfolg erheben. Ein klassischer Bereich ist hier die PIMS-Forschung.[23] Eine kleinere Anzahl von Studien ermittelt dagegen die von Managern subjektiv wahrgenommenen oder auch bloß vermuteten Erfolgsfaktoren.[24] Für diese Vorgehensweise liegt die Annahme zugrunde, dass die Entscheidungsträger über die Wahrnehmung ihres

---

15 Vgl. Schäfer (1999), S. 30.

16 Vgl. o.V. (2001), Wirtschaft & Markt, S. 81.

17 Vgl. Fischer (2000), S. 72; Gälweiler (1990), S. 28; Kreikebaum (1989), S. 25.

18 Vgl. Fischer (2000), S. 72.

19 Nur max. auf ordinalem Niveau als Präferenzreihenfolge messbar.

20 Schlüsselfaktoren des Unternehmenserfolges, vgl. Fritz (1997), S. 12. Der Begriff wird in der Literatur z.T. synonym mit dem Begriff Erfolgspotenziale verwendet. Vgl. Fritz (1997), S. 13; Haedrich/Jenner (1996), S. 16.

21 Vgl. Fritz (1997), S. 11; Fischer, T. (2000), S. 73 f.

22 Vgl. hierzu die vergleichenden Analysen von Fritz (1990), S. 91 ff.

23 Vgl. Buzell/Gale (1989).

24 Vgl. Fritz (1997), S. 14.

Angebotes aus Kundensicht umfassend und detailliert informiert sind.[25] Diese Annahme kann jedoch von den Autoren in Bezug auf den Geschäftsreisemarkt nicht uneingeschränkt unterstützt werden.

Es gibt eine Vielzahl von Erfolgsfaktoren, die allerdings in Abhängigkeit der jeweiligen Situation und Branche stark variieren können. Aus diesem Grund ist eine Allgemeingültigkeit der erhobenen Erfolgsfaktoren nicht statthaft. Strategische Erfolgsfaktoren können jedoch grundsätzlich in zwei Dimensionen unterteilt werden:[26]

- *Umfeldbezogene*, vom Unternehmen nur bedingt beeinflussbare Faktoren (wie z.B. Marktattraktivität und Kundenanforderungen) und
- *Unternehmensbezogene,* vom Unternehmen unmittelbar zu beeinflussende Faktoren (*wie* z.B. Unternehmensstruktur und Finanzkraft).

Zahlreiche Ergebnisse der empirischen Erfolgsfaktorenforschung[27] belegen, dass die Qualität der Human-Ressourcen (Mitarbeiter), die Innovationsfähigkeit, der praktizierte Führungsstil und vor allem die Kundennähe Schlüsselfaktoren des Unternehmenserfolges sind.[28] Untersuchungsgegenstand dieser Studien waren allerdings überwiegend Industrieunternehmen.[29] Für Dienstleister, wie Geschäftsreisebüros, dürfte der Faktor Kundennähe, bzw. die Kundenorientierung allein durch die Beschaffenheit der Leistung eine weitaus bedeutendere Rolle spielen.

Aus dieser Überlegung sowie aus Gründen der Komplexität und Konkretisierbarkeit beschränken wir uns hier aus marktorientierter Sicht auf die umfeldbezogenen Faktoren wie die Kundenanforderungen, da diese Chancen oder auch Risiken für Geschäftsreiseanbieter darstellen können.[30] Grundsätzlich sollte jedoch eine einem integrativen Ansatz folgende ganzheitliche Analyse der markt- und ressourcenorientierten Faktoren erfolgen.

Der Kritik, die an der Erfolgsfaktorenforschung geübt wurde, können wir uns jedoch auch nicht entziehen:[31]

- Problem der Identifizierbarkeit (z.B. schwer erhebbare „Soft Facts“): Eindeutige Isolierung einzelner Erfolgsfaktoren mit statistischen Methoden kaum möglich.
- Mangelnde Konkretisierbarkeit: Nur Korrelationen zwischen Variablen und keine Kausalbeziehung.

---

25 Vgl. Haedrich/Jenner (1996), S. 20 f.
26 Vgl. Fischer (2000), S. 74.
27 Vgl. u.a. Untersuchungen von Fritz (1990), S. 91 ff., Fritz (1997), S. 15 f.
28 Vgl. Fritz (1997), S. 9.
29 Vgl. Fritz (1997), S. 16 f.
30 Vgl. Haedrich/Jenner (1996), S. 16.
31 Vgl. Rasche (1994), S. 44 ff.

- Mangelnde Generalisierbarkeit: Branchen- und Unternehmensindividuelle Ergebnisse.
- Mangelnde Prognosevalidität: Zukünftiger Erfolg ist nicht unabhängig von getätigten, irreversiblen Entscheidungen.

Diese Aspekte müssen daher bei den folgenden Ausführungen unserer Erhebung als Einschränkung berücksichtigt werden.

3.2 Wettbewerbsvorteile

Die Situation des schrumpfenden Geschäftsreisemarktes erfordert einen Wandel von der friedlichen Wachstumsstrategie hin zu einem, der verschärften Wettbewerbssituation angepassten, eher „kriegerischen" Verdrängungswettbewerb.[32] Eine zentrale Voraussetzung für den Aufbau strategischer Erfolgsfaktoren ist daher die Fähigkeit des Unternehmens, diesem Wettbewerb auch langfristig Stand zu halten. Hierzu bedarf es spezifischer strategischer Wettbewerbsvorteile.[33] Diese können im „Strategischen Dreieck", entsprechend Abbildung 1, recht gut visualisiert werden.[34]

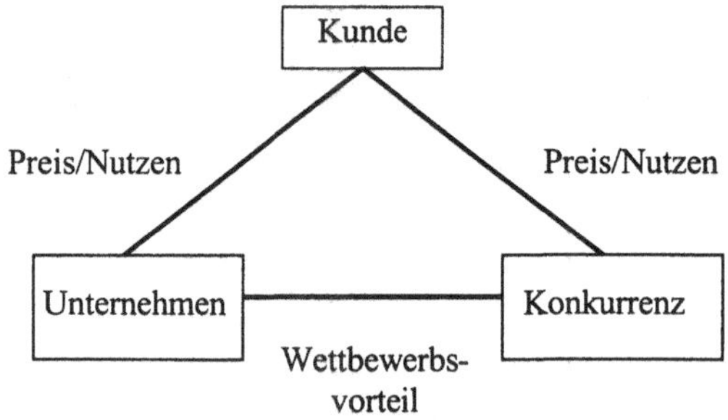

Abbildung 1: Das strategische Dreieck
Quelle: Vgl. Kuß/Tomczak (2001), S. 77 f.; Simon (1988), S. 464

Um im Markt erfolgreich operieren zu können, muss ein Unternehmen alle drei Eckpunkte sowie die Beziehungen zwischen ihnen gleich gut kennen. Strategische Erfolgsfaktoren bauen jedoch überwiegend nicht auf objektiv gegebenen, sondern vom Kunden subjektiv wahrgenommenen Positionierungsvorteilen auf.[35] Essenziell für die Analyse strategischer Möglichkeiten ist es daher, sich in die Situation der (potenziellen) Kunden zu versetzen und aus deren Perspektive die (oftmals subjektiven) Wahrnehmungen der Leistungsangebote der Unternehmen zu vergleichen.[36]

32 Vgl. Simon (1988), S. 463.
33 Vgl. Haedrich/Jenner (1996), S. 14.
34 Vgl. Kuß/Tomczak (2001), S. 77 f.; Simon (1988), S. 464.
35 Vgl. Simon (1988), S. 474.
36 Vgl. Kuß/Tomczak (2001), S. 77.

Insbesondere in gesättigten Märkten kommt es darauf an, Wettbewerbsvorteile aufzubauen und zu erhalten.[37] Auch im Geschäftsreisemarkt können die Kunden unter vielen Leistungsanbietern auf hohem Niveau wählen. Es genügt also nicht, eine – absolut gesehen – gute Leistung zu erbringen, um Erfolg zu haben, sondern die Leistung muss gezielt besser sein als die der Konkurrenz. Aus Unternehmenssicht stellen sich also die Fragen nach der Kundenorientierung („Wie gut befriedigen wir den Kunden?") und gleichermaßen der Wettbewerbsorientierung („Was ist unser Wettbewerbsvorteil?").[38]

Unter einem Strategischen Wettbewerbsvorteil wird nach SIMON eine im Vergleich zum Wettbewerb überlegene Leistung gesehen, die folgende Kriterien erfüllen muss:[39]

- Leistungsmerkmal ist für den Kunden wichtig.
- Der Kunde nimmt den Vorteil wahr.
- Keine oder schlechte Imitierbarkeit durch die Konkurrenz und dadurch eine gewisse Dauerhaftigkeit des Vorteils.

Die Vertreter des ressourcenorientierten Ansatzes sehen eine mögliche Quelle von strategischen Wettbewerbsvorteilen u.a. in den überlegenen Fähigkeiten und Ressourcen von Unternehmen. Diese konkretisieren sich in den Kernkompetenzen, die nach KRÜGER/HOMP: „die dauerhafte und transferierbare Ursache für den Wettbewerbsvorteil einer Unternehmung, die auf Ressourcen und Fähigkeiten basiert"[40] sind. Charakteristisch für Kernkompetenzen ist, dass sie:[41]

- Ursache für Wettbewerbsvorteile, bzw. die Eröffnung von potenziellen Märkten sind,
- Kundennutzen, bzw. Wert in den Endprodukten generieren,
- dauerhaft sind (langfristige Lernprozesse),
- schwer imitierbar sowie
- schwer substituierbar sind.

Diese Charakteristika ergänzen die Kriterien von SIMON, da die Forderung der Nachhaltigkeit des Wettbewerbsvorteils, d.h. die Substanz, die ihn zu einem „strategischen" Wettbewerbsvorteil werden lässt, durch den Faktor der fehlenden Substituierbarkeit verstärkt wird.

Im Hinblick auf das Konzept der strategischen Erfolgsfaktoren können Unternehmen demgemäß nur dann erfolgreich sein, wenn sie bezogen auf die zentralen Erfolgsfaktoren in ihrer Branche Wettbewerbsvorteile erringen können.[42] So-

---

37 Vgl. Haedrich/Jenner (1996), S. 14.

38 Vgl. Porter (1986), S. 11; Simon (1988), S. 464.

39 Vgl. Simon (1988), S. 465.

40 Krüger/Homp (1997), S. 27.

41 Vgl. Prahalad/Hamel (1991), S. 71; Hinterhuber/Handlbauer/Matzler (1997), S. 36 ff.; Krüger/Homp (1998), S. 529 f.; Bouncken (2000), S. 866 f.

42 Vgl. Adamer/Hinterhuber/Kaindl (1993), S. 457 f.

mit kann für unsere Untersuchung zusammengefasst werden, dass ein Erfolgsfaktor, um zu einem strategischen Wettbewerbsvorteil zu werden, folgenden Ansprüchen genügen muss:

- Kunde nimmt diesen Faktor als Vorteil wahr,
- Wertkriterium für den Kunden/Merkmal erfüllt spezifische Kundenbedürfnisse,
- schwere Imitierbarkeit,
- schwere Substituierbarkeit.

4 Kundenanforderungen und -erwartungen

4.1 Orientierung an den Kunden

Um das Marktsegment der kleinen und mittleren Unternehmen als Anbieter auf dem Geschäftreisemarkt erfolgreich bedienen zu können, ist die Orientierung an den Anforderungen des Kunden in den Vordergrund zu rücken. Als spezielle Instrumente der kundenorientierten Unternehmensführung zeichnen sich die folgenden Punkte aus:[43]

- Vom Kunden lernen, indem Kundenprobleme gelöst werden.
- Unternehmensweite Nutzung der Kenntnisse und Informationen über den Kunden.
- Leistungsvorteil für Kunden schaffen, der auf den eigenen Kernkompetenzen beruht.

Werden diese Aspekte in die Unternehmenskultur eingebracht, gelingt eine bessere Anpassung an die Kunden und damit u.U. die Entwicklung strategischer Erfolgfaktoren. Kundenorientierung wird in der Literatur sehr stark aus Sicht der Mitarbeiter und der Unternehmensführung betrachtet, während die vorliegende Analyse eher auf die kundenorientierte Angebots- bzw. Leistungspolitik fokussiert ist.[44] Aus diesem Grunde soll die folgende Argumentation vor allem aus Sicht der Kunden betrachtet werden. Dazu bedarf es einer Analyse der Kundenerwartungen, mit der sich gerade in der letzten Zeit eine Reihe von Autoren beschäftigt hat.[45] Kundenerwartungen müssen anhand einer Befragung ermittelt werden und können dann im Zusammenhang mit der Kundenzufriedenheit interpretiert werden. Diese setzt die Umsetzung der Kundenerwartungen voraus, d.h. die Kundeneinschätzung der Servicequalität ergibt sich aus einem Vergleich der Kundenerwartungen und der Erfüllung anhand der aktuellen Leistungserbringung.[46]

43 Vgl. Hinterhuber/Matzler (1999), S. VIII.
44 Vgl. Stock (2002), S. 70.
45 Vgl. Bruhn (2000), S. 1032; Matzler (1999), S. 155; Schütze (1992).
46 Vgl. Zeithaml/Berry/Parasuraman (1993), S. 1.

4.2 Arten von Kundenerwartungen

Kundenerwartungen werden in einige Grundformen unterteilt, die sich bisher in der Literatur zur Kundenzufriedenheit finden lassen:[47]

- Vorhersagen der Kunden in Bezug auf den Leistungserbringungsprozess,
- Idealstandard des Prozesses bzw. einiger Bestandteile, d.h. optimale Bedingungen,
- Basisstandard, d.h. die Mindestanforderungen an eine Leistung.

Unsere Befragung hat sich im Wesentlichen mit den Vorhersagen der Kunden hinsichtlich des Leistungsprozesses sowie mit der Ermittlung der Basisstandards beschäftigt.

Weiterhin können verschiedene Ebenen von Kundenerwartungen betrachtet werden. Analog zur Messung der Kundenzufriedenheit sollen an dieser Stelle die Kundenerwartungen in die Bereiche *objektive* Kriterien und *subjektive* Kriterien untergliedert werden.[48] Objektive Kriterien sind klar nachprüfbare und analysierbare Fakten, wie z.B. die durchschnittliche Bearbeitungszeit bei der Ausstellung einer Bahnfahrkarte. Diese Kriterien sind gerade in einem Dienstleistungsprozess eher selten zu finden. Die weitaus wichtigere Komponente des Leistungsspektrums eines Geschäftsreiseanbieters sind die subjektiven Kriterien, die direkt beim Kunden erfasst werden müssen. Gerade in diesem Bereich ist aber die saubere Messbarkeit der Kriterien ein Problem, dem sich zwar viele theoretische Modelle[49] angenommen haben, welches aber immer noch nicht endgültig gelöst ist. Für die folgende Analyse werden aus diesem Grunde beide Kriterien berücksichtigt, wenn auch den subjektiven Kriterien gerade in Bezug auf die Dienstleistung eines Reisebüros der Vorzug gegeben wird.

Kundenerwartungen lassen sich aber auch anhand der bereits beschriebenen ABC-Analyse[50] untergliedern und damit verständlicher darstellen.[51] Dabei sind A-Erwartungen grundsätzliche Muss-Kriterien, die als essenzieller Bestandteil der Leistung zu definieren sind. Mit diesen sollte eine Differenzierung im Wettbewerbsumfeld erreicht werden. B-Erwartungen sind weniger wichtig und lassen sich als Zusatzkriterien begreifen, die jedoch vom Kunden schwerer als Differenzierungsfaktor wahrgenommen werden. C-Erwartungen sind eher unwichtig für die Kundenzufriedenheit und aus diesem Grunde als Kann-Leistung aufzu fassen. Eine Konzentration auf die A-Erwartungen ist also grundlegende Voraussetzung für die Differenzierung im Wettbewerb und zur Erlangung von Wett-

47 Vgl. Zeithaml/Berry/Parasuraman (1993), S. 2.
48 Vgl. Bruhn (1991), S. 36.
49 Vgl. Benkenstein (1993), S. 1101; Stauss (1999), S. 5.
50 Vgl. Abschnitt 2.
51 Vgl. Töpfer/Mann (1999), S. 78.

bewerbsvorteilen. Die nachfolgende Abbildung soll diesen Aspekt nochmals verdeutlichen.

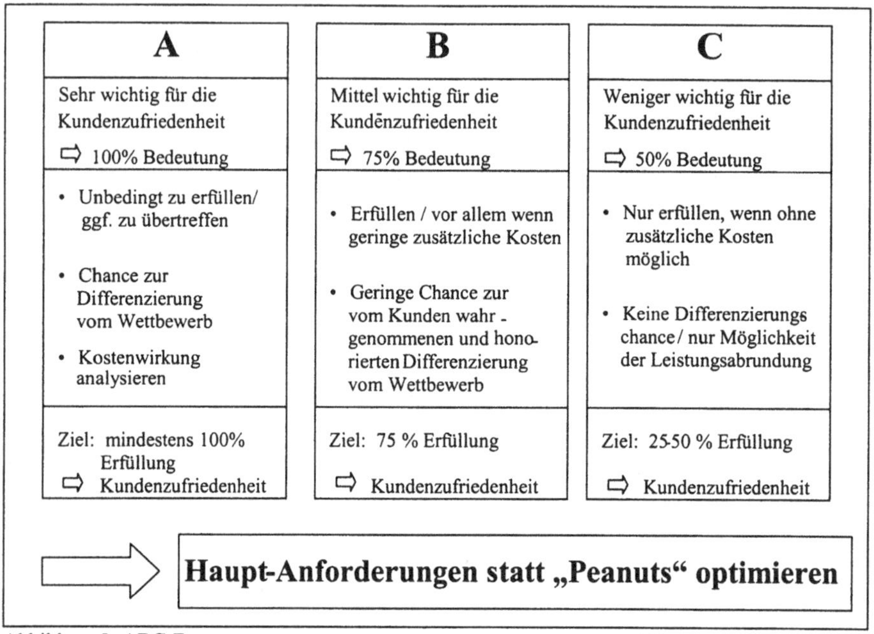

Abbildung 2: ABC-Erwartungen
Quelle: In Anlehnung an Töpfer/Mann (1999), S. 78

4.3 Messung von Kundenerwartungen

Um sich an die Kundenanforderungen anzupassen, ist die Ermittlung der Erwartungen als wesentlicher Schritt zu definieren. In diesem Zusammenhang stellt sich die Frage nach der *Dimension der Messung*. Eindimensionale Messungen betrachten die Gesamtleistung und die damit verbundenen Kundenerwartungen, während sich die mehrdimensionalen Messungen mit den einzelnen Merkmalen der Leistung auseinander setzen.[52] Aus Sicht der Autoren ist eine mehrdimensionale Messung der Kundenerwartungen notwendig, um das Leistungsangebot von Geschäftsreiseanbietern und die Zufriedenheit der mittelständischen Kunden mit den einzelnen angebotenen Leistungen zu betrachten. Kundenerwartungsanalysen können *implizit* anhand einer Beurteilungsmessung mit analytischer Auswertung oder *explizit* anhand einer Aussageformulierung der Erwartungen durchgeführt werden. In unserem Beispiel wird implizit vorgegangen, da das bereits bestehende Angebot hinsichtlich seiner Notwendigkeit zu be-

52 Vgl. Bruhn (2000), S. 1037.

urteilen ist und gleichzeitig neue Leistungsaspekte von Geschäftsreisedienstleistern erarbeitet werden sollen. Ein weiterer Aspekt bei der Erhebung ist der *Zeitpunkt der Befragung*, d.h. ob eine ex-ante oder eine ex-post Messung vorteilhaft ist. Bei unserem Untersuchungsdesign ist eine klare zeitliche Trennung nicht möglich, da ein bestehendes Angebot an Geschäftsreisedienstleistungen hinsichtlich einer möglichen Erweiterung oder Spezialisierung auf KMU analysiert wird. Natürlich kann der Proband nur ex-post die Leistung beurteilen – er wird aber auch für mögliche zukünftige Leistungen zu seinen Wünschen befragt.[53]

Eine wesentliche Einschränkung einer Kundenerwartungsanalyse in Bezug auf Erfolgsfaktoren von Geschäftsreiseanbietern bei KMU ist die rein statische Betrachtung. Eine Befragung kann sich nur an den derzeitigen Entwicklungen orientieren. Innovationen, die sicherlich für die erfolgreiche Unternehmung einen wichtigen Faktor darstellen,[54] bleiben in den folgenden Überlegungen außer Acht. Die Untersuchung dynamischer Aspekte kann jedoch Ziel weiterer Forschung sein.

5 Empirische Analyse der Erwartungen von KMU

Die Erhebung von Kundenerwartungen kann, wie gezeigt, in vielfältiger Weise erfolgen und ist nach dem jeweiligen Zweck zu unterscheiden.

Ziel unserer Analyse ist es, erste empirische Daten über die Anforderungen von KMU zu generieren, um daraus Möglichkeiten für Erfolgsfaktoren und Wettbewerbsvorteile von Geschäftsreiseanbietern in diesem Segment abzuleiten. Die im Fragebogen erfassten Leistungskriterien beruhen auf heuristisch gestützten Überlegungen und Angebotsanalysen des Geschäftsreisemarktes. Es gilt die Wichtigkeit der allgemeinen Leistungsindikatoren zu überprüfen und die individuell genutzten und benötigten Leistungsangebote abzufragen. Aus diesen Aspekten kann ein Geschäftsreiseanbieter u.U. die für das Segment der KMU passenden Angebote erarbeiten und strategische Chancen nutzen. Inwieweit die Ergebnisse sich als Erfolgsfaktoren eignen, wird im Abschnitt 6 noch genauer untersucht.

Bei der Untersuchung der Universität Lüneburg handelt es sich um eine Primärforschung, die neue Daten erhebt und mit speziellen Analysemethoden auswertet.[55] Als Grundgesamtheit gelten alle kleinen und mittelständischen Unternehmen in Deutschland. Insgesamt konnten 70 computergestützte telefonische Interviews mit Unternehmen mit einer Beschäftigtenzahl zwischen 10 und 300 Mitarbeitern realisiert werden. Diese Stichprobe erhebt nicht den Anspruch auf Repräsentativität.

53 Vgl. Bruhn (2000), S. 1039.
54 Vgl. Abschnitt 3.1.
55 Vgl. Seitz (1995), S. 57.

5.1 Aufbau des Fragebogens

Der Aufbau des Fragebogens folgt einer systematischen Struktur. In der Einleitungsphase wird neben der Information über die entsprechenden Geschäftsreisepartner und die existierende Zusammenarbeit vor allem die Position der befragten Person im Unternehmen erhoben. Diese Information dient im Wesentlichen der Auskunft über die Organisationsstrukturen des Unternehmens.

Der zweite Abschnitt des Fragebogens beinhaltet Fragen zur derzeitigen Leistungsnutzung. Hier kann überprüft werden, ob speziellere Dienstleistungen, so z.B. die Visa- und Impfberatung, von kleinen und mittleren Unternehmen nachgefragt werden oder eher nicht.

Im essenziellen Bereich des Fragebogens werden 17 Leistungskriterien, wie „kompetente Beratung" und „24-Stunden-Erreichbarkeit", auf ihre Wichtigkeit für den Kunden überprüft. Analog zum deutschen Kundenbarometer[56] wird zugleich auch die Zufriedenheit mit diesen Kriterien in Bezug auf den derzeitigen Geschäftsreisepartner des Unternehmens erhoben.

5.2 Ausgewählte Ergebnisse der Befragung

Der Großteil der Befragten setzt sich aus (Vorstands-)Sekretärinnen (52,9 %) oder der Geschäftsführung (11,4 %) zusammen. Als Geschäftsreisepartner nutzt der überwiegende Anteil (62,9 %) ein klassisches Reisebüro, welches u.U. über einen Firmendienst verfügt. Die Gründe für die bestehende Zusammenarbeit werden von den befragten Unternehmen vor allem in den Aspekten Schnelligkeit der Abwicklung (48,6 %), gute Preise (35,7 %), und Zuverlässigkeit (27,1 %) gesehen.[57] Ob diese Gründe auch als wichtig erachtet werden, wird zu einem späteren Zeitpunkt analysiert.

Mittelständler nutzen von den auf dem Markt angebotenen Geschäftsreiseangeboten überwiegend nur die Basisleistungen. Am häufigsten benötigen die Befragten das Angebot von Flugtickets (94,3 %), gefolgt von Bahnfahrkarten (82,9 %), Mietwagen- und Hotelbuchungen.

Zusätzliche Serviceleistungen der Geschäftsreiseanbieter nutzt der Mittelstand eher zurückhaltend, daher ist vor allem die Begründung der Nichtnutzung interessant für die Ausgestaltung des Angebotes. ETIX-Tickets[58] wenden zwar immerhin schon 52,9 % der befragten KMU an, „Brauche ich nicht" argumentieren 61,7 % der Nichtnutzer, gefolgt von immerhin 25,8 %, die dieses Angebot nicht kennen. Da sich dieser technische Standard jedoch schon lange etabliert hat,[59] stimmen diese Zahlen dennoch bedenklich, was den Informationsstand von KMU betrifft. Weitere Serviceleistungen wie Kundenprofile (37,1 %) und

---

56 Vgl. Meyer/Dornach (1997), S. 21.

57 Mehrfachantworten sind möglich, keine Rangfolge der Nennungen.

58 Elektronische Flugtickets mit Freischaltung über die Kreditkarte.

59 Vgl. Antinori (2000), S. 8.

menkreditkarten (35,7 %) werden von einem Großteil der Unternehmen nicht genutzt. Auffällig ist der Anteil der Befragten, die weder eine Prozessberatung (92,9 %), die Reisekostenabrechnung (81,4 %) noch Softwaretechnologien zur Buchung und Abwicklung (78,6 %) vom Geschäftsreisepartner nutzen. Die Hauptargumente der Nichtnutzung sind auch hier in den meisten Fällen „Brauche ich nicht". Sicherlich ist dieses Ergebnis nicht überraschend, aber doch interpretationsbedürftig, da z.B. eine Prozessberatung der Geschäftsreiseabwicklung ein großes Potenzial für Kosteneinsparungen auch bei KMU birgt. Eine mögliche Erklärung könnte in der Unkenntnis über die Möglichkeiten oder auch in einem für KMU unattraktiven Preis-/Leistungsverhältnis dieser Serviceleistungen liegen.

Die betrachteten 17 Leistungsindikatoren zeigen ein sehr breites Spektrum verschiedener Teilleistungen auf, die von den Geschäftsreiseanbietern erbracht werden können. Eine Vereinfachung bzw. Reduktion dieser Daten ist gerade in Bezug auf die ABC-Analyse der Kundenerwartungen wünschenswert. Eine Möglichkeit zur Dimensionsreduktion der Kriterien ist die Faktorenanalyse, bei der die wesentliche Voraussetzung eine hohe Qualität der Daten ist. Nur bei bereits bestehenden Korrelationen zwischen den Kriterien ist eine Faktorenanalyse sinnvoll. Der MSA-Wert der erhobenen Daten gibt an, ob eine Faktorenanalyse statistisch durchführbar ist. Mit einem Wert von rund 0,55 ist dies bei unserer Untersuchung der Fall, was die Ergebnisse belegen, da interpretierbare Zusammenhänge ermittelt werden.[60] Mit Hilfe von SPSS 10.07 wurde eine Varimaxrotierte Hauptkomponentenanalyse berechnet.[61]

Die Ergebnisse der Faktorenanalyse zeigen sechs Faktoren mit einer erklärenden Varianz von insgesamt 71,0 % bei einer Stichprobe von n=70.

Der erste Faktor kann als „**Grundleistungen**" interpretiert werden. Er ist als essenzieller Faktor auch in Bezug auf die Wichtigkeit der Erbringung dieser Leistungen anzusehen. Nur der Indikator Consultingleistungen wird nicht von mehr als der Hälfte der Befragten als überragend wichtig interpretiert (nur 32,9 %). Alle anderen Indikatoren dieses Faktors werden als überragend wichtig bewertet: Bedeutsam sind hierbei die Zuverlässigkeit (82,9 %), gefolgt von der kompetenten Beratung (75,7 %) und dem Preis-/Leistungsverhältnis (72,9 %). Der erste Faktor muss also als wesentliche Erwartung der Kunden angesehen werden und kann somit zu den A-Erwartungen, die eine entscheidende Bedeutung für die Kundenbeziehung aufweisen, gezählt werden.

---

60 Vgl. Backhaus (1996), S. 190.
61 Vgl. Brosius (1995), S. 819.

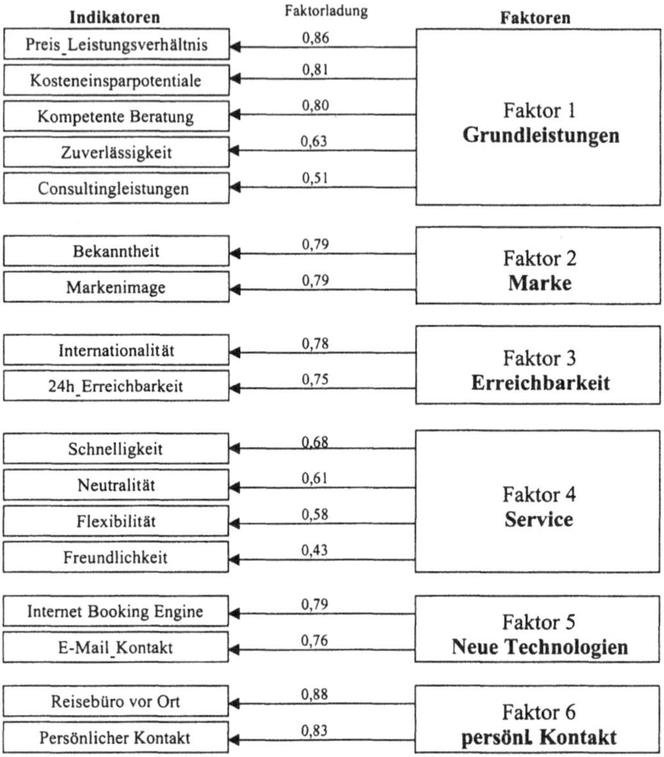

Abbildung 3: Extrahierte Faktoren
Quelle: Eigene Erhebung, 2002

Der Faktor „**Service**" wird mit den Indikatoren Schnelligkeit (72,9 %), Neutralität (28,6 %), Flexibilität (51,4 %) sowie Freundlichkeit (44,3 %) als überragend wichtig eingestuft. Wenn zu diesen Nennungen noch die Fälle „eher wichtig" hinzugerecht werden, ergibt sich eine annähernd hohe Bedeutung wie für den Faktor „Grundleistungen".

Der „**persönliche Kontakt**" mit den beiden Indikatoren persönliche Betreuung und Reisebüro vor Ort wird von den KMU ebenfalls als relativ wichtig erachtet. 62,8 % der Befragten halten den Indikator persönliche Betreuung durch einen festen Ansprechpartner für überragend oder eher wichtig, 58,5 % empfinden diese Wichtigkeit in Bezug auf die Lage des Reisebüros vor Ort.

„**Neue Technologien**" können als Faktor in den mittleren Bereich der Wichtigkeit eingeordnet werden und zählen somit zur Gruppe der B-Erwartungen, wobei die E-Mail (57,1 % überragend oder eher wichtig) dabei von den Befragten durchaus wichtiger eingestuft wird als die Internet Booking Engine (34,3 % überragend oder eher wichtig).

Die „**Erreichbarkeit**" spielt bei den befragten Unternehmen eine eher untergeordnete Rolle, die beiden Indikatoren 24h-Erreichbarkeit (67,1 %) und Internationalität (91,4 %) werden ebenfalls mehrheitlich als völlig unwichtig oder weniger wichtig betrachtet. Interessant ist in diesem Zusammenhang allerdings, dass Unternehmen, die ein höheres Reiseaufkommen haben, diesem Punkt eine größere prozentuale Wichtigkeit aufweisen als die Grundgesamtheit.

Der Faktor „**Marke**" hingegen kann eindeutig bei den befragten Mittelständlern als unwesentlicher Faktor definiert werden. 81,4 % der Befragten betrachtet den Indikator Bekanntheit als völlig unwichtig oder eher unwichtig, beim Markenimage sind dies genau 80 %. Dieser Aspekt gehört für die befragten KMU also zu den C-Erwartungen.

Auffällig ist eine sehr große Zufriedenheit der befragten Unternehmen mit ihren derzeitigen Geschäftsreisepartnern. In allen befragten Leistungskomponenten zeigten die Unternehmen eine Zufriedenheit von weit über 50 %, wobei vor allem bei B- und C-Erwartungen häufig keine Angabe zur Zufriedenheit gemacht wurde.

6 Erfolgspotenziale für Geschäftsreiseanbieter bei KMU

In diesem Abschnitt soll nun überprüft werden, ob die aus den Kundenerwartungen extrahierten Faktoren Erfolgsfaktoren darstellen und der Generierung von Wettbewerbsvorteilen dienlich sind und Erfolgsfaktoren darstellen.

Wie im Abschnitt 4.2 gezeigt, sollte eine Differenzierung und Abgrenzung zum Wettbewerb vor allem an den A-Erwartungen ansetzen. Daher sollen nun die Faktoren „Grundleistungen", „Service" und „Persönlicher Kontakt" anhand der in Abschnitt 3.2 erarbeiteten Voraussetzungen von Wettbewerbsvorteilen überprüft werden.

Ein wesentliches Kriterium ist die *Wahrnehmung* des Leistungsmerkmals durch den Kunden. Da sich die Ergebnisse aus einer direkten Kundenbefragung ergeben haben, wird hier vereinfacht davon ausgegangen, dass die entsprechenden Indikatoren im Bewusstsein des Kunden verankert sind. Einschränkend muss dazu jedoch angemerkt werden, dass die 17 Leistungsindikatoren zwar gestützt befragt wurden, die ungestützte Frage nach den Gründen der Zusammenarbeit mit dem Reisebüro aber hauptsächlich zu denselben Kriterien führte.

Das *Wertkriterium für den Kunden*, als zweite Voraussetzung für Wettbewerbsvorteile, lässt sich bei den genannten Faktoren durch Zuordnung als A-Erwartung begründen. Die befragten Mittelständler haben die Leistungskriterien der Faktoren „Grundleistungen", „Service" und „persönlicher Kontakt" als überwiegend „überragend wichtig" eingestuft.

Fraglich ist jetzt jedoch, ob bei diesen Faktoren ein nachhaltiges Erfolgspotenzial erkennbar ist. Dies kann nur durch eine *schwere Imitierbarkeit* und eine *schwere Substituierbarkeit* der Leistungskriterien erreicht werden. Hier ist herauszuheben, dass objektiv messbare Kriterien leichter imitierbar sind als subjektiv empfundene „Soft Facts".

Der Faktor „Grundleistungen" beinhaltet die folgenden Leistungsindikatoren: Preis-/-Leistungsverhältnis, Aufzeigen von Kosteneinsparpotenzialen, Kompetenz und Qualität der Beratung, Zuverlässigkeit und Beratungs- und Consultingleistungen des Reisebüros. Grundsätzlich kann davon ausgegangen werden, dass diese Basisleistungen vom Großteil der am Markt befindlichen Geschäftsreiseanbieter erfüllt werden. Unter diesem Aspekt wäre eine Imitierbarkeit durch Wettbewerber gegeben. Andererseits bestehen, begründet durch die Komplexität der Leistungskriterien und Subjektivität der Beurteilung, durchaus Differenzierungsmöglichkeiten. Eine transparente Beurteilung des Preis-/Leistungsverhältnisses und der Kompetenz ist durch den Geschäftsreisekunden i.d.R. kaum möglich.[62] Auch der Begriff der Zuverlässigkeit bietet Spielraum in der Interpretation und wird von jedem Kunden unterschiedlich beurteilt. Die Substituierbarkeit der Leistungen aus Sicht der Kunden ist bei den „Grundleistungen" nur schwer möglich, da als „überragend wichtig" eingestufte Leistungen nicht durch andere Leistungen ausgeglichen werden können. Die Erhebung zeigt darüber hinaus, dass die Aspekte der „Grundleistungen" für das Segment der KMU im Mittelpunkt stehen. Aus diesem Grund müssen Geschäftsreiseanbieter in diesem Bereich gezielt überlegene und schwer imitier- und substituierbare Kernkompetenzen, wie z.B. ein gut ausgebildetes Humankapital, etablieren.

Die Leistungsattribute des Faktors „Service" – Freundlichkeit der Mitarbeiter, Neutralität, Flexibilität sowie schnelle Abwicklung und Dokumentenlieferung – scheinen recht heterogen in Bezug auf die genannten Voraussetzungen zu sein. Während die weichen Kriterien, wie Freundlichkeit und Flexibilität, zwar sehr schwer von Wettbewerbern zu imitieren sind, lassen sie sich aus Sicht des Kunden eher durch wichtigere Kriterien (z.B. günstigerer Preis) ersetzen. Die Schnelligkeit der Abwicklung ist im Vergleich zur Neutralität ein Muss-Kriterium und daher nur schwer substituierbar. Diese harten Kriterien sind jedoch von der Konkurrenz leichter zu adaptieren. Erfolgspotenziale liegen beim „Service" in der Immunisierung der imitierbaren Kriterien durch interne Leistungsoptimierung (z.B. durch bessere Logistik). Die Leistungskomponenten Freundlichkeit und Flexibilität stellen nur Erfolgsfaktoren dar, wenn sie sich kosteneffizient bereitstellen lassen. Gerade im Hinblick auf eine Dienstleistung sollten sich diese Komponenten ohne großen Aufwand realisieren lassen (Motivation, Empowerment).

Der Faktor „persönlicher Kontakt" stellt sich als spezieller Erfolgsfaktor bei mittelständischen Geschäftsreisekunden heraus. Die räumliche Nähe kann flächendeckend nur von großen Ketten unter hohem finanziellen Aufwand ge-

---

62 Ursächlich dafür sind etwa komplexe Tarifsysteme der Leistungsträger (Möglichkeiten für Gabelflüge und Kreuztickets).

währleistet werden, während eigenständige Büros u.U. bereits einen Standortvorteil besitzen. Daher ist dieser Aspekt nur schwer imitierbar. Ob eine Substituierbarkeit der örtlichen Nähe durch neue Technologien (z.B. Internet Booking Engines) gegeben ist, lässt sich noch nicht abschließend bestätigen. Die persönliche Betreuung durch einen festen Ansprechpartner ist ebenfalls schwer imitierbar und substituierbar, da sie eine langfristig gewachsene Beziehung voraussetzt. Hier bietet sich bei der Bearbeitung des Segments der KMU daher ein deutliches strategisches Differenzierungspotenzial.

7 Fazit

Die Untersuchung belegt relativ deutlich, dass sich die Ansprüche der KMU an ihre Geschäftsreisedienstleister überwiegend an den Basisleistungen (reine Reisemittelbeschaffung) orientieren.

Obwohl die befragten Unternehmen mit den bisher in Anspruch genommenen Leistungen zufrieden sind, muss daraus nicht der Rückschluss gezogen werden, dass KMU momentan optimal vom Markt betreut werden. Es drängt sich auch in dieser Untersuchung auf, dass bei den Unternehmen ein Informationsdefizit bezüglich der bestehenden Möglichkeiten des Marktes besteht. Hier können eine intensive Informationspolitik und Beratungsleistungen des Reisebüropartners Hilfestellungen geben, damit auch KMU problemloser mit den Marktveränderungen im Geschäftsreisemarkt umgehen können.

Die Schaffung von strategischen Wettbewerbsvorteilen sollte für Geschäftsreiseanbieter, wie gezeigt, an den Hauptanforderungen (A-Erwartungen) ansetzen und erst danach auf weitere Bereiche ausgedehnt werden. Daher bietet sich in diesem Segment ein Engagement gerade in Bezug auf die Basisanforderungen an. Es sollte jedoch berücksichtigt werden, dass gerade im Mittelstand der Faktor der persönlichen Betreuung einen nicht zu unterschätzenden Erfolgsfaktor darstellt.

Strategische Erfolgsfaktoren sind jedoch mit einer weitaus höheren Dimensionalität als der reinen Betrachtung der Kundenerwartungen behaftet und müssen somit über diesen Aspekt hinaus verifiziert werden.

Literatur

Antinori, T. (2000): Pole Position with //eCommerce, Vortragsmanuskript Lufthansa //e-forum, 8. November 2000, unter http://www.lh-ecommerce.com/b/pdf/antinori_dlh.pdf, 30.04.2002

Backhaus, K. (1996): Multivariate Analysemethoden, Backhaus et al., Berlin, Heidelberg, New York u.a., 1996, S. 190 - 260

Baumann, M./Kistner, A. (2000): e-Business, Böblingen 2000

Benkenstein, M. (1993): Dienstleistungsqualität, in: ZfB, 63. Jg. (1963), S. 1095 - 1116

Brosius, G./Brosius, F. (1995): SPSS Base System und Professional Statistics, 1. Aufl., Bonn, Albany (u.a.) 1995

Bruhn, M. (1991): Qualitätssicherung im Dienstleistungsmarketing - eine Einführung in die theoretischen und praktischen Probleme, in: Bruhn, M./Stauss, B. (Hrsg.), Dienstleistungsqualität, Wiesbaden 1991, S. 19 - 48

Bruhn, M. (2000): Kundenerwartungen – Theoretische Grundlagen, Messung und Managementkonzept, in: ZfB, 70. Jg. (2000), S. 1031 - 1054

Buzzell, R.D./Gale, B.T. (1989): Das PIMS-Programm, Wiesbaden 1989

Fischer, T. (2000): Erfolgspotentiale und Erfolgsfaktoren im Strategischen Management, in: Welge, M./Al-Laham, A./Kajüter, P.: Praxis des strategischen Managements: Konzepte, Erfahrungen, Perspektiven, Wiesbaden 2000, S. 71 - 94

Fritz, W. (1990): Marketing – ein Schlüsselfaktor des Unternehmenserfolges? Eine kritische Analyse vor dem Hintergrund der empirischen Erfolgsfaktorenforschung, in: Marketing ZFP, o.Jg. (1990), H. 2 S. 91 - 110

Fritz, W. (1997): Erfolgsfaktoren der Unternehmensführung und des Marketing im Lichte empirischer Forschung, in: Fritz, W. (Hrsg.), Erfolgsursache Marketing: warum marktorientiert geführte Unternehmen erfolgreich sind, Stuttgart 1997, S. 9 - 46

G+J Branchenbild (2002): Geschäftsreisen 2001, Nr. 7/02, Marktanalyse, Hamburg, 2002

Gälweiler, A. (1990): Strategische Unternehmensführung, 2. Aufl., Frankfurt a.M. 1990

GfK Geschäftsreiseklima (2002): Kurzfassung, Wirtschaftswoche (Hrsg.), Düsseldorf, 2002

Hinterhuber, H. H./Matzler, K. (1999): Kundenorientierte Unternehmensführung, Wiesbaden 1999

Jüngert, T./Spielberger, M. (2000): BTO 24 bedient Kleine zum Nulltarif, in: FVW International, 34. Jg., (2000), Nr. 18, S. 35

Körfgen, R. (1999): Prozessoptimierung in Dienstleistungsunternehmen, Wiesbaden 1999

Kreikebaum, H. (1989): Strategische Unternehmensplanung, 3. Aufl., Stuttgart u.a. 1989

Kuß, A./Tomczak,T. (2001): Marketingplanung: Einführung in die marktorientierte Unternehmens- und Geschäftsfeldplanung, 2. Aufl., Wiesbaden 2001

Langrock, R. (2002): Geschäftsreisen in Deutschland 2001, Presse-Information der Internationalen Tourismus-Börse ITB in Berlin 2002

Lufthansa AirPlus/CSC Ploenzke (1998): Studie zum Geschäftsprozess Business Travel Management; Analyse, Optimierung, Ausblick, 1998

Matzler, K./Bailom, F. (1999): Messung von Kundenzufriedenheit, in: Hinterhuber, H.H./ Matzler, K. (Hrsg.), Kundenorientierte Unternehmensführung, Wiesbaden 1999, S. 151 - 183

Meyer, A./Dornach, F. (1997): Das deutsche Kundenbarometer 1997 – Qualität und Zufriedenheit – Jahrbuch der Kundenzufriedenheit in Deutschland 1997/Deutsche Marketing-Vereinigung e.V., Deutsche Post AG (Hrsg.), München 1997

Mundt, J. (1996): Marktforschung, in: J. Mundt (Hrsg.), Reiseveranstaltung, 3. Aufl., München 1996, S. 377 - 403

o.V. (2001), Wirtschaft & Markt: Geschäftsreisen: Die Masse macht´s, in: Wirtschaft & Markt: Zeitschrift für den Mittelstand der neuen Bundesländer, Nr. 3, 2001, S. 80 - 82

o.V. (2002), FVW News: FVW News vom 21.03.2002: http://www.fvw.de/newsline/2002/03/21/n14.html, 01.05.2002

Porter, M. E. (1986): Wettbewerbsvorteile: Spitzenleistungen erreichen und behaupten, Frankfurt a.M. 1986

Pütz-Willems, M. (2002): Geschäftsreisespezialisten kämpfen hart um große Kunden, in: Handelsblatt vom 06.02.2002, S. 14

Rasche, C. (1994): Wettbewerbsvorteile durch Kernkompetenzen – ein ressourcenorientierter Ansatz, Wiesbaden 1994

Schäfer, T. (1999): „Den Kopf bloß nicht in den Sand stecken“, in: FVW International, 33. Jg. (1999), Heft 20, S. 30 - 31

Schütze, R. (1992): Kundenzufriedenheit. After Sales Marketing auf industriellen Märkten, Wiesbaden 1992

Seitz, E./Meyer, W. (1995): Tourismusmarktforschung ein praxisorientierter Leitfaden für Tourismus und Fremdenverkehr, München 1995

Simon, H. (1988): Management strategischer Wettbewerbsvorteile, in: ZfB, 58. Jg., (1988), S. 461 - 480

Stauss, B. (1999): Kundenzufriedenheit, in: Marketing: ZFP, 21. Jg. (1999), H. 1, S. 5 - 24

Stock, R. (2002): Kundenorientierung auf individueller Ebene: Das Einstellungs-Verhaltens-Modell, in: DBW, 62. Jg., (2002), S. 59 - 75

Töpfer, A./Mann, A. (1999): Kundenzufriedenheit als Messlatte für den Erfolg, in: Töpfer, A. (Hrsg.): Kundenzufriedenheit messen und steigern, 2. Aufl., Neuwied, Kriftel 1999

Waser, G. (1999): Ketten greifen nach kleinen Kunden, in: FVW International, 33. Jg. (1999), H. 24, S. 41

Wöhe, G. (2000): Einführung in die Betriebswirtschaftslehre, 20. Aufl., München.

Zeithaml, V.A./Berry, L.L./Parasuraman, A. (1993): The Nature and Determinants of Customer Expectations of Service, in: Journal of the Academy of Marketing Science, Vol. 21, No. 1, S. 1 - 12

FSC
www.fsc.org
MIX
Papier | Fördert
gute Waldnutzung
FSC® C083411

Kolibri 360 GmbH
Ferdinand-Jühlke-Straße 7
99095 Erfurt, Deutschland
produktsicherheit@kolibri360.de

Druck:
CPI Druckdienstleistungen GmbH
im Auftrag der
Kolibri 360 GmbH
Ferdinand-Jühlke-Str. 7
99095 Erfurt